U0141992

本論叢承

行政院文化建設委員會補助出版

第一屆中國訓詁學學術研討會

訓詁論叢

王　靜　芝等著

中國訓詁學會主編

文史哲出版社印行

訓詁論叢 / 王靜芝等著. --初版. --臺北市：
中國訓詁學會出版：文史哲發行，
民 105.1 印刷，面；公分
ISBN 978-957-547-844-5（平裝）

1.訓詁 － 論文，講詞等

802.107   83000590

訓 詁 論 叢

著　　者：王　　靜　　芝　　等
出 版 者：文　史　哲　出　版　社
http://www.lapen.com.tw
e-mail：lapen@ms74.hinet.net
lapentw@gmail..com
登記證字號：行政院新聞局版臺業字五三三七號
發 行 人：彭　　　正　　　雄
發 行 所：文　史　哲　出　版　社
印 刷 者：文　史　哲　出　版　社
臺北市羅斯福路一段七十二巷四號
郵政劃撥帳號：一六一八○一七五
電話886-2-23511028・傳真886-2-23965656

定價新臺幣五二○元

一九九四年（民八十三）元月初版
二〇一六年（民一〇五）元月（BOD）初刷

訓 詁 論 叢

目 錄

訓詁論叢弁言

　　民國四十年代，先師林景伊（尹）、高仲華（明）與潘師石禪（重規）等老一輩學人為反對中國文字之簡化，挽救中國文字之完整，保存中國文字之美觀，以維繫中國文化之傳統，因而成立中國文字學會；民國七十年代，中華民國聲韻學界，鑒於文字學會之主要功能，著重在中國文字字形方面之學術研究，而擬在字音學術研究方面，有所加強，故有中華民國聲韻學學會之成立，且已舉行十一次學術研討會，中國聲韻學會之成立，不但促使聲韻學蓬勃發展，提升聲韻學術研究之水準，而且影響所及，使一向未有學術研討活動之文字學會，亦猶枯木逢春而欣欣向榮，此皆我中華民國臺灣學術界青壯輩學人之孜孜不息，營造成優良學術研討風氣，非任何一人之功勞，乃我全國學人之心血結晶，大家努力耕耘之結果。

　　而文字原兼有形音義三方面，研究文字之形體者謂之文字學，研究文字之聲韻者謂之聲韻學，而研究文字之意義者則為訓詁學，字形、字音既已分別成立學會，展開研究，既有輝煌之成績。獨於研究字義之訓詁學，猶無專門學會集合志同道合之學者共同研究，豈非憾事。且文字、聲韻之研究，所以為訓詁之用者，猶之建港所以泊舟，築路所以行車，今港已建妥，路亦竣事，而車船猶不知所在，則建港築路之效，尚難以彰顯也。

　　故當中國文字學會第二屆學術研討會在國立高雄師範大學舉行之際，有會友提出成立訓詁學會之議，以包含文字研究之全，

以章著文字研究之效，其所建議，深得與會學人之認同。其時余講學香江，無暇兼理其事。迨返國後，政府為鼓勵與大陸學術文化之交流，中國文字學會，中國聲韻學會，均多次組團赴大陸參加學術研討會，增進兩岸學術之交流，促進兩岸文化之瞭解，極具正面之影響。文字、聲韻兩岸既各有對口單位，互相交往，增進瞭解，獨於字義研究之訓詁學，我方猶無相對等之學會，以相互交流，寧非缺憾。適余任中華民國聲韻學會理事長四年任期去歲屆滿。友好與門人乃紛紛促為籌設中國訓詁學會而盡其綿薄。余亦自思，凡能為發揚中華文化、提升中華學術而盡其綿力者，豈可不戮力以赴，期竟其全功者哉！

原夫清初諸大儒，鑒於明之末季，學者束書不觀，空談性命之旨；游談無根，相爭口舌之間。流風所及，既未得其精而遺其粗，未究其本而先失其末，不習六藝之文，不考百王之典，不綜當代之務，馴致國亡無日。宗社淪亡，奴事異族。因闞空談之誤，倡徵實之學。所謂徵實者，徵之於今，求實事於當時；徵之於古，求實證於典籍。及夫戴震一出，以形音而通乎古義，綜形名而任裁斷。其〈古經解鉤沈序〉曰：「經之至者道也，所以明道者其詞也，所以成詞者，未能外小學文字者也。由文字以通乎語言，由語言以通乎古聖賢之心志，譬之適堂壇之必循其階，而不可以躐等。」震教於京師，興化任大椿、仁和盧文弨、曲阜孔廣森、皆從問業。弟子最知名者，金壇段玉裁、高郵王念孫。玉裁注《說文》，形音與義，遂得溝通；念孫疏《廣雅》，因聲求義，至賾不亂。諸古書文義之詰詘者，皆得理解。念孫授子引之，作《經傳釋詞》、《經義述聞》其小學訓詁之精，自漢魏以來，未嘗有也。德清俞曲園、瑞安孫仲容皆承念孫之學，有所發明。餘杭章炳麟，受業俞樾之門，尤能發揚貫通，而集其大成。

與弟子蘄春黃侃，同為民國初年學術界之所宗。凡戴學諸家，其分析條理，皆畛密嚴璨，上溯古義，而斷以己之律令，梁啟超所謂正統派者是也。

黃侃於民國初年，教授北京大學，著《訓詁述略》，是大學有訓詁課程之始，訓詁一科，綜合音義，以為解釋，凡與中國文字與古書典籍有關之學術研究，於他科目不便討論者，皆可於訓詁範疇以尋究之者也。以是言之，則所謂訓詁者，非僅語言文字之專門學科，實凡與中國典籍有關之學科，舉凡學術思想、文學欣賞、歷史文化，甚至於巫醫佛道之書，欲求其正解，皆宜略通訓詁者也。此訓詁學會所以組成之緣起也。

李君添富最為熱心，且勤於幹事，前後聯絡同好，商討章程，打印文書，造具名冊，皆一任其勞，而申請立案，諸多瑣務，尤一肩獨任。凡所作為，亦均抱為發揚中華文化提升學術研究而盡其心力之意耳。中國訓詁學會今歲成立，文字學之研究既可籠罩全面，而無所缺憾；與大陸學術交流亦具對等單位，而便於討論。學會成立後會友等不以樗材見捐，余被推為首任理事長，而李君添富亦以勞績夙著，膺選為學會祕書長。於是積極展開會務工作。輔仁大學素重學術研究，訓詁學會成立甫半載，即於今歲十二月十八、十九兩日在輔仁大學中文系所之支持下，舉行成立後第一次學術研討會，計邀請兩岸訓詁學人發表論文者，有臺灣學者陳新雄、大陸學者王寧等共二十三篇，而輔大中文系王靜芝教授之專題演講，言及訓詁之要，尤多精闢之論。因彙集為《訓詁論叢》第一輯。蒙文史哲出版社彭正雄先生慨助出版，至所感佩。而輔大中文所系前後所長、系主任包根弟、王初慶、黃湘陽之領導與全系師生通力合作，應推首功。李君添富組織之功，會友襄助之力，均不可沒，故特為表而出之，以敬告於我全

中國及全世界訓詁學界。並請不吝賜正，是所至禱。

中華民國八十二年十二月五日

陳新雄謹撰於臺北市和平東路鍥不舍齋

「小學」在大學

王靜芝

　　「訓詁學」屬於「小學」，「小學」包括「文字學」、「聲韻學」與「訓詁學」。在最早，訓詁學，就是字義之學。說文：「訓，說教也。」「詁，訓故言也」段玉裁注：「說者，說釋而教之，必順其理。」「訓故言者，說釋故言以教人。」爾雅郭璞序：「夫爾雅者，所以通詁訓之指歸。」邢昺疏：「詁，古也。通古今之言使人知也。訓，道也，道物之貌以告人也。指歸，謂指意歸向也。」由上所言，訓是解釋字義，詁是釋古字義與今之不同，使其能以今義了解。訓詁學就是通古今之文的基本知識，是讀中國書必有的學問，讀古書固然必須，讀近世書，也不能說無用。其重要性自不待多說。但如此重要的一項學問，在今日，其重要性似乎已不被注意，似乎有被忽略冷落的趨勢。這對於我們讀中國書的人，不禁感到不妥。這種情形，對研究中國文化、中國思想、中國歷史、中國文學都有很大的不利影響。我們自應早日設法維護這一學問，提倡這一學問，而要振起這一治學基礎的學問。

　　要討論這一問題，我想應該借用墨子的幾句話。兼愛上說：「聖人以治天下為事者也，必知亂之所自起，焉能治之；不知亂之所自起，則不能治。譬之如醫之攻人之疾者然，必知疾之所自起，焉能攻之；不知疾之所自起，則弗能攻。」墨子是法治世，但用在我們所談的問題上，也正合用。先求問題的發生所在，便

可以治之；不知病之所生，便不能治。在此先求問題生成原因。

一　訓詁學的地位

這裡所謂的地位，是指訓詁學在學術研究之間，置於那一階段。

訓詁學本屬「小學」。小學一詞，顧名思義是初學。漢書藝文志小學類序：「古者八歲入小學，故周官保氏掌養國子，教之六書，謂象形、象事、象意、象聲、轉注、假借、造字之本也。」然則「小學」是學童入小學開始讀書的功課。六書是造字之本，先認字、先了解造字之本、這屬於今之文字學。清王筠作「文字蒙求」一書，說是為了小兒們而作，想是遵古。

文字必然要發音，一個字發甚麼音，如何發出那一音，是初學認字的必學之事。這屬於今之聲韻學。

中國文字是形、音、義三者具於一體的。形、音之外的義的探求，若訓詁的「訓」，是解釋字義；「詁」是解釋古字義。這樣，訓詁學就擔任了解釋字義之責。

因此，我們在大學國文系開了三門課；文字學、聲韻學、訓詁學。文字學大致開在二年級；聲韻學在三年級；訓詁學在四年級。於是，這屬於古代小學的課程，在現代大學都是高年級課程。如此情形，聽起來似乎甚為奇怪。為甚麼古今顛倒如此？我想都是應該探討的問題，而這一問題，與我們所關心的訓詁學漸被忽略，不無關係。

漢書藝文志小學類序說：「漢興，蕭何草律，亦著其法曰：『太史試學童，能諷書九千字以上，乃得為史。』」而漢志所錄：史籀、蒼頡、爰歷、博學、凡將、急就、元尚、訓纂諸篇，都是初學認字之書。可見先秦漢代，讀書先以識字為主。漢志載蒼頡

篇因多古字，俗師失其讀，爲正其讀，宣帝時徵齊人能正讀者，張敞從而受之，傳至外孫之子杜林。杜林爲作訓故，與諸篇同錄在小學類。可見漢代對小學的看法，純是入學之始，應讀的識字之書。而杜林作蒼頡故，和蒼頡訓纂，則是識字、讀音，訓詁兼之。也就是形音義三者兼之。換而言之，識字之初，也不是只認識字形，當然要讀正音，同時也要知字義。如此看來，漢代初入小學的識字功課，是兼形音義的。

於是我們知道，漢代的「小學」，是小學初入學的功課。現在的「小學」，是大學的高級功課。爲甚麼有這麼大的不同，值得我們注意。

首先看古代，他們爲了讀書而先認字，是一種自然必取的途徑，也是最笨而正常的次序。認字同時必讀正音，也必要知其字之義，否則怎能算作認識了那一個字呢？所以形、音、義三者同時學得，是當然的事。但當時蒼頡爰歷以至於凡將、急就等篇，都爲專利於識字之書，而爾雅一書卻稍有不同。爾雅疏邢昺叙云：「夫爾雅者，先儒授敎之術，後進索隱之方，誠傳注之濫觴，爲經籍之樞要者也。」後世將爾雅歸之小學，而漢書藝文志著錄爾雅於孝經類，而不在小學類。這種情形，必有其原因。

依我個人的看法，班孟堅將爾雅不列在小學類，或許是班氏認爲小學是識字之書，而爾雅則爲較識字更進一步的釋義釋詞釋古之書；也可能在當時蒼頡諸篇，是小學初學所讀，而爾雅就不是初學所讀。因此班氏將爾雅不錄於小學類，而入經學類。在此便透露了一個功課先後的消息；初學先識字，識字要兼形、音、義，進一步要探求解釋詞義，通明古言。或許這就是訓詁學的途程。

這一途程，是從根本作起的，是從始入學的小學起。而現在

我們的「小學」卻由大學起。這可能就是問題之所在。

　　說小學起就認字、讀音、知義，然後追求由文字組成的語詞的涵義。追求古今語文變異的解釋。這一時間安排和次序對不對呢？我想是對的。因爲要讀書就該先識字、識其形、音、義，再總而求其由字組織的詞語的意思，更探求古今語文之異而通之，以求了解書中之內容。這當然是先後次序合理的。因此這一套功課稱爲「小學」，因爲從小學作起。

　　但今天將這一套功課卻安排在大學。何以故？這可能是平日未曾注意的問題，應該討論：

　　說起來似乎奇怪，初學的功課「小學」，不知不覺的已成爲大學高深的功課。但這並不是無緣無故的，而是由於「時、空」的推演。「小學」雖然仍稱「小學」，卻變成了「大學」。所謂的時空推演，並不是時代到了現代，學問的性質就變了。而是時間的積累，空間的漫延，而使原來的「小學」，漸趨複雜。

　　先談時間。古代如周代，初入小學的學童，但求識字讀音。能多識字便有能力讀書。那時的書不太多，禮記學記說：「大學始教，皮弁祭菜，示敬道也；宵雅肄三，官其始也。」孔子世家說孔子以詩書禮樂教弟子。由這些痕跡看來，彼時學生主要課業大致是詩、書、禮、樂，而到大學始教，才讀詩的小雅。在小學的時期，當然是從識字起，漸漸加深，要讀正音，要知語義，要知一字之「訓」，要知古字之「詁」。所學的範圍不太大，所用的字詞便不太多，古今的時距不太遠，學生先識字形，讀正音，基礎既定，然後隨讀書隨求解其語義，辨古今音義之不同，於是小學之學，由初學便能打下根基。等到大學，訓詁的知識便可應用了。以後隨讀隨進益，到大學完成，文字語義的學識自然相對完成。因此，在彼時「小學」就是小學課程，是很自然的。

　　時間向前推進，詩、書、禮、諸經諸子，都成爲古書，漸次產生許多傳注箋疏。實際就是訓詁學的發展。我以爲傳注箋疏，注音，訓字，釋義，釋古今之異言。這些就已包括了文字學、聲韻學、文法學、語義學，也就都在訓詁學之中。上古人事簡單，用簡單的文字，記叙簡單的事，傳達當時的語言，所以一望便知其義，不用解釋。後來文化漸進，人事漸繁，文字隨之滋多。而時間推移，語言漸變，今語增多，乃有古時能解，今人不解之義；亦有今字與古字相同之義，或同一字而多生他義。種種變化，字義就不是始造時的單純。不加訓釋就不易之解。於是產生了加以訓釋的辦法。這種辦法，自然是用之於因文字語言變動演進，而難於了解之書。經傳箋注便是這種產物，爾雅因而編成。時間再推進，前代的今語。漸變爲今之古語；前代之發音，漸與今音有異。如此演進，時間愈久，變化愈多，而著述亦隨時間而加多，需要解釋的語義也更多。訓詁之學，便亦隨時間之進行而益加繁重，而益趨精密，而益形專門。於是，除爲經子百史，總集別集之傳注箋疏已浩如煙煙之外，專研文字，專研聲韻，專研訓詁皆爲有專著，不計其數。如丁福保一部說文解字詁林，便輯說文類之書一百八十二種，未輯入者，自然還有，加以聲韻訓詁等專書，蔚然大觀。只此小學專書，皓首難窮。

　　次言空間：我國地域廣大，古時封建制度，天子之國居中，諸侯之國環護，四夷散在邊遠。文化自然以天子之國爲發展中心。論語說：「子所雅言，詩書執禮。」雅言便是正言。正言便是天子之國正統的官話。現在說應該就是國語。孔子在授課時不說家鄉魯國曲阜的方言，而說雅言。可見那時讀字發音各地方顯著不同，而雅言當是標準通用之音。其餘諸侯之國，多有地方之音，四夷之地則更不論。然則當要發正音，當以雅言爲準。但至

戰國時，各國之間，書不同文，車不同軌，語言自爲有方音。這時的正音就怕難於把握了。漢代雖有一統局面，但各地方言，因交通之阻隔，誠難於求改。文字雖已統一，而發音之不同，南北有異，東西有別，勢成必然。

於此顯然可見，由於空間之不同，而改發音之差異，而文字的發音，古今又生變化。文字用以傳達記載語言，發音自屬最爲重要，發音有異，何由以能，何由以明？所以小學中的聲韻之學，便非研究不可。聲韻之學，主在發音，而文字本身，寫在紙上，不能發音。必須由人示範發音。學習的人才能得清楚，學得正確。在學習方面，聲韻學已較其他多一項困難。而其用文由於空間四方別異，時間今古不同，乃致詩經韻與楚辭韻不同，先秦韻與漢魏韻不同，以至廣韻中原音韻不同，平水韻，中華新韻亦皆有不同。學習既非口授不可，內容又別異特多，若顧亭林有音學五書，江有誥有音學十書，其他不遑多舉，可見其繁。於是當然成了一種不簡單的學問。訓詁之學，聲音至關重要，而祇這聲韻一端，便已如此複雜，再加字形、字義，辭語之義，種種的精細研究，訓詁學自然升到了高深的地位，此時再言是「小學」，僅是一個名詞而已，實際上早已不能安排在初入學的小學了。

訓詁之學，既已深邃專門，安排在大學，有甚麼可討論之處？在我覺得訓詁學的以有被冷落忽略，這一修習時段的安排，應該討論。

簡明一點說，古代的初入學先求識字讀音知義，是爲讀書而訓詁；現在將「小學」安排在「大學」高年級，研究文字、聲韻、訓詁，是爲「訓詁而訓詁」。固然，在訓詁的本質上，今天絕非小學所能探求的。但在次序上，先識字後讀書，是不容置疑的。學英文，一定先學字母，再學拼音，隨後認字發音，成爲語

言。中國文字是形音義三者合一，不是拼音文字，但用字形辨識、發音。字形之成，根源六書。所以了解六書，有助於識字，利於記憶，利於知義察音。是識字辨義知音，從而讀書的基本知識。其功用與學英文先學字母拼音的程序和意義相似。所以今日的「小學」不在小學，是小學的損失。將「小學」安排在大學，卻成了大學的負擔。

二　能否調整

按學術本質言，訓詁是大學問，安排在大學，確屬合理。但未免嫌晚。因為識字、正音、知義，原是初學根本，今日小學，雖無訓詁學，仍必須識字，必須正音，必須知字義，也要釋詞。不過不是用六書，也不用聲韻反切。字形方面是使用記憶，字義詞義也用記憶，而發音則用國語注音符號。這樣，也人人識了字、讀了書，經過考試，進了大學。在這些過程之中，在中學階段，也讀過些篇文章，附有注解、注音。注解解釋字義詞，都是力求簡明，必要時引用經史傳注。注音則用注音符號，也很清楚便利。這樣雖不為豐富，而也有了相當的知識。

但進入大學國文系，大一共同科很多，專門課少。到二年級修文字學，要研究六書，讀說文；聲韻學要用三十六聲母，或國際音標；要講今音，又要言古音；討論四十一聲類，廣韻二百零六韻等；一時感到煩躁。原因是原已識字知音，而今又重新來過，卻又相當複雜難學。其內容又甚感枯燥。訓詁學，其目的不外能釋古今語義，使能通今古之文獻。因此往往多舉經傳不易解之例，以求其效果。然因此造成學者感到曲折艱深，無何興趣。除少數對「小學」特有愛好研求者外，多數對「小學」都感到，剛剛跳過了多重障礙，卻又要重跳一回已跳過的障礙而且障礙又

且加高之感。對這門功課，不免懶洋洋的，不得不修，修而不精。我想所謂的冷落忽略，絕不是這門功課無價值，而是這門學問又艱深，又苦澀，又歲暮才來。

已故小學大師林景伊先生，曾和我談論，他主張文字聲韻二課，同時都開在二年級，三年級修訓詁學。當時我很贊成。後來不知他是否實施。如今想來，這個辦法仍不足以解決「小學」在大學中被厭煩的情況。我想，能不能想出辦法，把「小學」仍歸小學，由淺入深，一直到大學，用點滴注入的方法，一直到大學，再進入高深境地。

我想，所謂訓詁，總之是為了求其能讀能解而來。我們能不能將小學課程由五年級起，課本中加一些極淺近的文字學意念，比如「象形字」，如說明一下「日、月」；「指事字」，如說明一下「上、下」。會意、形聲無妨到六年級再談。轉注假借，到中學再談。而這種介紹，不要太多，而要趣味化，而要連續的給學生印象深刻。聲韻方面就利用注音符號，告訴他們甚麼是雙聲，甚麼是疊韻。為了提高興趣，無妨舉幾首簡短的詩，如「床前明月光，疑是地上霜……」之類，說明叶韻是怎麼回事。到六年級就可以選一兩篇文言而易懂有趣的文章，比如「桃花源記」，「黃岡竹樓記」之類，加以適妥的注音注解。使他們漸漸認知中國文字詞語學習的程序和方法。然後經中學六年期間，陸續的注入文字、聲韻、訓詁的成分，在中學六年課本中，當然要用意的編入這些題材。使他們從小學五年到高中畢業，八年之間，不知不覺的打好了訓詁基礎。待到了大學，對「小學」課程自然很順理的接受，不會感到厭煩。這種點滴注入的方法，施之於中小學，對不進入國文系的學生，也大為有利，至少他們已對本國文字有相當的程度。

三　結　語

　　上面所述的調整方法，是個人空想的方法，當然不夠周嚴。未經實驗，更不知其效果如何。但個人認爲訓詁學的目的就爲了古今語義的了解。不僅知古書之義，也應用於今書，是每個讀書人都必須有的知識。今日社會上，不僅讀書風氣太差，對中國文字的知識更太差。錯字別字經常可見，用語不當更隨時可聞。長此下去，國人的中文程度怕將不及英文程度。自己國人，不懂本國文字，豈不成了民族大恥辱，我們能有高深的訓詁學，我以爲不可以留在象牙塔裡，由少數人自我欣賞。應該把它的價值作合理的應用，用到該用的地方去。作一個中國讀書人，總要能讀懂中國書，訓詁學就是讀中國書的基本知識。我們不可以使這樣重要有用的學問，被冷落忽略。因此，如果我所想的調整方法不夠好，應該想出更好的方法。不可以坐視不顧，更不應該誤信歪說，視爲陳舊無何價值之學，而加以排斥。不過，茲事誠然體大，總要集思廣益，想法有效辦法，使中國人能重視這用以讀通中國書的學問。

訓詁方式中義界與推因之先後次第說

陳新雄

　　黃季剛先生的〈訓詁述略〉談到訓詁的方式時，是以互訓、義界、推因三者之次排列的。民國四十七年我在師範大學國文系從先師林景伊（尹）教授受訓詁學時，先師也是以這種次序的先後相授的。及後讀黃焯筆記黃季剛先生口述《文字聲韻訓詁筆記》一書，談到訓詁構成之方式，黃先生曰：「訓詁者，以語言解釋語言之謂，論其方式有三：一曰互訓，二曰義界，三曰推因。」在大學上訓詁學之同時，課餘讀到齊佩瑢的《訓詁學概論》，在齊氏書的第三章訓詁的施用方術中則說：「以語言釋語言之方式有三：一曰宛述（義界）。二曰翻譯（互訓）。三曰求原（推原求根）。」我初讀到此書，因為三方式的先後與黃季剛先生不同，還以為只是學派家法的不同，而存師傳的異說。

　　民國五十七年，正中書局編輯「國學萃編」，先師負責編著《訓詁學概要》，當時余正忙於撰寫博士論文《古音學發微》，無暇與先師討論訓詁學之編撰事宜，先師乃將余之筆記，令黃生永武加以整理，而有正中書局版之《訓詁學概要》一書問世，此書出版，其第四章、訓詁的方式，第一節互訓，第二節推因，第三節義界。三者先後之次第，既不同於黃季剛先生〈訓詁述略〉及先師講授訓詁學時之舊有次第，亦不同於齊佩瑢《訓詁學概論》之次第，則當另有所據，而未及與先師討論者，然心中疑惑，始終未去。心雖存疑，而於大學講述訓詁學時，於訓詁之方式方

面，仍按黃季剛先生及先師林先生講授之舊第，未加改易。

民國七十一年余應聘香港浸會學院中文系，因地處香港，漸接觸大陸學者有關訓詁學著述，最先接觸者爲黃季剛先生弟子陸宗達氏之《訓詁簡論》，陸氏說：「漢代人釋詞的方法，可以歸納爲以下三種：第一，互訓。第二，推原。第三，義界。」自此以後，大陸學者，訓詁學之著述漸夥，而於此三方式亦各有不同，謹按其出版先後次第，分列於下，以資比較。：

胡楚生《訓詁學大綱》第五章訓詁的方法，第二節音訓。第三節義界。第四節翻譯。他把「戶、護也；星、散也；天、顚也。」那種追溯其源的求原推因字，歸入音訓類。則很明顯胡楚生是以推因、義界、互訓爲次的。（民國六十四年三月‧蘭臺書局）

吳孟復《訓詁通論》以代言、義界、推因爲次。（1983年4月‧安徽教育出版社）

白兆麟《簡明訓詁學》第三章訓詁的方法分爲三節：第一節、以形說義。第二節、因聲求義。第三節、直陳詞義。他把推求語源的推因歸在第二節因聲求義當中，而第三節直陳詞義當中，有(1)同義相訓、(5)標明義界。則其次序當爲推因、互訓、義界。（1984年10月‧浙江省教育出版社）

楊端志《訓詁學》談到義訓時以㈠同義詞訓釋法。㈡義界。㈢說明描寫法。㈣推因。四者爲次第。其同義詞訓釋法則包括互訓在內，雖然多了一項「說明描寫法」，然此法實可包容於「義界」之中，例如所舉《爾雅‧釋木》：「樅、松葉柏身。」，實際上可以用義界以釋之。即「樅、似松葉柏身之木。」故其所列之次第，仍同於黃季剛先生舊次。（1985年2月‧山東文藝出版社）

張永言《訓詁學簡論》第四章訓詁方式和訓詁用語綜述分訓

詁方式為㈠形訓，㈡聲訓，㈢義界。追溯語源之推因列於聲訓之中，而代語與界說則列於義訓中「從表達方式來看」一項之中。則其次第仍為推因、互訓、義界。(1985年4月‧華中工學院出版社)

王問漁主編《訓詁學的研究與應用》一書內收王寧《訓詁原理概說》一文，王寧認為「詞義的解釋就其目的來說，可以分為兩大類：一類是義訓，義訓中包括一種特殊訓釋，叫作形訓。一類是聲訓。就其方式來說，也可以分為兩大類：一是直訓，直訓包括單訓和互訓。二是義界。這兩種分類由于標準不同，彼此是交插的。」(1986年4月‧內蒙古人民出版社)

李建國《漢語訓詁學史》談及先秦訓詁的體式和方法一節，把先秦的訓詁方法歸納為一、聲訓。二、形訓。三、義訓。聲訓中有推因之例，義訓中有「同義相訓」及「設立義界」二項。則其先後次第應為推因、互訓、義界。(1986年9月‧安徽教育出版社)

郭在貽《訓詁學》談到訓詁之方式時說：「訓詁方式大致可分為三種：一曰互訓、二曰推原，三曰義界。」次第同於陸宗達氏。(1986年10月‧湖南人民出版社)

周大璞主編《訓詁學初稿》第四章訓詁條例談到「釋義的方法」，把探求詞語意義的方法，分為三類：㈠聲訓。㈡形訓。㈢義訓。在義訓中有「同義相訓」和「設立界說」兩項，則其次第亦為「推因」、「互訓」、「義界」。與李建國之說法相同。(1987年7月‧武漢大學出版社)

許威漢《訓詁學導論》第三章訓詁的方式次第為一、互訓。二、義界。三、推因。與黃季剛先生原第相同。(1987年12月‧上海教育出版社)

　　黃建中《訓詁學教程》第四章訓釋字詞的形式以直訓、義界、推因為次。(1988年1月‧荊楚書社出版)

　　趙振鐸《訓詁學史略》第六編現代訓詁學理論體系的建立一章，其第三節訓詁的方式，他認為黃侃「一曰互訓，二曰義界，三曰推因。」較之於章炳麟《與章行嚴論墨學第二書》書中所說：「訓詁之術，略有三涂：一曰直訓，二曰語根，三曰義界。」其排列順序更能反映人們對訓詁方式的認識的發展。(1988年3月‧中州古籍出版社)

　　陳紱《訓詁學基礎》解釋詞義的方式云：「前人一般把這種解釋詞義的方式歸為三類：互訓、推因、義界。嚴格講這樣分是不夠科學的。首先：它們並不在一個平面上，「互訓」和「義界」，是用不同的形式闡明詞所含的意義，而「推因」，旨在尋求詞義產生的源頭，並不著眼於目的，這是兩個不同範疇的問題，同樣的形式可以有不同的目的，同一個目的也可以採用不同的形式。而這一節主要講的是方式，推因不能作為其中的一種。」陳氏雖將推因排除於方式之外，然三者之次第，則同於黃季剛先生〈訓詁述略〉。(1990年9月‧北京師範大學出版社)

　　就以上各家就其次第來看，我們可以簡單的列一張表如下：

　　第一種次第：互訓、義界、推因。

　　　　黃侃《訓詁述略》、《文字聲韻訓詁筆記》、林尹《訓詁學講義》、吳孟復《訓詁通論》、楊端志《訓詁學》、許威漢《訓詁學導論》、黃建中《訓詁學教程》、趙振鐸《訓詁學史略》。

　　第二種次第：互訓、推因、義界。

　　　　章炳麟《與章行嚴論墨學第二書》、林尹《訓詁學概要》、陸宗達《訓詁簡論》、郭在貽《訓詁學》。

第三種次第：義界、互訓、推因。

　齊佩瑢《訓詁學概論》。

第四種次第：推因、義界、互訓。

　胡楚生《訓詁學概論》。

第五種次第：推因、互訓、義界。

　白兆麟《簡明訓詁學》、張永言《訓詁學簡論》、李建國《漢語訓詁學史》、周大璞《訓詁學初稿》。

第六種次第：互訓、義界爲方式次第，推因爲目的次第。二者不在同一平面上作比較之次第。

　王寧《訓詁原理概說》、陳紱《訓詁學基礎》。

　第六種次第因爲將推因不擺在方式的次第上，所以不在本文討論的範圍之內，除第六種之次第外，其餘五種除互訓外，其推因與義界，第一種與第三種皆義界在前，推因在後；第二種、第四種、第五種則皆推因在前，義界在後。故應連類討論。本文之目的，主要在討論訓詁方式中，如果我們承認推因這種方式與義界是放在同一平面上的話，應該何者在前，何者在後？本來方式只是表現的一種方法型式，原本無所謂次第次先後，不過在我們敘述時，總有一個先後的，那麼，我們應該怎麼叙述，學者才比較容易掌握呢？趙振鐸的《訓詁學史略》在比較了黃侃與章炳麟師弟有關訓詁方式之名稱與次第後說：

　「比較一下這兩段論述，可以發現，章炳麟列在第二的「語根」，黃侃把它改爲「推因」，列在最後。章炳麟所謂「界說」，黃侃稱爲「義界」。這不只是用語和順序的改動，它反映了黃侃對他老師學說的繼承和發展。黃侃「互訓」、「義界」、「推因」的排列順序，更能反映人們對訓詁方式的認識和發展。」

　我覺得趙振鐸的觀察相當敏銳，掌握住了黃侃改動的要點。

我個人認為這三者的次第，首先應該是「互訓」，因為語詞當中，如果有同義之詞，能普遍的為人所瞭解，則拿來解釋，自是再適當不過了。因為訓詁的原則，本來是要用已知的語言文字解釋未知的語言文字，用常見的語言文字解釋罕見的語言文字，用容易的語言文字解釋艱難的語言文字，這本來是天經地義的事，則用來作解釋的詞，只要為人所共知，為人們普遍的理解了，那拿來解釋，豈非簡捷易行嗎？但實際的語言當中，真正意義完全相同的詞是很少的，所謂同義詞總有一些細微的差別，意義相近的詞中間，有相同的方面，也有差異的方面。用單詞來解釋單詞，能夠說明其同，而不能夠說明其異，因此如果沒有同義詞，那要怎麼辦呢？用互訓的方式當然是不行，那就必須要改用其他的方式。個人以為在這個時候，最好用語句的方式來說明或描寫事物的意義，也就是說，當一個詞不能夠用來說明時，我們就用多數詞來解說，用多數詞或用語句來解說或描寫，這就是下義界的方式了。所以我們認為義界應該擺在第二位的順序的道理了。如果遇到一個語詞，既無同義詞可以互訓，又很難用一句話或幾句話把詞義說得清清楚楚，讓人一看就可以瞭解。這時候就只好根據詞的聲音線索，也就是從音義的聯繫上去認識詞的歷史和意義的根源。因此我認為推因的方式，應該擺在最後，當前面兩種方式都無法解說得清楚時，才不得已而用的第三種方式。因此互訓、義界、推因三種方式，反映了人們對訓詁方式的由淺而入深，由易而至難的認知過程。質諸當世方家，未審以為然否？

中華民國八十二年九月二十一日脫稿於臺北市和平東路鍥不舍齋

【參考書目】

王力　　　　　　　　同源字典　　　　　　　文史哲出版社

王問漁	訓詁學的研究與應用	內蒙古人民出版社
申小龍	中國語言學：反思與前瞻	河南人民出版社
白兆麟	簡明訓詁學	浙江教育出版社
吉常宏・王佩增	中國古代語言學家評傳	山東教育出版社
吳孟復	訓詁通論	安徽教育出版社
李建國	漢語訓詁學史	安徽教育出版社
汪耀南	注釋學綱要	語文出版社
周大璞	訓詁學初稿	武漢大學出版社
周秉鈞	古漢語綱要	湖南人民出版社
林尹	訓詁學概要	正中書局印行
胡楚生	訓詁學大綱	蘭臺書局印行
高本漢	漢語詞類	聯貫出版社印行
張永言	訓詁學簡論	華中工學院出版社
許威漢	訓詁學導論	上海教育出版社
郭在貽	訓詁叢稿	上海古籍出版社
郭在貽	訓詁學	湖南人民出版塵
陳紱	訓詁學基礎	北京師範大學出版社
陸宗達・王寧	訓詁學方法論	中國社會科學出版社
陸宗達	訓詁簡論	北京出版社
黃侃	訓詁述略	制言第七期
黃典誠	訓詁學概論	福建人民出版社
黃建中	訓詁學教程	荊楚書社出版
黃焯	文字聲韻訓詁筆記	木鐸出版社
楊端志	訓詁學（上、下）	山東文藝出版社
趙振鐸	訓詁學史略	中州古籍出版社
齊沖天	訓詁學教程	中州古籍出版社

齊佩瑢	訓詁學概論	廣文書局有限公司
劉又新	訓詁學新論	巴蜀書社出版
劉殿爵	語言與思想之間	吳多泰中國語文研究中心
蘇新春	漢語詞義學	廣東教育出版社

訓詁學與語義學
——談理論訓詁學在八十、九十年代的發展

王　寧

一

　　中國的訓詁學，是一門具有綜合性內容的、應用性很強的學科。它以中國先秦經典的書面語言以及對這些語言的解讀材料為主要研究對象，探討早期漢語的詞源和詞匯意義的歷史演變。它的成果首先是對漢語的歷史語言單個的詞語意義所作的識別與解釋，然后是對那些已探求到的意義解釋材料進行總匯與分類。這就使它在語言學理論體系中，佔據了漢語歷史語義學的位置。

　　黃季剛先生曾說：「夫所謂學者，有系統條理，而可以因簡馭繁之法也。明其理而得其法，雖字不能遍識，義不能遍曉，亦得謂之學。不得其理與法，雖字書羅胸，亦不得名學。」他還提出治「小學」應當「由專門而得之常識」，使「其識必精」。批評了唐、宋以降治「小學」者「散漫而無系統」，肯定了清代的「小學」能「分析條理而極乎大成」（均見黃焯整理、黃侃述《文字聲韵訓詁筆記》）。他的這番話，成為對訓詁學歷史發展評價的綱領，也成為現代訓詁學發展的進一步追求的方向。

　　正因為如此，本世紀80-90年代，中國訓詁學在繼續進行理論的探討、使之更適用于當代時，理論訓詁學便應運而生。它以清理既往訓詁學的術語與闡發訓詁現象的原理為主要任務，力

求按照「明其理」與「得其法」的目標，改變傳統訓詁學羅列經驗與堆砌材料、缺乏理性規律探討的不理想狀態。因此，理論訓詁學不但廣泛吸收了歷史語義學與結構語義學的成果，在發掘傳統訓詁材料既有的、內在的自身規律基礎上對很多訓詁現象作出了解釋，而且也用漢語古代書面語言及其解釋材料中所反映出的諸多現象，豐富了普通語言學和現代語義學所提出的理論與方法。這也使它超越了既往訓詁學歷史的與綜合的性質，而具有了普遍的理論意義。

在進行上述工作中，訓詁學與現代語義學理論發生了相互吸取的關係，有鑒于此，本文試就以下三方面的問題加以探討：

第一，中國訓詁學在構架自己理論體系的時候，吸收了現代語義學的成果，使自己的方法與體系更嚴密、更科學。例如，它對語義單位所給予的不同層次的分析。

第二，中國訓詁學在現代語義學的啓發下，對自己已有的方法和規律開始有了新的認識，從而發掘出這些方法和規律的普遍意義，充實和豐富了現代語義學。例如，在古代注釋材料中本來就存在對詞義最小的元素的確認與分析，但是沒有提到理論高度來認識，而在現代結構語義學義素分析法的啓發下，去重新認識和分析注釋的原理時，就產生了對義素分析法新的豐富與補充。

第三，中國訓詁學從古代漢語的經驗事實中所總結出的規律，與現代語義學相得益彰，并且爲現代語義學提供了更爲可行的、具有普遍意義的操作方法。例如，中國自古以來存在的類聚方法，與西方語義學的語義場理論不謀而合，但訓詁學在類聚材料中探討語義有一套較成熟的操作方法，又是語義場理論所不具備的，它們之間應當相互補充。

下面分別論述這三種情況。

二

中國訓詁學以古書的注釋爲最早的基本研究對象，而這些注釋材料是由漢字記錄下來的，其中的意義關係是由漢字所傳遞的意義信息來表示的，這就使古代訓詁學對注釋材料的理解是籠統的。在采用了普通語言學對字、詞、義的單位進行層次區分的方法后，可以看出，在這些訓釋材料裡，被漢字記錄下來的是五種不同的單位。試看下列注釋材料中加「‧」的漢字：

①《說文解字》：「齊（𪗉）：禾麥吐穗上平也」

②《經籍纂詁》集錄：品：式也，率也，同也，齊也，衆庶也，格也，等差也……

③《爾雅》：「初、哉、首、基、肇、祖、元、胎、俶、落、權輿，始也。」

④《詩經‧周南‧芣苢》：「采采芣苢」毛傳：「采，取也」。又「薄言捋之」毛傳：「捋，取也」。

⑤《說文解字》：「袒，衣縫解也」。

很顯然，上述五種注釋材料中加「‧」的漢字，絕非同一種單位，它們或不同質，或不在同一個層次上。

①中的「齊」被「禾麥吐穗上平也」來注釋，注釋的是它的構字意圖（指象禾麥吐穗時因人工種植而一般平齊），因而，齊在這裡的身分只能是一個字，也就是書寫形式（character）。

②中的「品」，被諸多義項所注釋，它在這裡是一個多義項的詞（lexical word）。

③中的十一個單元，除「權」外，都是單個的漢字，它們同被「始」注釋，因此都只是一個僅具單義項的詞項（lexeme）。

④中的「取」，用來注釋「采」和「捋」，它表示的是「采」

和「捋」在《詩經》這首詩裡體現出的言語意義（sense）。更明確地說，它相當于一個義位（glosseme），相當于詞典學上的一個義項。

　　⑤中的「解」雖處在注釋「袒」的位置上，但它并不是「袒」全部意義的體現，只是由「袒」的意義中分解出的一個相關特點。也就是說，「袒」的意義在這個用義界方式作出的訓釋裡，被分解爲兩個部分：「衣縫」（衣服被綾縫住的地方）和「解」（脫開）。所以，只就「解」而言，它標識的是從一個單義項裡分析出的義素（sememe）。

　　這五種同樣被漢字記錄的單位，既有字與詞的不同質的區別，又有詞與義的不同範圍的區別，還有多義詞與詞項、義位與義素的不同層次的區別。這就打破了既往訓詁學籠統以「字」爲單位來理解古代注釋材料的慣例，而透過漢字的表面形式，可以構建出字、詞、義層次的結構框架，顯示出以下的結構布局：

字(1)　……………………詞(1)

　　字（1A）　………………詞項(A)
　　字（1B）　………………詞項(B)
　　字（1C）　………………詞項(C)

　　　　字（1Aa）　………………4 義位(a)
　　　　字（1Ab）　………………義位(b)
　　　　字（1Ac）　………………義位(c)

　　　　　　字（1Aax）………………義素（x）
　　　　　　字（1Aay）………………義素（y）

這種有層次的結構布局，使詞義的內部成分分析有了可能，同時，由于明確了一個漢字所表示的究竟是哪一個層次的意義單位，就避免了實踐中的失誤，例如，我們可以從古代的注釋書或訓詁專書中搜集到這樣的迭相注釋材料：

　　厭（壓），笮也；笮，迫也；迫，近也；

　　近，附也；附（坿），益也；益，饒也；

　　饒，飽也；飽，厭也。

不加分析地用「訓詁即代語」的公式，可以把「壓」、「笮」、「迫」、「近」、「附」、「益」、「饒」、「飽」、「（猒）」系連爲同義詞。但是，有了層次分析的觀念后，便可以知道，在這些注釋中，被注釋的字都是詞項而注釋詞則是相應的義位。這八個注釋體現四個義位，是不能簡單以漢字將其認同而系連的。

　　厭—笮—迫…………………緊

　　迫—近—附…………………靠近

　　附—益……………………增加

　　益—饒—飽—厭……………滿足

它們的意義相關而不相同，是因爲「迫」、「附」、「益」這三個漢字處在注釋詞地位與處在被注釋地位并非表示同一詞項或義項，是漢字的表面形式的同一，使這四組不同意義的單音詞項錯誤地連在一起。

　　訓詁材料的綜合繫連可以探討意義的相關聯繫，而在認同上，卻要愼重，必須進行有層次的分析與區別。如果在繫聯中發生了偸換義項的錯誤，可以造成十分荒謬的結論。例如，常有人把「苦，快也」稱爲「反訓」，其實，這是偸換義項的結果，「苦」訓「快」，是因爲它們都有「疾速」義，而不是用「苦」的「痛苦」義去對當「快」的「愉悅」義。

　　所以，訓詁學不能只從表面出發，籠統以一個漢字爲一個單位，在運用傳統的、行之有效的繫聯和比較方法時，對字、詞、義的結構層次，必須認眞分辨幷注意標識。

三

　　中國古代的注釋用一個漢字記錄一個意義（sense），現代人以爲它的內部不再有分析的可能。其實，中國古代訓詁學早就存在着詞義內部結構分析的觀念。訓詁學着眼于詞義的比較和繫聯，應當說，沒有兩個完全相同的義項，任何表面看來相同的義項，都存在着內部差異，因而，要想相對準確地描寫出詞義之間的異同關係，必須確立出一個小于義位（項）的意義元素單位，這就是義素。

　　美國 J.W. 佩里和 A. 肯特，提出過語義因子（Semantic Factors）分析方法，英國的人工智能專家 Y.A. 威爾克斯，也提出了把義素作爲基本的語義單位來構成用于自動翻譯的語義理論。這些理論對漢語訓詁學是有啓發的。實際上，在注釋材料的分析、同義詞的意義認同與別異、同源詞的意義關係等問題上，漢語的義素分析法早就從訓釋材料中體現出來了，而中國古代重視分類及習慣一分爲二的思維特點，給漢語的義素分析法奠定了哲學基礎。

　　在闡釋訓詁學中詞義異同的原理時，我們確立了三種不同作用的義素，這些義素都是從詞義比較中切分出來的。

　　類義素用以指稱單義項中表示義類的意義元素。從古代義訓的義界方式裡，可以分析出類義素。例如：

　　　漸，水索也。

　　　消，水盡也。

　　潾，水虛也。

　　汔，水涸也。

　　從這幾個注釋材料中，經過比較，分解出「水」這個類義素，說明這四個字所記錄的詞的本義都表明水的狀態。

　　謌，偽言也。

　　譀，夢言也。

　　謥，善言也。

　　譔，傳言也。

　　從這幾個注釋材料中，經過比較，分解出「言」這個類義素，說明它們都是某種情況的言語行為。

　　核義素用以指稱同源詞所含的相同特點，因此又稱源義素。它表明此物所以稱此名的核心特點，從古代訓詁的聲訓材料裡，可以分析出同源詞之間相同的義素。例如：

　　澌，水離散。

　　凘，流冰。

　　癬，聲散。

　　斯，析柴者。

　　欺，言實相離。

　　從以上注釋中可以分解出這組同源詞共同的特點：「離析」、「分散」，稱為它們的核義素與源義素。

　　除了這兩種有特殊意義的義素外，其他義素都可稱為表義素。例如，上述謌，譀，謥，譔若以「語言」為其類義素，則偽、夢、善、傳則分別標識它們的表義素。

　　我們把訓詁材料中的義界方式規範為以下公式：

　　主訓詞＋義值差

　　主訓詞一般是類義素，義值差則可反映表義素，也可反映核義素。義值差爲共同或相關核義素的，它們是同源詞；義值差爲共同表義素的，它們只是偶然的同義詞。輔之以語音的通轉方法，區別同源詞和同義詞，便可防止主觀隨意性。

　　以下直訓屬不完全訓釋：

　　　締，結也。

　　　嬰，飾也。

　　　摘，拓也。

　　比較它們的義界訓釋方式：

　　　締，結不解也。

　　　嬰，頸飾也。

　　　摘，拓果樹實也。

　　可以看到，直訓的訓釋詞語中缺乏「義值差」這個部分，它們沒有將這個義位分解爲相應的兩個義素，從內部結構的顯示來說，是不周全的。也就是說，訓釋詞與被訓釋詞在意義上并不等值，一般說來，直訓大多是不完全訓釋。上述三個義界中的義值差分別爲其表義素。含有同一表義素的詞項可認爲是偶然同義的詞項。

　　比之歐美的義素分析法，中國訓詁學的義素分析有三個特點：第一，它以類義素和核義素來進行同類詞、同義詞與同源詞的鑒別和類聚；在哲學方法論上，它注重的不只是詞義的量的異同，而更注重它們本質的異同。第二，對漢語這種孤立語，它能透過記錄單音詞的漢字，分析出詞義的內部結構，表現出中國古代思維并非偏于綜合，而同時也是十分重視分析的。第三，西方語言學在使用義素概念描繪詞義時，一直想使義素的分解是有限的，但是由于他們未能把握詞項之間質的聯系，始終未能完滿解

決這個「有限性」。而中國訓詁學由于提出了核義素與類義素，同時採用兩分法，較好地解決了這一問題。從訓詁的義界得出以下結構方式：

> 類義素＋核義素＝詞源意義
> 類義素＋表義素＝表層意義

同時也得出了以下比較公式：

> 詞項之間表義素相同者爲同義詞；
> 詞項之間核義素相同者爲同源詞；
> 詞項之間類義素相同者爲同類詞，而核義素相同者，必非同類詞。

因此，在中國訓詁學理論建設中產生的漢語義素分析法，既帶有自己的特色，又對現代語義學有所發展。

四

　　古代訓詁材料有兩大類：一類是隨文釋義的注釋，另一類是訓詁材料的纂集，第一種材料偏重對詞語的言語意義進行單個的解釋，但是，它并不孤立地看待一個一個的詞，而是把每個詞語，放在與它相關的其他詞中間，前後溝通、左右聯繫，去探討它的意義。歸納和繫聯是訓詁學最基本的方法。例如，中國訓詁學總是通過語音綫索，用繫聯同源詞的方法來探討一個詞的構詞理據的。「謙」有不自重大、尊敬他人的意思，爲了探討它的意義來源，訓詁家便把它的同源詞繫聯起來：

　　嗛：《荀子·仲尼》：「滿則慮嗛」注：「嗛，不足也」。《漢書·郊祀志》：「今穀嗛未報」注：「嗛，少意也」。《晉語》：「嗛嗛之德」注：「嗛嗛，猶小小也」。

　　廉：《說文》訓「仄也……，讀若風溓溓，一曰廉潔也。」朱

駿聲說：「餟餟謂小小食也。」

　歉：《廣雅·釋天》：「一穀不升曰歉。」《說文》：「歉，歉食，不滿。」

　廉：《九章算術》邊謂之廉，角謂之隅，廉為邊薄之處。

　簾：朱駿聲說：「簾，縷竹為之，施于堂戶，所以隔風日而通明者也。」取其薄義而稱簾。

　幨：《釋名·釋床帳》：「戶幨施之于戶外也。」簾以竹為之，幨以布為之，都取其薄而名。靎甲的邊緣俗稱「裙邊」的，也叫「幨」，字寫作「裧」。也因其薄而得名。

　溓：薄水。

　慊：《說文》：「慊，疑也。」疑與實相反，與損、欠義通。《禮記·坊記》：「貴不慊于上」注：「慊，恨不滿之貌也」。

　繫聯就是一種聚合，從中可以歸納出「謙」的詞源意義是「不足」、「不滿」、「缺少」、「微薄」。

　正因為在解決單個詞義時訓詁家要旁徵博引，兼及左右，才有了中國訓詁學對材料纂集的傳統，而纂集材料必分類。分類是中國古代十分成熟的哲學觀念。《易經·乾卦》說：「同聲相應，同氣相求。水流濕，火就燥。雲從龍，風從虎，聖人作而萬物覩。本乎天者親上，本乎地者親下。則各從其類也。」《禮記·樂記》明確提出「方以類聚，物以群分」的規律。中國訓詁學在這種哲學思想的指導下把分類當成必不可少的方法。《爾雅》、《方言》、《釋名》等訓詁專書，都以義類的劃分作為全書的編排總例。

　詞以類分，同類而纂集，這就是一種聚合，因而，在早期訓詁材料的纂集裡，就已經存在着西方語義學所說的「語義場」觀念。語義場對詞匯意義的研究，既有探討數量的作用，又有整理

詞匯系統與詞義系統的作用。中國訓詁學在理論建設中，采用了「語義場」的概念，而從自身的傳統方法出發，提出了以下探求詞義發展規律的方法與原則：

㈠ 密度測查：

在同類語義場裡，詞語密度的變化，標志着社會生活變化。例如，在《說文解字》中，牛以歲齡分的詞有 4 個，以毛色分的詞有 11 個。而在漢代以後的常用詞裡，它的密度逐漸減少，這是隨着祭祀、圖騰標志與畜牧業的社會作用減小而改變的。

㈡詞義對立關係的測查：

在同一語義場裡，通過對詞義對立關係的測查，可以看出人類觀念的形成，也可以對詞匯進行有層次的整理。例如，對上古典籍關于熟食用火的詞加以類聚，可以看出在同一語義場裡，存在着以下幾方面的語義對立。

(1)直接接觸火與通過器皿的詞是分立的；

(2) 熟糧與熟魚肉的詞是分立的；

(3) 在通過器皿的用火詞中，加水與不加水的詞是分立的；

(4) 在加水熟食的詞中，干汁與帶汁是分立的；

(5) 在直接接觸火的熟食中，對肉的皮、毛加工方式不同的詞是分立的。

這五種語義對立，體現在下表中：

直 接 接 觸 火				通　過　器　皿				
	肉			不加水		加　　水		
糧				糧	肉	干汁	帶汁	
	去皮毛	去毛	帶毛				猛火	文火
烘	炙	燔	炮燧	炒	蒸煑	煎熬	煮	烹

經過語義對立——也就是詞的分立的測查，既可了解人類的

觀念，又可清理出詞匯及其意義的層次，顯示不同時代詞義系統。

㈢詞義相關規律的測查：

引申義之間的相關與同源詞的意義相關，只有在詞匯聚合成場后才能顯現出來。例如，從「變化」意義的語義場中，可以發現這樣一種現象：

化（變化）→訛（誤差）

過（超越）→過（錯誤）

作（初創）→詐（欺騙）

爲（作爲）→僞（虛假）

……

在同一語義場中存在不同詞語身上這樣的意義相關，既是帶有普遍性的，其中必然有語義相關的規律或文化背景的原因。上述例子說明，在東周時期，中國古代崇尚自然的心理，在一些人心目中，已經轉變爲厭倦變革、對後天改造力量的抵制，上述語義的演變，正是這種文化背景的反映。

㈣意義元素的分類測查：

詞語意義系統永遠是一個開放的不平衡系統，但歷史詞匯系統卻已經定量。古代漢語單音詞的意義元素是可以定量測查的。在窮盡分類歸納出相應類別的語義場之后，計算機所需要的義元測查可以有系統的進行，這對整理漢語詞匯總體系統，是一條必經之路。

以上四個方面，中國訓詁學所提供的方法都是富有經驗與可操作的。它從漢語的實際出發，用詞語類聚的傳統方法使語義場的理論方法得以豐富發展。

五

　　「小學」分爲文字、聲韵、訓詁學以後，訓詁學就在明確的分工下，以詞義作爲自己主要的研究對象。80—90 年代在訓詁學範圍內所進行的理論探討，意義是重大的。近百年來的漢語語言學史證明，離開了漢語研究的自身傳統而謀求全盤西化的發展道路，會使漢語語言學脫離實際，走入絕境；但死守傳統的成說，不注重借鑒西方語言學的合理方法，也會使漢語語言學停留在古代，而達不到現代的高度。唯有從古代語言學的精華中去探求普遍規律，才能使漢語語言學走向世界，爲豐富和發展普通語言學作出貢獻。中國訓詁學是傳統語言學中最富成果的一個門類，很多前人提出的問題有待深入研究，也有很多新的課題有待開掘，它的發展是未可限量的。

音義綜論

黃坤堯

一、音義與書音

　　訓詁學原是專研文獻傳注、音義、章句及版本異文之學。但時有古今，地有南北，語言文字，代有不同，當閱讀發生因難的時候，自然也就需要加以注釋了。如果連閱讀古代的注釋也有困難，那麼就要進一步的爲注釋作注，甚至將原文譯爲語體。而訓詁學自然就跟歷代語言、當代語言以至方言俗語、域外譯語等息息相關。音義也就是魏晉以來傳注之學的發展。秦漢以後，讀者閱讀先秦古籍已經有些吃力了，《爾雅》、《毛傳》雖然都是訓釋文獻的語義，但編排的角度不同。前者屬詞典工具書類，以客觀歸納語義爲主；後者屬傳注類，則解釋文獻語言的意義和用法。《爾雅》、《毛傳》，交互爲用，表現了漢代訓詁學偏重語義的特點。魏晉以後，語音的變化很大；在語音發展史上，這是由周秦古音嬗變到隋唐今音的歷史階段。當時學者受印度聲明及佛經翻譯的影響，或利用反切爲漢字記音，分析聲韻結構；或辨析四聲八病，探討文學語言；而訓詁學也由傳統的傳注一變而爲音義了。

　　音義或簡稱音，是古書注釋的一種形式，辨析字音，因音辨義；此外疏通文理，辨明句讀，校勘異文，解釋古今詞義變遷及當代詞語等。音義又稱音訓、音解、音證、音隱、音義隱等。魏

音學者重視正音的工作，書音或音義書十分流行。周祖謨云：

> 音義書專指解釋字的讀音和意義的書。古人為通讀某一部
> 書而摘舉其中的單字或單詞而注出其讀音和字義，這是中
> 國古書中特有的一種體制。根據記載，漢魏之際就有了這
> 種書。魏孫炎曾作《爾雅音義》是其例。自晉宋以後作
> 《音義》的就多起來了。一部書因師承不同，可以有幾家
> 為之作音，或兼釋義。有的還照顧到字的正誤。這種書在
> 傳統「小學」著作中獨成一類，與字書、韻書、訓詁書體
> 例不同，所以一般稱為「音義書」，或稱「書音」。①

周祖謨指出音義書跟字書、韻書、訓詁書體例不同；其實音
義跟傳注的性質固然有別，書音跟語音的性質亦有不同。大抵傳
注以釋義為主，注音次之；音義以注音為主，因音辨義；兩者同
屬訓詁學的範疇，都要注出意義，但注釋的手段各異。語音辨析
聲韻結構，審定標準音，這是聲韻學的工作，一般以《切韻》為
研究對象；書音記錄眾家師說，假借異讀等，往往寫的是一字，
讀的卻是另一字，這些都是訓詁學的研究對象，那就要參考《經
典釋文》了。方孝岳認為書音與韻書有別：

> 書音者訓詁學，韻書者音韻學。韻書所以備日常語言之
> 用，書音則臨文誦讀，各有專門。師說不同，則音讀隨之
> 而異。往往字形為此而音讀為彼，其中有關古今對應或假
> 借異文、經師讀破等等，就字論音有非當時一般習慣所具
> 有者，皆韻書所不收也。所謂漢師音讀不見韻書者多，往
> 往即為此種，而此種實皆訓詁之資料，而非專門辨析音韻
> 之資料。
>
> 二者之別，六朝人知之甚明。故顏之推《家訓》一書既有
> 《音辭篇》復有《書證篇》，二篇皆論音韻，而前者言韻

書，後者言書音，其爲界域固自分明。《切韻》一書所由表現與《經典釋文》體裁有異，源流本末固確然可知也。至宋人《集韻》乃混而一之，凡書音中異文改讀之字皆認爲與本字同音，濫列一處，作爲重文，混淆訓詁學與音韻學之界限，可謂大謬不然者矣。②

書音也就是音義，注音即所以表義，同屬訓詁學的範疇。書音當然是立足於語音之上，關係密切；但書音的研究首重在義，而不是分析語音，也就跟聲韻學的研究重點有所區別了。例如陸德明在《毛詩音義》中分別爲毛、鄭作音，即以詩義爲準。方孝岳曾經舉出以下十二例：

施：毛以豉反，移也；鄭如字。（53－2b－11）

女：毛如字；鄭音汝。（57－10a－10）

信：毛音申，極也（終古）；鄭如字，相親信也。（58－11a－11）

害：毛如字；鄭音曷，何也。（59－14a－2）

敦：毛如字，厚也；鄭都回反，投擲也。（59－14a－7）

祝：毛之六反，織也；鄭作屬，之蜀反，著也。（61－17a－11）

將：毛如字；鄭七良反（讀爲羌）。（63－22b－10）

思：毛音如字；鄭息嗣反。（65－26a－10）

貫：毛古亂反，中也；鄭古患反，習也（讀爲慣）。（67－29a－6）

行：毛音衡；鄭音衡。（74－7a－9）

艾：毛五蓋反，云久也；鄭音刈，云芟末曰艾。（78－16b－9）

溫：王如字，柔也；鄭於運反，蘊藉也。（81－22b－6）

③

諸讀一為如字，一為改讀；改讀不見於《切韻》，毛、鄭為了解釋詩義，特將它們改讀為另一字，不能視作又音。至於所謂如字，通常也不用標出反切，只叫人依一般的習慣去讀，可見兩讀都是訓詁的問題，與聲韻學無關。

二、魏晉六朝的音義著作

魏晉以後，為了通讀古籍，傳統傳注的訓釋自然不容忽視，而且還有所發展，不斷增加新的注釋。同時為了篤正讀音，當時學者一方面要編撰正音的書籍，審定標準讀音；一方面也要把握經傳文獻的確詁，根據意義判定讀音。當時書音著作十分流行，《經典釋文·序錄》及《隋書·經籍志》等所載，或稱音，或稱音義；雖亡佚已多，而篇目尚存。其中單稱《音》者較多，著者或另撰傳注，例如孔安國《古文尚書傳》、鄭玄《毛詩故訓傳鄭氏箋》等（書前酌加＊號表示）。今先列音書：

孔安國：＊《尚書音》。

鄭玄：＊《尚書音》、＊《毛詩音》、＊《三禮音》。

服虔：＊《春秋左氏音》、《漢書音訓》。

孟康：《漢書音》。

王肅：＊《易音》、＊《毛詩音》、＊《三禮音》。

高貴鄉公曹髦：《春秋左氏音》。

孫炎：＊《爾雅音》。

嵇康：《春秋左氏音》。

司馬彪：＊《莊子音》。

郭象：＊《莊子音》。

郭璞：＊《爾雅音》、＊《山海經音》。

李軌：《易音》、《尚書音》、《毛詩音》、《三禮音》、《春秋左氏音》、《春秋公羊音》、《莊子音》、《二京賦音》。

范宣：《儀禮音》、《禮記音》。

劉昌宗：《三禮音》。

徐邈：《易音》、《尚書音》、《毛詩音》、《周禮音》、《禮記音》、《春秋左氏音》、《論語音》、《莊子音》。

諸詮之：《百賦音》。

陳國武：《司馬相如賦音》。

鄒誕生：《史記音》。

施乾：《爾雅音》。

謝嶠：《爾雅音》。

顧野王：《爾雅音》。

戚袞：《周禮音》。

蕭該：《文選音》。

包愷：《漢書音》。

佚名：《三蒼音》、《證俗音》、《史漢音》。

次列音義著作：

服虔：《春秋音隱》。

韋昭：《漢書音義》。

徐廣：《史記音義》。

臣瓚：《漢書集解音義》。（顏師古認為或稱應劭撰者誤）

阮孝緒：《正史削繁音義》。

臧兢：《范漢音訓》。

沈重：《毛詩音義》。

蕭該：《漢書音義》。

柳喜：《史記音解》。

劉芳：《毛詩箋音證》。

于氏：《毛詩音隱》。

謝氏：《禮記音義隱》。

佚名：《說文音隱》、《字林音隱》。④

　　諸書目前只有輯本，難窺全豹。其中漢注孔安國、鄭玄、服虔諸家的書音可能只是魏晉經師根據義訓參訂出來的注音，不一定是原著的讀音。又孫炎有《爾雅注》、《爾雅音》二書，而顏之推則合稱之為《爾雅音義》；孟康的《漢書音》或稱《漢書音義》。可見音或音義的分界並不嚴謹。目前魏晉六朝音義之作以《經典釋文》一書比較重要。《經典釋文》專為儒道兩家的經籍文獻撰錄音義，計有《周易音義》、《古文尚書音義》、《毛詩音義》、《周禮音義》、《儀禮音義》、《禮記音義》、《春秋左氏音義》、《春秋公羊音義》、《春秋穀梁音義》、《孝經音義》、《論語音義》、《老子音義》、《莊子音義》、《爾雅音義》，凡十四種。陸德明在《序錄》中開宗明義即云：

> 夫書音之作，作者多矣。前儒撰著，光乎篇籍。其來既久，誠無閒然。但降聖已還，不免偏尚，質文詳略，互有不同。漢魏迄今，遺文可見，或專出己意，或祖述舊音，各師成心，製作如面。加以楚夏聲異，南北語殊，是非信其所聞，輕重因其所習，後學鑽仰，罕逢指要。夫筌蹄所寄，唯在文言，差若毫釐，謬便千里。夫子有言：必也正名乎。名不正則言不順，言不順則事不成。故君子名之必可言也，言之必可行也。斯富哉言乎，大矣盛矣，無得而稱矣！(1-1a-4)

可見當時的讀音比較混亂，或「己意」、「舊音」，所讀不同；或〈楚夏〉、「南北」，方言有別，「各師成心」有時也就變得沒有

標準可言了。假如說《切韻》的編撰是爲了整頓混亂的讀音現象，那麼《經典釋文》的出現就是爲了對付紛繁的音義訓解了。陸德明所謂「文言」即爲傳統的文獻語言，也就是世代通行的書面語。書面語要兼顧語言的歷史因素和方言習慣，不能以今音今義隨便曲解，所以「必也正名乎」之說是有嚴肅的訓詁意義的。《序錄》又云：

> 余少愛墳典，留意藝文，雖志懷物外，而情存著述。粵以癸卯之歲，承乏上庠，循省舊音，苦其太簡。況微言久絕，大義愈乖，攻乎異端，競生穿鑿。不在其位，不謀其政，既職司其憂，寧可視成而已。遂因暇景，救其不逮，研精六籍，采掇九流，搜訪異同，校之《蒼》、《爾》，輒撰集五典、《孝經》、《論語》及《老》、《莊》、《爾雅》等音，合爲三袠三十卷，號曰《經典釋文》。古今並錄，括其樞要，經注畢詳，訓義兼辯。質而不野，繁而非蕪，示傳一家之學，用貽後嗣。(1-1b-8)

陸德明自述撰「音」的動機，目的仍在辯析經傳的「訓義」。諸音各自成書，分稱「音義」，合之則稱爲「釋文」。「文」指文言，也就是傳統的文獻語言。《釋文》一書總結魏晉六朝的音義著作，其重要性可想而知；而書中所揭示的音義關係也是魏晉六朝訓詁學中重要的研究課題，富於時代特色。《序錄》又云：

> 先儒舊音，多不音注。然注既釋經，經由注顯，若讀注不曉，則經義難明，混而音之，尋討未易。今以墨書經本，朱字辯注，用相分別，使較然可求。(1-2a-11)
> 文字音訓，今古不同。前儒作音，多不依注，注者自讀，亦未兼通。今之所撰，微加斟酌。若典籍常用，會理合時，便即遵承，標之於首。其音堪互用，義可並行，或字

有多音，眾家別讀，苟有所取，靡不畢書，各題氏姓，以相甄識。義乖於經，亦不悉記。其或音、一音者，蓋出於淺近，示傳聞見，覽者察其衷焉。(1-2b-9)

這裏陸德明指出音義著作中兩個重要的條例，一是經、注都要作音，顯示語言的變遷，注上加注。二是解經者要尊重前人的傳注，會理合時即當依循；但是他也不否定諸家的異讀異訓，從而保留了大批魏晉六朝的音義材料，以便後人作比較研究之用。

三、唐代音義的發展

唐代訓詁學以義疏爲主，講解經典大義。音義之學，今所傳者僅見於《漢書》、《史記》、《晉書》、《列子》及佛經諸書，尤以佛經爲盛。

顏師古《漢書叙例》云：

> 《漢書》舊無注解，唯服虔、應劭等各爲音義，自別施行。至典午中朝，爰有晉灼，集爲一部，凡十四卷，又頗以意增益，時辯前人當否，號曰《漢書集注》。屬永嘉喪亂，金行播遷，此書雖存，不至江左。是以爰自東晉迄于梁、陳，南方學者皆弗之見。有臣瓚者，莫知氏族，考其時代，亦在晉初，又總集諸家音義，稍以己之所見，續廁其末，舉駁前說，喜引《竹書》，自謂甄明，非無差爽，凡二十四卷，分爲兩袠。今之集解音義則是其書，而後人見者不知臣瓚所作，乃謂之應劭等集解。

又云：

> 字或難識，兼有借音，義指所由，不可暫闕。若更求諸別卷，終恐廢於披覽。今則各於其下，隨即翻音。至如常用可知，不涉疑昧者，眾所共曉，無煩翰墨。⑤

　　顏師古指出有關《漢書》音義的撰著以魏晉爲盛，有晉灼、臣瓚諸家。至於顏氏的注音則以難識之字及借音爲主。其實顏師古的音義區別跟陸德明、張守節二家相近者多，可以相互參照。

　　司馬貞亦嘗簡論《史記》音義的撰述經過，不滿尙奇之音；《史記索隱後序》云：

> 然古今爲注解者絕省，音義亦希。始後漢延篤乃有《音義》一卷，又別有《音隱》（原作「章隱」，疑誤）五卷，不記作者何人，近代鮮有二家之本。宋中散大夫徐廣作音義十三卷，唯記諸家本異同，於義少有解釋。又中兵郎裴駰，亦名家之子也，作集解注本，合爲八十卷，見行於代。仍云亦有音義，前代久已散亡。南齊輕車錄事鄒誕生亦撰音義三卷，音則尚奇，義則罕說。隋祕書監柳顧言尤善此史。劉伯莊云，其先人曾從彼公受業，或音解隨而記錄，凡三十卷。隋季喪亂，遂失此書。伯莊以貞觀之初，奉敕於弘文館講授，遂採鄒、徐二說，兼記憶柳公音旨，遂作音義二十卷。音乃周備，義則更略，惜哉！古史微文遂由數賢祕寶，故其學殆絕。……因退撰音義，重作贊述，蓋欲以剖盤根之錯節，遵北轅於司南也。凡爲三十卷，號曰《史記索隱》云。⑥

張守節《史記正義・論音例》幾乎完全承襲陸德明的觀點：

> 然則先儒音字，比方爲音。至魏祕書孫炎始作反音，又未甚切。今並依孫反音，以傳後學。鄭康成云：「其始書之也，倉卒無字，或以音類比方、假借爲之，趣於近之而已。受之者非一邦之人，其鄉同言異，字同音異，於茲遂生輕重訛謬矣。」然方言差別，固自不同，河北江南，最爲鉅異，或失在浮清，或滯於重濁。今之取捨，冀除茲

弊。⑦

此段全依《釋文·序錄》，張守節也認爲異讀的產生是出於比方假借及方言因素，可惜沒有甚麼新意。其《論音例》、《發字例》兩節則舉出大量的例字說明音義的區別，頗有參考價值。

天寶六載（七四七），何超《晉書音義》撰成，體例全仿《經典釋文》，其書卷首云：

> 仍依陸氏《經典釋文》注字，並以朱暎。服勤編簡，頗涉暄寒。凡所訓釋，必求典據，庶無牆面，疇敢師心。如或未周，敬俟來哲耳。

楊齊宣《晉書音義序》云：

> 處士弟約以優閑，溺於墳史。嘗訝晉室之典，未昭其音，思欲發揮前人，啓迪後進。由是博考諸傳，綜覽群言，研覆異同，撰成音義。亦足以暢先皇旨趣，爲學者司南。⑧

殷敬順《列子釋文》的體例亦仿《經典釋文》，任大椿《列子釋文序》云：

> 《通考》載《列子釋文》一卷，唐當塗縣丞殷敬順撰。（其書引《荀子》楊倞注，則憲宗以後人也。）……體例仿陸氏《經典釋文》，凡所徵引，多爲前代逸書。又於正文之下，附載異文，率皆當時流傳舊本。⑨

以上張守節《史記正義》、何超《晉書音義》、殷敬順《列子釋文》三書都受《經典釋文》的影響，注音亦所以辨義。不過，這種注釋方法局限性很大，單是一個注音有時並不能清楚的說明問題所在，時移勢易，語言的習慣有所改變，後人讀來往往更是摸不著頭腦了。所以唐代除了佛經要溝通唐梵雙語還得以音義作注之外，其他漢籍已少採用，宋代以後音義之學也就日漸式微了。

終南太一山釋氏《大唐衆經音義序》稱玄應《一切經音義》云：

> 綜經正緯，資爲實錄，因譯尋閱，捃拾藏經，爲之音義，
> 註釋訓解，援引群籍，證據卓明，煥然可領，結成三袟。
> 自前代所出經論諸音，依字直反，曾無追顧，致失教義，
> 寔迷匡俗。今所作者，全異恆倫，隨字刪定，隨音徵引，
> 幷顯唐梵方言，翻度雅鄭，推十代之紕紊，定一朝之風
> 法。⑩

開成五年（八四〇），顧齊之爲慧琳撰《新收一切藏經音義序》云：

> 齊之不敏，欲窺藏經，乃詢於暢公，蒙示音義。齊之以爲
> 文字之有音義，猶迷方而得路，慧燈而破闇，潛雖伏矣，
> 默而識之。於是審其聲而辯其音，有喉顎齗齒唇吻等，有
> 宮商角徵羽等，音曉之以重輕，別之以清濁，而四聲遞
> 發，五音迭用。其間雙聲疊韻，循環反覆，互爲首尾，參
> 差勿失，而義理昭然。得其音則義通，義通則理圓，理圓
> 則文無滯，文無滯則千經萬論，如指諸掌而已矣。朝凡暮
> 聖，豈假終日，所以不離文字，而得解脫。無師之智，肇
> 自心源，折疑滯之胸襟，燭昏蒙於倏忽，眞詮俗諦，於此
> 區分，梵語唐言，自茲明白。又音雖南北，義無差別，秦
> 人去聲似入，吳人上聲似去。其間失於輕剽，傷於重濁，
> 罕分魚魯之謬，多傳豕亥之誤。至如四十二字母及十二字
> 音，從毗盧遮那佛心生，則鳥跡蟲文之所不逮。然源流有
> 異，音義無殊，披沙揀金，從理證性，性得而言可遣，言
> 可遣而文字亦忘，同歸一眞如，則筌蹄棄矣。

景審《一切經音義序》云：

流傳此土，七百餘年。至於文字或難，偏傍有誤，書籍之所不載，聲韻之所未聞，或俗體無憑，或梵言存本，不有音義，誠難究諸。……然以後譯經論及先所未音者，至於披讀講解，文謬誼乖，得失疑滯，寡聞孤陋，莫有微通。多見強識，罕能盡究。然而自傲之輩，恥下問而不求，匿好之流，去深知而不答，則聖言有阻，能無悲焉。

景審又稱慧琳博學：

研乎文字之粹，印度聲明之妙，支那音韻之精，既瓶受於先師，亦泉瀉於後學。鞮譯迴綴，參於上首，師掇其闕遺，歎其病惑，覽茲群經，纂彼詁訓。然則古來音反，多以傍紐而爲雙聲，始自服虔，元無定旨。吳音與秦音莫辯，清韻與濁韻難明。至如武與綿爲雙聲，企以智爲疊韻，若斯之類，蓋所不取。近有元庭堅《韻英》及張戩《考聲切韻》，今之所音，取則於此。大略以七家字書釋誼（七書謂《玉篇》、《說文》、《字林》、《字統》、《古今正字》、《文字典說》、《開元文字音義》），七書不該，百氏咸討，又訓解之末，兼辯六書，庶因此而識彼，閱一以知十。

遼僧希麟《續一切經音義序》云：

洎有唐，立《說文》、《石經》、《字林》之學。至大曆中，命孝廉生顏傳經、國子司業張參等，刊定五經，文字正體，復有《字統》、《字鏡》、陸氏《釋文》、張戩《考聲》、《韻譜》、《韻英》、《韻集》、《韻略》。述作既眾，增損互存，並乃傍通三史，證據九經，若斯文而有旨（疑爲「音」字），即彼義以無差，音義之興，其來有自。⑪

觀諸序所記，佛經音義多參考字書審訂讀音，注釋唐梵譯

音。其中音義的關係尚待研究。又顧齊之稱「秦人去聲似入，吳人上聲似去」，似由陸法言《切韻序》所論「秦隴則去聲爲入，梁益則平聲似去」的說法而來，而刻意指出唐宋吳音全濁變去的特點，當然也對當時聲調的性質有所描寫了。《一切經音義》諸刻雜引唐代的字書著作，極具輯佚價值，亦跟《經典釋文》的貢獻相近。至於唐代其他的音義著作尚有曹憲《博雅音》、顏師古《急就篇注》、李善《文選音義》、李賢《後漢書音義》、張鎰《孟子音義》、丁公著《孟子手音》等；敦煌殘卷則有《周易釋文》、《尚書釋文》、《毛詩音》、《禮記音》、《莊子釋文》、《文選音》及釋道騫《楚辭音》等。⑫

四、音義的特點

音義之學，以標注讀音爲主。或注出罕見難識之字，審定音切；或考鏡語音的源流變化，指出古今方言、衆家師說不同的讀音；此外，注音在於明義，必須揭示句意，分析句讀，辨明假借改讀，審定版本異文等；然而更重要的，當時學者往往藉注音建立嚴密的異讀系統，由於複音詞在語言中日漸盛行，還得利用不同的讀音處理傳統文獻中單音詞的語義區別，音義不同，使人聽起來不相混淆，這是文字發展落後於語言的時候一種應變的手段，而異讀系統也使我們認識到古人的語法觀念及語義結構。可見傳注和音義雖同屬訓詁學的範疇，而音義則是傳注進一步的發展，包含了新的內容，反映了語音的變化，表現語義多元的功能，同時也促進學者對經義和語言深入的反思。

音義有兩種獨特的注音手段：一是利用如字標音，二是大量爲非如字一讀注音。如字不注任何音切，只是叫大家依習慣通行的音義理解，很多時還不注出來；不同方言可能有不同的讀音，

但絕不影響意義。此外，如字還相對於異文、改字、改讀、假借等而言，涵義相當廣泛。非如字也是通用字、常見字、卻不厭其煩的一一注出來，例如《釋文》「見」字出現 624/673 次，「惡」字 364/500 次，「好」字 344/424 次，「難」字 335/366 次，意在提示讀者，不要誤讀為如字，注意詞的引申義及句子特殊的含義。

音義很重視異讀的區別，利用不同的讀音區別意義。異讀系統由於受方言、師說及語言習慣的影響，諸家體系未盡一致，南北方言互有同異，陸德明跟顏師古、張守節等的音義區別也互有同異。例如《釋文》「長」字讀如字平聲為形容詞，去聲直亮反後帶數量詞「長三尺」等是也；但李賢《後漢書注》、何超《晉書音義》的去聲僅為詞語「侈長」、「繁長」、「浮長」、「長物」等作音，只用作語素，兩讀的區別跟《釋文》完全不同。又如《釋文》「解」字有如字佳買反及非如字戶買反、佳賣反、戶賣反四讀，音義關係錯綜複雜；張守節《史記正義》的音義區別與《釋文》相同，但顏師古《漢書注》所出的四音中，A 音不作音，B 音訓解地、解廌，C 音訓祠解、匪解，D 音訓支節，大抵以意義為別，自與《釋文》不同。⓭此外今日粵語的異讀系統跟國語不同，海峽兩岸漢語的音義區別亦不一致；《經典釋文》跟《群經音辨》的音義體系不盡相同，而當代的異讀自然也跟古代大有不同了。須知道，異讀區別是帶有個人風格的，同一字有些人有區別，有些人不加區別，再加上傳統語文修養及方言影響，上下古今，寬緊異趣，有時也就互有不同了。多音字的產生，即在於此。根據《經典釋文·序錄》所論，陸德明對於古代文獻的異讀大概可以區分為五項：

甲、讀音不同，意義相同。包括各種又音、或音、一音等，或受

傳統影響，或因方言差異，有時更是出於淺近聞見，協韻改讀等。一般只是辨音，並無意義區別。陸氏云：

> 然古人音書，止爲譬況之説，孫炎始爲反語。魏朝以降漸繁，世變人移，音訛字替。如徐仙民反「易」爲神石，郭景純反「飰」爲羽鹽，劉昌宗用承音「乘」，許叔重讀「皿」爲猛。若斯之儔，今亦存之音内。既不敢遺舊，且欲俟之來哲。(2-3a-5)

乙、區別兩字、兩義或假借。兩字指共用同一字形者，例如乾坤之「乾」讀其然反，乾濕之「乾」讀古丹反，兩讀並無任何關係。兩義指兩讀有引申關係，語法區別不太明顯，例如命令之「令」讀力政反，使令之「令」讀力呈反。假借指兩讀音同或音近，而意義不同，後代一般已分化爲兩字。此外尚有若干方國、地名、人名、氏族等異讀，例如燕子之「燕」讀於見反，燕國之「燕」讀烏賢反等。此外上文所舉《毛詩音義》辨毛、鄭異讀十二例即屬此項。陸氏云：

> 又來旁作力，俗以爲約勑字，《説文》以爲勞倈之字。水旁作曷，俗以爲飢渴字，《字書》以爲水竭之字。如此之類，改便驚俗，止不可不知耳。(3-6a-2)

> 經籍文字，相承已久。至如悦字作説，閑字爲閒，智但作知，汝止爲女。若此之類，今並依舊音之。然音書之體，本在假借，或經中過多，或尋文易了，則翻音正字以辯借音，各於經内求之，自然可見。其兩音之者，恐人惑故也。(2-4a-10)

> 《春秋》人名字氏族及地名，或前後互出，或經傳更見，如此之類，不可具舉。若國異名同，及假借之字，兼相去遼遠，不容踈略，皆斟酌折衷，務使得宜。(2-4b-9)

丙、區別名詞和動詞。古人沒有名詞、動詞這些語法術語，但在他們的語感中對詞性的辨認還是相當明確的，他們早就在詩文對偶中表現出來了。在區別詞性的異讀中，名、動的區別是比較具體而又較少爭論的。不過《釋文》或將名詞、形容詞算作一組，動詞是另一組，跟我們現代的看法不同。陸氏云：

> 方言差別，固自不同，河北江南，最爲鉅異。或失在浮清，或滯於沈濁，今之去取，冀袪茲弊，亦恐還是觳音，更成無辯。夫質有精麤，謂之好、惡【並如字】；心有愛憎，稱爲好、惡【上呼報反，下烏路反】。當體即云名譽【音預】，論情則曰毀譽【音餘】。(3-5a-8)

《釋文》形容詞與動詞的異讀或區別爲兩類，其一區別形容詞好惡遠近類—「好」、「惡」、「遠」、「近」、「先」、「後」、「前」、「難」。其二區別形容詞高深長廣厚類—「高」、「深」、「長」、「廣」、「厚」。

丁、動詞異讀。兩讀都用作動詞，基本詞義相同或相近，由於語法功能不同，導至語義方面也有細微差異，因此有區別爲兩讀的必要。陸氏處理這些動詞異讀時，一方面留心動詞內部詞性、詞義的區別，一方面也很注意這些動詞跟其他詞類或其他句子成分之間的搭配關係。陸氏云：

> 及夫自敗【蒲邁反】、敗他【補敗反】之殊，自壞【乎怪反】、壞撤【音怪】之異。此等或近代始分，或古已爲別，相仍積習，有自來矣。余承師說，皆辯析之。(3-5b-1)

《釋文》的動詞異讀或可分爲十一類，現將其類名及例字彙列於下。

第一類：自敗敗他類—「敗」、「壞」、「沈」、「解」。

第二類：動詞後帶名詞類——「雨」、「語」、「禁」、「足」、
　　　　「昭」（炤、照）。

第三類：表示動作目的或目標類——「射」、「刺」、「走」、
　　　　「趨」。

第四類：治國國治類——「治」、「解」、「聞」、「繋」。

第五類：染人漁人類——「染」、「漁」、「縫」、「凌」。

第六類：相見請見類——「見」、「告」、「觀」、「視」（示）。

第七類：區別致使類——「食」、「飲」、「啖」（啗）、「趣」。

第八類：區別動作方向類——「借」、「假」、「藉」、「貸」、
　　　　「乞」、「稟」、「學」。

第九類：區別上下尊卑類——「養」、「仰」、「風」。

第十類：勞苦勞之類——「勞」、「從」。

第十一類：勞來供養類——「來」、「供」、「毀」。⑭

戊、虛詞異讀。虛詞指古漢語除了名詞（包括形容詞）、動詞以
　　外所有的詞類；或區別虛詞與虛詞的異讀，例如「如」
　　「而」、「邪」「也」（以上字形已經分化）及「焉」等；或區
　　別虛詞與動詞的異讀，例如「復」、「重」、「三」、「更」、
　　「數」、「過」、「率」、「差」、「為」等。陸氏云：

　　　比人言者，多為一例。如、而靡異，邪【不定之詞】、也
　　　【助句之詞】弗殊。莫辯復【扶又反，重也】、復【音服，
　　　反也】，寧論過【古禾反，經過】、過【古臥反，超過】。
　　　……如此之儔，恐非為得，將來君子，幸留心焉。（3－5b
　　　－4）⑮

　　　從丙、丁、戊三項中，可以看出陸德明的異讀系統主要是利
用異讀來指出動詞的語法特點和動詞跟其他詞類的語法關係，自
然這也是陸德明異讀理論的精義所在了。

　　音義雖非純粹的分析語音，但在注音的過程中也得利用語音的音節結構及聲調，分化出非如字一讀。《經典釋文》的異讀大抵表現出三種語音關係：

　　㈠去聲分化。古有去聲，但魏晉以後，去聲日益增多，自然也是語言事實。異讀中最常見的現象是將平、上、入三聲轉爲去聲，例字多不勝數。至於分化出來的去聲一讀是否可靠，可能跟方言現象有關，各地未必一致。此外亦有原讀去聲而分化出平、上、入的讀音，例如「禁」、「射」、「刺」、「告」、「趣」、「聽」、「著」、「盛」、「怨」、「度」、「譽」、「飯」、「爨」、「令」、「貫」、「上」、「去」、「更」、「要」等，也要小心處理，不能誤訂如字的讀音，否則就會誤解詞語的原義及引申義了。⑯

　　㈡清濁分化。漢語的全濁聲母是在逐漸消失之中，但古代南北方言是否都有全濁聲母呢？這就很難說了。異讀分化有時也會藉聲母清濁的轉換來表現的。一般認爲多是由清聲母分化出全濁聲母一讀，例如「解」、「見」、「繫」等字，只是美麗的誤會；其實更多的異讀卻是由全濁聲母分化出清聲母一讀，例如「敗」、「壞」、「折」、「斷」、「別」、「屬」、「盡」、「焉」等，現在這些字在大多數漢語方言中都已清化了，原屬如字的全濁聲母已經跟清聲母沒有讀音區別，但我們要研究魏晉六朝的音義結構時還是要小心辨認的。

　　㈢複聲母分化。古漢語有沒有複聲母，現在還在爭論當中。《釋文》有一個很好的例子可供參考。「率」字在《廣韻》中只有質韻所律切及至韻所類切兩讀，同讀疏紐。《釋文》除疏紐入、去兩讀外，尚有來紐入、去兩讀，一音律，有比率、計算義，兼隸名詞、動詞；一音去聲音類，有皆、大抵義，副詞。二音不見於《廣韻》；而張守節《史記正義》則記錄了這四個讀音。這兩

組讀音似由一組複聲母＊sl－分化出來，分化後入聲音律與所律反各佔一讀，而去聲音類與所類反（帥）則從口語中消亡，音類一讀也不再用作副詞了。至於其他複聲母的例字可參見竺家寧說。⑰

　　音與方言也有密切的關係。例如《釋文・序錄》有「邪（餘嗟反）、也弗殊」之說。兩讀同屬喻紐，僅聲調平、上不同；二詞同作句末虛詞，而語氣則有商榷與結句之異。顏之推稱北人兩讀相混，適與陸德明說相合。顏氏論云：

> 邪者，未定之詞。《左傳》曰：「不知天之棄魯邪？抑魯君有罪於鬼神邪？」《莊子》云：「天邪地邪？」《漢書》云：「是邪非邪？」之類是也。而北人即呼爲也，亦爲誤矣。難者曰：「《繫辭》云：乾坤，易之門戶邪？此又爲未定辭乎？」答曰：「何爲不爾！上先標問，下方列德以折之耳。」⑱

　　又《釋文》「焉」字有喻紐如字及影紐於虔反兩讀，喻紐用作句末虛詞，影紐爲句首虛詞。兩讀聲紐不同，語法功能各異，江南有所區別，而河北不分。依今音驗之，當時北音可能全讀影紐。顏之推云：

> 案讀《字書》，焉者鳥名，或云語詞，皆音於愆反。自葛洪《要用字苑》分「焉」字音訓：若訓何訓安，當音於愆反，「於焉逍遙」，「於焉嘉客」，「焉用佞」，「焉得仁」之類是也；若送句及助詞，當音矣愆反，「故稱龍焉」，「故稱血焉」，「有民人焉」，「有社稷焉」，「始託焉爾」，「晉鄭焉依」之類是也。江南至今行此分別，照然易曉；而河北混同一音，雖依古讀，不可行於今也。⑲

案國語「焉」讀一ㄢ（yān），只有陰平一讀，與六朝河北音

相同；而粵語兼存陽平 jin⁴ 及陰平 jin¹ 兩讀，其音義區別則與六朝江南音一致；方言南、北之別古今完全相同。《釋文》「焉」字多爲影紐非如字一讀作音，指示讀者不要誤讀。其他兼注兩讀者六例專爲判斷句讀或句義參考。

在虛詞異讀十二例字中，現代國語能區別讀音者少，而粵語則多，例如「焉」、「復」、「重」、「三」、「更」五例，粵語兩讀的音義大抵尚能區別清楚，似與古代南北的異同一致。或者，這些本來就是南方的區別，而被顏之推、陸德明等學者吸納過去，作爲區別經典音義的準則，影響迄今。此外，「復」、「重」、「更」三例的去聲雖同屬副詞，同有再義，經典互注爲訓，細分之語義仍有區別。大抵「復」指第二次，第一次亦算在內；「更」是從頭算起，否定了第一次；「重」則積累多次計算；在粵語口語中，這三個字的區別十分清楚，說國語的可能就沒有這種語感了。⑳

【註　譯】

①見《中國大百科全書·語言文字》，北京：一九八八年二月，頁四五二。

②方孝岳《論〈經典釋文〉的音切和版本》，《中山大學學報》一九七九年第三期，頁五一至五三，廣州。

③鄧仕樑、黃坤堯《新校引經典釋文》，臺北：學海出版社，一九八八年六月。書中所注三項數字中，前者爲新編總頁碼，中間爲原刻頁碼（再分a, b）末爲原刻行數。中、本兩項數字適用於檢索通志堂原刻各本及部分宋本。

④參見吳承仕《經籍舊音序錄》，北京：中華書局，一九八六年四月。

⑤《漢書》，北京：中華書局，一九六四年十一月。

⑥《史記》，北京：中華書局，一九五九年九月。冊十，附錄頁九。裴駰《史記集解序》云：「故中散大夫東莞徐廣研核衆本，爲作音義，具列異

同，兼述訓解，麤有所發明，而殊恨省略。」亦於徐廣音義有所不滿，須加增演。

⑦《史記》，冊十，附錄頁十五至十八。

⑧《晉書》，北京：中華書局，一九七四年十一月。

⑨《列子釋文》，臺北：藝文印書館影清乾隆五十二年燕禧堂刊本。

⑩玄應《一切經音義》，臺北：新文豐出版股份有限公司影本，一九七三年十二月。

⑪《正續一切經音義附索引兩種》，上海：上海古籍出版社影日本獅谷白蓮社翻刻本，一九八六年十月。

⑫參見大島正二《唐代字音の研究》，東京：汲古書院，一九八一年六月。又王重民《敦煌古籍叙錄》，東京：中文出版社，一九七八年一月。

⑬參見黃坤堯《經典釋文動詞異讀新探》，臺北：學生書局，一九九二年九月，頁二二一。又見黃坤堯《釋文「解」字音義辨析》，《第三屆中國文字學國際學術研討會論文集》，一九九二年六月，臺北。

⑭《經典釋文動詞異讀新探》原分詞異讀為十三類，今將有關形容詞兩類移入「區別名詞和動詞」項中，可能更準確反映陸德明的語法觀念。

⑮參見黃坤堯《經典釋文的虛詞異讀》，《中國文化研究所學報》第一期，一九九二年，香港。

⑯參見黃坤堯《釋文兩類特殊如字分析》，《東方文化》第二十八卷第一期，一九九○年，香港。

⑰竺家寧《經典釋文與複聲母》，《孔孟月刊》第二十三卷第十一期，一九八五年七月，臺北。

⑱《顏氏家訓，音辭》第十八，據王利器《顏氏家訓集解》，上海：上海古籍出版社，一九八○年七月，頁五○二。

⑲《顏氏家訓集解》，頁五○○。

⑳《經典釋文的虛詞異讀》，《中國文化研究所學報》第一期，頁一七四。

論先秦詞彙「不亦、亦不」

竺家寧

一、單詞「亦」的意義

1.作「也」字解的「亦」字

我們讀先秦古籍時，常常把「亦」字看作現代漢語「也」字的相當詞①。以《論語》爲例：

(1)先進篇：「不踐迹，亦不入於室。」

(2)學而篇：「禮之用，和爲貴……知和而和，不以禮節之，亦不可行也。」

(3)衛靈篇：「知者不失人，亦不失言。」

這些句子中的「亦」字都可以翻譯作白話的「也」。但是，如果我們檢查先秦古籍中所有「亦」字的用法，這種相當於「也」字用法的比例很小，幾乎大部分的「亦」字都不能解釋作「也」。例如：

2.作「只」字解的「亦」字

我們先分析一下下面的句子：

(4)《戰國策·齊策》：「王亦不好士耳，何患無士?」

(5)《孟子·梁惠王》：「亦有仁義而已矣。」

(6)《論語·先進》：「才不才，亦各言其子也。」

(7)《論語·先進》：「亦各言其志也已矣。」

這些句子的「亦」字訓爲「但也，只也」，完全沒有「也」

的意思。但是一般古籍的注解或翻譯仍然受到文言「亦」等於白
話「也」的觀念影響，而贅加個「也」上去。像上面第(7)句，姚
秀彥《論語新探》②譯作「也不過各人說說志趣罷了。」張玉恆
《論語釋義》③譯作「也不過各人說說各人的志向罷了。」

3.作「卻」、「就」解的「亦」字

《論語·為政》：「退而省其私，亦足以發。」中的「亦」字，
相當於白話的「卻」，它的用法顯然不同於「知者不失人，亦不
失言」的「亦」字。而坊間注本也往往拿「也」字來代「亦」，
例如《論語新探》譯作「也足能發明有創見。」

「亦」字在很多的句子裡，相當於白話的「就」，例如以
《論語》為例：

(8)子路篇：「善人為邦百年，亦可以勝殘去殺矣。」

(9)子路篇：「善人教民七年，亦可以即戎矣。」

(10)憲問篇：「若臧武仲之知，公綽之不欲，卞莊子之勇，冉
求之藝，文之以禮樂，亦可以為成人矣。」

(11)學而篇：「因不失其親，亦可宗也。」

「亦」字當「就」字講時，多半後面跟著一個「可」字。這
些句子，也有一些注本用「也」來譯「亦」。例如第(8)句《論語
新探》譯為「也就可以改正殘暴的風氣而不用死刑了。」三民書
局的《四書讀本》譯作「也可以使殘暴的人不做壞事。」第(9)句
《論語新探》譯作「也就可以從事戰爭了。」《四書讀本》譯作
「也可以使他們上戰場作戰。」第(10)句《論語新探》譯作「也可算
是一個完美的人了。」《四書讀本》譯作「也可算是人格完備的人
了。」第(11)句《論語新探》譯作「這也可算值得尊敬的。」《四書
讀本》譯作「那麼你也就可以宗敬他了。」，馮作民《四書全解》
④譯作「也就可以尊敬這個人。」

　　以上這些例子都是一遇到「亦」就想到「也」，沒能進一步理解「亦」字的各種用法。中國字有很多是「同形詞」，就是同一字形，卻分別代表幾個不同的詞義。「亦」字正是這種情形。我們閱讀古書時，不能因為看到同形，就誤以為只有一種含意。

4.作發語詞用的「亦」字

　　「亦」字在上古詩歌中還常作發語詞用，例如《詩經》中：

(12)《召南·草蟲》：「亦既見止，亦既覯止。」

(13)《小雅·雨無正》：「亦云可使。」

(14)《邶風·谷風》：「亦以御多。」

(15)《鄭風·將仲子》：「父母之言，亦可畏也。」

(16)《小雅·十月之交》：「今此下民，亦孔之哀。」

(17)《豳風·東山》：「敦彼獨宿，亦在車下。」

(18)《邶風·泉水》：「毖彼泉水，亦流于淇。」

　　這類例子很多，我們都不能把其中的「亦」字解作「也」。

二、「亦」和其他詞素的組合

　　「詞素」（morpheme）是構詞成分，它和造句成分的「詞」（word）不同。「亦」和其他詞素組合後，往往成為單一而緊密的語言單位，相並作為造句成分。其中的「亦」字往往也不是「也」的意思。

1.複合詞「不亦」與關聯詞「不亦……乎」

　　最容易被誤解的，就是「亦」所構成的複合詞「不亦」了。《孟子·滕文公上》：「不亦善乎」，趙岐注：「不亦者，亦也。」，這就和「無寧，寧也。」⑤、「不在，在也。」⑥一樣，被認為是「反訓」了。「反訓」的觀念違背語言一般應用的常理，這點在訓詁學裡已經討論了很多⑦，因此，「不亦」不能用反訓來解釋。我

們觀察先秦古籍中，「不亦」出現在句子開頭時，末尾總是跟著一個「乎」字，所以「不亦……乎」應視爲一個語義單位，它是一種「關聯詞」⑧，用來表示反詰語氣，相當於白話的「不是……嗎?」。楚永安《文言複式虛詞》云: ⑨

> 「《經傳釋詞・卷三》: 凡言不亦者，皆以亦爲語助。這個説法很對。在這個格式中，「亦」沒有實在意義，只有加強語氣的作用。不亦和乎之間，一般插入形容詞，有時也可以插入名詞、動詞。」

范淑存、于云《成語中的古漢語知識》云: ⑩

> 「古漢語中的不亦……乎，是表示測度或委婉的詰問。實際上是用反問的形式表示肯定。其中的亦是副詞，意義較虛，它的作用是加強反問語氣。」

這些觀點都十分正確，但是范、于書接著有這樣的話: 「不亦……乎，意思是不也是……嗎?」又舉例云:

> 「不亦樂乎」，不也是很快樂的嗎?
>
> 「不亦悅乎」，不也是很喜悅的嗎?

顯然又受了「亦＝也」的影響，在翻譯白話時，下意識的又把「也」字帶進句中，其實「也」字完全是贅加的。這方面，楚書的處理就比較妥善，他把「不亦說乎」譯爲「不是很高興嗎?」，「不亦樂乎」譯爲「不是很快活嗎?」，「不亦君子乎」譯爲「不是個君子嗎?」。

「不亦……乎」組成的關聯詞在先秦古籍中是很普遍的語言形式:

(19)《論語・雍也》: 「居敬而行簡，以臨其民，不亦可乎?」

(20)《論語・泰伯》: 「仁以爲己任，，不亦重乎?」

(21)《論語・子路》: 「如其善而莫之違也，不亦善乎?」

⑵⑵《孟子‧梁惠王下》：「民以爲大，不亦宜乎？」

⑵⑶《孟子‧公孫丑下》：「周公之過，不亦宜乎？」

⑵⑷《孟子‧離婁上》：「則我出此言也，不亦宜乎？」

⑵⑸《孟子‧滕文公上》：「不亦善乎？親喪，固所自盡也。」

⑵⑹《孟子‧離婁下》：「我欲行禮，子敖以我爲簡，不亦異乎？」

⑵⑺《禮記‧檀弓下》：「武子曰：不亦善乎？君子表微。」

⑵⑻《禮記‧檀弓下》：「君子進人若將加諸膝，退人若將隊諸淵，毋爲戎首，不亦善乎？」

⑵⑼《禮記‧檀弓下》：「夫子以其死衛寡人，不亦貞乎？」

⑶⑴《禮記‧檀弓下》：「夫子聽衛國之政，脩其班制，以與四鄰交，衛國之社稷不辱，不亦文乎？」

⑶⑴《禮記‧檀弓下》：「能執干戈，以衛社稷，雖欲勿殤也，不亦可乎？」

⑶⑵《禮記‧檀弓下》：「諸侯薨，巷市三日，爲之徙市，不亦可乎？」

⑶⑶《禮記‧儒行》：「非時不見，不亦難得乎？非義不合，不亦難畜乎？先勞而後祿，不亦易祿乎？」

⑶⑷《禮記‧表記》：「夫勉於仁者，不亦難乎？」

⑶⑸《禮記‧表記》：「以此失之者，不亦鮮乎？」

⑶⑹《禮記‧曾子問》：「君子禮以飾情，三年之喪而弔哭，不亦虛乎？」

此外，「不亦……乎」的形式還大量出現於《左傳》中。例如：

⑶⑺僖22年：「子，晉太子，而辱於秦。子之欲歸，不亦宜乎？」

⑶僖 10 年：「雖然，子殺二君與一大夫，爲子君者，不亦難
　　乎？」

⑶僖 24 年：「主晉祀者，非君而誰？天實置之，而二三子以
　　爲己力，不亦誣乎？」

　　這樣的例子在《左傳》中約 60 條左右，爲省篇幅，此不一
一列舉。諸子散文中也有這種形式：

⑷《韓非·難一》：「舜猶不以此說堯令從己，乃躬親，不亦無
　　求乎？」

⑷《呂氏春秋·察今》：「舟已行矣，而劍不行，求劍若此，
　　不亦惑乎？」

　　這些句子裡的「亦」字都不能用白話的「也」來譯它，它在
這裡只作「不」字的詞尾，它所代表的音節只作爲反詰詞義的一
個標誌。可是坊間注本又往往不自覺的用白話的「也」字代入，
例如《四書全解》把《論語·學而》的「不亦說乎」譯爲「這不
也是很欣慰的事嗎？」《論語新探》把第 19 句譯爲「用這種原則
對民眾，不是也可以嗎？」把第 21 句譯爲「……沒人敢違背，不
也很好嗎？」這些「也」字都是贅加的。

2.複合詞「抑亦」、「意亦」字

　　另外一個用詞素「亦」構成的複合詞「抑亦」，也絲毫沒有
白話「也」的意思，例如：

⑷《孟子·公孫丑下》：「求牧與芻而不得，則反諸其人乎？抑
　　亦立而視其死與？」

⑷《孟子·滕文公下》：「仲子所居之室，伯夷之所築與？抑
　　亦盜跖之所筑與？」

　　這個「抑亦」表示兩者中作一選擇的詢問，相當於白話的
「還是……」。「抑亦」有時也可以寫作「意亦」⑪，例如：

(44)《戰國策·秦策二》：「誠病乎？意亦思乎？」

(45)《荀子·修身》：「不識步道者將以窮無窮逐無極與？意亦有所止之與？」

3.「不亦……乎」的幾種變體

「不亦……乎」偶而也寫作「無亦……乎」、「不以……乎」，例如：⑫

(46)《左傳·襄 24 年》：「德，國家之基也。有基無壞，無亦是務乎？」

(47)《孟子·滕文公下》：「後車數十乘，從者數百人，以傳食於諸侯，不以泰乎？」（《論衡·刺孟》引作「不亦泰乎」）

「不亦……乎」的形式，在先秦十分固定，後世偶而會改變末尾的語助詞，變成「不亦……哉」、「不亦……邪」。例如：

(48)《三國志·魏書·皇后傳》：「子貴母死，矯枉之義，不亦過哉？」

(49)《三國志·魏書·董昭傳》：「遠福祚而近危亡，棄明義而收大恥，不亦可惜邪？」

4.「亦不」的組合

至於「亦不」的詞彙結構，和「不亦」、「抑亦」完全不同，「亦不」是「亦」和「不」兩個詞（word）構成的「仿語」⑬，「不亦」或「抑亦」都是兩字緊密結合，表示單一概念的「詞」（word）。因此，「亦不」中的「亦」字有時可以作白話的「也」字解。例如本文開頭的第 1 至 3 例。有時又可以作其他的解釋，例如：

(50)《論語·先進》：「弒父與君，亦不從也。」

(51)《孟子·滕文公上》：「堯舜之治天下，豈無所用心哉？亦不用於耕耳。」

　　前一條的「亦」字相當於「則」字。後一條的「亦」相當於白話的「只是」。

　　總之，「亦不」中的「亦」，其作用和本文第一節說過的單詞「亦」相同，因爲「亦」在此是個完全有獨立意義和功能的「詞」（word）。

三、結　語

　　本文討論了單詞「亦」，和帶詞素（morpheme）「亦」的複合詞「不亦」，又討論了仿語「亦不」，闡明了它們之間的區別。

　　我們認爲「不亦」中的「亦」字完全沒有「也」的意思，而是一個虛化的詞尾，它只有音節的作用。這樣的討論，提示了我們從事古籍訓解時，不能不注意詞彙結構的問題，和「同形詞」⑭的問題。了解詞彙的結構，我們才不至於把不宜拆開的詞，拆開解釋；了解同形詞，我們才不會把古籍中的用詞和現代的用詞，依照同形的關係以等號等同起來。我們應該考慮到古今同形者，也有可能在語言中所代表的是完全不同的詞。

【註　釋】

①這裡都是就語言應用上的詞義說，如果就造字的本義看，「亦」是「人的兩腋」之義。

②三民書局出版，民國74年，台北。

③正興出版社，民國51年，台北。

④東進文化公司，民國72年，台北。

⑤見《論語·子罕》：「無寧死於二三子之手乎?」馬融註語。

⑥見《法言·學行》：「之之道不在仲尼乎?」李軌註語。

⑦參考胡楚生《訓詁學大綱》，蘭台書局，民國74年，台北。第118－122

頁。

⑧這裡「關聯詞」的定義是：在句中不相鄰出現，卻應當作一個緊密的語言單位看待的成分，例如文言的「與其……孰若……」，白話的「要是……就……」、「一方面……一方面」。

⑨中國人民大學出版社，1986年，北京。

⑩中國經濟出版社，1991年，北京。

⑪抑，於力切，意，於記切，兩字上古發音相近，故可通用。聲母相同，韻母都屬開口三等，聲調去入上古相通。

⑫例引自《文言複式虛詞》，出版同註⑨。

⑬「仂語」又稱爲「詞組」，是介於詞（word）和句子之間的語言單位。如「桌椅」、「飛鳥」。

⑭同形詞，指同一個「字」，在語言中卻分別代表兩個不同的「詞」，這兩個詞爲同形詞。例如「行」分別代表「行爲」和「銀行」，「息」分別代表「利息」和「休息」。

〈周南·卷耳〉『采采』意象試釋

李添富

一、前 言

《詩經．周南．卷耳》首章云：

> 采采卷耳，不盈頃筐；嗟我懷人，寘彼周行。

《毛傳》：

> 憂者之興也。采采，事采之也；卷耳，苓耳也；頃筐，畚屬，易盈之器也。

《鄭箋》：

> 器之易盈而不盈者，志在輔佐君子，憂思深也。

我們姑且不管〈詩序〉對〈卷耳〉這首詩所下的定義如何，也不管《毛傳》與《鄭箋》的說解是否與〈詩序〉的說法完全一致，就憑我們讀詩的經驗，甚至只憑我們對於世事的理解，很容易的，我們會有這麼一個概念：由於某種緣故，使得這位採摘卷耳的人士不能專心工作，以致於儘管那用來盛裝卷耳的容器不過是個容量不大的斜口淺筐，卻也無法裝滿。由於「詩無達詁」的關係 ①，歷來學者對於這位採卷耳者爲什麼不能專心工作所找到的理由，可以說是不一而足，而且似乎也都是言之成理的。

　　站在讀詩、解詩必須有彈性、多層次以免固陋偏狹的基本態度上②，我們似乎可以不必捲入這個很難得到正解，甚至永遠無法達成共識的漩渦；但是如果我們能夠在不影響對詩義闡釋、詩

旨探求的前提下，對詩文本身做更為深入的探究，應是有助於我們更進一步的去瞭解詩人所要表達的意旨，或是更進一步的去體會詩人的情感和他的高超筆法。就以這首詩開頭的兩個重言疊字『采采』來說吧，由於說解的不同，在感情的描述以及對比、呼應的技巧上，都有很大的差別。

二、『采采』二字之傳統說解

有關《詩經》文字訓解的典籍，大概可以用汗牛充棟來形容，我們當然沒有辦法一一的提出來討論；因此，在這裡我們只能列舉幾個比較常見的說法，進行分析比較。

《毛傳》：「采采，事采之也。」孔穎達《正義》說：「言事采之者，言勤事采此菜也。此與〈芣苢〉俱言『采采』，彼傳云：非一辭也。與此不同者，此取憂為興，言勤事采菜尚不盈筐，言其憂之極，故云事采之；彼以婦人樂有子，明其采者衆，故云非一辭。其實『采采』之義同。故鄭志答張逸云：『事謂事事一一用意之事。〈芣苢〉亦然，雖說異，義則同是也。』然則，此謂一人之身念采非一；彼〈芣苢〉謂采人衆多非一，故鄭云義則同也。」據此，我們可以很清楚的知道《毛傳》和《孔疏》都認為這兩個「采」字就是《說文》：「采，捋取也；從木從爪。」的那個「采」字；而他們的意思就是「采了又采」、「一直不停的采著」。但卻由於他心有旁鶩，因此，表面上看似不停的工作著，實際上並沒有多大的效率。③

朱子《詩集傳》云：「采采，非一采也。」嚴粲《詩緝》引〈芣苢傳〉曰：「采，取也。」歷代學者的說解大抵相同；民國以來學者的詮釋，也是差不多的，例如：屈萬里先生的《詩經詮釋》說：「采采，採而又採也。」裴普賢先生的《詩經評註讀本》

說：「采，同採。采采，採而又採。」王師靜芝的《詩經通釋》
說：「采采，采之又采也。」馬持盈先生的《詩經今註今譯》更是
明白的說：「采采，採而又採，連續不斷的採。」至於大陸學者像
陳子展先生《詩經直解》釋「采采卷耳」為「採採卷耳菜」；余
冠英先生《詩經選》說：「采采，是采了又采。」楊任之先生的
《詩經今註今譯》云：「采采，非一采也。猶俗語：『打打球，看
看戲。』」等，也都持相同看法的。然而，清馬瑞辰《毛詩傳箋通
釋》卻有不同的見解。他說：

> 「采采卷耳」，傳：「采采，事采之也。」瑞辰按：〈蒹葭〉
> 詩「蒹葭采采」，傳：「采采，猶萋萋也。」萋萋猶蒼蒼，
> 皆謂盛也。〈蜉蝣傳〉：「采采，眾多也。」多與盛同義。此
> 詩及〈芣苢〉詩俱言「采采」，蓋極狀卷耳、芣苢之盛，。
> 〈芣苢〉下句始云「薄言采之」，不得以上言「采采」為采
> 取。此詩下言「不盈頃筐」，則采取之義已見，亦不得以
> 「采采」為采取也。〈芣苢傳〉：「采采，非一辭也。」亦狀
> 其盛多之貌。

也就是說，馬瑞辰認為這「采采」二字，應是「茂密、茂盛」的
意思，而不是大家所說的「採了又採，不停的採」。當然，像王
守謙、金秀珍兩位先生合著《詩經評注》：「采采，采了又采。一
解『采采』猶言『盛貌』，形容卷耳長得很茂盛。兩說都通。」這
樣的說解方式，似乎是很不錯的；因為我們都知道「詩無達詁」，
而且，作者在描寫一件事物的時候，也可能同時就不同的角度來
敘述。但是，我們卻也必須知道，語言本身有他的社會性和共通
性，同一個時期、同一個地區、同一個社會、同一個族群的人
們，固然也可能使用相同的語詞表達不同的概念，可是如果在句
法形式以及語言習慣上有其共同點的話，或許我們就必須依循語

言的共同特性來探討他們真正的意涵，而不能輕憑臆解或任意牽合了。因此，想要瞭解這『采采』二字的真正意涵，恐怕就非要將《詩經》裡頭其他八個『采采』一起拿來探究不可。

三、《詩經》中其他八個『采采』意象試探

詩經中除了〈周南. 卷耳〉之外，還有以下八個地方也出現了『采采』這麼一個重言形式的詞彙。他們分別是：

『采采』芣苢，薄言采之；『采采』芣苢，薄言有之。
『采采』芣苢，薄言掇之；『采采』芣苢，薄言捋之。
『采采』芣苢，薄言袺之；『采采』芣苢，薄言襭之。

……〈周南. 芣苢〉

蒹葭『采采』，白露未已；所謂伊人，在水之涘。

……〈秦風. 蒹葭〉

蜉蝣之翼，『采采』衣服；心之憂矣，於我歸息。

……〈曹風. 蜉蝣〉

首先，讓我們看看〈周南. 芣苢〉的幾個『采采』。《毛傳》只有在第一個『采采』底下注云：「采采，非一辭也。」《正義》認為這「非一辭」的意思是：一言「其憂之極」，一指「其采者眾」；因此他說：「采之，有之，掇之，捋之，袺之，襭之，明非一人而為此六事。」胡承珙的《毛詩後箋》更是接著說：「采之、有之在一章者，傳云：采者『非一』，則或有始往而采取者，或有已采而聚藏者，合下章掇之、捋之諸事，總以形容采者眾多。」他們都認為〈芣苢〉和〈卷耳〉詩中幾個『采采』的意思都是「採了又採」，只是這採菜的究竟是一個人還是很多人？在認定上有所不同罷了。後來的很多學者也都持相同的看法，比如嚴粲的《詩緝》、魏炯若的《讀風知新紀》、馬持盈先生的《詩經今註今

譯〉、裴普賢先生的《詩經欣賞與研究》、王師靜芝的《詩經通釋》等。但是也有學者持不同的意見，比如馬瑞辰《毛詩傳箋通釋》的「盛多之貌」、黃典誠《詩經通譯新詮》的「青青」「蒼翠之貌」、陳子展《詩經直解》的「形形色色」、聞一多《風詩類鈔．乙》的「采采，猶粲粲」等；至於像孫以昭《詩經鑑賞辭典》的「色彩鮮明的樣子；一說，指反覆採之的動作。」④、朱守亮先生《詩經評釋》的「或解爲採而又採，非一採也；或解爲粲粲之假借；此作萋萋講，茂盛之意。」也都可以歸入這個系統。

　　據此，我們可以知道，〈周南．芣苢〉詩中的六個「采采」有解做「采了又采」的可能，但卻不能說他的意思就是「采了又采」，因爲他也可能是「盛多」或是「青青」、「蒼翠」的意思。

　　〈秦風．蒹葭〉的章法與句式，可以說是很標準的「複沓重唱」形式，他那「一彈三唱」的形式更是《詩經》裡頭習見的。

> 蒹葭蒼蒼，白露爲霜；所謂伊人，在水一方。遡洄從之，
> 道阻且長；遡游從之，宛在水中央。
> 蒹葭萋萋，白露未晞；所謂伊人，在水之湄。遡洄從之，
> 道阻且躋；遡游從之，宛在水中坻。
> 蒹葭采采，白露未已；所謂伊人，在水之涘。遡洄從之，
> 道阻且右；遡游從之，宛在水中沚。

爲了加強語氣，爲了強調主旨，同時更要兼顧韻語的鏗鏘悅耳，《詩經》中經常出現全篇各章句式、意旨完全相同，只是換用其中一兩個字、詞的表現形式。像這一類「變文轉韻」的詩歌，基本上，出現在相同位置的詞語，是有著相同意象的；或者，我們可以保守一點的說：至少他們所表達的是同一類的情感，或是描述同一類的事物。就〈蒹葭〉這首詩而言，雖然在整首詩的意旨上，由於說者對於「伊人」的解釋不同，於是有人說是刺襄公不

用周禮而沿用西戎舊俗（如：〈詩序〉、魏源《詩古微》）；有人認
爲這是一首招賢詩（如：姚際恆《詩經通論》、方玉潤《詩經原
始》）；也有人認爲是懷人之作（如：胡承珙《毛詩後箋》）；王
師靜芝的《詩經通釋》則認爲這是隱者自詠之詩。我們姑且不管
這紛紜的說法究竟何者爲是，但是我們卻可以發現，學者們幾乎
都傾向於認定這首詩是屬於換韻重唱的。由於肯定了這首詩的
「複沓回環」形式，因此諸家在箋注這首詩的時候，除了換用字、
詞的意義必須同中見異，異中求同而逐字加註外，其餘幾乎都是
第一章詳註，後面兩章不是用個「猶」字來溝通，便是略而不
談。就以《毛傳》對「蒼蒼」、「萋萋」、「采采」這三個重言詞的
說解爲例。首章他說：「蒼蒼，盛也。」二章他說：「萋萋，猶蒼
蒼也。」三章則云：「采采，猶萋萋也。」因此，雖然《毛傳》並
未直接對「采采」二字設解，我們卻可以很容易的輾轉推得他的
意思就是「盛也」。

　　我們仔細檢查歷來諸家對於〈秦風．蒹葭〉『采采』二字的
說解，可以說幾乎沒有超出《毛傳》的；就連非要解這個「采」
字爲「採」的《詩集傳》和《詩經原始》，也必須說他是「盛而
可采也」。因此，我們似乎可以大膽的假定這『采采』二字指的
就是蒹葭的「盛多」。

　　〈曹風．蜉蝣〉的章法與句式，雖然不能算是很「標準」的
複沓重唱形式，但基本上還是保持《詩經》裡習見的一彈三唱形
式。整首詩是這麼說的：

　　　蜉蝣之羽，衣裳楚楚；心之憂矣，於我歸處。
　　　蜉蝣之翼，采采衣服；心之憂矣，於我歸息。
　　　蜉蝣掘閱，麻衣如雪；心之憂矣，於我歸說。

各章三、四兩句的複沓重唱當然沒有問題；一、二兩句雖然在句

法形式上並非十分整齊，但都在形容蜉蝣的外貌，應是沒有疑義的⑤。第一章說他「衣裳楚楚」，第二章說他「釆釆衣服」，第三章說他「麻衣如雪」。『楚楚』二字，《毛傳》說是「鮮明貌」，孔穎達《正義》更進一步的引《說文》說他是『黼』的假借而解做：「會五釆鮮色也。」⑥可知他所描述的應是那「蜉蝣之羽，如衣裳之鮮明也。」⑦至於第二章『釆釆』二字，《毛傳》說：「衆多也。」《正義》則云：「以〈卷耳〉、〈芣苢〉言『釆釆』者衆多，非一之辭。知此『釆釆』亦爲衆多。『楚楚』於衣裳之下，是爲衣裳之貌；今『釆釆』在衣服之上，故知言多有衣服，非衣裳之貌也。」然則，這『釆釆』二字是用來形容蜉蝣所穿「形形色色」的衣服⑧。第三章雖然學者對「掘閱」二字的看法有所不同，「麻衣如雪」一句的說解，也因而有了些許的出入，但卻相當一致的認爲「如雪」指的是衣服的「鮮潔」。「鮮明」、「衆多」、「鮮潔」固然在語意上不能說是百分之百的相同，但他們所表達的概念卻或多或少的有其近似之處；至少說他們都是形容寫貌之詞而非重疊動詞，應是沒有問題的。因此，〈蜉蝣〉詩中的『釆釆』二字，可以說他是「衆多貌」，也可以解他作「美盛貌」⑨，卻一定不能說他是「釆了又釆」、「不停的釆」。

四、《詩經》疊字詞性試探

疊字又稱「重言」，是由兩個相同詞素構成，而且具有具體詞彙意義的語詞⑩。《詩經》裡重言詞的運用，不僅較其他先秦典籍豐富，而且更是《詩經》的語言特色之一。《文心雕龍．物色篇》說：「是以詩人感物，聯類不窮。流連萬象之際，沈吟視聽之區。寫氣圖貌，既隨物以宛轉；屬釆附聲，亦與心而徘徊。故灼灼狀桃花之鮮，依依盡楊柳之貌，杲杲爲日出之容，瀌瀌擬

雨雪之狀，喈喈逐黃鳥之聲，嚶嚶學草蟲之韻。皎日嘒星，一言
窮理；參差沃若，兩字窮形。並以少總多，情貌無遺矣。雖復思
經千載，將何易奪。」清王筠《毛詩重言》云：「《詩》以長言詠
嘆爲體，故重言視他經爲多，而重言之不取義者爲尤多。或同言
而其意義迥別，或異字而義則比附。」二者對於《詩經》重言詞
彙運用的評述，可以說是極爲中肯。

　　《詩經》裡的重言詞，共有六百四十七處，三百五十九個
⑪，依據向熹先生《詩經語言研究》，這三百五十九個重言詞中，
形容詞佔了三百五十二個⑫；若再細分的話，則可以得到象聲的
重言詞三十八個，繪景的重言詞三百一十個，也就是說，『擬聲』
和『寫貌』是《詩經》疊字詞彙的兩大作用。狀聲用的重言詞，
一般而言較易辨識而且少有疑義，比如：

　　關關雎鳩　交交黃鳥　雞鳴喈喈　雞鳴膠膠　鳥鳴嚶嚶
　　維聲嘵嘵　嚶嚶草蟲　蟲飛薨薨
象蟲鳥之聲。描摹車行和鼓樂之聲則如：

　　有車鄰鄰　大車檻檻　大車哼哼　鐘鼓喤喤　磬筦將將
　　伐鼓淵淵
摹擬勞動之聲如：

　　坎坎伐檀　伐木丁丁　椓度橐橐　捄之陾陾　度之薨薨
　　築之登登　削屢馮馮　鑿冰沖沖　穫之挃挃
描摹風雨之聲則如：

　　風雨瀟瀟　飄風發發　虺虺其雷
　　至於形容寫貌的重言詞，雖然偶有辨識或認定的困擾，但大
致上還算是相當明晰的。比如：

　　河水洋洋　河水浼浼　河水瀰瀰　洪水茫茫　維水泱泱
　　汶水滔滔　淮水湯湯　淮水湝湝　淇水悠悠　江漢浮浮

　　　　北流活活　　方渙渙兮

描繪水貌。描述草木之貌則如：

　　　桃之夭夭　　灼灼其華　　楊柳依依　　綠竹猗猗　　皇皇者華

　　　維葉莫莫　　其葉蓁蓁　　綿綿葛藟　　彼黍離離　　蒹葭淒淒

　　　松柏丸丸　　蓁蓁者莪　　禾役穟穟　　麻麥幪幪　　瓜瓞唪唪

　　　翹翹錯薪

描摹人物心理神態如：

　　　憂心忡忡　　憂心殷殷　　憂心悄悄　　中心養養　　中心搖搖

　　　勞心怛怛　　勞心切切　　心焉惕惕　　耿耿不寐　　惴惴其慄

　　　兢兢業業　　戰戰兢兢

若要描摹不同人物的不同神態則如：

　　　赳赳武夫　　佻佻公子　　狂夫瞿瞿　　君子陽陽　　老夫灌灌

　　　小子蹻蹻　　驕人好好　　勞人草草　　好人提提　　氓之蚩蚩

　　　桑者閑閑　　良士蹶蹶

另外，如：

　　　舒而脫脫　　獨行踽踽　　行道遲遲　　行邁靡靡

形容人物的動作。而

　　　有兔爰爰　　鶉之奔奔　　鵲之彊彊　　四牡騤騤　　蜎蜎者蠋

　　　其耳濕濕

則是形容動物的動作。諸如此類，不一而足。

　　若再進一步的檢視這些寫貌重言詞，我們可以發現：構成寫
貌重言詞的單字成分，雖以形容詞性質的單字居多，卻也不乏名
詞性或動詞性的單字，比如：『草草』、『湯湯』為名詞；『脫脫』、
『奔奔』、『踽踽』為動詞之類，只是這些名詞或動詞都已經在重
疊組合之後轉變成為形容詞性質了。

　　除去這三百五十二個形容性的重言詞外，《詩經》中尚有七

個其他性質的重言詞。名詞性的重言詞只有『燕燕』一個。〈邶風．燕燕〉全詩三章首句皆爲「燕燕于飛」，《毛傳》注云：「燕燕，鳦也。」《正義》曰：「〈釋鳥〉：『燕燕，燕；燕，鳦。』孫炎曰：『別三名。』舍人曰：『燕燕名燕，燕又名鳦。』……古人重言之。」朱子《詩集傳》亦云：「燕，鳦也。謂之燕燕者，重言之也。」《毛傳》認爲『燕燕』本身就是一個單純的名詞，而《正義》、《朱傳》等則認爲這是『燕』字的重言，而這重言的『燕燕』指的仍然是那于飛的『燕』。如果我們依照這些說解，再加上《漢書．外戚傳》所引童謠：「燕燕尾涎涎。」等證據來看的話，似乎『燕燕』本身就是一個名詞，而非一個名詞性的「重言詞」。至於像毛奇齡所言：「燕燕者，兩燕也。何兩燕？一于歸者，一送者，送者姜氏，于歸者媯氏也。」⑬或王先謙：「連言『燕燕』者，非一燕。燕燕，定姜自喻及婦。」⑭則這兩個「燕」字，只是兩個並列的名詞，而非重言詞。

歎詞性的重言詞也只有一個。

嗟嗟臣工，敬爾在公。

嗟嗟保介，維莫之春。……〈周頌．臣工〉

嗟嗟烈祖，有秩斯祜。……〈商頌．烈祖〉

《毛傳》於「嗟嗟臣工」下注云：「嗟嗟，敕之也。」《正義》：「先嗟而又嗟，重歎以呼之。」《鄭箋》於「嗟嗟烈祖」下注云：「重言嗟嗟，美歎之深。」然則這三處『嗟嗟』只是爲反覆叮嚀或歎美而重複的兩個歎詞，亦非所謂的「重言詞」。

動詞性的重言詞共有五個，〈大雅．公劉〉：

篤公劉，逝彼百泉，瞻彼溥原，迺陟南岡。乃覯于京。京
師之野，于時處處。于時廬旅，于時言言，于時語語。

《毛傳》：「廬，寄也。直言曰言，論難曰語。」只解釋了『廬』、

『言』、『語』等三個單音詞。《鄭箋》則云：「于，於；時，是也。京地乃衆民所宜居之野也。於是處其所當處者，言其所當言，廬舍其賓旅，語其所當語；謂民安館客，施敎令也。」雖然我們也可以依據《廣雅．釋訓》：「言言語語，喜也。」將這裡的『處處』、『言言』、『語語』解作「大家和樂融融的居住在一起，一起談話，一起討論問題。」而將他們當作帶有描寫性質的重言詞。但是我們若仔細探究一下出現在相同位置的『廬旅』二字，恐怕就非要說他們是動賓結構不可了。

　　《毛傳》運用了詮釋對詞的方式來解釋『言』、『語』二字，對於位置相同的『處』、『廬』二字卻只說解了『廬』字，或許因爲『處』字的意象易懂而且常見的關係吧。《說文》謂『處』是『処』的或體，而『処』字的說解爲：「止也；從夂几，夂得几而止也。」《段注》：「人遇几而止，引申之爲凡処処之字。」『處』爲「止」，『廬』爲「寄」，二者正屬渾言不分析言有別的對詞，與『言』、『語』對稱的形式相同。因此，『廬旅』既然解作「廬舍其賓客」而有動賓性質的不同，句法形式完全相同的于時『處處』、于時『言言』、于時『語語』等詞，自然也應該是個動賓結構的詞彙較爲合理了。

　　至於〈周頌．有客〉：「有客宿宿」、「有客信信」二句，《毛傳》云：「一宿曰宿，再宿曰信。」《正義》曰：「〈釋訓〉云：『有客宿宿，再宿也；有客信信，四宿也。』彼因文重而倍之，此傳分而各言之，其意同也。」然而，這種動詞複說的形式實在罕見；而且，我們發現這兩句的文意與上文貫聯而遞進，旨在描摹客人的丰儀，似乎沒有「客宿一宿，一宿再宿」的意思。整首詩是這麼說的：

　　　　有客有客，亦白其馬。有萋有且，敦琢其旅。有客宿宿，

有客信信。

言授之縶，以縶其馬。薄言追之，左右綏之。既有淫威，
降福孔夷。

就以〈詩序〉所言「微子來見祖廟也」為說吧。微子代殷來朝，
周人既以客禮待之，百姓夾道歡迎自屬常情。在迎接客人的時
候，先是看見客人所乘代表殷商色彩的雪白乘馬，接著看見客人
的從僕萋然壯盛，所率的士卒精良有秩，逐漸的注意到客人的威
儀肅然，態度詳和；客人到了行館之後，熱情的群眾忙著為他找
繩索繫馬匹，前呼後擁的迎他進入賓館，招呼並且安頓他的侍
從。一切料理妥當之後，大家一起來為他禱告，祈求上天賜福給
他。一切依序而且順理進行。竊以為這種說法雖然無奇，卻比在
客人一宿再宿之後，「不欲客去，授以絆索，以絆其馬，期其多
留」的傳統說法，來得合理。因此，有關『宿宿』、『信信』的說
解，寧從林成章先生作『肅肅』、『振振』，或從丁聲樹先生作
『肅肅』、『申申』⑮，而為描摹客人儀態容止的形容性重言詞。

五、『采采』意象試釋

如果以上的論述可信的話，我們似乎可以更為肯定的說：
《詩經》中的重言詞，都屬於形容詞性質；如有疊字而非形容詞
性質的話，若非假借便是詞性不同而非真正的重言詞。

既然《詩經》裡沒有動詞性的疊字詞彙，〈卷耳〉詩中的
『采采』二字，又當怎麼解釋呢？如果我們說他是一個動賓結構
的重言詞，不僅奇特，而且沒有法子從語言的社會性和共通性去
解說〈蒹葭〉和〈蜉蝣〉詩中的兩個『采采』，於是我們只有從
音讀的假借一方面來推尋了。

聞一多先生說「采采，猶粲粲。」同門友高明道先生則以為

這『采采』二字，應是『熾熾』或『耔耔』的假借；本師陳先生則以爲不如作『層層』來得貼切。茲將諸字紐、韻列舉如次：

采	《廣韻》倉宰切	清母海韻	古音清母之部⑯
粲	《廣韻》蒼案切	清母翰韻	古音清母元部
耔	《廣韻》赤之切	穿母之韻	古音透母之部
熾	《廣韻》昌志切	穿母志韻	古音透母職部
層	《廣韻》昨棱切	從母登韻	古音從母蒸部

『采』『層』二字古韻雖則「之」「蒸」不同，但卻屬對轉韻部，聲母也以「清」「從」旁紐雙聲而可通轉，當然可以互相假借。『耔』『采』古韻同在「之」部，聲母雖然「清」「透」不同，但仍以同位雙聲而可流轉；『采』『熾』古韻雖然「之」「職」有別，卻屬於陰入相承韻部，聲母也以同位雙聲而可流轉；因此，認爲『采』字是他們的假借並非無稽；至於『采』『粲』二字，雖然韻部相去較遠，但聲紐相同，因此也非全然不可置信。只是我們在破字解經的時候，不能不考慮本字與借字間的音韻層次關係。因此，在這裡我們或許可以假定『采采』就是『層層』的假借。《說文》：「層，重屋也；從尸曾聲。」《段注》：「曾之言重也，曾祖曾孫皆是也；故從曾之層爲重屋。〈考工記〉『四阿重屋』注曰：重屋，複笮也。」後人因之作樓。木部曰：樓，重屋也。引伸爲凡重疊之偁。古亦假增爲之。」『采采』卷耳就是『層層』卷耳，『層層』卷耳就是『重重』卷耳，一層又一層茂密重疊的卷耳，採摘起來應是輕而易舉的；只是心裡若是另有所思的話，效率如何，就非常理所能推測的了。

【附　註】

①董仲舒《春秋繁露》卷三〈精華〉。

②這種見解得自徐復觀先生。詳見《中國文學論集．釋詩的溫柔敦厚》頁四四七，台灣學生書局。

③段注說文云：「〈大雅〉曰：『捋采其劉。』〈周南．芣苢傳〉曰：『采，取也。』又曰：『捋，取也。』是采、捋同訓也。詩又多言『采采』，〈卷耳傳〉曰：『采采，事采之也。』此謂上『采』訓『事』，下『采』訓『取』。」案：段注雖與毛、孔稍異，其實並無不同。

④安徽文藝出版社出版，金啓華主編。

⑤『掘閱』二字，歷來說解頗不一致。或以爲「容閱」（《毛傳》、《詩經通釋》、《詩經評釋》），或以爲「掘地而出」（《鄭箋》、《正義》、《詩緝》），或以爲「穿穴而出」（《詩經通論》、《毛詩後箋》、《毛詩傳箋通釋》、《詩經詮釋》、《詩經評註讀本》），也有解做「突然蛻變」的（《詩經直解》）。今則以爲「掘」字可從《鄭箋》解做「堀」字之假借，「閱」字則爲「蛻」字之轉，所謂『掘閱』就是『堀蛻』，是指蜉蝣出水能飛之後的又一次蛻變。按：「掘」、「堀」《廣韻》並同「衢物切」，古音同屬群母沒部；「閱」、「蛻」《廣韻》並同「弋雪切」，古音皆屬定母月部；又《廣韻》「蛻」字別有『舒芮』、『他外』、『湯臥』三切，古音並歸透母，透、定旁紐雙聲，音亦可通。

⑥今本段注《說文》作：「會五采鮮貌。」

⑦詳見王師靜芝《詩經通釋》。

⑧詳見陳子展先生《詩經直解》。

⑨同註⑦。

⑩依此標準，則關關、嚶嚶、喈喈、膠膠、哼哼、將將、坎坎、丁丁……等狀聲詞不屬重言詞範圍。這裡暫從舊說，將狀聲詞一併列入。

⑪此暫依向熹先生《詩經語言研究》暨夏傳才先生《詩經語言藝術》之統計。竊以爲如〈大雅．公劉〉「于時處處，于時廬旅，于時言言，于時語語」之類，或當視作動賓結構，而非重疊動詞。

⑫其他分別爲動詞性五個，名詞性一個，歎詞性一個。竊以爲動詞性五組之中，〈公劉〉詩中三組可以動賓結構視之；〈大雅．有客〉「有客宿宿，有客信信」或當讀作『肅肅』、『振振』或『申申』，仍屬形容性質。此亦暫從向先生之說。

⑬詳見毛奇齡《續詩傳鳥名卷》。

⑭詳見王先謙《詩三家義集疏》。

⑮見向熹先生《詩經語言研究》頁二一五一二一六。

⑯本文有關古韻分部皆從本師陳先生三十二部說。

【參考書目】

《毛詩注疏》	鄭玄箋　孔穎達正義	台灣大化書局
《詩集傳》	朱　熹	台灣藝文印書館
《詩緝》	嚴　粲	台灣廣文書局
《詩經通論》	姚際恆	台灣廣文書局
《毛詩傳箋通釋》	馬瑞辰	北京中華書局
《續詩傳鳥名卷》	毛奇齡	商務印書館
《詩三家義集疏》	王先謙	北京中華書局
《詩經詮釋》	屈萬里	台灣聯經出版事業公司
《詩經欣賞與研究》	糜文開　裴普賢	台灣三民書局
《詩經通釋》	王師靜芝	輔仁大學文學院
《詩經今註今譯》	馬持盈	台灣商務印書館
《詩經評註讀本》	裴普賢	台灣三民書局
《詩經評釋》	朱守亮	台灣學生書局
《詩經直解》	陳子展	上海復旦大學出版社
《讀風知新記》	魏炯若	陝西人民出版社
《詩經選》	余冠英	北京人民文學出版社
《詩經通釋新詮》	黃典誠	上海華東師範大學出版社

《詩經鑒賞辭典》　　　金啓華　　　　　安徽文藝出版社
《詩經鑒賞辭典》　　　任自斌　　　　　河海大學出版社
《詩經語言藝術》　　　夏傳才　　　　　北京語文出版社
《詩經語言研究》　　　向　熹　　　　　四川人民出版社
《訓詁學概要》　　　　林師景伊　　　　台灣正中書局

春秋三傳「東其畝」解

周　何

一、問題的提出

　　春秋魯成公二年六月癸酉，晉郤克會同魯、衛、曹三國之軍，與齊侯戰于鞌，結果「齊師敗績」，秋七月，齊侯派遣大夫國佐去求和，郤克提出的條件是：土地珍寶之外，還要以齊侯的母親蕭同叔子作爲人質，以及齊之封內所有耕者「盡東其畝」。土地珍寶的需索倒無所謂，以人君之母作爲人質，就已經不像話了；而「盡東其畝」，則更是無法接受。所以當時國佐的反應是：條件談不攏，請收回餘燼，背城借一。

　　至於「盡東其畝」爲甚麼晉人不能接受的原因，三傳都記載了國佐的說明：

　　△「先王疆理天下物土之宜，而布其利，故詩曰：『我疆我理，南東其畝。』舍吾子疆理諸侯，而曰盡東其畝而已，唯吾子戎車是利，無顧土宜，其無乃非先王之命也乎？反先王則不義，何以爲盟主？」（《左氏傳》）

　　△「使耕者東畝，是則土齊也。」（《公羊傳》）

　　△「使耕者盡東其畝，則是終士齊也。」（《穀梁傳》）

理由雖然不盡相同，而無法接受的態度，三傳則是一致的。無論是「戎車是利」、「無顧土宜」、「非先王之命」、「土齊也」、「士齊也」，都是由於「東其畝」或「東畝」的原因，所造成無法接受

的結果，因此最重要的問題便是先要瞭解甚麼是「東其畝」或「東畝」的含義。

二、過去的解釋

最先爲「東畝」作解釋的是何休：

　　△「使耕者東西如晉地。」①

其次是服虔注《左傳》的「東其畝」：

　　　△「欲令齊隴畝東行。」②

「東其畝」句又見於《韓非子・外儲說右上》：「文公見民之可戰也，於是遂興兵伐原，克之，伐衛，東其畝，取五鹿。」《呂氏春秋・簡選篇》也記述這件事：「晉文公造五兩之士五乘，銳卒千人，先以接敵，諸侯莫之能難，反鄭之埤，東衞之畝。」高誘注說：

　　　△「使衞耕者皆東畝，以遂晉兵也。」

再其後則是杜預的解釋：

　　　△「使壟畝東西行。」③

此後三傳的注家雖多，對「東畝」或「東其畝」的解釋，大致都差不多，都認爲齊在晉之東，如果能令齊國的田畝全都改成東西向，將來晉國一旦須要用兵於齊國的時侯，就可以毫無阻礙地長驅直入了，就如司馬貞所說的：

　　　△「隴畝東行，則晉車馬向齊行易也。」④

本來大家都這麼講，我們跟著這麼解釋也沒甚麼不可以。不過仔細深入一點想想，又好像有些疑點不得解決。

三、解釋的疑點

何休的解釋說是「使耕者東西如晉地」，這個解釋似乎包含

了兩個問題：首先是他把《公羊傳》的「東畝」加一個「西」字，說成由東向西、或者由西向東的意思，此所謂增字爲訓。增字爲訓容易發生偏差的原因，就是所加之字不一定確實符合原意。原文只是一個「東」字，一定要解爲「東西」，實在令人感到懷疑。其次「如晉地」的說法，其先決條件必須是已經掌握了晉國境內耕地的狀況，確實都是由東向西、或是由西向東，而齊國境內耕地的狀況正好相反，全都是由南而北、或是由北而南，然後才能說將來齊畝改變的目標是「如晉地」。如果無法確知當時晉、齊兩國境內田畝的狀況究竟如何，而一定要說成變齊畝「如晉地」，不僅是值得懷疑，甚至於可以說是無從證實的答案。

　　乍看起來，前節所列各家的解釋好像所差不多；但認真說來，其間仍有異同是非。服虔只說是「令齊壟畝東行」，而杜預則解爲「使壟畝東西行」，以同是左傳名家而言，杜預的解釋應該是承襲服虔之說而來，然而實際上杜預似乎多少還是接受了何休說的影響，因爲「東行」和「東西行」其實質的意義並不相同。阮元就曾說：

　　△「案史記集解引服虔注無西字。朱鶴齡亦云西字衍文。然西非衍字，注謂作由西達東之路耳」⑤

阮元看得很仔細，認爲服注無西字，杜注有西字，兩注並不相同，不必刪除衍文，使原本不同的解釋勉強合而爲一。不過由於朱鶴齡和阮元對於杜注有無「西」字這一問題的討論，倒是真正給了我們一個重要的提示。在開始接觸到服、杜兩家解釋的時候，「令齊壟畝東行」和「使壟畝東西行」，不大容易注意到其間有何差異。經過這樣的提示之後，至少可以感覺出來，服注的「東行」大概沒有問題，而杜注的「東西行」是否能與「東其畝」的原文意義相合，就比較有點值得懷疑了。

　　根據文獻記載的資料來看，好像周、秦之際的耕作畎畝，自有其理想的制度規畫。《周禮·地官·遂人》之職，記載有遂、溝、洫、澮、川等的農田水利制度，鄭玄注說：「遂縱溝橫，洫縱澮橫。」又《冬官·考工記·匠人》之職也有井田制度的記述。姑且不論溝洫法與井田制有無差別，甚至也不必討論《周禮》所載古代制度是否確實，至少應該可以相信，農田水利少不了阡陌溝洫，而阡陌溝洫必然是有縱有橫。不可能一國的田畝要是縱行就全是縱行，如是橫列就全是橫列，所有行水的溝洫全都是平行並列，沒有交會之點，朝向一個方向各自奔流，即以普通常識也可想見絕無此事。因此何休、杜預「東西行」之說，如果說是為了將來能讓晉軍入齊時，消除障礙，暢行無阻，實在是有點奇怪。

四、問題的解決

　　既已感覺到「東西行」的解釋有如許可疑之處，不妨回過頭來，重新考察原文，也許在已有戒心，不會輕易淆混觀念的心態下，試探著再找出一些比較能夠合乎原文原意的消息。

　　《公》、《穀》二傳非常簡略，「土齊也」、「士齊也」，都只屬於不良後果的認定，對「東畝」或「東其畝」的意義考察幫助不大。《左傳》的記述比較詳細，相關的訊息值得特別留意的有兩點：

　　㈠《左傳》所載有徵引《詩經》者，其用意主要在於藉詩傳達或證明所要表達的意思。如果詩句的含義與本文不協調，則根本無須引詩；如果本文的注解和詩意不協調，則應該可以看得出是注解有問題。所引《詩經·小雅·信南山》：「我疆我理，南東其畝。」毛傳說：「或南或東。」孔疏先引《左傳》的「盡東其畝」之後，又解釋說：「須縱須橫，故或南或東。」孔疏的解釋顯然也

受到東西曰橫，南北曰縱之說的影響，所以特別帶上「縱橫」的字眼。其實毛傳所說的或南或東相當清楚，南東並沒有縱行橫列的意思，而只是在說南邊的田畝或東邊的田畝而已。又《詩經》所見，如「饁彼南畝」⑥、「今適南畝」⑦、「椒載南畝」⑧，所有的「南畝」都是指南邊的田畝，沒有任何一條類似的文句含有自南徂北的意義。既然《左傳》引詩「南東其畝」，絕對不是南北縱行、東西橫列的意思，那麼「東其畝」似乎也不應該解釋為東西橫列才是。

　　㈡《左傳》的這段文字裡，兩次提到「土宜」。先是說先王顧及天下物土之宜，然後又說晉侯不顧土宜，何以為盟主。前後對看，應該可以瞭解國佐所說的話的重點，在於強調應該注意物土之宜。「東其畝」之後，雖然可以達到晉國「戎車是利」的目的，然而卻造成齊國耕作土地不適宜的嚴重後果。因此對「東其畝」句含意的瞭解，必須同等份量地關注於「戎車是利」和「無顧土宜」這兩個條件因素的考量。過去似乎都只偏重於「戎車是利」條件的影響，於是而產生了由西而東、東西行的聯想。當然，「戎車是利」也是決定性的條件之一，但也不容許就此以為滿足，不願意顧及「無顧土宜」的另一同等重要的決定性條件的存在。如果我們能心平氣和地把「戎車是利」和「無顧土宜」這兩個條件，並列結合在「東其畝」的主題之下，重新來作思考的話，「東西行」的說法應該是不能成立的。也許「東西行」好像可以和「戎車是利」的文句相容，但那也只是膚淺的表相相容，因為無論田畝是東西橫陳，還是南北縱伸，阡陌溝洫仍在，不見得對晉國的戎車有甚麼利或不利。從另一方面來看，「東西行」和「無顧土宜」的文句，卻是無法相容。如果土地還是原來的土地，只是排列的方向作了改變，應該牽涉不到「土宜」的問題。

土宜應該是指土地的性質是否適宜於耕作的意思，所以先王經過審度考量之後，規劃分配耕作有利的土地，或在南或在東。審度規劃的重點是物土之宜，甚麼土地適宜於耕作，甚麼土地不適宜於耕作，或者是甚麼土地適宜於某些農作物，甚麼土地不適於某些農作物。如果認為當年先王的規畫，晉國境內的田畝全是東西向，齊國境內的田畝全是南北向，如今晉國要齊國的田畝也都改成東西向，這樣的說法拿來解釋「無顧土宜」時，就顯得扞格而不能相容了。

五、結　論

從上面的分析討論中，其實已經透露出一項指引思考的訊息。「如果土地還是原來的土地，只是排列的方向作了改變，應該牽涉不到『土宜』的問題。」如果我們能同意這個看法的話，當然很容易就可以推想到牽涉土宜問題的狀況，可能是土地不再是原來的土地。換句話說，田畝的更換遷移才會涉及到是否適合土地的問題。

於是我們再來考察一下那些典籍的原文，《左傳》、《穀梁傳》都是作「東其畝」，《公羊傳》只作「東畝」，字面上給予的印象還是相當的模糊和不確定。當我們再看《韓非子》記述晉文公伐衞事，也是說的「東其畝」，但《呂氏春秋》、《商君書》⑨所記的是同一件事，而字面上卻作「東衞之畝」。由此可見「東其畝」的正確的解釋應該就是「東某之畝」。依照這個句型來看，「東」字應該作動詞用，也就是東遷的意思。齊、衞都在晉國的東邊，要齊、衞把接近晉國的田畝全部讓出來，遷移到更遠的東邊去，所以謂之東衞之畝，或東其畝，或更簡單些就說是東畝。這些田畝讓出來之後，則靠近晉國土地上再也沒有農作物及隴陌溝洫的

阻隔，所有人民也自然跟著往東遷移，田原荒廢，夷為平地，正是行軍便利，戎車暢通的最佳情況，所以國佐說是「戎車是利」。晉國的車馬得以恣意馳騁於齊國的土地之上，所以《公羊傳》說「是則土齊也」，等於是占領了齊國的土地。齊國上下都將是晉國的臣民，所以《穀梁傳》說「則是終土齊也」，范注云「則是以齊為土」。

　　齊國的東邊近海，地鹹多沙，不適宜於一般農業耕作，如果真的要把西邊適宜於耕作的田畝放棄，全部東遷近海，是誠所謂的「無顧土宜」，「非先王之命也」。

　　綜上所述，似乎惟有解「東」字為「東遷」、「遷往東邊」，才能兼顧「戎車是利」和「無顧土宜」這兩層意義的融會，才能真正切合典籍原文的要求，才能真正突顯表達齊國實在無法接受，何以寧可「背城借一」的原由。服虔說「欲令齊隴畝東行」，應該還是東遷的意思，而杜預採信何休之說，加上西字，說成「使壟畝東西行」，自此以後，相沿誤解者，大概都是習慣於前人已有解釋，懶得再費思量，稍加衍申，就算是自己的說法了。沒想到舊解可能有誤失，後人衍申可能有偏差，大家都跟著跑，永遠不知道錯在哪裡，所以我們經常強調要讀原典，這才是正本清源之道。

【註　譯】

①《公羊傳·成公二年》何休注。

②《史記·齊世家》「令齊東畝」集解引服虔說。

③《左傳·成公二年》杜預注。

④《史記，齊世家》「令齊東畝」司馬貞索隱。

⑤阮元《春秋左傳校勘記》成公二年。

⑥「饁彼南畝」句，見於《詩經·豳風·七月》，《小雅·甫田》，《小雅·大田》。

⑦「令適南畝」句，見於《詩經·小雅·甫田》。

⑧「椒載南畝」句，見於《詩經·小雅·大田》，《周頌·載芟》，《周頌·良耜》。

⑨《商君書·賞刑篇》作「東徵之畝」，孫詒讓校曰：「案：徵，當作衞。」

說文訓詁釋例
——以《說文》釋「以為」諸字為說

許錟輝

一、前　言

〈說文叙〉說：「蓋文字者，經藝之本。」又說：「將以理群類，解謬誤，曉學者，達神恉。」可知許慎著《說文》的宗旨，在理群類以詁訓六經，解謬誤，達神恉。然則欲明許慎的訓詁條例，可於《說文》一書中尋求。只是《說文》一書內容龐大，欲明其條例，不是一篇短文所能奏功。本文只是透過《說文》中釋「以為」的一群字，來觀察許慎的訓詁理念，雖非全豹，應可見其一端。

二、《說文》釋「以為」之例

《說文》一書，於每字解釋本義、形構、音讀之後，或又用「以為」作補充說明，其方式有以下幾種：

(一)以為

　　1.疋、亦以為足字。（疋部）

　　2.朋、故以為朋黨字。（鳥部）

　　3.烏、故以為烏呼。（鳥部）

　　4.丂、又以為巧字。（丂部）

　　5.韋、故借以為皮韋。（韋部）

6.暴、或以爲繭。（日部）

7.西、故因以爲東西之西。（西部）

8.且、又以爲几字。（且部）

9.子、人以爲偁。（子部）

㈡爲

來、故爲行來之來。（來部）

㈢以……爲……

止、故以止爲足。（止部）

㈣古文以爲

1.屮、古文或以爲艸字。（屮部）

2.疋、古文以爲詩大雅字。（疋部）

3.詖、古文以爲頗字。（言部）

4.广、以爲古文疾字。（广部）

5.臤、古文以爲賢字。（臤部）

6.皕、古文以爲覞字。（皕部）

7.丂、古文以爲亏字。（丂部）

8.哥、古文以爲歌字。（可部）

9.暴、古文以爲顯字。（日部）

10.炗、古文以爲魯衛之魯。（光部）

11.完、古文以爲寬字。（宀部）

12.俆、古文以爲訓字。（人部）

13.臭、古文以爲澤字。（穴部）

14.洒、古文以爲灑埽字。（水部）

15.且、古文以爲且。（且部）

㈤古文以……爲……

1.汓、古文或以汓爲沒字。（水部）

　2.鼎、古文以貞為鼎。（鼎部）

㈥**籀文以為**

　爰、籀文以為車轅字。（受部）

㈦**籀文以……為……**

　鼎、籀文以鼎為貞。（鼎部）

㈧**周書以為**

　敫、周書以為討。（攴部）

㈨**秦以為**

　罪、秦以為辠字。（网部）

㈩**杜林以為**

　1.𡴩、杜林以為麒麟字。（屮部）

　2.橚、杜林以為椽桷字。（木部）

　3.㝵、杜林說以為貶損之貶。（巢部）

　4.鼀、杜林以為朝旦。（囦部）

　以上《說文》用「以為」作補充說明的，凡有十例，共三十三字，三十六條。

三、許慎由《說文》釋「以為」諸字所顯示的訓詁條例

　從《說文》三十六條用「以為」作補充說明的例子來看，許慎是有他的安排的。許慎認為「以為」、或「以……為……」共有以下四種作用：

㈠**以甲字為乙字**

　此又有四種情形：

　1.借甲字為乙字

　2.誤甲字為乙字

3.改甲字爲乙字

4.通甲字爲乙字

㈡以甲義為乙義

用同字之甲義爲乙義

㈢以甲字為乙義

借甲字表乙義

㈣以甲體為乙體

用同字之甲體爲乙體

在《說文》釋「以爲」的三十六條例子中，有一些是有爭議的，有一些是《說文》的錯誤，分別說明如下：

1.「伕、古文以爲訓字。」(人部)

訓、許運切、古聲屬曉紐、古韻在段氏第十三部；伕、以證切、古聲屬喻紐、古韻在段氏第六部。伕、訓古聲同屬喉音，旁紐雙聲，如以聲近相通之例看待，也可以勉強說得過去。只是前人有不同的意見。段玉裁說：「訓與伕音部既相距甚遠，字形又不相似，如疋足、屮艸、丂亏之比。今按：訓當作揚，由揚訛詠，由詠復訛訓，始則聲誤，終則字誤耳。」①認爲「訓」字是「揚」字之誤。洪頤煊也說：「訓與送義不相近，訓當是引字之訛。」②認爲「訓」是「引」字之誤。各持一說，未能遽定。

2.「廿、以爲古文疾字。」(辛部童字籀文下)

段注：「當作古文以爲疾字。」但是段氏又在「疾」的古文下注說：「各本篆體作𤕷，是仍與小篆無異、今正。」段氏一方面把「疾」的古文改爲「廿」，認爲「疾」與「廿」是一字的異體；一方面又認爲爲「童」的籀文下「廿以爲古文疾字」的解說有誤，當作「古文以爲疾字」，則又把「疾」與「廿」看作二字，這是前後矛盾的。「童」字籀文下所云「廿、以爲古文疾字」，「以爲」

二字可能是衍文，如果這樣，便與改「疾」的古文作「廿」，前後一致了。

　　3.「臭、古文以為澤字。」(宀部)

　　段注：「此說古文假借也。叚借多取諸同音，亦有不必同音者，如用臭為澤、用丂為亏、用屮為艸之類。」段氏又說：「又按：澤當作皋，古澤、睪、皋三字相亂。」段氏一方面認為許慎說「臭、古文以為澤字」，是說明古文叚「臭」為「澤」，是假借的變例；一方面又認為「澤」是「皋」的誤字，「臭、古文以為皋字」，是說明古文叚「臭」為「皋」；前後說法不一致。

　　4.「𠁅、古文以為且。」(且部)

　　段注：「上以為二字，衍文也。」

　　5.「𠨎、古文以為醜字。」(𦣞部)

　　段氏「醜」為「覵」，注云：「覵、鉉本作醜，誤。醜與𠨎、卷，部分遠隔也。」段氏認為𠨎、覵古音同在十四部，故得相假借。而清、許槤則說「本書𦣞部奭下云：『召公名醜』，此𠨎字與奭相似，古文以為醜字，是也。」③則又認為「醜」字無誤。各持一說，未能遽定。

　　除了上述五條以外，其他三十一條，依上面所分析許慎對於「以為」的安排，並參考古籍，可得以下七條訓詁的條例：

㈠借甲字為乙字

　　甲、乙二字，古音相同，故借甲字為乙字，這是有本字的用字假借，亦即一般所謂的同音通假。下面就以《說文》釋「以為」的例子來說明。

　　1.「疋、古文以為詩大雅字。」(疋部)

　　疋、所菹切、古聲屬疏紐，古韻在段氏第五部；雅、五下切、古聲屬疑紐，古韻在第五部。二字古同韻，許慎認為古文借

「疋」字爲「雅」字。《淮南子、脩務篇》：「邯鄲師有出新曲者。」注：「新曲，非疋樂也。」疋樂、即雅樂。此疋、雅通假之例。

2.「詖、古文以爲頗字。」（言部）

詖、頗二字並从皮聲，許愼認爲古文借「詖」字爲「頗」字。《詩、卷耳、序》：「而無險詖私謁之心。」《釋文》引崔注：「險詖、不正也。」《孟子、公孫丑上》：「詖辭知其所蔽。」注：「詖、偏陂也。」詖並爲頗的假借，是其例。

3.「弅、杜林以爲麒麟字。」（廾部）

弅、麒並音渠之切、古聲同屬群紐，古韻同在第一部。許愼認爲杜林借「弅」字爲「麒」字。

4.「臤、古文以爲賢字。」（臤部）

賢从臤聲，許愼認爲古文借「臤」字爲「賢」字。《尚書、盤庚》：「今予其敷心腹腎腸，歷告爾百姓于朕志。」今文《尚書》讀歷字斷句，「心腹腎腸歷」作「憂賢揚歷」，或作「優賢揚歷」。《文選、左太冲、魏都賦》：「優賢若于揚歷。」張載注：「《尚書、盤庚》曰：『優賢揚歷。』」而漢《咸陽令唐扶頌》：「優臤颺。」又漢國三老袁良碑：「優臤之寵。」並引《尚書、盤庚》之文，「賢」並作「臤」，此皆臤、賢通假之例。

5.「敊、《周書》以爲討。」（攴部）

市流切、聲屬禪紐、古歸定紐，古韻在第三部；討、他皓切、古聲屬透紐，古韻在第三部。敊、討古聲同屬舌音，古韻同部。許愼認爲《周書》借「敊」字爲「討」字。《禮記、禮器》：「君子之於禮也，有順而討也。」注：「討猶去也。」《說文》：「敊、棄也。」去、棄義近，是〈禮器〉的「討」字，即「敊」字的假借。

6.「爰、籀文以爲車轅字。」（受部）

轅、雨元切、古聲屬為紐，古韻在第十四部；爰、羽元切、古聲屬為紐，古韻在十四部；二字古同音，許慎認為籀文借「爰」字為「轅」字。《國語、晉語三》：「爰作轅田。」《左傳、僖公十五年》：「晉於是乎作爰田。」此爰、轅通假之例。

7.「丂、又以為巧字。」（丂部）

巧从丂聲，許慎認為「丂」字可借為「巧」字。

8.「構、杜林以為椽桷字。」（木部）

桷、古岳切、古聲屬見紐，古韻在第三部；構、古后切、古聲屬見紐，古韻在第四部。構、桷二字古雙聲韻近，許慎認為杜林借「構」字為「桷」字。

9.「導、杜林說以為貶損之貶。」（巢部）

貶、導皆方斂切、聲同屬非紐，古韻同在第七部，二字古同音。許慎認為杜林借「導」字為「貶」字。《文選、上林賦》：「此不可以揚名發譽，而適足以乥君自損也。」李善注引晉灼說：「乥、古貶字也。」乥即導的誤字。

10.「㬎、古文以為顯字。」（日部）

顯从㬎聲，許慎認為古文借「㬎」字為「顯」字。《說文》：「㬎、眾微杪也。从日中視絲。」（日部段注：「此九字，《廣韻》作『眾明也，微妙也，从日中視絲。』十一字。」又說：「顯為頭明飾，㬎為日中見微妙，則經傳顯字皆當作㬎。㬎者本義，顯者叚借。」《易、繫辭上傳》：「顯道神德行。」注：「顯、明也。」《詩、大雅、抑》：「無國不顯。」箋：「顯、明也。」「顯」字並為「㬎」字的假借，是其例。

11.「㬎、或以為繭。」（日部）

繭、工研切、古聲屬見紐，古韻在第十四部；㬎、呼典切、古聲屬曉紐，古韻在第十四部。㬎、繭二字古韻同部，許慎認為

「暴」字可借爲「繭」字。

12.「旅、古文以爲魯衞之魯。」(从部)

旅、古文旅，力舉切、古聲屬來紐，古韻在第五部；魯、郎古切、古聲屬來紐，古韻在第五部。二字古音相同，許愼認爲古文借「旅」字爲「魯」字。〈左傳、隱公元年疏〉：「不經古文魯作袤。」《史記、周本紀》：「周公受禾東土，魯天子之命。」〈書序〉作「周公旣得命禾，旅天子之命，作嘉禾。」旅之通魯，亦猶旅之通魯。

13.「鼎、古文以貞爲鼎。」(鼎部)

14.「鼎，籀文以鼎爲貞。」(鼎部)

貞、陟盈切、聲屬照紐、古歸端紐，古韻在第十一部；鼎、都挺切、古聲屬端紐，古韻在十一部。鼎貞二字古音相同。許愼認爲古文借「貞」字爲「鼎」字，籀文借「鼎」字爲「貞」字。甲文中，貞卜字多借鼎字爲之，如：

壬寅卜𪔛。(前、一、一、八)

庚辰卜𪔛。(後上一、七)

後來又造「鼑」字作爲貞卜的專用字④，字从卜鼎聲。再其後，由於鼎、貝同爲貴重的東西，義近通用，而又造「貞」字，从卜貝會意。金文中，也有借「鼑」字爲「鼎」字的例子，如：

黽白御戎鼎：「黽白御戎，乍口姬寶鼑。」(金文總集、四六〇葉、第二器)

弔夜鼎：「弔夜鑄其饙鼑」(金文總集、四九七葉、第一器)

郭沫若說：「古乃叚鼎爲貞，後益以卜而成鼑貞字，以鼎爲聲，金文復多假鼑爲鼎。」⑤其說可信。

15.「完、古文以爲寬字。」(宀部)

寬、苦官切、古聲屬溪紐，古韻在第十四部；完、胡官切、

古聲屬匣紐，古韻在十四部。完、寬二字古韻同部。許愼認爲古文借「完」字爲「寬」字。

16.「洒、古文以爲灑埽字。」（水部）

灑、山豉切、聲屬疏紐、古歸心紐，古韻在第十六部；洒、先禮切、古聲屬心紐，古韻在第十三部。洒、灑二字古雙聲，許愼認爲古文借「洒」字爲「灑」。《周禮、赤友氏》；「以灰洒毒之。」注：「洒、灑也。」洒乃灑的假借。又《禮記、內則》：「灑埽室堂及庭。」《釋文》：「灑、本作洒。」亦洒、灑通假之例。

17.「鼂、杜林以爲朝旦。」（黽部）

朝、鼂並音陟遙切、聲同屬照紐、古歸端紐，古韻同在第二部，二字古同音。許愼認爲杜林借「鼂」字爲「朝」字。《左傳、昭公二十二年》：「王子朝。」《漢書、古今人表》作「王子鼂」。《文選、上林賦》：「鼂采琬琰。」注：「鼂、古朝字。」皆鼂、朝通假之例。

㈡誤甲字爲乙字

甲、乙二字，形體相近，故或誤甲字爲乙字。下面就以《說文》釋「以爲」之字爲例：

1.「丂、古文以爲亏字。」（丂部）

丂、亏二字，形體相近，許愼認爲古文誤以「丂」字爲「亏」字。

2.「且、古文以爲且。又以爲几字。」（且部）

且、几二字，形體相近，許愼認爲古文或又以「且」字誤爲「几」字。

㈢改甲字爲乙字

甲字因與某字形體相近，爲避諱的緣故，而改甲字爲乙字，亦即以乙字代替甲字。通常用來代替的字，與原字都有聲韻關

係，和上述「借甲字爲乙字」之例，極爲相似。下面就以《說文》釋「以爲」之例說明：

「罪、秦以爲辜字。」(网部)

辜、皇二字，形體相近，許愼認爲秦始皇改「辜」字爲「罪」字。而辜、罪並音徂賄切、古聲同屬從紐，古韻同在第十五部。二字古音相同，此固然是爲了避諱而改字，但也可視爲音同通假之例。《國語、晉語》：「余辜戾之人也。」《史記、吳王濞傳》：「誘受天下亡命辜人。」字並作「辜」。《孟子、告子下》：「五霸者，三王之罪人也。」字則作「罪」，是始皇改字之後，後世仍有用其本字的。

(四)通甲字爲乙字

甲、乙二字，義訓相近，故以甲字通用爲乙字。而二字之間並無聲韻關係，與上述「借甲字爲乙字」之例有別。下面就以《說文》釋「以爲」之字爲例：

1.「屮、古文或以爲艸字。」(屮部)

艸木初生爲屮，屮、艸字義相近，許愼認爲古文或通用「屮」字爲「艸」字。《漢書、五行志》：「禽獸曰短，屮木曰折。」師古曰：「屮、古草字。」草本爲草斗之義，後因艸、卉形近易掍，而以「草」爲「艸」。《尙書、禹貢》：「厥草惟繇，厥木惟條。」《漢書、地理志》作「屮繇木條。」皆屮、艸義近通用之例。

2.「止、故以止爲足。」(止部)

止、足二字，義訓相近，許愼認爲或通用「止」字爲「足」字。《說文》釋「止」字爲下基之義，而止於甲文本象足掌及足指之形，孫詒讓說：「綜考金文甲文，疑古文屮爲足止，本象足跡而有三指，猶《說文》又字注云：『手之列多略不過三』是也。」⑥《說文》雖誤釋「止」字爲下基之義，但於「正」字的古

文作㐬，許愼釋其形構說：「古文正从一足。」並且補充說：「足亦止也。」仍然認爲「足」、「止」二字義近而通用。《說文》「跟」的或體作「䟔」（足部），「企」的古文作「㐬」（人部）字或从止，或从足，此皆「止」字與「足」字義近通用之例。

　　3.「疋、亦以爲足字。」（疋部）

　　《說文》：「疋、足也。」疋、足二字，義訓相同，許愼認爲或通用「疋」字爲「足」字。

　　4.「汓、古文或以汓爲没字。」（水部）

　　《說文》：「汓、浮行水上也。」引伸而有潛行水中之義，此猶《詩、邶風、谷風》：「泳之游之。」集傳：「浮水曰游。」而《方言、七》：「潛、沈、游也。」郭注：「潛行水中亦爲游也。」然則汓、没二字，義訓相近，許愼認爲古文或通用「汓」字爲「没」字。

(五)以甲義爲乙義

　　甲義爲某字之本義，擴大運用爲乙義，此即所謂引伸義。下面就以《說文》釋「以爲」之字爲例：

　　1.「朋、鳳飛群鳥從以萬數，故以爲朋黨字。」（鳥部）

　　朋爲鳳的古文，許愼認爲或以「神鳥」之義，引伸爲「朋黨」之義。

　　2.「來、天所來也，故爲行來之來。」（來部）

　　《說文》：「來、周所受瑞麥來麰也。」許愼認爲或以「瑞麥」之義，引伸爲「行來」之義。

　　3.「西、日在西方而鳥西，故因以爲東西之西。」（西部）

　　《說文》：「西、鳥在巢上也。」許愼認爲或以「鳥在巢上」之義，引伸爲「東西之西」之義。

(六)以甲字爲乙義

　　乙義有音無字，或借同音的甲字來表達乙義。此即《說文、序》所說「假借者，本無其字，依聲託事」。下面就以《說文》釋「以為」之字為例：

　　1.「烏、取其助气，故以為烏呼。」（烏部）

　　《說文》：「烏、孝鳥也。」許愼認為或借「孝鳥」之義的「烏」字，表達本無其字的「烏呼」之義，此應是無本字的用字假借。

　　2.「韋、故借以為皮韋。」（韋部）

　　《說文》：「韋、相韋背也。」許愼認為或借「相韋背」之義的「韋」字，表達本無其字的「皮韋」之義，這也是無本字的用字假借。

　　3.「子、人以為偁。」（子部）

　　《說文》：「子、十一月易气動，萬物滋。」許愼認為或借干支之名的「子」字，表達本無其字的「人偁」之義。

㈦以甲體為乙體

　　甲、乙二形體，本為同字的異體，古文以甲體釋乙體，此所謂古今字。下面以《說文》釋「以為」之字為例：

　　「哥、古文以為歌字。」（可部）

　　《說文》：「哥、聲也。」又「歌、詠也。」哥、歌本為一字，後來「哥」借為兄長之義，哥、歌便歧分為二字。許愼認為古文或以「哥」字為「歌」字，這是以古字釋今字。《尚書、堯典》：「歌永言。」《漢書、藝文志》作「哥詠言」，是其例。

四、後　記

　　以上只是從《說文》釋「以為」的三十一條例子來看許愼的訓詁理念，可以歸納為上述七條。至於許愼解釋《說文》字形、

字義上的錯誤，以及《說文、序》對於「假借」界義的爭議，本文不作評論。

【註　釋】

①見《說文》人部「佚、古文以爲訓字」下段注。

②見《讀書叢錄、論說文》。

③見《讀說文記》。

④見《鐵雲藏龜》四十五葉、二片。

⑤見《卜辭通纂》六葉。

⑥見《名原》。

以假借造字檢驗《說文》字義

蔡信發

一、前　言

　　許慎《說文》訓釋字義的方式，有二十八種之多，唯當以本義為主①。正因如此，所以其正確性自較其他字書為高，以致清朝漢學勃興之際，受到不少學者重視，投注心力，研鑽勿替，使它成為顯著的「許學」。由於研究成果卓越，超邁歷朝，價值彰著，有助解經，因此段玉裁有主張將《說文》列入經書之議②。

二、假借造字有利字形的辨悉

　　《說文》對字義解釋的正確性很高，只要透過假借造字的檢驗，即可獲證。如它說：「翥，飛舉也。从羽者聲。」③其以「羽」構形，引伸有飛義，應無問題，而以「者」為聲，則不易看出其與字義之關係，然若能進一步探究，得知「者」是「舉」之假借④，而舉有起義，然後將此假借義代入該字，與飛義相合，則可顯示其「飛舉」之義，使形、義得以密合，了無阻隔。《說文》雖無明言「者」是「舉」之假借，然而只要透過假借造字，知「者」是「舉」之假借，即可證其釋義不誤，且比《方言》釋「翥」⑤為「舉」還周延。因《方言》所釋是引伸義而非本義。由此觀之，《說文》對字義的訓釋，確有精到之處，而此可由假借造字來檢驗。

《說文》雖對字義訓釋有精到之處，然而並非全無缺失，益以該書流傳久遠，且經竄改誤刊，因此其不逮與難明之處，自亦不免，而我人透過假借造字之法，即可去除其難，得其三耑：㈠、知字之組合；㈡、明字之誤分；㈢、悉字之義別。

三、知字之組合

《說文》是部講形、音、義的字書。其中形聲字占了相當大的數量，約十分之八。其聲符有的示義，有的不示義。示義的，當然對字義的訓釋與確認有不少幫助，而不示義的，與其形符相合，則不易彰顯其字義，這也就是歷來學者所困惑的，然而我人若能藉由假借造字之法，知其聲符爲他字之假借，則可突破困境，刃解此一難題。茲試先言其聲符示義的，如《說文》釋「禛」義爲「⺜眞受福」⑥，解其形爲「从示眞聲」。其以「示」爲形，表祭祀；以「眞」爲聲，表祭者之眞誠；二者相合，正示其訓釋之義，甚易瞭解；次言其聲符不示義的，如《說文》釋「禍」義爲「神不福」⑦，解其形爲「从示咼聲」。其以「示」爲形，表天神；以「咼」爲聲，而咼做「口戾不正」解⑧，在此並不示義。若能進一步探究，得知「咼」是「害」之假借⑨，然後將此假借義代入該字，與其形符相合，則可顯示天神降災之義，與《說文》所釋正相契合。由此可見，藉由假借造字之解析，即可知某字組合之功能，有助對字義之瞭解。

四、明字之誤分

次言假借造字，可明字之誤分。《說文》中有不少原本是一字的異體，而許愼不明其孳乳而誤析爲二，以致使人渾淆，不知其所以，因此若能透過假借造字之解析，則可悉其本眞，予以歸

併。如《說文》釋「毪」義爲「毛盛」，解其形爲「从毛隼聲」⑩，因該字之義爲毛盛，所以从毛構形，甚爲合理；其聲符做「隼」，而隼是「雖」之重文，做「祝鳩」解⑪，爲鳥名，在此並不示義，因此它應是「燊」或「甡」之假借⑫。燊做「盛皃」解⑬，代入該字，與其形符相合，正可顯示其毛盛之義。又「甡」做「衆生並立之皃」解⑭，引伸爲凡盛之稱，以之代入該字，與其形符相合，也都與其義密合。又《說文》釋「毨」義爲「選」，解其形爲「从毛先聲」⑮。案毨既从毛構形，則其義必與毛有關，而其付闕，當有差誤。又其以先爲聲，在此並不示義，應是「燊」或「甡」之假借，然後形聲相合，則可彰顯「毛盛」之義，而《說文》僅以「選」釋之，是誤引伸義爲本義。因毛多方可選取，這從《說文》在該字下說解《尚書‧堯典》「仲秋鳥獸毛盛、可選取目爲器」之文，即可佐證。進言之，由毪而毨，韻同聲異⑯，是聲轉使然。由此可見，毪、毨原本一字異體，《說文》誤分爲二，而透過假借造字之解析，即可明其原始，復歸於一。

五、悉字之義別

　　《說文》對字義的訓釋，雖以本義爲主，然有時不免疏失，以引伸義解之。如它說：「罟，网也。从网古聲。」⑰案該字以网爲義，所以其从「网」構形，當可信從，然其以「古」爲聲，則無著落。若能進而探究，知「古」是「魚」之假借⑱，以其假借義代入該字，與形符之「网」結合，則正示「魚网」之義，復印證孟子說的「數罟不入洿池，魚鼈不可勝食也」⑲，可確知罟做魚网解是本義，而《說文》僅以网釋之，應是它的引伸義。又如它說：「罦，网也。从网互聲。」⑳其釋義之失，一如罟字。若能知「互」是「免」之假借㉑，則當以「免网」爲本義，且證以該

字在《說文》网部中之排列，在「罝」之後，「罜」之前，前後二字都做「兔网」解，而案《說文》部內諸字之排列，是以義之相引為次，則罜自應做「兔网」解為是。復證以《廣雅‧釋器》釋罜為「兔網」㉒，則《說文》之誤引伸義為本義，至為明顯。進言之，《說文》有二義並陳，而難以定其本義的。如它說：「麓，守山林吏也。從林鹿聲。一曰：林屬於山為麓。」㉓就其釋義排列次序觀之，當以「守山林吏也」為本義，「林屬於山」為引伸義。所謂林屬於山，即山林之義。核之經傳，麓又做「山足」解㉔。由於該字之聲，並不示義，所以甚難定何者為本義，然若能知「鹿」是「足」之假借㉕，將此假借義代入該字，而其形符為「林」，引伸可做「山」解，二者結合，則正示「山足」之義，當可解此紛擾，而《說文》訓釋二義，自屬引伸義而非本義。由此可見，藉由假借造字之解析，確可悉字之義別。

六、結　語

　　《說文》是部形、音、義綜合的字書。其字義訓釋是以本義為原則，甚有見地，然其訓釋是否確實符合此原則，則藉假借造字之檢驗，應不失是個好方法。因該書中形聲字占絕大多數，且其中有相當多的聲符是他字之假借，所以若捨此道而不由，則勢難明其底蘊，悉其究竟，當然，欲獲確詁也就不易。進言之，《說文》字義若經此檢驗，知其所失而補正，應是件好事，大可不必忌諱。因學問原本是天下人之公器，盡可深入探究，共做商量，以期去蕪存菁，後出轉精。果真如此，則許慎復起，諒當欣然頷首，而言吾道不孤，昌盛有期。

　　【註　釋】

①參見近人胡樸安《中國文字學史・第一編・文字書時期・自秦漢至隋》、頁
　四二。拙著《說文答問》、題八八。以上二書分由臺灣商務印書館發行
　及著者自印。

②參見劉恭冕《廣經室記》引。

③見《圈點段注說文解字》、頁一四〇。南嶽出版社。下同。

④見先師寧鄉魯實先先生《假借遡原》、頁七五。文史哲出版社。下同。

⑤見卷一〇。頁五。四書備要。臺灣中華書局。

⑥見《圈點段注說文解字》、頁二。

⑦見同前、頁八。

⑧見同前、頁六一。

⑨見《假借遡原》、頁一一四。

⑩見《圈點段注說文解字》、頁四〇三。

⑪見同前、頁一五一。

⑫見《假借遡原》、頁一三一。

⑬見《圈點段注說文解字》、頁四九五。

⑭見同前、頁二七六。

⑮見同注一〇。

⑯見先師寧鄉魯實先先生《轉注釋義》、頁三九。洙泗出版社。

⑰見《圈點段注說文解字》、頁三五九。

⑱見《假借遡原》、頁七三。

⑲見《孟子》卷一、〈梁惠王〉、頁四。《四書集注》。四書備要。臺灣中華
　書局。

⑳見《圈點段注說文解字》、頁三六〇。

㉑二字同收曾運乾古音三十攝之烏攝。

㉒見《廣雅疏證》、卷第七下、頁一〇。四書備要。臺灣中華書局。

㉓見《圈點段注說文解字》、頁二七四。

㉔見《詩・大雅・旱麓傳》、頁一〇八。國學基本叢書。新興書局。

㉕見《假借遡原・原足》、頁二六一。

説文段注引伸假借辨

王初慶

壹、前　言

　　自《說文》定「假借」之界說以降，有關假借之內涵，屢有差異。徵諸徐楚金《繫傳》，固已有明云字形之假借者，如：

　　　　𨄚，趨進趨如也，從走翼聲。臣鍇曰：趨進便駚，復有儀容，如鳥之翼也。今《論語》作翼字，假借也。

　　　　𨒅，趄田易居也，從走豆聲。臣鍇按：《春秋左傳》：「晉於是乎作爰田。」《國語》作「轅田」，皆假借；此乃正字也。謂以田換易也。（通釋第三走部）

　　同時，徐氏亦注意到字義之推申，如：

　　　　嚏，悟解气也，從口疐聲。《詩》曰：「願言則嚏。」臣鍇曰：「腦鼻中气壅塞，噴嚏則通，故云悟能气。」

　　　　启，開也，從戶口。臣鍇按：《詩》曰：「東有启明。」《爾雅》：「明星爲启明。」言晨見東方，爲開明之始也。（通釋第三口部）

　　唯其書並未以字義之推申與假借相關連。

　　進及鄭樵《通志．六書略》，始以六書隄桰說文全書，以爲「六書也者，象形爲本，形不可象則屬諸事，事不可指則屬諸意，意不可會則屬諸聲，聲則無不諧矣；五不足而後假借生焉。」其書分假借「託生」爲十二類：

六曰假借，不離音義：有同音借義、有借同音不借義、有
協音借義、有借協音不借義、有因義借音、有因借而借、
有語辭之借、有五音之借、有三詩之借、有十日之借、有
十二辰之借、有方言之借。（六書略第一．六書序）

既明指假借「不離音義」，又曰：

六書之難明者，爲假借之難明也。六書無傳，惟藉說文，
然許氏惟得象形、諧聲二書以成書，牽於會意，復爲假借
所擾，故所得者亦不能守焉。學者之患在於識有義之義而
不識無義之義。假借者，無義之義也；假借者，本非已
有，因他所授：故於已爲無義。然就假借而言之：有有義
之假借，有無義之假借，不可不別也。曰同音借義、曰協
音借義、曰因義借音、曰因借而借：此爲有義之假借。曰
借同音不借義、曰借協音不借義、曰語辭之借、曰五音之
借、曰三詩之借、曰十日之借、曰十二辰之借、曰方言之
借；此爲無義之假借。……嗚呼！六書明則六經如指諸
掌，假借明則六書如指諸掌。（六書略第四．假借第六）

分假借爲「有義之假借」與「無義之假借」兩大類。

繼至戴侗《六書故》，提出文字之形、聲、義與六書間之關
係，以爲：

有有形而有聲者，有有事而有聲者，有有意而有聲者：有
形而有聲者象其形而聲從之，求其義於形可也；有事而有
聲者指其事而聲從之，求其義於事可也；有意而有聲者會
其意而聲從之，求其義於意可也。是三者雖不求諸聲，猶
未失其義也；至於龤聲，則非聲無以辨義矣。雖然，龤聲
者猶有宗也，譬若人然，雖不知其名猶可以知其姓，雖不
察其精抑猶未失其粗者也。至於假借，則不可以形求，不

可以事指，不可以意會，不可以類傳，直借彼之聲以爲此之聲而已耳；求諸聲則得，求諸其文則惑，不可以不知也。……夫文字之用，莫博於諧聲，莫變於假借；因文以求義而不知因聲以求義，吾未見其能盡文字之情也。（六書通釋）

其論假借專求諸聲，因謂：

故假借多而義難求，古人謂令長爲假借，蓋已不知假借之本義矣。所謂假借者，謂本無而借於他也。合卩爲令，本爲號令、命令之令去聲，令之則爲令平聲；長之本文雖未可曉，本爲長短之長平聲，自稱而漫高則爲長上聲，有長有短弟之，則長者爲長上聲，長者有餘也，則又謂其餘爲長去聲；二者皆有本義而生，所謂引而申之，觸類而長之，非外假也。所謂假借者，義無所因，特借其聲然後謂之假借。若韋本爲韋背，借韋華之韋；豆本爲俎豆，借豆參之豆，令鐸之令（平聲作鈴）。今特以其聲令令然，故借用令字稱令、伏令，以其狀類鈴也，故又從而轉借焉：若此者假借之類也。（六書通釋）

戴氏既以假借「義無所因」，而所指令長之屬，「所謂引而申之，觸類而長之，非外假也」一類，正《六書略》所指：「有義之假借」，亦即後世所謂之「引申」。惜乎傳統六書中無「引伸」一目，然「假借」與「引伸」之別，《六書故》已有明文矣。

清代樸學大盛，戴東原乃謂：「一字具數用者，依于義以引申，依于聲而旁寄，假此以施于彼曰假借。」（答江愼修論小學書）段氏《說文解字注》承戴氏之說，寓引伸於假借之中，其後有關「假借」與「引伸」異同之論辨，爭議不已，至今未息。本文擬就段氏注文中對於「假借」與「引申」論析之資料，舉隅探

討段氏於二者觀念之異同，藉以顯現「引伸」係在字義上之推申擴充，乃語言文字發展上必然之現象，前人雖或併入「假借」，然「渾言之」雖無別，「析言之」二者迥異。文中所據之段注本係藝文印書館影印之「經韻樓藏版」。

貳、段氏寓引伸於假借之中

基於「假借者：本無其字，依聲託事；令、長是也。」之界說，段氏往往寓引伸於假借之中。故曰：

> 託者，寄也，謂依傍同聲而寄於此，則凡事物之無字者皆得有所寄而有字。如漢人謂縣令曰令、長：縣萬戶以上爲令，減萬戶爲長。令之本義發號也，長之本義久遠也，縣令、縣長本無字，而由發號、久遠之義，引申展轉而爲之，是爲叚借。（十五卷上七頁）

又於「𠧧，鳥在巢上也，象形。日在西方而鳥西，故因以爲東西之西。」下注云：

> 此說六書叚借之例，叚借者，本無其字，依聲託事。古本無東西之西，寄託於鳥在巢上之西字爲之，凡許言以爲者類此。韋本訓相背而以爲皮韋，烏本訓孝鳥而以爲烏呼，來本訓瑞麥而以爲行來，朋本訓古文鳳而以爲朋攩，子本訓十一月昜氣動物滋而以爲人偁；後人習焉不察，用其借義而廢其本義，乃不知西之本訓鳥在巢，韋之本訓相背，朋之本訓爲鳳，逐末忘本，大都類是。微許君言之，烏能知之。（十二篇上四頁西部）

既云「由某義引申展轉而爲之，是爲假借」，又言「後人習焉而不察，用其借義而廢其本義」。然相同之資料，當段氏專論析字義之延伸時，則往往用「引伸」名之。故於「來，周所受瑞麥來

麳也。二麥一夆，象其芒束之形。天所來也，故爲行來之來。」
條下更注以：

> 自天而降之麥謂之來麳，亦單謂之來，因而凡物之至者皆
> 謂之來。許意如是：猶之相背之爲皮韋，朋鳥之爲朋攩
> 鳥，西之爲東西之西，子月之爲人偁，烏之爲烏呼之烏，
> 皆引伸之義行而本義廢矣。（五下二十二、二十三頁來部）

如是異名而同指者，不乏其例。如「柱」下既謂「按柱引伸爲支
柱、柱塞，不計縱橫也。」「樘」下又云「樘可借爲牚距，猶柱可
借爲支柱。」（六上三十一、三十二頁本部）亦然。甚或有結合
「引伸」、「假借」爲一詞者。如「止，下基也，象艸木出有阯，
故爲止爲足。」條下所謂：

> 此引伸假借之法。凡以韋爲皮韋，以朋爲朋攩，以來爲行
> 來之來，以西爲東西之西，以子爲人之偁，皆是也；以止
> 爲人足之偁，與以子爲人之偁正同。（二上三十九頁止部）

此外，於「殖，脂膏久殖也。」下則云：

> 脂膏以久而敗，財用以多藏而厚亡，故多積者謂之殖貨：
> 引伸假借之義也。（四下十三頁歹部）

由是觀之，則段氏似視「引伸」、「假借」爲一物，故於「禮，履
也。」下云：「履，足所依也，引伸之，凡所依皆曰履，此假借之
法。」（一上四頁示部）「茂，艸木盛皃。」謂：「茂之引伸，借爲
懋勉字。」（一下三十六頁艸部）然綜論段氏說文注，或有先言
「引伸假借」，後因形異而別之「假借」者；或有於「引伸假借」
之外又言「引伸」者；或有同一條中先言「引伸」後言「假借」
者；亦有先言「假借」後云「引伸」者；亦有「引伸」與「假
借」層層夾雜而言者：二者之間，寧有異同邪？茲由段氏單言
「假借」與「引伸」之要件與定義論起，或可爲之撥雲見日，一

清紛擾。

參、假借之要件

甲、辨說文假借之術語：

段氏以為「說文全書，不用段借字」，然許氏有專言假借之術語，說文說解中，「凡言以爲者，皆許君發明六書假借之法」（十四下二十二頁子部），「言以爲者凡六，是本無其字，依聲託事之明證。」（十五卷上七頁）「凡言古文以爲某字者，此明六書之段借：以、用也，本非某字，古文用爲某字也。……皆因古時字少，依聲託事。」（一下一頁艸部）「許君又有引經說段借者」，「而亦由古文字少之故，與云古文以爲者正是一例。」（十五卷上八頁）既然古文字少，故往往有「段借在先，製字在後」，「段借之後，遂有正字」之後續發展。

乙、本義乃假借之權衡：

段氏主張：「有轉注、段借而字義盡於此矣：異字同義曰轉注，異義同字曰段借。有轉注而百字可一義也，有段借而一字可數義也。」（十五卷上四頁）「故爲之依形以說音義，而製字之本義昭然可知；本義既明，則用此字之聲而不用此字之義者，乃可定爲段借；本義明而假借亦無不明矣。」（十五卷上八頁）「知何者爲本義，乃知何者爲段借，則本義乃段借之權衡矣。」（十五卷下七頁）由是觀之，既以義項之異明假借，又定「用此字之聲而不用此字之義」爲假借。

丙、知假借方可解經傳

段氏注說文，大量引用經傳以爲佐證。於「俘，軍所獲也。」條下云：

> 《春秋左氏經》：「齊人來歸衛俘。」《公羊》、《穀梁》經傳

皆作「衛實」。杜曰：「疑左氏經誤。」按非誤也：俘、孚聲，實，缶聲，古音同在尤幽部，經用假借字，傳用正字。又如經曰：「莒人弒其君密州。」《左氏傳》云：「書曰：『莒人弒其君買朱鉏。』」買即密，如渭水即汩水；朱鉏即州，如邾蔞即鄒。亦是字異實同，不得疑經誤，不得謂傳誤。（八上三十五頁人部）

此等籍假借之觀念疏通經傳異文之態度，正合「音韻明而六書明，六書明而古經傳無不可通」之旨。

肆、假借之規範

甲、就字形言之：

一、正字與假借字

(一)假借以古今音變，尟識其關竅。

段氏於「謅，問也。」下注云：

按言部：「識，驗也。」竹部：「籤，驗也。」驗在馬部為馬名，然則云徵驗者，於六書為假借，莫詳其正字。今按諗其正字也，諗訓問，謂按問，與試驗、應驗義近，自驗切魚窆，諗切息廉，二音迥異，尟識其關竅矣。（三上十三頁言部）

雖經字義之比對與字音之考察，辨明「諗」、「驗」二者正假之關係；然因二字後世讀音迥異，尟識其關竅矣。

(二)以雙聲為形容語之假借，本無正字

「譸，訓也。……周書曰：『無或譸張為幻。』」條下云：

〈無逸〉文。〈釋訓〉曰：「侜張，誑也。」〈毛詩〉作「侜張」，他書或作「侏張」，或作「輈張」，皆本無正字，以雙聲為形容語，此侜「譸張」，訓誑不訓訓，是亦假借之

理也。(三上二十二頁上言部)

(三)不得謂假借字即正字:

「虩,虎竊毛謂之虦苗,……竊,淺毛也。」注云:

此於雙聲疊韻求之,必言此者,嫌竊之本義謂「盜自中出
也」。〈大雅〉曰:「鞙鞙淺幭。」傳曰:「淺,虎皮淺毛
也。」言竊言淺一也。〈釋鳥〉:「竊藍」、「竊黃」、「竊丹」,
皆訓淺,於六書爲假借,不得云竊即淺字。(五上四十四
頁虎部)

「竊」爲「淺」之假借字,已見於《毛詩》、《爾雅》,《說
文》特於本條發「竊,淺毛也」之義,以示其爲假借字與本
義有別,然不得云「竊」即「淺」字。

(四)許書不以假借字釋正字:

「俔、諭也。」條下云:

〈大雅·大明〉曰:「俔天之妹。」傳曰:「俔、磬也。」此以
今語釋古語:「俔」者古語,「磬」者今語,二者雙聲;是
以《毛詩》作「俔」,《韓詩》作「磬」,如十七篇之有古
今文。孔穎達云:「如今俗語譬諭云磬作然。」許不依傳
云「磬」而云「諭」者,「磬」非正字,以六書言之,乃
「俔」之假借耳,不得以假借字釋正字也。「磬」、「罄」古
通用,《爾雅》:「罄、盡也。」猶言竟是天之妹也。」(八上
二十二頁人部)

二、假借偶有以形近、形譌或避諱而借者:

(一)形近、形譌

於「屮,艸木初生也,……古文或以爲艸字。」條下,段氏
除明示「凡云古文以爲某字者,此明六書之假借」,「皆因古
時字少,依聲託事」之條例外,又云:

至於古文以屮爲艸字，以疋爲足字，以俟爲訓字，以臭爲
澤字：此則非屬依聲，或因形近相借，無容後人效尤也。
（一下一屮部）

然細究段氏所舉字例，又可析爲形近與形譌兩端：

(1)形近：

屮部㷱字下有或體作㷱，或從屮，或從艸，正太炎先生
「岽字」中「複重」之例，而體雖有重，義則無別，故屮
下云「古文或以爲艸字也」。他如：「疋，足也，……亦以
爲足字。」段氏云：

此則以形相似而叚借變例也。（二下三十一頁疋部）

「丂，氣欲舒出，㇆上礙於一也。……丂，古文以爲亏
字。」段注：

亏與丂音不同而字形相似，字義相近，故古文或以丂爲
亏。（五上三十頁丂部）

以疋爲足字，以丂爲亏字，則皆因以形相似而叚也。

(2)形譌：

「俟，送也，……古文以爲訓字。」條下云：

訓與俟音部既相距甚遠，字形又不相似，如疋、足，屮、
艸之比。今按訓當作揚，由揚譌詠，由詠復譌訓；始則聲
誤，終則字誤耳。（八上二十五頁人部）

「臬，大白也，……古文以爲澤字。」段注：

此說古文叚借也。……又按澤當作皋，古澤、睪、皋三字
相亂。皋者气；臭，白之進也。皋、臭義相近音同。（十
下十八頁穴部）

(二)避諱：

於「代，更也。」之下段氏注：

假代字爲世字，起於唐人避諱，世與代義不同也。唐諱言世，故有代宗；明既有世宗，又有代宗，失之矣。（八上二十一頁人部）

乙、就字音言之：

一、凡假借必同部同音，六書惟同音假借之用最廣。

段氏以爲「假借必依聲託事」，「多取諸同音」，故於「丕，大也，從一不聲。」下注云：

> 敷悲切，古音在第一部，鋪怡切。丕與不音同，故古多用不爲丕，如不顯即丕顯之類，於六書爲假借。凡假借必同部同音。（一下二頁一部）

又於「帥，佩巾也；從巾𠂤聲。帨，帥或從兌聲。」下言：

> 今音稅，此二篆今人久不知爲一字矣。……佩巾本作帥，叚借作率也。鄭曰：「今文帨，古文作說。」是則帥、率、帨、說、叞、刷六字古同音通用，後世分文析字，帨訓巾，帥訓率導、訓將帥，而帥之本義廢矣。率導、將帥字在許書作達、作衛而不作帥與率。六書惟同音叚借之用最廣。（七下四十五頁巾部）

二、聲同得相假借。

除同音同部之假借外，段氏亦指出有聲同之假借。如「嗔，盛氣也。」下云：

> 門部曰：「闐，盛皃。」聲義與此同。今《毛詩》：「振旅闐闐。」許所據作「嗔嗔」。〈玉藻〉：「盛氣顚實。」注云：「顚讀爲闐，盛身中之氣使之闐滿。」《孟子》：「塡然鼓之。」是則聲同得相假借也。古音陳，今俗以爲謗恚字。（二上二十頁口部）

依段氏擬音，「嗔」、「闐」皆待年切，十二部；而「塡」則

爲植鄰切，今待季切，十部，故孟子以「塡」代嗔爲聲同之假借。

又「曰、䛐也。」下段注：

> 䛐者，意内而言外也，有是意而有是言，亦謂之云，云、曰雙聲也。〈釋詁〉：「粵、于、爰：曰也。」此謂詩書古文多有以曰爲爰者，故粵、于、爰、曰四字可互相訓，以雙聲疊韻相假借也。(五上二十八頁曰部)

「曰」王伐切，十五部；「云」王分切，十三部，二者雙聲。「粵」亦爲王伐切，十五部；「于」爲羽俱切，五部；「爰」則爲羽元切，十四部，二者亦爲雙聲。

三、凡假借多疊韻，或雙聲：

「滌，滌也。……古文以爲灑埽字。」注云：

> 凡言某字，古文以爲某字者，皆謂古文假借字也。洒、灑本殊義而雙聲，故相假借；凡假借多疊韻，或雙聲也。(十一卷上二第三十五頁水部)

謹按：段氏既主「凡假借必同音同部」，又云「聲同得相假借」，「假借多疊韻，或雙聲」。然證諸〈六書音均表三．古異部假借轉注說〉所謂：「古六書假借以音爲主，同音相代也。」「假借取諸同部者多，取諸異部者少。」則其間輕重可知。

丙、就字義言之：

一、與本義不相通：

(一)假借其義本不相通：

「饋，餉也，從食貴聲。」

> 按今字以餽爲饋，此乃假借，其義本不相通也。《孟子》：「饋孔子豚。」〈漢禮樂志〉：「齊人饋魯而孔子行。」已作此

字。(五下十一頁食部)

「饋」為餉,《說文》以「吳人謂祭曰餟」,「祭鬼者,餟之本義,不同饋也」。

(二)假借既久,失其本義。

「叔,拾也。」

〈豳風·九月〉:「叔苴。」毛曰:「叔,拾也。」按《釋名》:「仲父之弟曰叔父。叔、少也。」於其雙聲疊韻假借之,假借既久,而叔之本義鮮知之者,惟見於毛詩而已。(三下十九頁又部)

又於「從又」下注曰:「於此知拾為本義也。」

(三)假借取諸字音不取字義:

「緹,帛丹黃色也。……祇,緹或作祇。」

從衣氏聲也,古氏與是同用,故是聲亦從氏聲。……按《唐石經·周易》:「祇既平。」《詩》:「祇攪我心。」「亦祇以異。」《左傳》:「祇見疏也。」《論語》:「亦祇以異。」以及凡訓適之字皆以衣氏,蓋有所受之矣。張參《五經文字》,經典字畫之砥柱也,衣部曰:「祇,止移切,適也。」《廣韻》本孫愐《唐韻》曰:「祇,章移切,適也。」《玉篇》衣部亦曰:「祇,之移切,適也。」舊字相承可據如是。……祇之訓適,以其音同在十六部而得其義。凡古語曾皆取諸字音,不取字本義,皆叚借之法也。(十三上十五頁糸部)

「祇」為「緹」之或體,本訓「帛丹黃色」,而經典往往訓「祇」為適,乃音同之假借,無關字義。

二、與本義相通—— 凡某皆曰某,假借之法準此。

「皇,大也,從自王。自,始也,始王者三皇,大君也。」

始王天下是大君也，故號之曰皇，因以為凡大之稱。此說
字形會意之恉，並字義訓大之所由來也。皇本大君，因之
凡大皆曰皇，假借之法準此矣。」（一上十八、十九頁王
部）

「饋、餉也。」

饋之言歸也，故饋多假歸為之。《論語》：「詠而饋。」「饋
孔子豚。」「齊人饋女樂。」古人皆作饋，魯皆作歸，鄭皆
從古文。〈聘禮〉：「歸饔餼五牢。」鄭云：「今文歸或為
饋。」今本集解〈陽貨〉、〈微子〉篇作歸，依集解引孔安
國則當作饋也。（五下十一頁食部）

「曾，全也，從A曾省；曾，益也。」

說從曾之意，土部曰：「增，益也。」是則曾者增之假借
字，如曾祖、曾孫之曾即含益義。（五下十七頁曾部）

謹按：從觀本節所論字形、字音兩端，皆未有云字義之連及者，
故段氏主張假借是「其義本不相通」，甚或「假借既久，
失其本義」，蓋假借之法在「取諸字音，不取諸字義」，皆
已言之鑿鑿。然又發「某之言某也，故某多假某為之」，
「引申之，凡某皆曰某，此假借之法」之例者，正因假借
「依聲託事」界說之所致也；故段氏所云之假借，亦或有
涉及於義者，然專言義者，段氏又往往僅以「引伸」目
之；近世學者，乃逐漸有辨依聲而不託事之屬假借，依聲
託其事為引伸者。

伍、引伸之規範及其與假借之分野

甲、引伸之規範：

一、引伸之原則：

　　段氏亦有單言引伸之條目者。如「盨，黍稷器所以祀者。」
下云：

> 按《周禮》一書，或兼言「齍盛」，或單言「齍」，單言
> 「盛」皆言祭祀之事，他事絕不言齍盛。故許皆云「以祀
> 者」。兼言「齍盛」，若〈甸師〉、〈舂人〉、〈肆師〉、〈小
> 祝〉是也；單言「齍」，若〈大宗伯〉、〈小宗伯〉、〈大祝〉
> 是也，單言「盛」，若〈鬱人〉、〈廩人〉是也。〈小宗伯〉：
> 「逆齍。」注云：「受傳人之盛以入。」然則齍盛可互偁也。
> 〈甸師〉注云：「粢，稷也，穀者稷為長，是以名云。」〈肆
> 師〉注云：「粢，六穀也。」〈大祝〉注云：「粢號，謂黍稷
> 皆有名號也。〈舂人〉注云：「齍盛謂黍、稷、稻、粱之
> 屬，可盛以為簠簋實。」經文「齍」字，注三易為「粢」，
> 而人〈小宗伯〉「六齍」注云：「齍讀為粢，六粢謂六穀：
> 黍、稷、稻、粱、麥、苽。」此則易齍粢為粢之恉，謂
> 「齍」、「粢」古今字也。……《左傳》曰：「絜粢豐盛。」
> 毛曰：「器實曰齍，在器曰盛。」鄭注周禮：「齍」或專訓
> 稷，或訓黍稷稻粱；「盛」則皆訓在器。是則「齍」之與
> 「盛」別者：「齍」謂穀也，「盛」謂在器也。許則云器曰
> 「齍」，實之則曰「盛」，似與毛、鄭異。蓋許主說字，其
> 字從皿，故謂其器可盛黍稷曰齍，要之「齍」可盛黍稷，
> 而因謂其所盛黍稷曰「齍」，凡文字故訓引伸每多如是，
> 說經與說字不相妨也。(五上四十六、四十七頁皿部)

　　段氏不憚煩之引出大量經傳注文之資料與說文互證，無非在
指出，就本形本義言之，「齍」本祭祀時盛黍稷之器，因其所盛
之物為黍稷，經傳乃推申之，以黍稷訓齍，是故引伸義乃以由本
義推展出為原則。

又「理，治玉也。」注曰：

《戰國策》：「鄭人謂玉之未理者爲璞。」是理爲剖析也。玉
雖至堅，而治之得其鰓理，以成器不難，謂之理。凡天下
一事一物必推其情至於無憾而後即安，是之謂天理，是之
謂善治，此引伸之義也。（一上三十、三十一頁玉部）

由剖析治玉之理，推申爲天之理，乃引伸之義。

二、引伸之義出於依聲託事；本無正字。

「兄，長也。」下云：

兄之本義訓益，許所謂長也，許不云茲者，許意言長則可
晐長幼之義也。矢部「弦」下曰：「兄醫也。」謂加益之
醫，此滋長之義也。〈無逸〉「無皇曰」，《今文尚書》作
「毋兄曰」；《王肅本》「皇」作「況」，注曰：「況、滋。」
韋昭注《國語》云：「況、益也。」皆兄訓益之證。引伸
之，則《爾雅》曰：「男子先生爲兄，後生爲弟。」先生之
年自多於後生者，故以兄名之，猶弟本義爲韋朿之次弟，
以之名男子後生者也。莫重於君父，故有正字；兄弟之
字，則依聲託事，古兄長與兄益無二音也。淺人謂兄之本
義爲男子先生，則主從倒置，豈弟之本義爲男子後生乎？
世之言小學者，知此而後可與言《說文》，可與言經義。
顧希馮《玉篇》不知此，則直云：「男子先生爲兄，男子
後生爲弟。」而已以兄弟二部次於男部女部間，觀其列部
之次，可以知其不識字義。（八下九頁兄部）

謹按：細究引伸之依聲託事，實與前節假借中「與本義相通」一
項別無二致，然段氏或謂之「假借」，或謂之「引伸」，導
致後人之聚訟，良有以也。

三、引伸之義可輾轉延引，陸續擴充

　　引伸既為「依聲託事」，而其義可由本義推申出引伸義後，又由引伸義續而輾轉延引，陸續擴充。如「答，乾肉也，從殘肉，日以晞之。」下注云：

> 昔肉必經一夕，故古叚昔為夕（謹案：既云義之推申，又目之為假借，此乃段氏之通例，今就其言義，列入引伸條下。）《穀梁·經》：「辛卯昔，恆星不見。」《左傳》：「為一昔之期。」《列子》：「昔昔夢為君。」皆是。又引伸之，則叚昔為昨，又引伸之，則以今昔為今古矣。今古之義盛行而其本義遂廢；凡久謂之昔。《周禮》：「昔酒。」鄭云：「今之酋久白酒。」〈周語〉：「厚味實腊毒。」韋云：「腊，亟也，讀若酋，昔酒焉；味厚者其毒亟也。」韋意久與亟義相成，積之久則發之亟。（七上十二頁日部）

　　蓋「昔」由乾肉經一夕之義延申為「夕」，又由「夕」義轉化為「昨」，續而擴充以「今昔」為「今古」。由於一再之推申，竟失其本義。

四、久而忘其字之本義，使引伸之義得冒據之。

> 「豦，尻也，從宀豩省聲。」

> 竊謂此篆本義乃豕之尻也，引申叚借以為人之尻字，義之轉移多如此：牢，牛之坓也，引伸為所以拘罪之陛牢，庸有疑乎！夫豕之生子最多，故人尻聚處借用其字，久而忘其字之本義，使引伸之義得冒據之，蓋自古而然。（七下五頁宀部）

　　段氏以家由豕之居「引申假借」為人之尻，乃主在字義之推申轉移，故本條乃為明言引伸之義有取本義而代之者。

乙、引伸與假借之分野：

一、義相近而不同者為引伸，義全違者為假借。

　　有關引伸與假借之分野，段氏實有其卓見焉。於「鬜，髮好也。」下注云：

　　　　〈齊風．盧令〉曰：「其人美且鬑。」傳曰：「鬑，好兒。」
　　　　傳不言髮者，使用其引伸之義，許用其本義也；本義爲髮
　　　　好，引伸爲凡好之偁。凡說字必用其本義；凡說經必因文
　　　　求義，則於字或取本義，或取引伸、假借，有不可得而必
　　　　者矣。故許於毛傳有直用其文者：凡毛許說同是也。有相
　　　　近而不同者：如毛曰：「鬑，好兒。」許曰：「髮好兒」；毛
　　　　曰：「飛而下曰頡。」許曰：「直項也。」是也——此引伸之
　　　　說也。有全違者：如毛曰：「匪，文章兒。」許曰：「器似
　　　　竹匧。」毛曰：「干、澗也。」許曰：「犯也。」是也—此假
　　　　借之說也。經傳有假借，字書無假借。（九上二十二頁髟
　　　　部）

　　明指與本義相近而不同者爲引伸，與本義全違者爲假借，既
可以義之近違分引伸與假借，則二者之分，段氏已有明言矣。

二、引伸以義之輾轉推衍爲能事，假借則係在音同音近下字形之借代。

　　細究段氏注文，乃以引伸指字義上之輾轉推申，假借主字形
上以音同音近所致之借代，本各有所指。

　　如「榰，本長兒。」下注云：

　　　　本長　者，格之本義。引伸之，長必有所至；故《釋詁》
　　　　曰：「格，至也。」〈抑〉詩傳亦曰：「格，至也。」凡《尚
　　　　書》「格于上下」「格于藝祖」。「格于皇天」、「格于上帝」
　　　　是也。此接於彼曰至，彼接于此則曰來。鄭注〈大學〉
　　　　曰：「格，來也。」凡《尚書》「格爾眾庶」、「格汝眾」是
　　　　也。至則有摩枒之義焉。如云：「格君心之非。」是也。或

借「假」爲之。如〈雲漢〉傳曰：「假，至也。」《尚書》格字，《今文尚書》皆作假是也。有借格爲庋閣字者，亦有借格爲「扞垎」字者。（六上二十七頁木部。）

今試用圖解方式條列之，可得下列圖式：

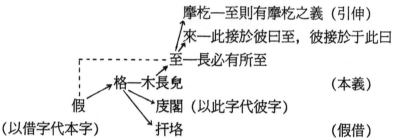

由此圖式，段氏引伸、假借之辨，一目了然。引伸可經本義延引，亦可由延引之引伸義再推申出一個以上之岐義。假借則既可以音同音近形異之他字取代本字，如以「假」代「格」之比；亦可以此字借用爲彼字，如以「格」爲「庋閣」、「扞垎」也。

陸、由引伸、假借分言於同一條中者論二者異同

甲、首云引伸，續言假借者：

段氏有於同一則注文，因詮釋方向不同，首言引伸，續言假借者：如「眚，目病生翳也。」下云：

> 眚引伸爲「過誤」：如「眚災肆赦」，「不以一眚掩大德」是也。又爲「災眚」：李奇曰：「內妖曰眚，外妖曰祥。」是也。又假爲減省之「省」：《周禮》：「馮弱犯寡則眚之。」注：「眚猶人省瘦也，四面削其地。」按「省瘦」亦作「痟瘦」，俗云「瘦省」。（四上十頁目部）

又「旅，軍之五百人。」條下注曰：

> 引伸爲凡眾之偁：〈小雅〉：「旅力方剛。」傳云：「旅、眾

也。」又引伸之義爲陳：〈小雅〉：「穀核維旅。」傳云：「旅、陳也。」又凡言羈旅義取乎盧，盧，寄也：故〈大雅〉「盧旅」，猶處處言言語語也。又古叚爲盧弓之盧，俗乃製「旍」字。（七上二十一頁㫃部）

謹按：凡此一類，段注由於各有所指，引伸、假借之劃分甚爲明確：「眚」由「目病生翳」衍成「過誤」與「災眚」之二引伸義，又於字形上被假借爲減省之「省」。「旅」由「軍之五百人」衍出「衆」與「陳」二引伸義，又於字形上被借用爲盧旅之「盧」與盧弓之「盧」；後世俗字乃依假借之義別造「旍」字。

乙、首云假借、續言引伸者：

段氏亦有於同一則注中，首云假借，續言引申，而二者各有所指，涇渭分明者：如：「乍，迮迮起也。」下注曰：

《公羊傳》：「今若是迮而與季子國。」何云：「迮，起也，倉卒意。」按《孟子》：「乍見孺子將入於井。」「乍」者倉卒意，即「迮」之叚借也。引伸訓爲迫迮，即今之「窄」字也。（二下四頁辵部）

又「曹、獄兩曹也。」下云：

兩曹，今所謂原告、背告也，曹猶類也。《史記》曰：「遣吏分曹逐捕。」《古文尚書》兩造具備。《史記》曰：「兩造」一作「兩遭」，「兩遭」、「兩造」即「兩曹」，古字多假借也。曹之引伸爲筆也，群也。（五上二十九頁曰部）

謹按：依愚見，「乍」由「止亡叀」假借爲「倉卒、迮起」之意，後世乃另造「迮」字專司「倉卒」之假借義，段氏云「乍」爲「迮」字之假借，乃反客爲主也。「迮」復可由「倉卒」之義推申出「迫迮」之義。「曹」則或假「造」、

「遭」字以代其形，又由「獄兩曹」之義引伸為「輩」、
「群」。

丙、層層剖析形義，迭用引伸、假借者：

段氏亦有因剖析字義、字形之層次，而迭用引伸、假借者：
如「方、併船也。」條下：

〈周南〉：「不可方思。」〈邶風〉：「方之舟之。」〈釋言〉及
《毛傳》皆曰：「方、泭也。」今《爾雅》，改「方」為
「舫」，非其義矣。併船者，並兩船為一；〈釋水〉曰：「大
夫方舟。」謂併兩船也。泭者編木以為渡，與併船異事。
何以毛公釋方不曰併船而曰「泭也」曰：併船與編木其用
略同，故俱得名之；方舟為大夫之禮，詩所言不必大夫，
則釋以泭可矣。若許說字，則見下從舟省而上有並頭之
象：故知併船為本義，編木為引伸之義；又引伸之為比
方：「子貢方人」是也。〈秦風〉：「百夫之防。」毛曰：
「防，比也。」謂「防」即「方」之假借也。又引伸之為方
圓，為方正，為方向。口又假借為「旁」。上部曰：「旁，
溥也。」凡《今文尚書》作旁者，《古文尚書》作方，為大
也：〈生民〉：「實方實苞。」毛曰：「方，極畝也。」極畝，
大之意也。又假借為「甫」：〈召南〉：「維鳩方之」。毛曰：
「方之，方有之也。」方有之猶甫有之也。（八下六、七頁
方部）

為明其本末，謹以圖解方式排比之：

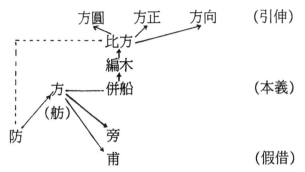

第一層先論「方」由「併船」之本義引伸出「編木」，續又因「編木」推出「比方」諸引伸義，而《詩經》有假「防」為「方」，以示「比」義者。第二層再論析「比方」又可延引出「方圓」、「方正」、「方向」諸歧義。第三層則別論以此字代彼字，則「方」又可借用為「旁」、「甫」諸字。

又如：「𧗿，漢令解衣而耕謂之襄。」下注云：

> 此襄字所以從衣之義，惟見於漢令也。引伸之為除去。《爾雅釋言》、《詩、有茨》、〈出車〉傳皆曰：「襄，除也。」《周書、諡法》云：「辟地有德曰襄。」凡云「襄地」、「襄夷狄」，皆襄之假借字也。又引伸之為反復。〈大東〉傳云：「襄，反也。」謂除此而復乎彼也。〈釋言〉又曰：「襄，駕也。」此「驤」之假借字。凡云「襄，上也。」「襄：舉也。」皆同。又馬注〈皋陶謨〉曰：「襄，因也。」〈諡法〉：「因事有功曰襄。」此又「攘」之假借字；有因而盜曰攘，故凡因皆曰攘也。今人用襄為輔佐之義，古義未嘗有此。（八上六十衣部）

可以圖表示：

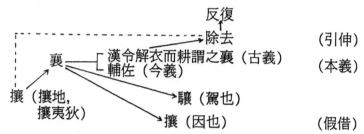

　　第一層先論「襄」由「解衣而耕」之古義，引伸爲「除去」之義，而亦或以「攘」之字形假借之。第二層剖析由「除去」又推出「反」之引伸義。第二層別論可以「襄」字借代「驤」、「攘」諸字。第三層指出「輔佐」爲今義，與古義別。

　　於此等資料中，段氏雖迭用引伸、假借，然有層層剖析，有條不紊，多歸其所。

柒、結　語

　　《說文解字注》主在詮釋《說文》，歷來雖不乏論說文段注條例之資料，然論者皆由摘抉段注散見於各條下之相關說詞類聚之，冀以發其隱微。吾人固不可謂段氏於爬梳闡釋之際，無其一貫之理路；唯段氏注書，歷時三十一載，雖先有《說文解字讀》以爲長編，而面對個別文字之說解，則或恪守叔重以來成說，爲之發皇；亦或於文字之形、音、義，基於胸中之所蓄，另出新意：實有不可以一成例以羈之者。加以臧否段氏說者，又往往更加以自身於文字主觀之認知，有所去取；於大處或有共識，而於支節，爭議紛紛，在所難免。如「引伸」與「假借」之異同，自來即爲一大公案。今筆者試辨之，雖亦不外摘抉類聚段氏之說，更難免就本身於文字有限之知識之主觀以整合之，然而如何就段氏資料本身以客觀採討蠡測段氏運用此等詞彙時之原意，則係筆者試圖顯現者。

　　基於「本無其字，依聲託事」之界說，段氏乃指出以本義爲
假借之權衡，於是有「引伸假借之法」，故總體論之，不妨可謂
段氏寓引伸於假借之中。然段氏雖有「引伸假借」一詞，而所謂
「引伸假借之義」則往往係字義之延引，是以有既謂「引伸假借
之義」後，復云有「假借字」者：如「旭，日且出皃。」下注文：

> 〈釋訓〉曰：「旭旭、蹻蹻，憍也。」郭云：「皆小人得志憍
> 蹇之皃。」此其引伸叚借之義也。今《詩》「旭旭」作「好
> 好」，同音叚借字也。（七上四頁日部）

既云「旭」由「日且出皃」之本義延申爲「小人得志憍蹇之皃」，
又《詩經》因同音假借易「旭」爲「好」。

　　亦有先云「引伸假借」，又別言「假借」者。如「菑，不耕
田也。」下云：

> 攷諸經傳，凡入之深而植立皆曰菑。如〈攷之記．輪人〉
> 菑訓建輻，〈弓人〉菑訓以鋸副析。《公羊傳》：「以人爲
> 菑。」《漢書》：「揵石菑。」鄭仲師云：「泰山平原所樹立物
> 爲菑，聲如戴。」博立梟棊亦爲菑。其他若《毛傳》：「本
> 立死曰菑。」《漢書》：「事刃公之腹中。」《急就篇》：「分別
> 部居不雜廁」《漢太學石經》：「以人爲側。」皆此字之引伸
> 假借，又假爲裁害字。（一下四十一頁艸部）

就義論之，「菑」除「不耕田」之本義外，另由「入之深而植立」
之義別出「建輻」、「以鋸副析」、「泰山平原所樹立物」、「博立梟
棊」、「本立死」等訓，而其形或假「事」、「廁」、「側」等字爲
之，段氏總言之曰「引伸假借」，又以「菑」字假借爲裁害字。

　　由此等資料，「引伸」主義之推申，「假借」爲在音同音近之
下形之借代，本各有專司。故在段注中可找出引伸之義出於依聲
託事，本無正字。引伸之義可輾轉延引，陸續擴充；久而忘其字

之本義，使引伸之義得冒據之等專謂引伸之條例。亦能瀘列出假借以古今音變，尠識其關竅，以雙聲爲形容語之假借，本無正字。不得謂假借字即正字；許書不以假借字釋正字；假借偶有以形近，形譌或避諱而借者；凡假借必同部同音，六書惟同音假借之用最廣；聲同得相假借；凡假借多疊韻、或雙聲；假借其義本不相通；假借既久，失其本義；假借取諸字音，不取字義等崇指假借之條例。

　　基於此一整理，「引伸」與「假借」之所同，皆在「本無其字」，而或「依聲而託其事」，或僅依聲而不必託事，因各異其趣。前人恪守許叙假借界說，乃斥段氏於假借下別立引伸一門，然釋《說文》說解，於義之延引，必使之有所歸，此實段氏之慧眼也。段氏雖不免篤信叔重，偶有以引伸釋假借者，細究其個別注文，二者實各具蹊徑，判然有別也。

《經典釋文》「如字」用法及音讀考

金周生

一、前　言

　　陸德明（西元五五二——六二二）所作《經典釋文》（西元五八三）一書，是集合《周易》、《古文尚書》、《毛詩》、《周禮》、《儀禮》、《禮記》、《左傳》、《公羊傳》、《穀梁傳》、《孝經》、《論語》、《老子》、《莊子》、《爾雅》等十四種古籍，參考漢魏六朝二百三十多家的訓解，編寫成的一部音義專著；因爲書中常引各家不同的說法，而早期諸家音義又多已不傳，所以《經典釋文》對探究古音古義具有重要的參考價值。

　　漢儒注解古籍，往往使用「某聲近某」、「某讀若某」、「某讀如某」、「長言」、「短言」、「內言」、「外言」等訓詁術語來形容字音，而在反切流行的六朝末期，陸德明卻屢屢用「如字」說明字的讀法，由於「如字」等於沒有標音，又並非每一個被注解的字都用「如字」這個術語，所以《經典釋文》「如字」在何時使用，及「如字」該如何唸？實在是一個值得深入研究的課題。

二、《經典釋文》「如字」用法示例

　　黃坤堯先生〈經典釋文如字初探〉一文，曾對「如字」的用法作過扼要的說明，他說：

　　　所謂如字，是指一般習用的字形，習用的字音，習用的字

　　義説的。……如字的涵義相當廣泛，包括版本異文、改
　　字、改讀、假借、釋義、多音字等種種情況。

我認爲陸德明使用「如字」這個術語有三個必要條件：

㈠必爲常用字形。

㈡必讀習用字音。

㈢必爲不常見的專有詞彙，或有各家異文、異音的分歧，或本爲
　一多音字。

由於第一二項的認定會流於主觀，所以下面就以第三項爲準，舉
例說明「如字」術語出現的條件。在分析時，同時也相對找出另
一組不用「如字」的例子，以作爲第一二項常用字形、字音與非
常用字形、字音的說明。①

㈠爲別諸家異讀異解。如：

　　甲、公孫　　毛、如字。鄭、音遜。公，周公也；孫，遜也。
　　　　《詩、豳狼》②

　　乙、滑　　徐、音昏。向云：汩昏，未定之謂。崔本作緡，武
　　　　巾反；云：繩也。《莊、齊物論》

㈡爲區分多音字的別讀。如：

　　甲、攻伐　　如字。又音貢。《穀、文六》
　　　　調度　　徒弔反。下待洛反，或如字。《周、天内宰》

　　乙、費縣　　音秘，又扶味反。《左、閔二》

㈢爲提示不習用詞彙的讀音。如：

　　甲、蒲盧　　並如字。《爾雅》：蜾蠃、蒲盧。即今之細腰蜂
　　　　也，一名熠蝜。《禮、中》

　　乙、勃鞮　　步忽反，下丁兮反。《左、僖廿五》

㈣爲別各本異文。如：

　　甲、曰怚　　如字。司馬本作疽，云：病也。《莊、田子方》

　　　　爲疾　如字。本又作疢，音救。《禮、曲下》

　　乙、瘍　音羊，本亦作傷，音同，創也。　《詩、小節巧》

㈤**爲別各家異讀。如：**

　　甲、鳥申　如字。郭音信。司馬云：若鳥之頤呻也。
　　　《莊、刻意》

　　乙、以茹　如預反。徐音如庶反。　　《詩、邶柏》

㈥**爲別俗本之非。如：**

　　甲、殷勤　並如字。俗本並加心，非也。　《詩、南卷》

　　乙、瑣瑣　素火反，小也。本或作䪥，非也，䪥音早。
　　　《詩、小節節》

㈦**爲與「協韻」「協句」音區別。如：**

　　甲、所望　如字。協韻音亡。《詩、小魚都》

　　　于南　如字。宜乃林反。今謂古人韻緩，不煩改字。
　　　《詩、邶燕》

　　乙、之車　協韻尺奢反。又音居。或云：古讀華爲敷，與居
　　　爲韻。《詩、召何》

　　　曰父母且　徐、七餘反。協句應爾。觀箋意，宜七也
　　　反。《詩、小節巧》

三、《經典釋文》「如字」音讀考

　　《經典釋文》以「如字」標注的音究竟該唸什麼？我們可以
用《經典釋文》內部資料或與同時代韻書資料比對而考証出來。
所謂從內部資料考証，一種是《經典釋文》已經注出了「如字」
字音的，如：

　　卿大夫朝會　此一朝如字，音張遙反。《詩、齊雞》

　　橫目　如字，胡彭反。或音黃。《爾、草》

　　土　如字，他古反。沈、徒古反。《詩、衛碩》

　　沈　如字，直林反。字或作耽，都南反。《詩、小甫賓》

　　參　七南反。又如字，音三。《易、說》

　　以遺　如字，猶垂反。又于季反。《禮、曾》

另一種則是可以從《經典釋文》的注音推敲出來，如：

　　茅　如字。《詩、小甫瞻》

　　茅　如字。劉音妹。《周、地染》

　　茅　亡交反。一音妹。《儀、冠》

在這種情形下，「茅」字的「如字」音應該就是「亡交反」。

　　一般「如字」音沒有辦法單從《經典釋文》內部求得，如：

　　桃子　如字。本或作姚，亦宜音桃。《左、僖廿四》

　　桃甲　如字。本又作姚。《左、定十四》

　　桃夭　於驕反。桃，木名……。《詩、南桃》

　　桃氏　　《周、冬桃題》

　　桃弧　音胡，以桃為弓。《左、昭四》

「桃」字雖然出現五次，卻從未用直音或反切注出他的讀法。現在只有用《切韻》系韻書中的《廣韻》音切來和他對比，如「桃」字在《廣韻》中只有豪韻「徒刀切」一音，我們就暫時認為桃的「如字」音是「徒刀切」。③

　　以下就將《經典釋文》的「如字」字音用《廣韻》反切注出，同時也把《經典釋文》的非「如字」音和與其相對的經籍異文作一對比，使「如字」與非「如字」音的不同能一目了然。由於篇幅長度限制，每字的考證過程和《經典釋文》出處，在此一併刪略。

如字字形	如字在《廣韻》中的切音	《經典釋文》的非如字音或異文④
卑	府移切	音婢 俾 邲
鞭	卑連切	
并	府盈切	必政反
板	布綰切	版 薄版反
臂	卑義切	辟
別	皮列切	彼列反
博	補各切	傳 莃
毗	房脂切	庇 翩 萌
篇	芳連切	
夢	莫鳳切	莫公反
蒙	莫紅切	武邦反
毛	莫袍切	莫報反
麻	莫霞切	×
謬	靡幼切	繆 眇
妙	彌笑切	坅
邁	莫話切	手又反 音茂
牧	莫六切	
風	方戎切	福鳳反
孚	芳無切	芳付反 音符
夫	甫無切	扶云反
鴇	布還切	扶問反 介
分	府文切	
班	布還切	般彪
包	布交切	枹
不	分勿切	方浮反 拊
辯	符蹇切	彼列反 變
弊	毗祭切	蒲計反
薄	傍各切	×
陪	薄回切	×
蒲	薄胡切	音薄 滿
配	滂佩切	妃 衸
彌	武移切	×
蠻	莫還切	末佐反
磨	模臥切	武政反 寶
名	武并切	莫古反
買	莫蟹切	×
莽	模朗切	音妹
悶	莫困切	×
沒	莫勃切	甫用反
逢	符容切	彼驗反 音蒲
封	府容切	匍
扶	防無切	方元反
樊	附袁切	芳孔反
奉	扶隴切	
敗	薄邁切	必邁反 布交切 卑履反
秉	兵永切	卜
貝	博蓋切	音敗 音所
畢	卑吉切	畢
百	博陌切	伯
頻	符眞切	嚬 濱
旁	步光切	薄浪反 音刺
片	普麵切	密柴反 音摩
靡	文彼切	
貓	武瀌切	武交反
冥	莫經切	莫歷反 暝
敏	眉殞切	畎
慢	謨晏切	漫
滅	亡列切	坃
妃	芳非切	音配
非	甫微切	甫味反 誹
服	房六切	蒲北切 匐
妨	敷方切	芳亮反
匪	府尾切	音分
賓	必鄰切	音殯 播
波	博禾切	
罷	薄蟹切	音皮
並	蒲迥切	布頂反 ×
背	補妹切	皮勉反
辨	蒲莧切	辯
必	卑吉切	府結反
伯	博陌切	音霸
槃	薄官切	癙
僕	蒲木切	音卜 萃
平	符兵切	薄霸反
白	傍陌切	音佩
北	博黑切	民
鵃	武延切	音妹
茅	莫交切	麷
牟	莫浮切	音勉 武侯反
免	亡辨切	×
母	莫厚切	音暮漢
莫	莫更切 慕各切	×
肥	符非切	普吳反
敷	芳無切	芳蒲反
苻	防無切	音蒲
方	府良切	音放 舫

浮	縛謀切	罘			芳勇反	甫	方矩切	音補	父	扶雨切	音甫
		鶡	凡	符咸切	×	粉	方吻切	方問反	反	府遠切	變
輔	扶雨切	配	赴	芳遇切	踣	付	方遇切	附			阪
放	甫妄切	方往反	廢	方肺切	音發	縛	符钁切	扶臥反	附	符遇切	×
伏	房六切	扶又反	拂	敷勿切	×	弗	分勿切	×	發	方伐切	音廢
伐	房越切	扶廢反	副	敷救切	×	大	唐佐切	音泰			廢
		赦	敦	都昆切	都回反	動	徒摠切	音董	刀	都牢切	舠
顆	都年切	音田	屯			怠	徒亥切	治			魛
		頛	杜	徒古切	音屠			怡	點	多忝切	之廉反
頂	都挺切	項	弟	徒禮切	徒易反	帶	當蓋切	×	頓	都困切	徒困反
度	徒故切	待洛反			悌	甸	堂練切	繩正反	弔	多嘯切	丁歷反
		渡	殿	都甸切	多薦反	悼	徒到切	直弔反			音的
旦	得按切	粗	道	徒晧切	音導	蕩	徒朗切	邊	當	都郎切	丁浪反
		怛	奠	堂練切	音定	豆	徒候切	椯	淡	徒敢切	徒暫反
定	徒徑切	丁甯反	讚	徒谷切	音豆	毒	徒沃切	毒	丹	都寒切	沰
		丁磬反	狄	徒歷切	他歷反	敵	徒歷切	適	德	多則切	音置
達	唐割切	他末反	童	徒紅切	音鍾	土	他魯切	徒古反	徒	同都切	從
推	尺佳切	湯雷反	頮	杜回切	湯過反			音杜	岸	五旰切	狋
天	他前切	大	田	徒年切	楝	臺	徒哀切	臺	彈	徒案切	音丹
條	徒聊切	暢遙反	調	徒聊切	徒弔反	桃	徒刀切	姚	佗	託何切	徒河反
湯	吐郎切	×	堂	徒郎切	根	聽	他定切	他經反	亭	特丁切	×
體	他禮切	履	討	他浩切	糾	泰	他蓋切	×	頭	度侯切	脰
特	徒得切	直	沓	徒合切	他荅反	能	奴登切	奴來反	難	那干切	乃旦反
		待	寧	奴丁切	音甯			奴代反	女	尼呂切	音汝
襄	奴當切	×	納	奴答切	音內	南	那含切	乃林反	佞	乃定切	音寧
怒	乃故切	怨			內	內	奴對切	音納	年	奴顛切	音佞
龍	力鍾切	寵	離	呂支切	力智反			納	麗	郎計切	力支反
		劙	惡	烏各切	烏路反	留	力求切	音柳			離
累	盧對切	力果反	桑	力遂切	律悲反			流	盧	力居切	盧
婁	落侯切	力俱反	盧	落胡切	櫨	余	魯回切	力胃反	來	落哀切	音梨
連	力延切	力善反	勞	魯刀切	力報反	良	呂張切	音兩			音賚
		音輦	履	力几切	體	里	良士切	侘	浪	魯當切	力蕩反
流	力求切	留			屢	慮	良倨切	力於反	屬	力制切	音賴

1	2	3	4	5	6	7	8	9	10	11	12
		隨	兩	良獎切	音亮			攄			礪
旅	力舉切	音盧	臨	力尋切	力鳩反	賽	洛代切	音來	綠	力玉切	萊
亂	郎段切	×	栗	力質切	音列	諒	力讓切	亮	祿	盧谷切	祿
陸	力竹切	睦	樂	五角切	颮	烈	良薛切	颲	列	良薛切	音錄
略	離灼切	嘗	共	渠用切	五教反	垢	古厚切	屬	攻	古紅切	別
落	盧各切	樂	歸	舉韋切	音洛	關	古還切	蝚	規	居隋切	音貢
宮	居戎切	官	膏	古勞反	音恭	姑	古胡切	蝐	冠	古丸切	虛役反
供	九容切	居用反	寡	苦火反	其位反	干	古寒切	鶊	羹	古行切	紀睡反
顧	古暮切	頤	固	古瓦反	饋	庚	古行切	鴰	管	古滿切	古亂反
高	古勞切	願	觀	古暮切	古報反	甘	古三切	滑	感	古禫切	戶庚反
果	古火切	古勞反	告	古丸切	古瓦反	廣	古晃切	音姑	怪	古壞切	古亂反
貢	古送切	苦火反	葵	古到切	宣	骨	古忽切	枯	郭	古博切	胡坎反
幹	古案切	工	康	渠隹切	困	枯	苦胡切	火故反	革	古核切	×
空	苦紅切	功	括	苦岡切	官喚反	苦	康杜切	胡猥反	開	苦哀切	音號
狂	巨王切	告	呼	古活切	古壽反	謼	荒烏切	毫	坎	苦感切	勒
寇	苦候切	古旱反	淮	荒烏切	光	回	戶恢切	亢	鴻	戶公切	關
狐	戶吳切	音孔	還	戶乖反	鶬	豪	胡刀切	胡登反	暉	許歸切	閡
槐	戶乖切	九況反	華	戶關切	音活	荒	呼光切	常	昏	呼昆切	贛
環	戶關切	駕	衡	戶花切	火故反	恆	胡登切	戶豆反	河	胡歌切	×
和	戶戈切	戎	鵝	戶庚切	灘	厚	胡口切	胡罪反	皇	胡光切	渾
橫	戶盲切	×	好	五何切	戶乖反	壞	胡怪切	懷	毀	許委切	×
駭	侯楷切	音秋	會	呼皓切	戶串反	活	戶括切	古闊反	後	胡口切	菏
害	胡蓋切	戶串反	鵠	黃外切	戶化反	基	居之切	音括	誨	荒內切	音往
合	侯閣切	胡臥反	技	胡沃切	音花	均	居勻切	菲	候	胡遘切	旺
降	古巷切	穌	駒	渠綺切	蘅	閒	古閑切	祁	獲	胡麥切	×
居	九魚切	華孟反	津	舉朱切	呼報反			音閑	幾	居依切	悔
		古曠反	堅	將鄰切	古壽反				肩	古賢切	鄩
		咳		古賢切	音奇						胡伯反
		音曷			俱付反						音祈
		難			瀘						機
		音閣			擎						狉
		戶江反									
		音據									
		尻									

巾	居銀切	居觀反	驕	舉喬切	居表反			音澗	交	古肴切	皎
焦	即消切	在堯反	膠	古肴切	古孝反	嗟	子邪切	遭哥反	嘉	古牙切	戶嫁反
教	古肴切	學	家	古牙切	賈	差			頸	居郢切	巨盈切
加	古牙切	知			價	驚	舉卿切	鷔	漸	慈染切	接廉反
		駕	見	古電切		句	九遇切	音鉤			薪
經	古靈切	古定反	紀	居理反	屺	舉	居許切	音據	積	資昔反	子賜反
兼	古甜切	古念反	聚	慈庾反	解	解	佳買反	戶買反			茲賜反
		戶謙反		才樹反			音蟹		闔	烏紺切	於感反
盡	慈忍切	津忍反	謹	居隱反	墐	卷	居倦切	×	翦	即淺切	×
踐	慈演切	音善	絞	古巧反	戶交反	假	古疋切	音格	景	居影反	英領反
靜	疾郢切	靜	臼	其九切	鴟	懼	其遇切	音句			音影
祭	子例切	側戒反	際	子例切	療	晉	即刃切	音箭	播	即刃切	音箭
近	其謹切	巨斬反	薦	作甸切	音箭	見	古電切	賢遍反	借	子夜切	倩亦反
駕	古訝切	音加	將	即良切	七羊反		曛		竟	居慶切	音境
救	居祐切	音拘	就	疾僦切	噉	鞠	居六切	坵	覺	古岳切	古孝反
角	古岳切	音鹿	疾	秦悉切	疢	吉	居質切	音姑	節	子結切	音截
決	古穴切	烏穴反	結	古屑切	縮	藉	秦昔切	慈夜反	稷	子力切	昃
極	渠力切	紀力反	急	居立切	伋			音借	捷	疾葉切	息晉反
		巫	接	即葉切	音捷	椶	即葉切	音變			音妾
甲	古狎切	胡甲反			萋	期	渠之切	音基	祈	渠希切	居綺反
歧	巨支切	坅	其	渠之切	音基			其	困	苦悶切	悃
且	七也切	子餘反			斤	驅	豈俱切	欺具反	駈	豈俱切	丘具反
趣	七句切	倉苟反	區	豈俱切	烏侯反	親	七人切	清刃反			驅
		趣	齊	徂奚切	才細反	勤	巨斤切	懃	前	昨先切	昨見反
全	疾緣切	酸			側皆反	權	巨員切	顴	清	七情切	才性反
		朘	泉	疾緣切	蜋	㑱	去金切	其蔭反	綺	墟彼反	魚紙反
輕	去盈切	遣政反	青	倉經切	菁	取	七庾切	促句反	切	去訖切	倉愛反
跂	巨支切	企	去	丘偃反	起呂反			音娶	乞	去訖切	音氣
巧	苦絞切	苦孝反	請	七靜切	音情	氣	去既切	既	屈	區勿切	厥
		苦敎反	竊	千結切	察	犧	許羈切	素何反	希	香衣切	張履反
闞	去月切	其月反	虛	朽居切	去餘反	胥	相居切	思叙反			鵗
徐	似魚切	祛	緒	徐呂切	音奢	須	相俞切	嬬	奚	胡雞切	胡禮反
循	祥遵切	順	旬	祥遵切	尙純切	欣	許斤切	款	閑	戶間切	×

字	音	又音	字	音	又音	字	音	又音	字	音	字／又音
先	蘇前切	西薦反／悉薦反	賢	胡田切	音唇	宣	須緣切	忻	旋	似宜切	信犬反／液
削	息約切	音笑	行	戶庚切／戶剛反	胡昄反／音加	襄	息良切	寡	消	相邀切	祥
鄉	許良切	許亮反	脩	息流切／胡加切	下孟反	興	虛陵切	瓊	詳	似羊切	揚／×
息	相即切	思／諰	喜	虛里切	循／蕱	修	息流切	攘	休	許尤切	惡／遏嫁反
咸	胡讒切	感／撿	係	胡計切	許意反／嬉	限	胡簡切	魚懲反	羞	息流切	音戶／音馴
險	虛檢切	音顯	相	息良切	繫	信	息晉切	音申	下	胡雅切	戶教反／胡教反
憲	許建切	射	血	呼決切	息亮反／怲	顯	呼典切	魊	訓學	許運切	審
謝	審夜切	音生	中	陟弓切	丁仲反	效	胡教切	許運切	校	胡覺切	其宜反／音歧
姓	息正切	×	追	陟佳切	都回反	向	許亮切	胡覺切	昔枝	思積切／章移切	佽
終	職戎切	音智	振	章刃切	張類反	續	似足切	×	朱昭	章俱切／止遙切	市遙反
知	陟離切	直吏反	章	諸良切	之忍反	忠	陟弓切	辭屢反	徵	陟陵切	妃
治	直之切	直吏反	長	直良切	之尙反	隹	職追切	×	柱	直主切	張里反
張	陟良切	陟亮反／直遙反	趾	諸市切	彰	諸	章魚切	審	趙織	治小切／之翼切	懲
朝	陟遙切	直遙反	之	止而切	直亮反	專	職緣切	豬／博	政	之盛切	知父反
爭	側莖切	×	跂	是乂切	丁丈反	正	之盛切	鱄	宅	場伯切	知女反
莊	側羊切	壯	注	之成切	止	時	直里切	音征	輒差除	陟葉切／初牙切／直魚切	徒了反／音至
止	諸市切	正／昆	饌	雛鯤切	阪	展	知演切	止	昌	尺良切	音志／音征
準	之尹切	音水	祝	之六切	胲	轉	陟兗切	嶧			征
丈	直兩切	杖／植	秩	直一切	×	質	之日切	×			殕故反
置	陟吏切	音身／諑	隻	之石切	易	詔	之少切	張戀反			佗
震	章刃切	音胄	直	除力切	持吏反／音値	竹	張六切	音置／贄			繫
逐	直六切	攸	充	昌終切	×	陟	竹力切	×			初寶反
札	側八切	音截／直各反	柴	直離切	徒多反也	執	之入切	勑六反／音得			直慮反
塵	直珍切	塚				吹	昌垂切	藝／叱瑞反			儲
垂	是爲切	音瑞／音睡				持	直之切	炊／恃			處亮反
						淳	常倫切	之純反			

晨	植鄰切	鷐	陳	直珍切	直刃反			厚	成	是征切	郕
常	市羊切	嘗	嘗	市羊切	曾	嘗	市羊切	曾			戌
承	署陵切	音拯	丞	署陵切	×	乘	食陵切	繩證反	稱	處陵切	尺證反
雠	市流切	音疇	臣	植鄰切	音壬	沈	直深切	直蔭反	寵	丑隴切	龍
楚	創舉切	髓			壬			音鳩	純	常倫切	側其反
出	赤律切	赤	赤	昌石切	采昔反	徹	丑列切	×			徒溫反
斥	昌石切	尺遂反	盛	承政切	×	衰	所追切	初危反	師	疏夷切	所類反
時	市之切	尺	舒	傷魚切	豫	殊	市朱切	殊	貙	救俱切	力朱反
		泭	神	食鄰切	×	守	書九切	手又反	燒	式昭切	舒照反
申	失人切	神	埤	食遮切	以支反	沙	所加切	所嫁反			音焦
傷	式羊切	音信	蛇					素禾反	商	式羊切	音章
		式亮反	生	所庚切	所敬反	升	識蒸切	音登	收	式州切	手又反
		瘍	繩	食陵切	乘	甚	常枕切	湛	是	承紙切	徒分反
使	疏士切	色吏反	深	式針切	尸鳩反	黍	舒呂切	蛛	施	式支切	以跂反
氏	承紙切	音紙	視	承矢切	市至反	紹	市沼切	尺遙反			式跂反
少	書沼切	詩照反			示	上	時亮切	時掌反	受	殖酉切	×
舍	始夜切	音捨	社	常者切	主	食	乘力切	音嗣	收	式州切	手又反
壽	殖酉切	音授	審	式荏切	蟠	識	職吏切	式志反			敆
示	神至切	之豉反	殺	所八切	申志反			申志反	倣	昌六切	音熾
		竇			色例反				樹	常句切	音豎
事	鉏吏切	側吏反	庶	商署切	止奢反	屬	市玉切	音燭	順	食閏切	慎
世	舒制切	以制反	稅	舒銳切	吐活反	慎	時刃切	音辰	束	書玉切	詩樹反
扇	式戰切	配	聖	式正切	聽			順			音來
失	式質切	音逸	實	神質切	寔	說	失爇切	始銳反	適	施隻切	都歷反
		矢	飾	賞職切	飭			亦劣反	如	人諸切	而庶反
式	賞職切	音跦	攝	書涉切	之涉反	戎	如融切	而容反	仍	如乘切	扔
仁	如鄰切	信	攘	如兩切	如羊反	榮	永兵切	音營	任	汝鴆切	音壬
柔	耳由切	濡	揉	耳由切	柔			蝡	資	即夷切	齊
肉	如六切	而樹反	辱	而蜀切	溽	宗	作多切	祭	曾	作滕切	才登反
哉	祖才切	載	載	則郎切	才郎反	增	作滕切	×	走	子苟切	音奏
子	即里切	將吏反	左	臧可切	音佐	坐	徂果切	才臥反	奏	則候切	走
恣	資四切	七咨反	載	作亥切	丁代反	字	疾置切	音滋			餿
葬	則浪切	才郎反			在代反	足	即玉切	將注反			籔
作	臧祚切	起	鏧	在各切	曹報反	澤	場伯切	襗	責	側革切	側介反

字	反切	又音	字	反切	又音	字	反切	又音	字	反切	又音
昃	阻力切	稷	則	子德切	測	詞	似茲切	皁	雜	祖合切	七合反
從	疾容切	才用反	雌	此移切	音妻	祖	昨胡切	疽	材	昨哉切	籴
祠	似茲切	音祀	蒼	七岡切	鶓	藏	昨郎切	才浪反	參	蘇甘切	才再反
倉	七岡切	鵁	次	七四切	七蕩反	綏	息遺切	土果反	錯	倉各切	七南反
采	倉宰切	荼	斯	息移切	資利反	騷	蘇遭切	音蕭	雖	息遺切	七故反
孫	思渾切	音遜	蘇	素姑切	所宜反	宋	蘇統切	宗	三	蘇甘切	睢
思	息茲切	息嗣反	似	詳里切	音賜	寺	祥吏切	音侍	頌	似用切	息暫反
色	所力切	罬	肆	息利切	音勅	肅	息逐切	侍	嗣	祥吏切	音容
訟	似用切	塊	速	桑谷切	音巳	夷	以脂切	息逐反	宿	息逐切	詒
喪	息郎切	才容反	宜	魚韉切	他歷反	疑	語其切	音擬	祀	詳里切	息就反
移	弋支切	息浪反	噫	於記切	數	延	以然切	凝	寅	翼眞切	音巳
伊	於脂切	×	姻	於眞切	儀	要	於笑切	縱	衣	於希切	音夷
依	於希切	蜉	言	語軒切	糜	憂	於求切	於遙反	偓	於懧切	於餼反
殷	於斤切	於豈反	遙	餘昭切	意	陰	於金切	於救反	焉	有乾切	於建反
搖	餘昭切	辰	揚	與章切	×	嚴	語檢切	於鳩反	爻	胡茅切	匿
陽	與章切	於謹反	應	於陵切	筦	隱	於謹切	音蔭	英	於驚切	於庋反
營	余傾切	慭	攸	以周切	搖	仰	魚兩切	魚簡反	遊	以周切	胡孝反
猶	以周切	羊照反	吟	魚金切	楊	議	宜寄切	偃	嚴	五銜切	於耕反
以	羊巳切	暘	鹽	余廉切	×	右	云久切	五亮反	引	余忍切	音映
衍	以淺切	一傾反	已	羊巳切	以尋反	業	魚怯切	五郎反	有	云久切	音流
野	羊者切	營	尹	余準切	唅	惟	以追切	音宜	奄	衣儉切	游
飲	於錦切	瘉	養	餘兩切	音豔	違	雨非切	音佑	意	於記切	嚴
易	羊益切	有	義	宜寄切	音異			音又	溢	夷質切	以刃反
懿	乙冀切	以戰反	銀	語巾切	君			魚及反	委	於詭切	音胤
幼	伊謬切	羊汝反	葉	與涉切	以上反			五荅反	吳	五乎切	音淹
抑	於力切	於鳩反	爲	薳支切	以尚反			帷			閹
泆	夷質切	以豉反	微	無非切	音儀			音回			音醫
危	魚爲切	於其反			儀						醫
		窈			愁						音實
		音噎			×						於偽反
		失			于僞反						蜲
		塊			嫣						音誤
		恌			癭						

											只
威	於非切	蘵	毋	武夫切	音牟	誣	武夫切	音無			
無	武夫切	毋	文	無分切	音問	溫	烏渾切	於運反	丸	胡官切	胡喚反
頑	五還切	五班反	緯	于貴切	葦	亡	武方切	音無	王	雨方切	于況反
唯	以追切	唯癸反	午	疑古切	五故反	晚	無遠切	×	瓦	五寡切	危委反
罔	文兩切	無	往	于兩切	于況反	位	于愧切	音泄	味	無沸切	莫介反
畏	於胃切	音威	務	亡遇切	音侮	聞	無分切	音問	忘	武方切	亡向反
望	巫放切	音亡			音謀	屋	烏谷切	於角反	沃	烏酷切	於縛反
握	於角切	烏豆反	勿	文弗切	音未	庸	餘封切	鏞	雍	於容切	於勇反
於	央居切	音烏	予	以諸切	音與	與	余呂切	音預			於用反
		唹	譽	羊洳切	音餘	餘	以諸切	以嗟反	于	羽俱切	乎
原	愚袁切	螈	魚	語居切	驍	緣	與專切	悅戰反	語	魚巨反	魚據反
羽	王矩切	音翮			矓	雨	王矩切	于付反	允	余準切	犹
遠	雲阮切	于萬反	永	于憬切	音詠	用	余頌切	×	御	牛倨切	魚呂反
豫	羊洳切	懊	遇	牛具切	音愚	喩	羊戍切	夷住反	邇	魚願切	顧
哀	烏開切	衷	欲	余蜀切	浴	兒	汝移切	五兮反	招	兒氏切	介
		喪	放	五勞切	驚	遺	以追切	于季反		止遙切	×
約	於略切	於妙反	類	力遂切	力對反			匱	裡	良士切	音吏
論	力迍切	魯頓反									

《經典釋文》中「卦」字的「如字」音不易考證，因為《經典釋文》「卦」字的資料是：

　　八卦　俱賣反。《書、序》

　　後卦　如字。又俱賣反。《周、冬》

而《廣韻》「卦」字只有「古賣切」一音，正好和「非如字」音的「俱賣反」相合。因此它的「如字」音也就不可考知了。

四、小　結

《經典釋文》「如字」這一術語，在訓詁上的作用並不大，因為它只是注明某一常見字形當讀成常用音而已，甚至連它該讀什麼音都沒有注出。但在對「如字」的出現時機，及其讀音與「非如字」讀音有了認識後，卻讓我們對下列數事有了瞭解：

一、《經典釋文》時代，讀書人對古籍字音已具有一種共識，尤其是常用字的一般讀法，所以陸德明可以用「如字」來作訓詁時的術語。

二、《經典釋文》時代，由「破讀」形成的「如字音」、「非如字」音，與現今之常用字音、破讀音在觀念上的分別幾乎相同，所以現代字典中往往將「如字音」列爲第一字音，「非如字音」則列在其後。

三、一字多音產生的時代及大量多音字的形成因素，至今尚不能確知，但由於《經典釋文》中保存了漢魏六朝各家注釋的音讀，使我們知道陸德明應當不是多音字的製造人，而是對保留一字不同讀法的轉述人，或對一字當讀成何音的判斷人。

四、陸德明在《經典釋文》中大量使用「如字」這一術語，對後代訓詁書籍頗具影響，如司馬貞《史記索隱》、張守節《史記正義》、孫奭《孟子音義》等，即多使用「如字」一詞。⑤

【註　釋】

①「如字」爲甲項，「非如字」爲乙項。

②《詩、豳狼》是《詩經》豳風〈狼跋〉篇的簡稱。本文所用簡名，都襲用潘重規先生所主編的《經典釋文韻編》一書。

③王力先生〈經典釋文反切考〉一文，比對《經典釋文》和《廣韻》的音系，其中只有《經典釋文》音不分而《廣韻》音分的現象，而沒有其他各種音類參差混淆的情形，所以認爲「桃」字音「徒刀切」。

④下表內凡作「音某」的，是「非如字」音的直音；作「某某反」的，是「非如字」音的反語；單一字作「某」的，是經典中出現的各種異文；作「×」的，表示《經典釋文》沒有標出「非如字」音或異文。又：「非如

字」音與異文如超過兩個，因限於篇幅而一概略去。

⑤如：《史記、殷本紀》「帝武乙無道，爲偶人」，《史記索隱》「偶音寓，亦
如字」；《史記、五帝本紀》「湯湯洪水滔天」，《史記正義》「湯音商，今讀
如字」；《孟子、滕文公下》「難仕」，《孟子音義》「丁、乃憚切；又如字」。

本文主要參考書目

經典釋文，陸德明著，鼎文書局

廣韻，陳彭年等編，藝文印書館

經典釋文韻編，潘重規主編，文化建設委員會發行

龍蟲並雕齋文集，王力著，中華書局

訓詁學初稿，周大璞主編，武漢大學出版社

經典釋文動詞異讀新探，黃坤堯著，學生書局

《類篇》假借義析論

孔仲溫

一、前　言

　　《類篇》爲北宋時期由司馬光領銜的官修字書，該書共蒐羅了三〇八二八字，①爲在此之前收字最多的一部字書，而在每個字頭下所載的字義極爲豐富，頗值得探論，個人曾進行一系列的研析，②今則僅就該書假借義的部分作深入的探究，以期了解該書字義的全貌。

　　再者何謂「假借義」？ 這原本就是一個相當複雜的問題，因爲它與「假借」的問題密不可分，而「假借」的問題一直深受歷來學者矚目與討論，因此個人曾撰成〈論假借義的意義與特質〉一文，以爲本文之基礎，③大致歸結起來，個人從字義系統而言，以爲黃季剛先生所釋假借義的意義最爲言簡意賅，他說：

　　　　於字之聲音相當，而形義皆無關者，謂之假借義。

而個人也嘗試爲假借義做一個較詳細的描寫：

　　　　所謂假借義，就是一種字義，它與該字的本義、引申義沒

　　　　有關聯，純粹是透過語音的條件，使別的詞義或字義寄生

　　　　在這個文字之上，而所產生的新義，就是假借義。

個人並提出假借義的特質有以下四項：(1)假借義是以聲音爲寄生條件。(2)假借義與本義、引申義無關。(3)假借義與字形無關。(4)假借義爲古書中最難解讀的一種字義。

二、假借義的分類

　　關於假借義的分類，學者多未直接論及，但是從其所論析假借的性質、方式的分類之中，個人予以分析、歸納，以爲假借義的分類，可以有以下八種分類方式：

㈠依造用性質分類

　　清侯康《說文假借例釋》曾分析假借有「無其字而依託一字之聲或事以當之」的「製字之假借」，與「既有此字，復有彼字，音義略同，因而通假」的「用字之假借」二類，向夏《說文解字叙講疏》也有相同的分類，④從這個假借的造用性質，我們似可以將假借義分成造字假借之假借義與用字假借之假借義。不過個人於〈論假借義的意義與特質〉一文中以爲，類如侯康所謂的「造字假借」，應該以章太炎先生的「造字原則」、「用字方法」的說法來論定⑤，換言之實際上它仍屬「用字」的性質，因此，本文不擬採用這樣的分類。

㈡依廣狹範疇分類

　　林景伊先生《文字學概說》嘗析假借爲本無其字假借的假借正例，與本有其字假借的廣義假借二類，⑥順著這樣的說法，可以進而分析假借義爲狹義假借義與廣義假借義。不過個人對於假借的廣狹，與林先生敢有所不同，以爲廣義假借指包含本無其字與本有其字的假借，而狹義假借則指本無其字的假借，廣狹的觀念係作：廣義假借⊃狹義假借，其範疇如下圖所示：

並非對立平行的兩類，而本文所討論分析的假借義，是以廣義假借爲範疇，因此廣狹範疇的分類，並不合適作爲本文分類的依據。

(三)依歷時演變分類

段玉裁於《說文解字注》裡，依假借的歷時演變提出「假借之始，始於本無其字，及其後也，既有其字矣，而多爲假借，又其後也，且至後代訛字亦得自冒於假借」的「假借三變」說，⑦這是歷時性的分類，其實它也可以共時地存在著，我們自然也可以依其三變分析假借義。不過，我們也了解段說基本上是針對許愼《說文》而論，倘若我們就先秦古籍而言，事實上是不容易去區別「既有其字」與「訛字自冒」的假借，況且「訛字自冒於假借」一類，正如同後世所謂的「寫白字」，然而嚴格說來，它仍屬於「既有其字」的假借，因此在分類上，個人也不採段說以分析假借義。

(四)依形體關係分類

呂思勉〈字例略說〉曾討論假借字的字形筆畫與本字有關，有如借隹爲維的省借，借蓋爲盉的增借，也有純以聲爲借，假借字與本字形體無關如菽借爲豆。⑧因此從形體的關係可以分成：假借字與本字形體有關的假借義及假借字與本字形體無關的假借義。但是從形體關係來分析假借義也有不能關照全面的缺點，也就是只能分析有本字的假借義，至於無本字的假借義，則無從說明形體的關係。

(五)依字音遠近分類

朱駿聲《說文通訓定聲》論假借的字音遠近關係共有四類，他說：

> 假借之例有四：有同音者，如德之爲悳，服之爲及；有疊
> 韻者，如冰之爲棚，馮之爲溯；有雙聲者，如利之爲賴，
> 答之爲對；有合音者，如芫蔚爲蓷，蒺藜爲茨。⑨

我們固然可依循這樣字音遠近的關係來爲假借義分類，但是如同
依形體關係分類的情形，這也是只能就有本字的假借義分析，至
於無本字的假借，自然也是無從說明字的遠近關係了。

㈥依意義關聯分類

　　林景伊先生《文字學概說》裡，分析假借正例爲有義的假借
與無義的假借，林先生解釋說：

> 文字除本義外，又有「引申展轉而爲之」的假借義；無義
> 的假借大都爲「語言假借」，僅借其字音，而不借其字義。
> ⑩

因此可以據此分假借義爲與本義有關聯的假借義與本義無關聯的
假借義。不過，林先生的分類是從許愼「本無其字，依聲託事，
令長是也」的解釋出發，將許說分析得很清楚。但是就整個字義
系統而言，引申義與假借義已趨分途，因此本文依據黃季剛先生
所稱假借義與形義無關的看法，分析假借義則僅就無意義關聯的
角度討論。

㈦依詞性不同分類

　　容庚《中國文字學義篇》曾將假借分成：專名之假借、代名
之假借、形況字之假借、虛助字之假借四類，⑪而高玉花撰〈假
借爲造字法初探〉一文，也曾論及漢語有些詞只有語法意義而沒
有實際意義，也有些爲抽象概念，無形可象，無意可會，所以只
能以假借方式記錄實詞與虛詞，因此舉例分析假借字存在各詞類
中，有名詞、動詞、形容詞、數詞、量詞、代詞、副詞、介詞、
連詞、助詞、歎詞等，⑫由此可知假借義可依詞性來分類。這樣

的分類，固然可以全面而淸楚地分析假借義，不過對於假借義是透過「依聲託事」的方式產生的特質，就不能彰顯出來，這也是這種分類方式不能週全的地方。

㈧ 依本字有無分類

依本字的有無來分類，在前面述及「依歷時演變分類」就曾提到段玉裁的說法，不過段氏是從《說文》的立場、歷時的角度分析。另外，黃以周〈令長假借說〉一文則分析假借爲：有其本字、本無其字二類，⑬唯黃氏無「訛字自冒爲假借」一類、與段氏小有不同。再者，如裘錫圭《文字學概要》也是依假借所表示的詞是否有本字，區分爲無本字、本字後起、本有本字三類。大體說來，個人較贊成黃氏的分類，而段氏的「訛字自冒」一類則仍可歸入「本有其字」一類，裘氏的「本字後起」則也可以歸入「本無其字」一類，換言之，倘若要依本字有無分兩類大致可行，這種分類的特色是可以照顧到假借義的本源。

本文的分類，也是擬以假借義是否有本字而分類，但小有不同，原因是古人假借固然可以用「有」、「無」二分，不過由於假借的來由並非單純，時空並無一致，因此假借義的本字是必須透過嚴格的語音條件與論證才能推尋得出，所以並不是所有原有本字的假借義都能追溯出它的本字，由是個人於《類篇》假借義的分類上則分爲：一、有本字的假借義，二、無本字或不知本字的假借義兩大類。而同類之中，前者則依假借字與本字的聲韻關係再予分析，後者則進而以詞性分析，以期能兼顧上述一些具有特色的分類方式。

三、《類篇》假借義舉例

《類篇》所蒐集字義甚爲豐富，但也頗爲蕪雜，而本文所甄

錄的假借義，基本上是根據下列二項原則，審愼篩選而得的：

　　1.以《說文》所載本義爲基礎。《說文》所載本義雖然未必都是造字時的初義，但畢竟許氏「博采通人，至於小大，信而有徵」，且所釋乃屬隨體詰屈、去古未遠的古文字，因此討論假借義，仍應以此爲基礎，否則就如施斧斤而無質砥，假借義則無從比對，無從辨認了。而本文所舉假借義的字例，是以《類篇》各字所列義項中，載有《說文》本義的爲主，至於無《說文》本義的則暫不予討論。

　　2.審愼論證以求本字。本文於本字的推求，必審愼地運用聲音的條件，所依據的爲陳師新雄《古音學發微》與〈從詩經的合韻現象看諸家擬音的得失〉、〈黃季剛先生及其古音學〉的上古音韻系統。除了考之於上古音韻，並當旁求段玉裁《說文解字注》、朱駿聲《說文通訓定聲》、王念孫《廣雅疏證》等諸家論證以定。例如：

　　〈系部〉綝……癡林切，《說文》止也，一善也。
「善也」一義，朱駿聲《說文通訓定聲》以爲假借義，假借爲良，他說：「《爾雅‧釋詁》綝，善也。按令、類、綝一聲之轉，《廣雅》祿、良、賴、睞、戾、靈皆訓善，亦皆與綝爲雙聲，是《爾雅》、《廣雅》九字，良爲正字，其餘皆假借也。」⑭而王念孫《廣雅疏證》則說：「《說文》綝，止也。止有安善之意，故字之訓爲止者，亦訓爲善。」顯然王念孫以爲「善也」一義是來自「止」的引申，類似這樣意見不一，而引申義卻也可以說得通，本文則不列爲假借義。再如有對本字的看法有異的時候，則本文採論證較爲充分的一說以定。

　　茲依上述二項原則，及上一節裡所討論過的分類，舉例如下：

㈠有本字的假借義

1.本字與假借字爲同音的假借義

〈艸部〉 蕭　先彫切，《說文》艾蒿切，一曰肅也。　按：「肅」，
《說文》釋義爲「持事振敬」與「蕭」義無關，《類篇》
「肅」音「息六切」，與「蕭」上古同屬心紐〔*s〕、覺部
〔*-əuk〕。段注以爲同音通用，朱駿聲以爲假借。

〈艸部〉 蔚　紆胃切，《說文》牡蒿也。⑮一曰艸木盛貌。　按：
「艸木盛貌」，朱駿聲以爲「鬱」字假借，段注也以爲蔚
「多借爲茂鬱字」。「鬱」《類篇》作「紆勿切」，《說文》
作「從林鬱省聲」，與「蔚」字上古同屬影紐〔*ʔ〕、沒
部〔*-ət〕。

〈艸部〉 芥　居拜切，《說文》菜也。……小艸。按：「小艸」，段
玉裁於《說文》「丯」下注云：「凡言艸芥皆丯之假借
也」，朱駿聲也以爲如此。「丯」《類篇》音「古拜切」，
考其上古音，與「芥」都屬於見紐〔*K〕、月部〔*-at〕。

〈言部〉 詳　余章切，詐也，又徐羊切，《說文》審議也。　按：
段注以爲「詳」「又音羊，爲詳狂字」，朱駿聲也以爲
「佯」之假借，如《史記·殷本紀》：「箕子懼，乃詳狂爲
奴」，「佯」《類篇》讀作「余章切」，與「詳」上古音都
屬定紐〔*g〕、陽部〔*-aŋ〕。

〈言部〉 詭　古委切，《說文》責也。一曰詐也。　按：「詐也」
應如朱駿聲謂爲「恑」的假借，《文選·辯亡論》：「成敗
貿理，古今詭趣，何也？」李善注：「詭與恑同」而「恑」
《說文》釋義「變也」。《類篇》「恑」讀「古委切」，上古
音同屬見紐〔*k〕，支部〔*-ɐ〕。

〈爻部〉 爾　忍氏切，《說文》麗爾，猶靡麗也。……滿也。

按：「滿」義的本字應爲「瀰」字，《說文》瀰，水滿也。《詩經・齊風・載驅》：「垂轡瀰瀰」，《傳》：「瀰瀰，衆也。」，《經典釋文》本作「爾爾」並注：「本示作瀰」。「瀰」《類篇》音「乃禮切」與「爾」上古音皆屬泥紐〔ˇn〕、脂部〔ˇ-ei〕。

〈邑部〉邪　……緩也。……謂不正也。……又余遮切，《說文》琅邪郡。　按：「緩」義的本字應爲「徐」字，《詩・邶風・北風》：「其虛其邪」，馬瑞辰《毛詩傳箋通釋》說：「箋云邪讀爲徐，瑞辰按……邪者，徐之同音假借」，⑯「徐」《類篇》讀作「祥余切」與「邪」上古音均屬定紐〔ˇg〕、魚部〔ˇ-a〕。「謂不正也」一義，朱駿聲以爲本字作「衺」，「衺」《類篇》讀作「徐嗟切」，與「邪」上古音也都屬定紐〔ˇg〕、魚部〔ˇ-a〕。

〈禾部〉租　……包也，又宗蘇切，《說文》田賦。……包裹也。按：「包也」、「包裹也」二假借義的本字應即「苴」字，據《周禮・春官・司巫》：「苴館」鄭注：「苴館或爲租飽，……租飽，茅裹肉也。」，《說文》：「苴，茅藉也」，「苴」《類篇》讀作「子余切」，與「租」上古音同屬精紐〔ˇts〕、魚部〔ˇ-a〕。

〈衣部〉裎　……一曰佩紟謂之裎。……又丑郢切，袒也。　按：「佩紟」一義，朱駿聲以爲「綎」的假借，《方言・卷四》：「佩紟謂之裎」注：「所以系玉佩之帶也」，《說文》：「綎，系綬也。」，《廣雅疏證》：「綎與裎，古字通」，「綎」《類篇》音「他丁切」，與「裎」上古音同屬透紐〔ˇtʹ〕、耕部〔ˇeŋ〕。

〈次部〉羨　……溢也。……餘也。又似面切，《說文》貪也。

按：「溢也」、「餘也」二義，段注、朱駿聲均以爲「衍」的假借，段玉裁於「衍」下注：「衍引伸爲凡有餘之義，假羨字爲之。」，「衍」《類篇》音「以淺切」與「羨」字上古音同屬定紐〔*d'〕，元部〔*-an〕。

〈心部〉意　……恨聲，……又於記切，《說文》从心察言而知意也。……辭也。　按：朱駿聲以爲「恨聲」與「辭也」二意均爲「噫」的假借，「噫」《類篇》讀作「於其切」，與「意」字上古音同屬影紐〔*ʔ〕、職部〔*-ək〕。

〈水部〉混　……又戶袞切，《說文》豐流也。一曰雜流。按：「雜流」一義，段玉裁於「混」下注說《說文》混溷義別，今人用混爲溷，朱駿聲也以爲「溷」的假借，「溷」《類篇》讀作「胡昆切」，上古音同屬匣紐〔*γ〕、諄部〔*-ən〕。

〈水部〉沾　……闚也，又他兼切，《說文》水出壺關東入淇。按：「闚」義，段注、朱駿聲均以爲「覘」的假借，「覘」《類篇》讀作「癡廉切」，與「沾」上古音都屬於透紐〔*t'〕、添部〔*-em〕。

〈水部〉滿　母伴切，《說文》盈溢也。……煩也。　按：「煩也」一義，段玉裁於《說文》「懣」下注：「古亦假滿爲之」，「懣」《類篇》讀作「母本切」，與「滿」上古音都屬於明紐〔*m〕、諄部〔*ən〕。

〈水部〉洎　……巨至切，《說文》灌釜也。一曰及也。　按：「及也」一義，段注、朱駿聲均以爲「臮」的假借。「臮」《類篇》讀作「其冀切」，與「洎」上古音都屬於匣紐〔*γ〕、質部〔*-et〕。

〈魚部〉鮮　相然切，《說文》魚名，出貉國。一曰鳥獸新殺曰

鮮。……尟少也。　按：「鳥獸新殺」、「尟少也」，段玉裁以爲「鱻」、「尟」二字的假借，他在《說文》「鮮」字下注：「按此乃魚名，經傳乃假爲新鱻字，又假爲尟少字，而本義廢矣」，朱駿聲的說法同於段氏，「鱻」《類篇》讀作「相然切」，「尟」讀作「思淺切」，與「鮮」上古音都屬於心紐〔*s〕、元部〔*-an〕。

〈手部〉拾　寔入切，《說文》掇也。一曰射韝。　按：「射韝」一義，朱駿聲疑爲「揸」字的假借，《說文》：「揸，縫指揸也……一曰韋韜」，段注：「謂如射韝，韜於臂者。」，「揸」《類篇》讀作「達合切」，與「拾」上古音皆屬定紐〔*dʻ〕、緝部〔*-əp〕。

〈金部〉鏘　……玉聲也。……又楚耕切，《說文》鍾聲也。　按：「玉聲也」一義，段玉裁注《說文》，於「瑲，玉聲也」下注作「鏘」爲假借，「瑲」《類篇》讀作「千羊切」，與「鏘」上古音都屬於清紐〔*tsʻ〕、陽部〔*-aŋ〕。

〈金部〉錄　……又龍玉切，《說文》金色也。……記也。　按：「記也」一義，朱駿聲以爲「彔」的假借，「彔」《類篇》音「盧谷切」，與「錄」上古音同屬來紐〔*l〕、屋部〔*-auk〕。

〈金部〉鍤　……舂穀去皮。……又測洽切，《說文》綴衣鍼也。　按：「舂穀去皮」一義的本字應即是「臿」字，《說文》：「臿，舂去麥皮也」，「臿」《類篇》讀作「測洽切」，與「鍤」上古音都屬於清紐〔*tsʻ〕、怗部〔*-əp〕。

〈 部〉防　符方切，《說文》隄也。……比也。　按：朱駿聲以爲「比」義，「並」的假借，《說文通訓定聲》引《詩·秦風·黃鳥》：「百夫之防」，毛傳：「防，比也。」，「並」《類

篇》讀作「蒲迴切」，與「防」上古音同屬並紐〔*b′〕、
陽部〔*-aŋ〕。

2.本字與假借字爲疊韻的假借義

〈艸部〉芘　頻脂切，《說文》艸也。……蔭也。　按：「蔭也」
　　　　一義，朱駿聲以爲「庇」字的假借，《說文》釋「庇」義
　　　　作「蔭也」可證，「庇」《類篇》讀作「必至切」，上古音
　　　　屬幫紐〔*p〕、脂部〔*-ɐi〕，「芘」上古音則屬並紐〔*
　　　　b′〕、脂部〔*-ɐi〕，二字屬疊韻、旁紐雙聲的聲韻關係。

〈艸部〉苗　眉鑣切，《說文》艸生於田者。一曰夏獵曰苗。
　　　　按：「夏獵曰苗」一義，朱駿聲以爲「獠」的假借，「獠」
　　　　《類篇》讀作「憐蕭切」，與「苗」上古韻部都屬於宵部
　　　　〔*-ɐu〕，唯「獠」上古聲紐屬來紐〔*l〕，「苗」則屬〔*
　　　　m〕。

〈口部〉嘰　居希切，《說文》小食也。一曰唏也，紂爲象箸而箕
　　　　子嘰。　按：《說文》：「唏，笑也，從口希聲，一曰哀痛
　　　　不泣曰唏。」，而「唏」《類篇》讀作「香衣切」，與「嘰」
　　　　上古韻部同屬微部〔*-əi〕，然「嘰」上古聲紐屬見紐〔*
　　　　k〕，「唏」則屬曉紐〔*x〕，所以「唏」爲「嘰」具聲母
　　　　喉牙音近，且有疊韻關係的假借義。

〈口部〉呈　馳成切，《說文》平也。……通也。　按：《說文》：
　　　　「逞，通也」，《左傳·僖公·二十三年》：「殺人以呈」，《經
　　　　典釋文》：「本或作逞」，而「逞」《類篇》讀作「丑郢
　　　　切」，與「呈」上古韻部都屬耕部「*-əŋ〕，「逞」上古聲
　　　　紐屬透紐〔*t′〕，「呈」屬定紐〔*d′〕，由上可證「通」
　　　　義的本字爲「逞」，屬疊韻而旁紐雙聲的假借。

〈辵部〉逢　符容切，《說文》遇也。一曰大也。　按：「大也」

一義，朱駿聲以爲「豐」字的假借，「豐」《類篇》讀作「敷馮切」，上古音屬滂紐〔*p'〕、東部〔*-auŋ〕，「逢」上古音屬並紐〔*b'〕、東部〔*-auŋ〕，所以二者屬於疊韻、旁紐雙聲的假借關係。

〈言部〉　詩　申之切，《說文》志也。一曰承也，持也。　按：「承也，持也」，段注、朱駿聲都以爲「持」的假借，「持」《類篇》讀作「澄之切」，上古音屬定紐〔*d'〕、之部〔*-ə〕，「詩」上古音屬透紐〔*t'〕、之部〔*-ə〕，二者爲疊韻並旁紐雙聲。

〈目部〉　睯　女利切……《說文》深目貌。一曰塞也。　按：「塞也」一義，朱駿聲以爲「盾」的假借，《說文》：「盾，塞口也」，《廣雅》：「盾，塞也」，「盾」《類篇》讀作「乎刮切」，上古音屬匣紐〔*ɣ〕、月部〔*-at〕，「睯」上古音屬泥紐〔*n〕、月部〔*-at〕。

〈羽部〉　翁　烏公切，《說文》頸毛也。一曰老稱。　按：「老稱」一義，段玉裁於「翁」下注：「俗言老翁者，假翁爲公也。」朱駿聲也有這樣的說法，「公」《類篇》讀作「古紅切」，上古音屬見紐〔*k〕、東部〔*-auŋ〕、「翁」上古音屬影紐〔*ʔ〕、東部〔*-auŋ〕。

〈肉部〉　脩　……中尊也，又思留切，《說文》脯也，一曰長也。
　　按：「中尊」一義，朱駿聲以爲「卣」字的假借，《爾雅·釋器》：「卣，中尊也」郝懿行《爾雅義疏》於「彝卣，罍器也」下也以爲經籍「卣」作「脩」爲通借。「卣」《類篇》讀作「夷周切」，上古音屬定紐〔*d'〕、幽部〔*-əu〕，而「脩」上古音屬心紐〔*s〕、幽部〔*-əu〕。「長也」一義，朱駿聲則以爲「倏」的假借，　《說文》：

「脩，疾也，長也」，「脩」《類篇》音「丑鳩切」，上古音屬透紐〔*t'〕、幽部〔*-əu〕，與「脩」也是疊韻。

〈曰部〉沓　達合切，《說文》語多沓也。遼東有沓縣。一曰合也。　按：朱駿聲以爲「合也」一義爲「佮」的假借，《說文》：「佮，合也。」，「佮」《類篇》讀作「葛合切」，上古音屬見紐〔*k〕、緝部〔*-əp〕，「沓」上古音屬定紐〔*d'〕、緝部〔*-əp〕。

〈去部〉朅　丘竭切，《說文》去也。一曰武壯貌。　按：「武壯貌」，朱駿聲以爲「趨」字的假借，《類篇》讀「趨」音「居月切」，與「朅」上古韻部同屬月部〔*-at〕，而「趨」上古聲紐屬見紐〔*k〕，「朅」屬溪紐〔*k'〕，二者爲旁紐雙聲，聲近。

〈貝部〉贛　古送切，《說文》賜也。……愚也。　按：「愚也」一義應是「戇」的假借，《說文》：「戇，愚也。」，「戇」《類篇》讀作「丑用切」，上古音屬透紐〔*t'〕、添部〔*-em〕，「贛」上古音屬見紐〔*k〕、添部〔*-em〕。

〈日部〉時　市之切，《說文》四時，一曰伺也。　按：「伺也」一義也是本字，考《廣雅・釋言》：「時，伺也」，《論語・陽貨》：「孔子時其亡也，而往拜之。」孔穎達《疏》：「謂伺虎不在家時，而往謝之也。」，「伺」《類篇》讀作「相吏切」，上古音屬心紐〔*s〕、之部〔*-ə〕，「時」上古音屬定紐〔*g〕、之部〔*-ə〕，二者上古聲紐同屬喉牙音，且具疊韻關係。

〈㫃部〉旋　旬宣切，《說文》周旋、旌旗之指麾也。一曰疾也。　按：「疾也」一義，朱駿聲以爲「趲」字的假借，《說文》：「趲，疾也」，「趲」《類篇》讀作「許元切」，上古

音屬曉紐〔*x〕、元部〔*-an〕，「旋」上古音屬定紐〔*d′〕、元部〔*-an〕。

〈人部〉 侵　千尋切，《說文》漸進也。……一曰五穀不升謂之大侵。　按：「五穀不升謂之大侵」一義，朱駿聲以爲「祲」的假借，《說文》：「祲，精气感祥」，「祲」《類篇》讀作「咨林切」，上古音屬精紐〔*ts〕、侵部〔*-əm〕，「侵」上古音屬清紐〔*ts′〕、侵部〔*-əm〕，二者疊韻並旁紐雙聲。

〈頁部〉 頓　都困切，《說文》下首也。……不利也。　按：「不利」一義，段注、朱駿聲都以爲「鈍」字的假借，《史記·屈賈列傳》：「莫邪爲頓兮」司馬貞《索隱》：「頓讀爲鈍」。「鈍」《類篇》讀作「徒困切」，上古音屬定紐〔*d′〕、諄部〔*-ən〕，「頓」上古音屬端紐〔*t〕、諄部〔*-ən〕，二者疊韻且旁紐雙聲。

〈馬部〉 騃　……又語駭切，《說文》馬行仡仡也。……童昏也。　按：「童昏也」應爲「騃」的假借，《方言·第十》：「騃，騃也。」，「騃」《類篇》音「養里切」，上古音屬定紐〔*g〕、之部〔*-ə〕，「騃」上古音屬疑紐〔*ŋ〕、之部〔*-ə〕，二者上古聲紐同屬喉牙音，且具疊韻關係。

〈鹿部〉 麃　……麃麃，武貌。又蒲交切，《說文》麠屬。　按：「麃麃，武貌」，段玉裁以爲「儦」的假借，他在《說文》「麃」下注說：「《詩·鄭風》駟介麃麃，《傳》云武貌，蓋儦儦之假借字也。」，「儦」《類篇》讀作「悲嬌切」，上古音屬幫紐〔*p〕、宵部〔*-eu〕，「麃」上古音屬並紐〔*b′〕、宵部〔*-eu〕，二者疊韻並旁紐雙聲。

〈水部〉 洋　……又徐羊切，《說文》水出齊臨朐高山東北入鉅

定，一曰洋洋，水盛貌。按：朱駿聲以為作「洋洋水盛貌」為「泱」字的假借，「泱」《類篇》讀作「於良切」，上古音屬影紐〔*ʔ〕、陽部〔*-aŋ〕，「洋」上古音屬定紐〔*g〕、陽部〔*-aŋ〕，二者聲紐同屬喉牙音，且為疊韻關係。

〈手部〉拾　寔入切，《說文》掇也。：一曰劍削。　按：「劍削」一義，朱駿聲以為「枱」字的假借，《說文》：「枱，劍柙也」，「枱」《類篇》讀作「葛合切」，上古音屬見紐〔*k〕、緝部〔*-əp〕，「拾」上古音屬定紐〔*dʹ〕、緝部〔*-əp〕。

〈弓部〉彊　渠良切，《說文》弓有力也。……界也，……死不朽也。　按：「界」也一義，朱駿聲以為「疆」的假借，《說文》：「畕，界也」，畕或作疆，從土彊聲。「疆」《類篇》讀作「居良切」，上古音屬見紐〔*k〕、陽部〔*-aŋ〕，「彊」上古音屬匣紐〔*ɣ〕、陽部〔*-aŋ〕。又「死不朽」一義，應即「殭」的假借，《廣韻·漾韻》：「殭，屍勁硬也」，「殭」《廣韻》讀作「居良切」，上古音屬見紐〔*K〕、陽部〔*-aŋ〕，與「彊」也是疊韻關係。

〈虫部〉蟠　符袁切，⑰蟲名，《說文》鼠婦也。……曲也。……一曰龍未升天謂之蟠。　按：作「曲也」或「未升天的蟠龍」二義，段玉裁都以為「般旋」字的假借，《廣雅·釋詁一》：「蟠，曲也」，《尚書大傳·虞夏傳》：「蟠龍賁信於其藏」，《注》：「蟠，屈也」，「般」《類篇》讀作「逋潘切」，上古音屬幫紐〔*p〕、元部〔*-an〕，「蟠」上古音屬並紐〔*bʹ〕、元部〔*an〕。

〈糸部〉纂　祖管切，《說文》文組而赤。一曰集也。　按：「集

也」一義，朱駿聲以爲「欑」的假借，《說文》：「欑，積
竹杖。……一曰叢木。」段注：「蒼頡篇云：欑，聚也。」，
「欑」《類篇》讀作「徂丸切」，上古音屬從紐〔*dzʹ〕、
元部〔*－an〕，「纂」上古音屬精紐〔*ts〕、元部〔*－
an〕。

〈釆部〉辨　……又皮莧切，《說文》判也。……匣也。　按：
「匣也」一義爲「徧」字的假借，《說文》：「徧，帀也」，
《廣雅·釋詁》：「周、帀、辨、接、選、延、徧也。」王念
孫《疏證》：「定八年左傳：子言辨舍爵於季氏之廟而出。
杜預注云：辨猶周徧也，辨、辯、徧並通。」，「徧」《類
篇》音「卑見切」，上古音屬幫紐〔*p〕、眞部〔*-ɐn〕，
「辨」上古音屬並紐〔*bʹ〕、眞部〔*-ɐn〕。

〈酉部〉酢醋　倉故切，《說文》醶也。或作醋，又並疾各切，客
酌主人也。　按：《說文》「酢」的本義爲「醶」，「醋」
的本義爲客酌主人」二者原互不相關，然又互爲假借，
《爾雅·釋詁》：「酢，報也」，段玉裁於「酢」下注：「今
俗皆用醋，以此爲酬酢字。」朱駿聲於「酢」下說「酢假
借爲醋」，而「醋」下說：「今以爲酢醶字」。「醋」上古
音屬從紐〔*dzʹ〕、鐸部〔*-ɑk〕，「酢」上古音屬清紐
〔*tsʹ〕、鐸部〔*-ɑk〕，二者疊韻並旁紐雙聲。

　　3.本字與假借字爲雙聲的假借義

〈玉部〉靈　郎丁切，《說文》靈巫以玉事神。一曰善也。　按：
「善也」一義應爲「令」字的假借，《爾雅·釋詁》：「令，
善也」，《廣雅·釋詁》：「靈，善也」，《詩·鄘風·定之方
中》：「靈雨既零」鄭箋：「靈，善也」。「令」《類篇》讀
作「力正切」，上古音屬來母〔*l〕、眞部〔*-ɐn〕「靈」

　　上古音屬來母〔*l〕、耕部〔*-eŋ〕，二者聲紐相同爲雙
聲，韻部則主要元音相同，韻尾相近屬旁轉關係。

〈臼部〉　要　伊消切，《說文》身中也。……約也。　按：「約也」
朱駿聲以爲正是假借的本字。《淮南子・原道》：「而柔弱
者，道之要也。」注：「要，約也」，「約」《類篇》讀作
「乙卻切」，上古音屬影紐〔*ʔ〕、藥部〔*-euk〕，「要」
上古音屬影紐〔*ʔ〕、宵部〔*-eu〕，二者聲紐相同，韻
部則屬陰入對轉的關係。

〈聿部〉　肅　息六切，《說文》持事振敬也，从聿在𣦻上，戰戰兢
兢也。一曰進疾也。　按：段注、朱駿聲都以爲「進疾」
一義爲「速」字的假借，《說文》：「速，疾也」，「速」
《類篇》音「蘇谷切」，上古音屬心紐〔*s〕、屋部〔*-
euk〕，「肅」上古音也屬心紐〔*s〕，但屬覺部〔*-əuk〕，
二者雙聲，韻部則僅主要元音不同，爲旁轉的關係。

〈缶部〉　缺　傾雪切，《說文》器破也。……卷幘也。按「卷幘」
一義應爲「頍」字的假借。《儀禮・士冠禮》：「緇布冠缺
項」，鄭玄注：「缺讀如有頍者弁之頍。緇布冠無笄者，
著頍圍髮際，結項中。……今未冠笄者卷幘，頍象之所
生也。」，「頍」字《類篇》漏收，《集韻》讀作「犬蠻
切」，上古音屬溪紐〔*k'〕、支部〔*-e〕，「缺」上古聲
紐也屬溪紐〔*k'〕，但韻部則在月部〔*-at〕。

〈日部〉　時　市之切，《說文》四時。……一曰是也。　按：朱駿
聲以爲「是」即假借的本字，《爾雅・釋詁》：「時，是
也」，「是」《類篇》讀作「承旨切」，上古音屬定紐〔*
d'〕、支部〔*-e〕，「時」上古音屬定紐〔*d'〕、之部〔*-
ə〕，二者爲雙聲並古韻旁轉。

〈禾部〉稅　輸芮切，《說文》租也。……黑衣。　按：「黑衣」一義應爲「裞」字的假借。《禮記·雜記》：「繭衣裳與稅衣」孔穎達疏：「稅衣者，稅謂黑衣也。」又《禮記·玉藻》：「士裞衣」，鄭玄注：「裞或作稅」，孔穎達疏：「鄭注士喪禮，裞之言緣，黑衣裳以赤緣之。」，「裞」《類篇》音「吐玩切」，上古音屬透紐〔*t'〕、元部〔*-an〕，「稅」上古音屬透紐〔*t'〕、月部〔*-at〕，二者雙聲並韻部陽入對轉。

〈人部〉依　於希切，《說文》倚也。……譬喻也。　按：「譬喻也」一義，陳師新雄〈禮記學記「不學博依不能安詩」解〉一文考證爲「讔」字的假借，⑱「讔」《類篇》讀作「倚謹切」，上古音屬影紐〔*ʔ〕、諄部〔*-ən〕，「依」上古音屬影紐〔*ʔ〕、微部〔*-əi〕，二者雙聲並韻部陰陽對轉。

〈仌部〉冶　以者切，《說文》銷也。一曰女態也。　按：「女態也」一義，朱駿聲以爲「野」字的假借，並引《易·繫辭傳》說：「冶容誨淫，陸、虞、姚、王本皆正作『野』，台予雙聲。」，「野」《類篇》讀作「以者切」，上古音屬定紐〔*d'〕、魚部〔*-ɑ〕，「冶」上古音屬定紐〔*d'〕、之部〔*-ə〕。

〈金部〉錄……又龍玉切，《說文》金色也。……寬省也。　按：「寬省」一義段注、朱駿聲都以爲「慮」的假借，《荀子·修身》：「程役而不錄」楊倞注：「錄，檢束也」，「慮」《類篇》讀作「良據切」，上古音屬來紐〔*l〕、魚部〔*-ɑ〕，「錄」上古音屬來紐〔*l〕、屋部〔*-ɑuk〕。

㈡無本字或不知本字的假借義

1.名詞

〈艸部〉芮　儒稅切，《說文》芮，芮艸生貌。一曰國名。

〈艸部〉蔡　七蓋切，《說文》艸也，一曰國名。

〈艸部〉蒜　蘇貫切，《說文》葷菜，一曰山名。

〈艸部〉葛　……《說文》絺綌艸也，亦姓。

〈艸部〉薛　私列切，《說文》艸也。……一曰國名，亦姓。

〈彳部〉徐　祥余切，《說文》安行也。又州名，亦姓。

〈㕚部〉商　尸羊切，《說文》從外知內也。……一曰契所封地
　　　　名，亦姓，一曰徵音之所生。

〈肉部〉肉　戫肉，象形。……又如又切，錢璧之體。

〈旨部〉嘗　辰羊切，《說文》口之味也。……一曰秋祭名，亦
　　　　姓。

〈木部〉松　祥容切，《說文》木也，亦州名。

〈貝部〉賀　何佐切，《說文》以禮相奉慶也。亦姓。

〈日部〉晧　下老切，《說文》晧旰也，亦姓。

〈臼部〉舂　書容切，《說文》擣粟也，古者雝父初作舂，一曰山
　　　　名，日所入。……荊山別名。

〈水部〉滈　下老切，《說文》久雨也，一曰水名，在鄠。

〈門部〉開　丘哀切，《說文》張也，一曰姓也，亦州名……山
　　　　名，在雍州。

〈手部〉揚　余章切，《說文》飛舉也，又州名。

〈女部〉婺　亡遇切，《說文》不繇也，一曰星名、州名。

〈田部〉留　力求切，《說文》止也，……星名。

〈田部〉疇　而由切，《說文》耕治之田也，一曰鄭地名。

〈水部〉混　……混夷，西戎名，又戶衮切，《說文》豐流也。

〈金部〉鑄　朱戍切，《說文》銷金也。一曰國名，亦姓。

〈　部〉防　符方切，《說文》隄也。……邑里之名。

　　2.副詞

〈烏部〉焉　……於虔切，《說文》鳥黃色出於江淮，象形。……一曰何也。

〈血部〉盍　轄臘切，《說文》覆也。一曰何不也。

〈富部〉良　呂張切，《說文》善也。一曰甚也。

〈木部〉柰　乃帶切，《說文》果也。一曰那也。……能也。

〈邑部〉邪　……又余遮切，《說文》琅邪郡，一曰疑辭。

〈火部〉然　如延切，燒也。一曰如也。

〈水部〉況　訏放切，《說文》寒水也，一曰益也。

〈虫部〉雖　宣隹切，……《說文》似蜥蜴而大，一曰不定，一曰況辭。⑲

　　3.代名詞

〈爻部〉爾　忍氏切，《說文》麗爾，猶靡麗也。一曰汝也。

　　4.動詞

〈心部〉意　……於記切，《說文》心察言而知意也。……度也。

　　5.量詞

〈卜部〉兆　直紹切，《說文》灼龜坼也，從卜兆，象形。一說十億曰兆。

〈黑部〉墨　……蜜北切，《說文》書墨也。……一曰度名，五尺曰墨。

〈頁部〉頃　去營切，《說文》頭不正也。……田百畝也。

　　6.歎詞

〈口部〉咨　津夷切，《說文》謀事曰咨，一曰嗟也。……歎聲。

四、《類篇》假借義的幾個現象析論

在上一節所甄錄的九一條字例裡，我們看出意義在經假借之後，所生成幾個形音義上的現象，茲分別論述如下：

㈠假借義所屬本字的諧聲現象

在上一節的九一條字例裡，其中有本字的假借義有五五條，而這五五條裡，有五條是在同一條內載有二個假借義字例，因此實際上是六〇個字例。這當中假借字跟本字之間，具有諧聲關係的，則有二六個字例，茲依它們的諧聲的三種情形列舉如下：

1.假借字與本字諧聲相同而形符不同

例如：詳：佯⑳、詭：恑、邪：衺、裡：綖、沾：覘、洎：

臮、茈：庇、詩：持、脩：儵、揭：趨、頓：鈍、

拾：袷、彊：殭。

2.假借字為本字的諧聲

例如：爾：濔、租：葅、意：噫、滿：懣、呈：逞、贛：

戇、侵：祲⑳、廉：傔、彊：疆。

3.本字為假借字的諧聲

例如：蕭：肅、錄：彔、鍂：舌、翁：公。

其餘的字例雖然不具有諧聲關係，但是有的卻形符相同，這樣的字例有七例：

例如：混：溷、譏：唏、洋：泱、鮮：鱻、拾：揰、酢：

醋、醋：酢。

另外還有形符雖然不同但有些關聯，如：蔚：鬱，从艸與从林，在意義上相近，又如：芥：丯，从艸與艸蔡，在意義上也相近。諸如此類，似乎顯示有一半以上的字例，它們的本字跟假借字在形構上，具有某種程度的關聯，可是不能就認定它們在意義上必

然也有某種程度的關聯，因爲這些假借義跟本義之間，並不在有具引申特質的「遺傳義素」。而本字跟假借字的諧聲關係，之所以會佔有較高的比例，其原因在於同聲符的字，必然是「依聲託事」最便於使用的假借字，而其所重原本就在「聲音」的條件，而不在「意義」的關聯，因此，即使恰巧有關聯，也應如裘錫圭《文字學概要》所說「應該有很多是無意中造成的」，㉒至於形符上的不免相關，也是由於假借義與本義的範疇相近，意象相關的緣故，像這樣也不能視爲假借義與本義有形義上的關聯。

(二)假借義所屬本字的聲韻現象

由於個人考求假借義所屬的本字時，採取較嚴格的「依聲」條件，因此，有本字假借義的六十個字例裡，本字與假借字的聲韻關係情形，大抵如下表：

聲韻關係	同音	疊韻並旁紐雙聲	疊韻並同位雙聲	疊韻	雙聲並韻部旁轉	雙聲並韻部對轉	雙聲
例數	23例	16例	1例	11例	4例	4例	1例

由表中可見本文純粹爲雙聲或疊韻的例字，只有十二例，僅佔全部的20%，其餘爲同音，或疊韻並聲紐相近，或雙聲並韻部相近的例字。

另外，在無本字或不知本字的假借義，屬副詞一類的例字中，有一個急讀、緩讀的例字值得注意，它是：

　　〈血部〉盍　轄臘切，《說文》覆也。一曰何不也。

這類的假借，爲王筠《說文釋例》所謂「二合音」，朱駿聲《說

文通訓定聲》所謂「合聲」的「依聲」方式。㉒「盍」與「何不」的聲韻關係十分接近，「盍」上古音屬匣紐、盍部，其音值可以擬作〔*ɣap〕，而「何不」則需由兩字結合而成，前者「何」字，上古音屬匣紐、歌部，音值可擬作〔*ɣa〕以作爲聲紐、主要元音，後者「不」字則取其上古聲紐幫紐〔*p〕以作爲韻尾塞音，將「何不」急讀則結合作〔*ɣap〕。這一類的假借，已不是單純的假借字與本字的問題，它已是語詞的問題，值得另外深入探究。

(三)假借義與本字意義的關聯現象

當假借義通過聲音的條件而寄生在假借字上，它在寄生之時，究竟是屬於本字的本義、引申義、假借義的那一種字義呢其實從上一節所載的例字裡，我們可以清楚地看出，這三種字義都有，茲分別舉例如下：

1.假借義爲本字的本義

例如：芥：丰、裡：挺、沾：覘、鮮：蟲、芘：庇、沓：佮、贛：戇、脩：鯈、肅：速、旋：趨、頓：鈍、辨：偏、酢：醋、醋：酢、拾：揸。

2.假借義爲本字的引申義

例如：蔚：鬱、混：溷、詭：恑、泊：憩、暗：昏、侵：祲、纂：欑。

3.假借義爲本字的假借義

例如：意：噫。

在上列的例字裡，由於上一節舉例推證本字時多已涉引《說文》，所以屬本字的本義，暫不贅論，略作參照自可明白，至於引申義，則再從裡面取數例進一步說明，例如《類篇》載「詭」的本義爲「責也」、假借義「詐也」，我們也論證「詐也」的本字爲

「恑」，然《說文》釋「恑」的本義爲「變也」，我們可以說「詐也」是從本義「變也」引申而來的引申義。又如：「洦」字有本義「灌釜也」、假借義「及也」，今已論證「及也」一義的本字爲「息」，「息」《說文》釋義爲「衆與詞也」，所以「及也」一義爲從「衆與詞」引申而來的引申義。再如：「纂」字的本義爲「文組而赤」。假借義爲「集也」，今已證「集也」的本字爲「欑」，《說文》釋「欑」義爲「叢木」，所以「集也」是從「叢木」引申而來的引申義。至於本字的假借義，也當進一步說明，《類篇》載有「意」字的本義爲「从心察言而知意也」，並有假借義「恨聲」、「辭也」，我們已論證假借義的本字爲「噫」字，而「噫」《說文》釋義爲「飽出息也」，而作「恨聲」、「辭也」，則當是「本無其字」的假借義，因爲假借而有了本字，而後再度被假借而寄於「意」字，像這種假借再假借的假借義，實在特殊，但有可能是第一次假借之後，「噫」作「恨聲」、「辭也」已是一種常用義，而因此再被假借。

㈣假借義的常用現象

　　在字義的類型裡，本義爲所有字義的根基，引申義爲充滿生命力的字義運動主體，而假借義在表面上是與本義、引申義無關，純粹是透過語音的條件而寄生的，雖然有些假借義，只是一種臨時性的替代，但是有的竟然成爲約定俗成的常用義，它取代了本字的地位，成爲假借字的重要義項，這也就是古人所謂「久假不歸」的現象。在上一節所載《類篇》有本字的假借義一類的例字裡，屬於臨時性假借義的，例如：詳：佯、芘：庇、頓：鈍、辨：徧、贛：戇、肅：速、時：伺、沾：覘等，而無本字或不知本字的假借義，其例字則如：蒜、肉、嘗、松、鑄、防、墨……等，基本上這些例字裡的假借義，它是不能取代本字或假借

字原有常用義的地位。至於「久假不歸」成爲約定俗成常用義，在有本字的假借義例字裡，例如：鮮：尠、脩：倏、詭：恑、混：溷、纂：欑、泊：臮、邪：衺……等，這假借義已取代了本字的地位，成爲假借字的常用義，在無本字或不知本字的假借義例字裡，例如：蔡、薛的借作姓氏；商的借作朝代名、姓氏、音律；焉、盍、奈、邪、然、雖的借作副詞；爾的借作代名詞；咨的借作歎詞；也都是假借義爲常用義的情形。

(五)假借字義的互借現象

在所舉《類篇》的假借義例字當中，有一互借的例字值得注意，這個例字即是：

　　〈酉部〉酢醋　倉故切，《說文》醶也，……客酌主人也。

酢與醋在《說文》裡原本就各有本義，各互不相干，然而由於二者的音韻關係爲疊韻並旁紐雙聲，語音極爲接近，因此互爲假借，然而從《類篇》排列爲同一字條的情形看來，編者已視這兩字爲意義完全相同的異體字了，這種由於音近而互爲假借，最後竟然形成異體字的特殊現象，值得注意。不過，就中古時期而言，視爲異體字，我們無法說它不對，然而時至今日，「酢」字二義並都常用，而「醋」字則以「醶」義爲常用，原來「客酌主人」的本義，已成爲罕用義了，二字在音義上並沒有完全相等，因而可以不必再視爲異體字了。

(六)訛字造成的假借現象

在有本字的假借義的疊韻假借例字裡，有如下一例：

　　〈手部〉拾　實入切，《說文》掇也。……一曰劍削。

我們推考「劍削」一義的本字爲「柗」，「拾」「柗」二字的形義，其實原本是互不相關的，但是由於它們具有疊韻的聲韻關係，我們稱之爲假借。然而若仔細地推敲起來，「柗」之所以會假借作

「拾」，形近而訛俗的可能性，也許更大一些。漢字於魏晉隋唐間，俗寫流行，據潘師重規〈敦煌卷子俗寫文字與俗文學之研究〉一文，歸納唐代敦煌俗寫中有偏旁無定、木才偏旁混用不別的情形，㉓可見得中古時期是有可能將「枱」字作「拾」，而造成了假借的現象。

五、結　語

　　關於《類篇》假借義的情形，由於《類篇》一書卷帙繁浩，義項龐雜，加上假借義的推證頗為不易，所以，一時之間我們無法做全面的分析，而僅能就所抽繹的九一條例字進行討論，不過，由此也大略可以窺探《類篇》假借義的一些情形了。

【註　釋】

①蘇轍〈類篇序〉所載的字數統計為三一三一九字，此處的三〇八二八字係根據拙作《類篇研究》的統計，請參見拙作 pp77-82。

②例如個人於一九九一年漢語言學國際學術研討會發表〈類篇破音別義研析〉，一九九三年中國海峽兩岸黃侃學術研討會發表〈類篇引申義析論〉，另已撰成〈類篇本義析論〉一文，待刊。

③該文已完稿，待刊。

④侯文收錄於《說文解字詁林正續合編》一冊，p.931，向夏說參見該書 pp.134-135。

⑤參見同註③。

⑥參見林尹先生《文字學概說》pp.187－200。

⑦參見《說文解字注》p764。

⑧呂氏〈字例略說〉一文，收錄於其《文字學四種》書中，參見該書 pp.197-198。

⑨參見《說文通訓定聲》p210。

⑩參見同註⑥，p.187。

⑪參見王初慶《中國文字結構析論》p193 所引。

⑫高文收錄於河南大學出版《古漢語研究》第二輯，pp.84-99。

⑬該文收錄於《說文解字詁林正續合編》一冊，p950。

⑭參見同註⑨，p151。

⑮四庫全書本《類篇》作「牡蒿切」，「切」字應為「也」字的形訛，汲古閣影宋鈔本、姚刊三韻本、段注《說文》等均作「牡蒿也」，茲據正。

⑯該書收錄於《皇清經解續編》，參見《皇清經解續編》4 冊，p2366。

⑰四庫全書本、姚刊三韻本《類篇》原作「符遠切」，汲古閣影宋鈔本《類篇》、述古堂影宋鈔本《集韻》均作「符袁切」，今據正。

⑱參見《鍥不舍齋論學集》pp405-421。

⑲「況辭」，四庫全書本、姚刊三韻本《類篇》原作「汎辭」，汲古閣影宋鈔本作「況辭」，「汎」為「況」的形訛，茲據正。

⑳本文所舉例字，前者為假借字，後者為本字，如詳：佯，「詳」為假借字，「佯」為本字，下同。

㉑「祲」，《說文》釋形構為「從示侵省聲」。

㉒參見《說文釋例》，載於《說文解字詁林正補合編》1 冊，p1468；《說文通訓定聲》p8。

㉓該文發表於《木鐸》9 期，pp25-40。

論「同聲必同部」

金鐘讚

一

　　段玉裁在他的《六書音韻表》中提到「同聲必同部」①這一體例。因此，有很多研究小學的人②把這一體例理解爲「從同一個聲符得聲的形聲字一定歸於同一個韻部」以至於把不合乎這一體例的字都歸之爲段氏的失誤，且依「同聲必同部」的體例來改正他們的韻部。

　　然而，例外者太多。而段玉裁也在某些例外字下面注有「合韻」（或「合音」）。假使段氏堅持「同聲必同部」，則何必注出「合韻」呢？再者，段氏又在《六書韻表》中提出「古諧聲偏旁分部互用說」③，認爲從同聲符得聲的形聲字不一定歸於同一個韻部。因此，我們要重新檢討「同聲必同部」之意義。

　　在本文中先舉出不合乎「同聲必同部」之例子，再去考察段氏所注的「合韻」及其分部之體例。最後根據段氏之歸部體例探討這些不合乎「同聲必同部」之例子並提出個人對「同聲必同部」之見解。

二

段玉裁的「古諧聲說④云：

「一聲可諧萬字萬字而必同部同聲必同部明乎此而部分音變

　　平入之相配四聲之今古不同皆可得矣。」

這段話中引人注目的是「同聲必同部」這句話。若從字面上的意
思來衡量的話，聲符相同的形聲字一定要歸於同一個韻部，例如
段注說文中：

　⑴從疑（一部）得聲的薿、嶷、嶷、癡、譺、儗、擬、礙、
　　懝等字都歸於一部。

　⑵從子（一部）得聲的芓、李、秄、仔、孜、字等字都歸於
　　一部。

　⑶從思（一部）得聲的腮、偲、緦、諰等字都歸於一部。

　⑷從喜（一部）得聲的僖、禧、熹、饎、譆等字都歸於一
　　部。

　⑸從其（一部）得聲的萁、諅、旗、期、其、綦、麒、騏、
　　鯕、稘、娸、基、綦、淇、欺、顦、祺等字都歸於一部。

　⑹從止（一部）得聲的祉、址、阯、齒等字都歸於一部。

　⑺從之（一部）得聲的芝、寺、峙、蚩、事、市、志、蚩等
　　字都歸於一部。

　⑻從寺（一部）得聲的特、峙、待、詩、邿、時、痔、洔、
　　時、持、㭙、恃等字都歸於一部。

　⑼從時（一部）得聲的蒔、塒等字都歸於一部。

　⑽從目（一部）得聲的苣、似、相、矣、台、昇等字都歸於
　　一部。

　⑾從矣（一部）得聲的挨、埃、俟、欸、唉、誒、涘、猍、
　　騃等字都歸於一部。

　⑿從己（一部）得聲的紀、記、芑、起、杞、改、圮、邔、
　　屺、忌等字都歸於一部。

　⒀從忌（一部）得聲的諰、諰等字都歸於一部。

⒁從耳（一部）得聲的駬、姐、恥、佴、珥、弭等字都歸於一部。

⒂從弭（一部）得聲的洱、怩、靡等字都歸於一部。

⒃從里（一部）得聲的理、郢、俚、趌、茰、裡、狸、悝、鯉等字都歸於一部。

⒄從产（一部）得聲的牽、藜、俊、勞、嫠、嫠等字都歸於一部。

⒅從才（一部）得聲的才、訊、財、鼐、材、犲、赵、戋、在、豺等字都歸於一部。

⒆從在（一部）得聲的茬字歸於一部。

⒇從戋（一部）得聲的戴、栽、哉、載、浅、裁、戠、載、哉、戠等字都歸於一部。

㉑從宰（一部）得聲的滓、崪、莘、梓等字都歸於一部。

㉒從來（一部）得聲的賚、勑、秾、逨、萊、睞、淶、睞、郲等字都歸於一部。

㉓從亥（一部）得聲的郂、咳、垓、陔、咳、欬、毅、刻、核、駭、劾、恢、該、胲、侅、頦、閡、荄、骸、痎等字都歸於一部。

㉔從右（一部）得聲的祐字歸於一部。

㉕從有（一部）得聲的絠、豬、頛、姷、洧、鮪、盎、囿、賄、郁、宥、痏、蛕等字都歸於一部。

㉖從負（一部）得聲的蕡字歸於一部。

㉗從不（一部）得聲的芣、紑、坏、肧、怀、丕、碩否等字都歸於一部。

㉘從丕（一部）得聲的伾、駓、秠、魾等字都歸於一部。

㉙從異（一部）得聲的翼、戴、廙、糞、糞、趣、冀等字都

歸於一部。

(30)從翼（一部）得聲的瀷、趩等字都歸於一部。

(31)從冀（一部）得聲的驥字歸於一部。

(32)從戠（一部）得聲的識、職、熾、樴、織等字都歸於一部。

(33)從北（一部）得聲的背、邶等字都歸於一部。

(34)從革（一部）得聲的諽、鞠等字都歸於一部。

(35)從棘（一部）得聲的襋、襋等字都歸於一部。

(36)從亟（一部）得聲的輙、殛、極、恆等字都歸於一部。

(37)從弋（一部）得聲的惟、杙、式、代、忒、酨、貣、妖等字都歸於一部。

(41)從代（一部）得聲的忕、貸、岱等字都歸於一部。

(43)從式（一部）得聲的試、弑、軾、忕等字都歸於一部。

(44)從黑（一部）得聲的默、嫼、纆等字都歸於一部。

(45)從嗇（一部）得聲的薔、歡、穡、濇、轖等字都歸於一部。

(46)從寔（一部）得聲的寔字歸於一部。

(47)從塞（一部）得聲的簺字歸於一部。

(48)從息（一部）得聲郎、熄、椺、瘜等字都歸於一部。

(49)從則（一部）得聲的前、側、惻、則、鰂、廁、測、賊等字都歸於一部。

(50)從畟（一部）得聲的稷、稷等字都歸於一部。

(51)從直（一部）得聲的殖、植、稙、值、埴、渲等字都歸於一部。

(52)從食（一部）得聲的飾、飭、蝕等字都歸於一部。

(53)從阞（一部）得聲的泐字歸於一部。

(54)從克（一部）得聲的尅字歸於一部。

(55)從或（一部）得聲的械、馘、惑、鹹、減、蜮、痚、閾、彧、欨、職等字都歸於一部。

(56)從國（一部）得聲的摑字歸於一部。

(57)從𠬝（一部）得聲的服字歸於一部。

(58)從服（一部）得聲的箙、簸等字都歸於一部。

(59)從伏（一部）得聲的狀字歸於一部。

以上是第一部裡的例子。如果段玉裁把所有從同聲得聲的形聲字歸於同部的話，則不會產生問題。我們一考察段注，就會發現有很多不合這一規律的現象，例如：

(1)從乃（一部）得聲的鼐字歸於一部而把艿、訊、杤、仍、扔等字都歸於六部。

(2)從而（一部）得聲的洏、荋、胹、栭、鮞、恧、輀、耏等字都歸於一部而唯把姉字歸於十七部。

(3)從甫（一部）得聲的糒、備、韛等字都歸於一部而把憊字歸於十五部。

(4)從灰（一部）得聲的恢字歸於十五部。

(5)從龜（一部）得聲的䮓字歸於三部。

(6)從又（一部）得聲的有、尤、　等字都歸於一部而把友字歸於三部。

(7)從尤（一部）得聲的　、沈、訧等字都歸於一部而把肬字歸三部。

(8)從久（一部）得聲的妖、欠、玖等字都歸於一部而把区、羑、灸等字都歸於三部。

(9)從母（一部）得聲的每字歸於一部而把坶字歸於三部。

(10)從每（一部）得聲的敏、脢、梅、𣫭、𦦥、悔、海、姆、

晦、鋂等字都歸於一部而把侮字歸於五部，又把誨、晦等
字都歸於十五部。

⑾從否（一部）得聲的栝、痞、罘、窨、婄等字都歸於一部
而把飵字歸於十五部。

⑿從畐（一部）得聲的葍、楅、蝠、愊、堛、福、幅、副、
腷、稫、富、匐等字都歸於一部而把輻、复等字都於三
部。

⒀從能（六部）得聲的䏶、態等字歸於一部。

⒁從晶（十五部）得聲的鄑字歸於一部。

⒂從戒（十五部）得聲的誡、恘、裓、械等字都歸於一部。

⒃從豈（十五部）得聲的瞪、顗、磑、葿、䪥、殨、剴、
覬、愷、闓、塏、螘等都歸於十五部而把鎧、敳等字都歸
於十三部。此外，又把鎧字歸於一部。

以上所舉的是些不合乎「同聲必同部」之例子。段玉如果完
全依據「同聲必同部」歸部的話，這些都可算是段氏的疏忽，但
這種例子也許反映段氏歸部之另一種體例。故在未做任何判斷之
前，我們需再進一步去探討這些例子。

三

在第二節中所舉的一些例子有段玉裁注云：「合音或合韻」。
段氏所講的「合音」與「合韻」究竟是什麼意義？就我們先舉一
下段注說文正文中有這種注解之例子。

⑴喙，…從口彖聲（段注：許穢切十五部彖聲在十四部合韻
也。）

⑵吻，…從口勿聲（段注：武粉切十三部勿聲在十五部合韻
也。）

(3)齾，…從齒獻聲（段注：五轄切十五部獻聲在十四部合韻也。）

(4)櫱，…從木獻聲（段注：五葛切十五部按獻聲在十四部合韻也。）

(5)匓，…從勹㸯聲（段注：知隴切九部按㸯聲本在三部此合音也…）

(6)鸛，…從鳥堇聲（段注：那干切十四部按堇聲在十三部合韻也。）

(7)磻，…從石番聲（段注：博禾切十四十七二部合音也…）

(8)鰥，…從魚眔聲（段注：古頑切古音在十三部齊風與雲韻可證也眔古讀同隶十三十五部合韻也。）

(9)委，…從女禾聲（段注：十六十七部合音最近…）

(10)棓，…從木音聲（段注：步項切按音聲在四部合韻也。）

(11)疌，…從又…屮聲（段注：疾葉切按屮聲在十五部疌在八部合音也。）

(12)員，…從貝口聲（段主：王權切古音云在十三部口聲在十五部合韻最近。）

(13)厄，…從卪厂聲（段主：五果切玉篇牛戈切十七部按厂聲在十六部合韻最近也。）

(14)莧，…從兔足以莧聲（段注：胡官切十四部莧在十五部合音最近…）

(15)毒，…從屮毒聲（段注：在一部毒在三部合韻至近也…）

(16)芿，…從艸乃聲（段注：如乘切六部乃在一部仍芿在六部者合韻最近也…）

(17)杤，…從木乃聲（段注：如乘切六部按乃聲在一部合韻

也。)

⒅闠，…從門龜聲（段注：古侯切廣韻居求居黝二切三部按龜古音如姬漢人多讀如鳩合音最近也。

⒆侮，…從人每聲（段注：五部按每聲在一部合音。）

⒇复，…從夂畐省聲（段注：房六切三部按畐聲在一部合音也。）

㉑餿，…從食豈聲（段注：五困切十三部豈聲在十五部合音也。）

　以上所舉之形聲字中都有「合韻」或「合音」等注解。它指的是這些形聲字與其聲符不在同部。這跟段氏在「詩經韻分十七部表」中所提的「古合韻」有相似的地方。「古合韻」是古與古異部而相押，例如：

　　思齊（第五章）⑤

　　肆成人有德，

　　小子有造。

　　古之人無斁，

　　譽髦斯士。

「造」與「士」在古分別屬三部與一部而相押。同理，有些形聲字與其聲符是古與古異部而相諧的。故段裁在「古諧聲偏旁分部互用說」⑥中云：

　　「諧聲偏旁分別部居如前表所列矣間有不合者如裘字求聲而在第一部朝字舟聲而在第二部牡字土聲而在第三部，侮字每聲而在第四部股字殳聲而在第五部仍孕字乃聲而在第六部參字彡聲而在第七部枼字世聲而在第八部送字俀聲而在第九部彭字彡聲而在第十部嬴字嬴聲而在第十一部矜字今聲而在第十二部雀字雀聲而在第十五部狄字亦省聲而在

第十六部那字冄聲而在第十七部此類甚多即合韻之理也。」

總之，段玉裁不但承認在押韻上有合韻關係，亦認爲在形聲字上有合韻現象。換言之，段氏認爲有不少形聲字是用不同部的聲符造字的。

四

段玉裁基本上沿襲了顧炎武的古韻部研究法，所不同的是資料更多、態度更謹愼。結果段氏此顧氏多分出七部來了。段氏的《六書音韻表》正是反映他的這一點。他把成果附在《說文解字注》裡面。其內容如下：

1.今韻古分十七部表（六書音韻表一）

2.古十七部諧聲表（六書音韻表二）

3.古十七部合用類分表（六書音韻表三）

4.詩經韻分十七部表（六書音韻表四）

5.群經韻分十七部表（六書音韻表五）

段玉裁的歸部觀點一定跟《六書音韻表》有關。在第三節中舉的合韻例子也無疑地跟他的歸部體例有關係。下面先從「今韻古分十七部表」去考察一下那些合韻之例子。（底下「今韻」是段氏的「今韻古分十七部表」。）

⑴喙（十五部，許穢切，廢韻，今韻十五部）

彖（十四部，通貫切，換韻，今韻十四部）

⑵吻（十三部，武粉切，吻韻，今韻十三部）

勿（十五部，文弗切，物韻，今韻十五部）

⑶齾（十五部，五轄切，鎋韻，今韻十五部）

獻（十四部，許建切，願韻，今韻十四部）

⑷櫱（十五部，五葛切，曷韻，今韻十五部）

獻（十四部，許建切，願韻，今韻十四部）

(5)匑（九部，知隴切，腫韻，今韻九部）

豕（三部，丑玉切，燭韻，今韻三部）

(6)鸛（十四部，那干切，寒韻，今韻十四部）

堇（十三部，巨斤切，殷韻，今韻十三部）

(7)磻（十七部，博禾切，戈韻，今韻十七部）

番（十四部，附袁切，元韻，今韻十四部）

(8)鰥（十三部，古頑切，山韻，今韻十四部）

罙（八部，徒合切，合韻，今韻八部）

(9)委（十六部，於詭切，紙韻，今韻十六部）

禾（十七部，戶戈切，戈韻，今韻十七部）

(10)棓（九部，步項切，講韻，今韻九部）

音（四部，天口切，厚韻，今韻四部）

(11)疌（八部，疾葉切，葉韻，今韻七部）

屮（十五部，丑列切，薛韻，今韻十五部）

(12)員（十三部，王權切，仙韻，今韻十四部）

囗（十五部，羽非切，微韻，今韻十五部）

(13)厄（十七部，五果切，果韻，今韻十七部）

厂（十六部，余制切，祭韻，今韻十五部）

(14)莧（十四部，胡官切，桓韻，今韻十四部）

百（十五部，模結切，屑韻，今韻十二部）

(15)毒（三部，徒沃切，沃韻，今韻三部）

毐（一部，許其切，之韻，今韻一部）

(16)芿（六部，如乘切，蒸韻，今韻六部）

乃（一部，如亥切，海韻，今韻一部）

(17)杤（六部，如乘切，蒸韻，今韻六部）

乃（一部，奴亥切，海韻，今韻一部）

⑱鼬（三部，居求切，侯韻，今韻三部）

龜（一部，居追切，脂韻，今韻十五部）

⑲侮（五部，文甫切，麌韻，今韻五部）

每（一部，武罪切，賄韻，今韻十五部）

⑳复（三部，房六切，屋韻，今韻三部）

畐（一部，芳逼切，職韻，今韻一部）

㉑餽（十三部，五困切，恩韻，今韻十三部）

豈（十五部，墟狶切，尾韻，今韻十五部）

以上考察了段氏的合韻之例子和其今韻。大致上說，段氏的韻部與今韻是一致的。再者，喙、彖、吻、勿、醫、樀、匐、豕、鷚、董等很多字都不出現於韻文中，段氏在歸部時用的體例不是「同聲必同部」而是「今韻古分十七部表」，故才產生合韻現象的。但上面舉的例子中十七個例子是不合乎「今韻古分十七部表」的。因此，下面探討一下那些不符合「今韻古分十七部表」之例子。

(1)鰥，…从魚㼝聲（段注：古頑切古音在十三部齊風與雲韻可證也㼝古讀同 隶十三十五部合韻也。

案鰥字之今韻爲山韻，因此依「今韻古分十七部表」來歸部的話，鰥字應該歸於十四部。在「詩經韻分十七部表」的第十三部古本音裡，段玉裁在鰥字下注云：「鰥字在此部詩經敝笱一見今入山」。段氏依「詩經韻分十七部表」把鰥字歸於十三部。

(2)疌，…屮聲（段注：疾葉切按屮聲在十五部疌在八部合音也。）

案疌字之今韻爲葉韻而其聲符屮字之今韻爲薛韻。段氏依「今韻古分十七部表」「歸部的話，疌字應該歸於七部。在「詩經

韻分十七部表」的第八部古本音裡，段氏在捷字下注上：「疌聲在此部詩采薇烝民二見今入葉」。詩經有「捷」而無「疌」。段氏依「詩經韻分十七部表」把捷字歸於八部。至於疌，段氏是不是將疌、捷二字看成古今字？待考。

(3)員，…從貝口聲（段注：王權切古音云在十三部口聲在十五部合韻最近。）

案員字之今韻爲仙韻而其聲符口字之今韻爲微韻。如果依「今韻古分十七部表」歸部的話，員字應該歸於十四部而口字應是十五部。在「詩經韻分十七部表」的第十三部古本音裡，段氏在員字下注上：「員聲在此部詩出其東門一見今入仙」。段氏發現員字在詩經中與第十三部字押韻，故云古在十三部而今改入仙韻。

(4)厄，…厂聲（段注：五果切玉篇牛戈切十七部按厂聲在十六部合韻最近也。）

案厄字之今韻爲果韻而其聲符厂字之今韻爲祭韻。依「今韻古分十七部表」歸部的話，厄字應爲十七部而厂字應歸於十五部。參看「古十七部諧聲表」的第十六部，就發現厂、厄二字，而第十七部並未收厄字。段玉裁爲什麼這樣做，不得而知，待考。

(5)莧，…苜聲（段注：胡官切十四部苜在十五部合音最近俗作源。）

案莧字之今韻爲桓韻而其聲符苜字之今韻爲屑韻。依「今韻古分十七部表」歸部的話，莧字應是十四部而苜字應歸於十二部。參看苜字：「苜，目不正也…讀若末」。這苜字不出現於韻文中，段氏很可能依「讀若」把苜字歸於十五部，待考。

(6)𨷲，…龜聲（段注：古侯切廣韻居求居黝二切三部按龜古

音如姬漢人多讀如鳩合音最近也。)

　　案龜字之今韻爲尤韻而其聲符龜字之今韻爲脂或尤韻。依「今韻古分十七部表」歸部的話，龜字應是三部而龜字應歸十五或三部。在「詩經韻分十七部表」的第一部古本音裡，段氏在龜字下注上：「龜聲在此部詩緐一見易頤初九與頤韻漢褚少孫所引古傳下有靈龜與上有兔絲韻今入尤始見於史記龜策傳班固幽通賦李尤辟癰賦宋讀曲歌」。段氏知道龜字之今韻爲尤或脂韻，但因爲它與第一部字發生關係，故把它歸於一部。

　　(7)侮，…從人每聲（段注：五部按每聲在一部合音。）

　　按段玉裁說侮字是第五部字。這裡有商榷之餘地。因爲段氏在「古諧聲偏旁分部互用說」中云：「侮字每聲而在第四部」。再者，這侮字在「古十七部諧聲表」中擺在第四部，又在詩經中跟第四部字發生關係⑦。因此我認爲段氏也許有筆誤，這侮字很可能是第四部字。至於每字，它經常跟第一部字押韻⑧，故段氏依「詩經韻分十七部表」把每字歸於第一部。

　　以上考察過一些不符合「今韻古分十七部表」之例子。除了幾個特殊的情況之外，都跟《詩經》等押韻有關係。由此可見，段氏在歸部時非常重視「今韻古分十七部表」，但也並不完全依它歸部。他在歸部時，還參考押韻現象。

　　在第四節中考察的例子中有些是象形、指事字。實際上這些的字歸部主要依據「今韻古分十七部表」及「詩經韻分十七部表」來歸部。問題出在那些形聲字的歸部。在這節中我們有意找了合韻之例子來討論。至於在別的例子中，形聲字是否也主要依據「今韻古分十七部表」及「詩經韻分十七部表」來歸部呢？請看一下第二節中舉之一些例子。

　　(1)梓（一部，陟革切）

案峙字從寺（一部）得聲而其今韻並不在一部，也不跟第一部押韻。段只靠「同聲必同部」把它歸於一部的。（底下「今韻」是段氏的「今韻古分十七部表」。）

⑵弭（一部，緜婢切）

案弭字從耳（一部）得聲而其今韻並不在一部，也不跟第一部字押韻。段氏只靠「同聲必同部」把它歸於一部。

⑶趚（一部，丑亦切）

案趚字從異（一部）得聲而其今韻並不在一部，也不跟第一部字發生押韻。段氏只靠「同聲必同部」把它歸於一部。

⑷邶（一部，補妹切）

案邶字從北（一部）得聲而其今韻並不在一部，也不跟第一部字押韻。段氏只靠「同聲必同部」把它歸於一部。

⑸蔵（一部，古獲切）

案蔵字從或（一部）得聲而其今韻並不在一部，也不跟第一部字押韻。段氏只靠「同聲必同部」把它歸於一部。

⑹畐（一部，方六切）

案畐字從畐（一部）得聲而其今韻並不在一部，也不跟第一部字押韻。段氏只靠「同聲必同部」歸部的。

段氏對形聲的歸部原則不是很單純。有的依「詩經韻分十七部表」歸部，有的依「今韻古分十七部表」歸部，有的依「同聲必同部」歸部。段氏絕不完全依據一個體例歸部的。

五

　　考察段玉裁的形聲字歸部時，發現有不少不合乎「同聲必同部」之例子。其中一半是段氏已在其下面注上「合韻」。這正是段氏自己承認「同聲必同部」之例外現象。問題是段氏在另一半例子中並沒有注上「合韻」。

　　我們已在第四節中得到一個線索，即段氏歸部時，一定考慮，「同聲必同部」、「今韻古分十七部表」和「詩經韻分十七部表」等體例。現在依這三種體例去考察一下那些沒有注云「合韻」之例子。

(1)㛧（十七部，奴禾切），⋯而聲（一部，如之切）

　　　　案而字不在詩經等韻文中押韻，故「詩經韻分十七部表」這一體例是用不到的。今考其韻，而字的今韻為一部。可見段氏是依「今韻古分十七部表」歸部的。至於㛧字，它不出現於詩經等韻文中。㛧字從而（一部）得聲，但段氏並不依「同聲必同部」歸部，而靠「今韻古分十七部表」把㛧字歸於十七部。

(2)恢（十五部，苦回切），⋯灰聲（呼恢切一部）

　　　　案恢字不出現於韻文，段氏依「今韻古分十七部表」把恢字歸於十五部。至於灰字，段氏把它歸於一部。但這灰字不跟第一部字發生押韻而其今韻也不在一部。在這種情況下，段氏應依他的體把灰字歸於十五部。段氏何以把灰字歸於一部，不得而知。

(3)友（三部，云久切），⋯又聲（一部，于救切）

　　　　案依「今韻古分十七部表」歸部的話，又字應歸於三部。但這又字在詩經中常跟第一部字押韻⑨，故段氏把又

字歸於一部。至於友字，在「詩經韻分十七部表」的第一
部古本音裡，段氏在友字下注云：「友聲在此部詩關雎匏
有苦葉六月吉日…今入有」。段氏知道友字之今韻爲三部
而友字經常與第一部字押韻，故依「詩經韻分十七部表」
把友字歸於一部。又把友字擺在「古十七部諧聲表」的第
一部。因此，我認爲段氏在正文友字下注云「三部」是有
問題。

(4)肬（三部，羽求切），…尤聲（一部，羽求切）

　　案尤字依「今韻古分十七部表」歸部的話，它一定要
歸於三部。但尤字經常與第一部字押韻，故段氏依「詩經
韻分十七部表」把它歸於一部。至於肬字，若依「今韻古
分十七部表」歸部的話，它一定是三部字，若依「同聲必
同部」歸部的話，肬字應歸於一部。如果肬字與第三部字
押韻的話，段氏依「今韻古分十七部表」、「詩經韻分十七
部表」把肬字歸於第三部。如果字與第一部字押韻的話，
段氏會依「詩經韻分十七部表」、「同聲必同部」把肬字歸
於第一部。但這肬字不出現於韻文。在這種情況下，段氏
可以依「同聲必同部」把肬字歸於一部，也可以依「今韻
古分十七部表」把肬字歸於三部。不過，段氏是依「韻古
分十七部表」把它歸於三部的。

(5)区（三部，巨救切）、羑（三部，與久切）、灸（三部，舉
友切），…久聲（一部，舉友切）

　　案久字依「今韻古分十七部表」歸部的話，它應歸於
第三部，但這久字跟第一部字押韻⑩，故段氏依「詩經韻
分十七部表」把久字歸於一部。至於区、羑、灸等字，如
果它們跟第一部字押韻，則段氏依「詩經韻分十七部表」、

「同聲必同部把它們歸於第一部。如果它們跟第三部字押韻，則段氏會依「詩經韻分十七部表」、「今韻古分十七部表」把它們歸於第三部。但它們都不出現於韻文。在這種情況之下，段氏不一定依「同聲必同部」歸部。他是依「今韻古分十七部表」把匹、羑、灸等字歸於三部的。

(6)坶（三部，莫六切），…母聲（一部，莫后切）

　　案依「今韻古分十七部表」歸部的話，母字一定要歸於四部。但這母字經常跟第一部字押韻⑪，故段氏依「詩經韻分十七部表」把母字歸於一部。至於坶字，它不出現於韻文中，段氏是依「今韻古分十七部表」把坶字歸於第三部的。

(7)誨（十五部，荒內切）、晦（十五部，荒內切），…每聲（一部，武罪切）

　　案依「今韻古分十七部表」歸部的話，每字一定要歸於十五部。但這每字跟第一部字押韻⑫。段氏不依「今韻古分十七部表」而依「詩經韻分十七部表」把每字歸於一部。至於誨、晦二字，它們依「今韻古分十七部表」歸部的話，應歸於十五部，但它們都跟第一部字押韻⑬。依段氏的體例，這二字歸於一部，則合乎「同聲必同部」及「詩經韻分十七部表」。如果段氏把這誨、晦字歸於十五部的話，則違背「同聲必同部」及「詩經韻分十七部表」。因此，我想段氏在說文正文中誨、晦二字下注云「十五部」恐怕有問題。

(8)嚭（十五部，匹鄙切），…否聲（一部，方久切）

　　案否字依「今韻古分十七部表」歸部的話，它應歸於三部。但這否字跟第一部字押韻⑭。段氏是依「詩經韻分

十七部表」把否字歸於一部的。至於話字，它不出現於韻
文中，則段氏可以依「同聲必同部」把話字歸於一部，也
可以依「今韻古分十七部表」把話字歸於十五部。在這
裡，段氏是依「今韻古分十七部表」把話字歸於十五部
的。

⑼复（三部，房六切），…畐聲（一部，芳逼切）

案畐字不出現於韻文中，段氏是依「今韻古分十七部
表」把畐字歸於一部的。至於复字，它不出現於韻文中，
則段氏不必一定依「同聲必同部」把复字歸於一部的。在
這兒段氏是依「今韻古分十七部表」把复字歸於三部的。

⑽饐（十三部，五困切）、鎧（一部，苦亥切），…豈聲（十
五部，墟稀切）

案豈字不但跟第十五部字押韻⑮，而且也屬於今韻十
五部。因此，段氏依「詩經韻分十七部表」、「今韻古分十
七部表」把豈字歸於十五部。至於饐、鎧二字，它們都不
出現於韻文中。如果段氏依「同聲必同部」歸部的話，這
饐、鎧二字要歸於十五部。但在這兒，段氏是依「今韻古
分十七部表」分別把饐、鎧二字歸於十三部及一部的。

⑾誡（一部，古拜切）、裓（一部，古哀切）、械（一部，胡
戒切），…戒聲（十五部，居拜切）

案戒字依「今韻古分十七部表」歸部的，它應是十五
部。但這戒字經常跟第一部字⑯押韻，故段氏把戒字擺在
「詩經韻分十七部表」的第一部古本音裡。段氏是依「詩
經韻分十七部表」把戒字歸於一部，然後再依「同聲必同
部」把誡、裓、械等字歸於一部的。如果段玉裁真的以為
戒字是十五部的話，他絕不會把戒字擺在「詩經韻分十七

部表」的第一部古本音裡而會把戒字擺在「詩經韻分十七
部表」的第一部古合韻裡。再者，如果戒字是十五部字的
話。無論依「同聲必同部」或是依「今韻古分十七部表」，
這誡、祴、械等字一定只能歸於十五部而不可歸於一部。
因此，我想說文正文中戒字下的十五部恐是有問題。

⑿ 曃（一部，奴代切）、態（一部，他代切），…能聲（六
部，奴登切）

　　　　案依「今韻古分十七部表」歸部的話，曃與態字一定
要歸於一部而能得歸於六部。但這能字與第一部字押韻
⑰。段氏如果認為能字一定是六部的話，則他應把這能字
擺在「詩經韻分十七部表」的第一部古合韻中。段氏既把
能字歸於六部，又把能字擺在第一部的古本音，這是不合
乎他的體例的。因此，我想說文正文中能字下注的「六
部」恐怕有問題。

　　以上考察過一些例子，我們能夠從這些例子中看出段氏的歸
部體例。段氏的歸部跟「同聲必同部」、「今韻古分十七部表」、
「詩經韻分十七部表」是息息相關的。段氏在歸納時並不只重視
其中之任何一個。前面舉的這些例子如果從「同聲必同部」的觀
點的話，會有問題。但是我們已在第四節中舉過的合韻的例子中
有很多只靠「今韻古分十七部表」或「詩經韻分十七部表」來歸
部之例子。前面的例子中除了有問題的幾例之外都符合段氏的體
例。段氏並沒有在這些字下面注上「合韻」，但這實際上是「合
韻」之例子。換言之，它們也是「同聲必同部」的例外現象。但
是因為段裁提出「同聲必同部」，故竺家寧先生在他的《聲韻學》
⑱中云：

「在上古音裡，凡是形聲字聲符相同的，必屬同韻部。所以

段氏又編了『諧聲表』，列出各部包含些什麼聲符。學者可以由聲符而查出某字屬某部。」

如果依竺家寧的觀點去看的話，上面舉過的都是段氏的疏，但我不贊同這種見解。段氏固然有很多依「同聲必同部」歸部之例子，但這究竟只是一個大的原則而已。這並不意味著從同聲得聲的形聲字一定歸於同一個韻部。

六

段玉裁在《六書音韻表》中提出「同聲必同部」，因此很多人理解為從同一個聲符得聲的字都要歸於同一個韻部而依此原則來改正段氏的韻部。但我不完全贊成他們的作法。如果段氏完全堅持「同聲必同部」，則一定會泯滅十七部之間的界限。

其實段玉裁決定古韻時，除了形聲關係之外，還顧到押韻、今韻等現象，結果有不少從同聲符得聲而歸於不同韻部的形聲字。他的「古諧聲偏旁分部互用說」正是為了彌補「同聲必同部」之問題而提的。換言之，「同聲必同部」在段氏的歸納上不過是一個大的原則而已。但這「必」字究竟是「必定」之意思，故我認為「同聲必同部」意思是：除了那些（為數不少）不合乎「同聲必同部」的例外現象之外，所有從同聲符得聲之形聲字必定歸於同一個韻部。

【附 註】

①參見《說文解字注》，頁八二五，黎明文化事業，一九九〇，八。

②參見張正體、張婷婷著《中華韻學》，頁九八，臺灣商務印書館，一九七八，十二。

③參見《說文解字注》，頁八四一，黎明文化事業，一九九〇，八。

④同註一。

⑤參見糜文開、裴普賢著《詩經欣賞與研究（四）》，頁二三○，三民書局，
一九八四，一。

⑥同③。

⑦參見《說文解字注》，頁八五一，黎明文化事業，一九九○，八。

⑧參見《說文解字注》，頁八四七，黎明文化事業，一九九○，八。

⑨參見《說文解文注》，頁八四六，黎明文化事業，一九九○，八。

⑩同註⑩。

⑪同註⑩。

⑫同註⑧。

⑬同註⑧。

⑭同註⑩。

⑮參見《說文解字注》，頁八六五，黎明文化事業，一九九○，八。

⑯同註⑧。

⑰同註⑧。

⑱參見竺家寧先生著《聲韻學》，頁五二九，五南圖書出版社，一九九一，
七。

訓詁與閱讀古書

王忠林

一、前　言

　　訓詁除爲疏通和訓釋古今方俗異語之外，還有其他方面的效用，像幫助我們閱讀古書。古書著之於古代，不同的時代，有不同的文章。文章之不同，包括文法的組織、修辭的方法以及文詞使用的習慣。與訓詁有關的，主要在於使用文詞的習慣，常因時代不同，而有相當的差異。我們閱讀古書，首先要正確認識文字，也就是找出古書裡文字眞正的意義。其次是要確切理解古書裡一個詞彙的意義，不要誤解誤釋，才能眞正讀通古書。

二、正確認識文字

　　閱讀古書，要正確瞭解古書裡文字的眞正意義，有些古書裡的文字，可能是用它的本義，而這些字到了後代則多用其引申義或假借義。同一個字，在不同的書裡，可能代表不同的意義。因此，我們閱讀古書，要知道訓詁上這些差異與變化，除參閱各家注釋之外，要自己仔細閱讀，注意上下文，看如何解釋才能清楚通順。

㈠注意文字的本義

　　有些古書裡的字，是用這些字的本義，後代比較少用，我們讀起來可能一下不能瞭解，要注意各家的訓詁。像：「塞向墐

戶。」（《詩經‧豳風‧七月》）《毛傳》云：「向，北出牖也。」《說文》：「向，北出牖也。」

「向」字的本義，正是屋子北牆上的窗洞，詩義是說天氣漸涼，要把窗洞塞上。這個「向」字後代的書裡很少用它的本義，而多用作「方向」、「面向」等引申之義。①

「墓門有棘，斧以斯之。」（《詩經‧陳風‧墓門》）《毛傳》：「斯，析也。」

《說文》：「斯，析也。从斤其聲。」

「析」是說劈開，斤是斧頭，所以從斤之字多與劈砍有關。這句詩是說用斧來劈棘木。「斯」字後代也很少用作「析」，多用其假借義，用作代詞或連詞②。

「伐其條枚」（《詩經‧周南‧汝墳》）《毛傳》：「榦曰枚。」

《說文》：「枚，榦也。从木攴。」

「枚」是樹榦，「條」是樹枝，所以二者並言。詩中也是用「枚」字的本義，後代也很少這樣用，多用其引申義，用作量詞如幾枚③。

「鴥彼晨風。」（《詩經‧秦風‧晨風》）《毛傳》：「鴥，疾飛貌。晨風，鸇也。」

《說文》：「鴥，鸇飛皃。从鳥穴聲。」

晨風就是鸇鳥，是鷂屬大鳥，飛甚迅疾，所以《毛傳》說疾飛貌，與《說文》義同。《說文》言「鴥」字是專訓為鸇這類大鳥疾飛的樣子。「鴥」字在詩中也是用的本義，後代則很少見到使用。

「約軝錯衡。」（《詩經‧小雅‧采芑》）《毛傳》：「錯衡，文衡也。」

《說文》：「錯，金涂也。从金昔聲。」

金涂就是以金塗之，錯衡，即以金塗車衡而加以文飾，《毛傳》言文衡，意思相通。詩中「錯」字也是用其本義，後代則多用作「錯磨」、「錯誤」等義。④

「楚人爲食，吳人及之。」（《左傳定公四年》）

「及光武於廣阿。」（《後漢書吳漢傳》）

《說文》：「及，逮也。从又人。」

「又」即「右」之本字，象人之右手，此釋「及」字，言人在前行，而後有人手追及之意。「及」之本義即爲追及，《詩經》此處正用其本義。

「於予與何誅?」（《論語·公冶長》）《朱注》：「誅，責也。」

《說文》：「誅，討也。从言朱聲。」

「誅」與「討」均從「言」取意，「誅」之本義即以言責之，《論語》中言宰我晝寢，孔子說對宰我也就不必以言責之了。言責、言討，正是「誅」字的本義。後代多用爲「誅殺」，則用其通假義⑤。

「是黑牛也白題。」（《韓非子·解老》）

《說文》：「題，額也。从頁是聲。」

「頁」是人頭，故從頁之字，均指頭部之各處，「題」是人的額頭，〈解老篇〉講到一條黑牛卻有白額頭，正是用「題」字的本義。後代用作題目、題匾等均是引申義⑥。

「橫術何廣廣兮，固知國中之無人。」（《漢書燕刺王旦傳》）

《說文》：「術，邑中道也。从行朮聲。」

「行」字象四通之要衝，故從行之字，多爲路衢或與路衢有關。「術」是邑中之道，橫術。即指橫道，《漢書》正是用「術」字之本義。後代多用爲術謀、術技等，當爲其引申之義⑦。

㈡注意文字的引申義

有些古書裡的用字，不是用其本義，而是用其引申義，而引申義不只一個，可能有很多的引申義，到底是那一個引申義才是這書裡的眞義，就要探本索源地，從這個字的本義將其合理地引申出來。

「衛獻公出奔，反於衛，及郊，將班。邑於從者而後入。」（《禮記·檀弓》）

《說文》：「班，分瑞玉也。从珏刀。」

二玉相合爲珏，從刀，用刀分玉之意。「班」字的本義，是用刀分瑞玉，引申之則爲分割、分封等。〈檀弓〉中言班邑於從者，意思就是分邑封與從者，用的是「班」字的引申義。

「子華使於齊，冉子爲其母請粟。子曰：與之釜。請益，曰：與之庾。冉子與之粟五秉。」（《論語·雍也》）

《說文》：「益，饒也。从水皿。水皿，益之意也。」

「益」字從水皿，象水溢出於皿，正是「溢」的本字。「益」之本義是水滿溢，引申則爲增多之義，《論語》正是用「益」之引申義。

「髧彼兩髦，實維我特。」（《詩經·鄘風·柏舟》）《毛傳》：「特，匹也。」

《說文》：「特，特牛也。从牛寺聲。」《段注》：「特本訓牡，陽數奇，引申之爲單獨之偁。」

「特」之本義爲牡牛，引申之爲男性，再引申爲獨特。《詩經》此處是指男對象，也是「特」的引申義。

「玼兮玼兮，其之翟也。」（《詩經·鄘風·君子偕老》）《毛傳》：「玼，鮮盛貌。」

《說文》：「玼，新玉色鮮也。从玉此聲。」《段注》：「玼本新玉色，引申爲凡新色，如《詩》『玼兮玼兮』，言衣之鮮盛。」

「玼」本爲新玉色鮮，引申爲衣之鮮盛，《詩》正用「玼」之引申義。

㈢注意文字之通假

本無其字而借某字用爲另一義，是爲假借。本有其字，捨本字而不用，借他字而用爲此義，是爲通假。通假之依據，以其音近。古書中通假字特多，如不能探本索源，尋出其本字，則往往會將古書誤釋，則書中意義不順，甚或旁生枝節，誤入歧途。

「旱旣大甚，滌滌山川。」（《詩經‧大雅‧雲漢》）《毛傳》：「滌滌，旱氣也，山無木，川無水。」

《說文》：「蔋，艸旱盡也。从艸俶聲。《詩》曰：蔋蔋山川。」

王先謙《詩三家集疏》云：「毛作滌，則作蔋者三家也。」《說文》引三家詩作「蔋」，是山無木川無水草旱盡之義的本字，毛詩作「滌」，則是通假字。《說文》：「滌，洒也。从水條聲。」「滌」之本義是「洒」，與草旱盡無涉，「蔋」、「滌」音同通假⑧。

「有匪君子，如切如磋，如琢如磨。」（《詩經‧衛風‧淇奧》《毛傳》：「匪，文章貌。」

《說文》：「斐，分別文也。从文非聲。」

有匪，即匪然，「匪」通假爲「斐」，斐然，有文采的樣子。《說文》：「匪，器似竹匧。从匚非聲。」「匪」是竹篋，非文采之義，「匪」與「斐」同從非得聲，故「匪」通假爲「斐」⑨。

「七月食瓜，八月斷壺。」（《詩經‧豳風‧七月》）《毛傳》：「壺，瓠也。」

《說文》：「瓠，匏瓜也。从瓜夸聲。」《段注》：「壺，瓠也，此謂假借也。」

《詩》所言八月瓠瓜可收取食用，「壺」通假爲「瓠」，亦因

音同而通假⑩。

「殷商之旅，其會如林。」（《詩經・大雅・大明》）《鄭箋》：「盛合其眾也。」

《說文》：「旝，旌旗也。从㫃會聲。《詩》曰：其旝如林。」《段注》：「今《毛詩》作會，《鄭箋》以盛合其兵眾釋之，然則毛作會，三家作旝。」承培元《說文引經證例》云：「許蓋以旝爲正字，而以會爲旝之省借字。」

《詩》言其會如林，「會」爲「旝」之通假，言殷商之軍旅旌旗如林之眾多，《鄭箋》言盛合其兵眾，其義亦相通。至於「會」字之本訓，《說文》云：「會，合也，从人曾省，曾，益也。」與旌旗無涉。旝从會得聲，故可通假。

「敷政優優，百祿是遒。」（《詩經・商頌・長發》）《毛傳》：「遒，聚也。」

《說文》：「揂，聚也。从手酋聲。」

《詩》言各種福祿聚集，「揂」爲本字，「遒」爲「揂」之通假。《說文》：「逎，迫也。从辵酉聲。遒，逎或从酋。」「揂」、「遒」同從酋聲，故可通假。

「殺時犉牡，有捄其角。」（《詩經・周頌・良耜》）《鄭箋》：「捄，角貌。」屈萬里先生《詩經釋義》：「捄，曲也。有捄，捄然也。」

《說文》：「觓，角皃。从角丩聲。《詩》曰：有觓其角。」《段注》：「《箋》云：捄，角貌。捄者觓之假借字也。」

《詩》言牛之角彎彎的的樣子，「觓」爲正字，「捄」爲「觓」之通假。《說文》：「捄，盛土於梩中也。」非詩意。「捄」與「觓」因音近而通假⑪。

「俄而柳生其左肘。」（《莊子・至樂》）《集釋》：「柳、瘤字一

聲之轉。」

《說文》：「瘤，腫也。从疒留聲。」

《莊子》言瘤生於左肘，「瘤」為腫瘤之正字，「柳」為「瘤」之通假。「瘤」、「柳」音近而通假⑫。

「子國卿也，隕子辱矣。」（《左傳成公二年》）《杜注》：「隕，見禽獲。」

《說文》：「抎，有所失也。从手云聲。《春秋傳》曰：抎子辱矣。」《段注》：「許所據作抎，正謂失也。」雷浚《說文引經例辨》云：「今傳作隕，杜云見禽獲，然則隕子者失子也，許所據作抎為正字，隕其假借字。」

《左傳》言被擒獲，即失去之意，以「抎」為正字，「隕」為「抎」之通假。《說文》：「隕，從高下也。从𨸏員聲。」「隕」、「抎」音同而通假⑬。

「鄭伯肉袒，左執茅旌，右執鸞刀，以逆莊王。」（《公羊傳宣公十二年》）

《說文》：「旄，幢也。从㫃毛聲。」《段注》：「漢之羽葆幢，以犛牛尾為之。」段又云：「以犛牛尾注旗竿，故謂此旗為旄，因而謂犛牛尾曰旄，謂犛牛曰旄牛，名之相因也。」

《公羊》言鄭伯左手執旄旌，即執旄旗，以「旄」為正字，「茅」為「旄」之通假，「茅」、「旄」音同而通假⑭。

「使人微知賊處。」（《漢書郭解傳》）《顏師古注》：「微，伺間之也。」朱駿聲《說文通訓定聲》：「微，假借為𧡊。」

《說文》：「𧡊，司也。从見微聲。」

「司」通「伺」，「𧡊」為偵伺之本字，《漢書》言偵伺而得知賊處，正當用「𧡊」，用「微」則為通假，𧡊從微聲，故二字可通假。

三、確切理解古書詞義

閱讀古書，想要確切理解古書裡的詞義，也要由訓詁入手。由字組合成詞，有一字之詞，也有兩字以上組合之詞。一詞常有多義，同時詞義常隨時代而遷變，又兩字以上組合之詞，有時分釋與合釋義亦常有不同，這些都會影響對古書的理解。

㈠注意一詞多義

同一詞彙，往往有許多不同的意義，這種一詞多義現象，主要是由引申而來。不過這許多不同的詞義之間，仍然相互有脈絡相聯繫，在讀古書時要留意書中之詞，究竟所用為何義，要尋其脈絡，找出真正的用義，不要見到某詞，就以習常所釋之義解釋，這樣往往就會誤釋，使文義不暢。如：

《說文》：「素，白致繒也。从系𡍮，取其澤也。」《段注》：「繒之白而細者也。致者今之緻字。」素之本義為白而細緻之繒。

「凡畫繪之事後素功。」（《周禮·考工記》）《注》：「素，白采也。」

「素以為絢兮。」（《論語八佾》）《皇疏》：「素，白也。」

「素絲五紽。」（《詩經·召南·羔羊》）《毛傳》：「素，白也。」

「素」本為白而細緻之生帛，其色白，由之引申為白色，以上各經中均用作「白」義。

「以素為裳。」（《儀禮士喪禮》）《疏》：「器物無飾亦曰素。」

「素也者，五色之質也。」（《管子水地》）《注》：「無色謂之素。」

由白色再引申為無色無飾，上二例「素」均釋為無色無飾。

「不能樂於禮素。」（《禮記·仲尼燕居》）《注》：「素猶質也。」

「而抱其太素。」（《淮南子俶真訓》）《注》：「素，樸性也。」

由無色再引申爲樸質，上二例即是。

「賢達之素交。」（《文選》劉峻〈廣絕絕交論〉）《李注》：「素，雅素也。」

由質樸又引申爲雅素。

「不素餐兮。」（《詩經·魏風·伐檀》）《毛傳》：「素，空也。」

由無色再引申爲空。

「著其素。」（《尙書大傳·虞夏傳》）《注》：「素猶始也。」

由無色、質樸等又引申爲本始。

「高祖爲亭長，素易諸史。」（《漢書·高帝紀》）《顏師古注》：「素，故也，謂舊時也。」

由本始再引申爲故舊之時。

「居道上，不素食。」（《漢書霍光傳》）《顏注》：「素食，菜食無肉也。」

由質樸再引申爲無肉之素食。

㈡注意詞義變遷

詞義因時代不同而有變遷，是以同一詞語，出現在不同時代之書籍中，會有不同之意義，讀古書不能以今律古，同時亦不可以不由訓詁條例而妄斷。

《說文》：「僵，偃也。从人畺聲。」

「佯僵而棄酒。」（《史記蘇秦傳》）《索隱》：「僵，仆也。」

「其不義之囚，即時僵仆。」（《後漢書·朱暉傳》）《注》：「僵，偃。仆，踣也。」

「豈可使呶呶者早暮呻吾耳騷吾心，則固僵仆煩憒愈不可過矣。」

以上各文中之「僵」均訓僵仆、仆倒之義，均是用本義。

「壙穴之內，錮以紵絮，藉以蜃炭，千載僵燥，託類神仙。」

（裴松之《三國志魏志・常林傳注》）此言屍身千年後僵燥，僵燥也就是硬乾的意思。

「何無僵立而蒼龍。」（蘇軾・〈登玲瓏山詩〉）

「餘黨萬人僵立失措。」（《宋史・楊存中傳》）

僵立，就是僵硬而立。

段玉裁《說文解字注》云：「今人語言乃謂不動不死爲僵。《廣韻》作殭，死不朽也。」

僵屍、僵立之義，裴松之時已有，宋時用之漸多，至今襲用不衰。

《說文》：「暫，不久也。从日斬聲。」

「乃有不吉不迪，顛越不恭，暫遇姦宄。」（《尚書・盤庚》）

「故未暫住。」（《三國志鍾離牧傳》）

「暫屈瀛洲客。」（文天祥〈送曹大著知廣德軍詩〉）

以上各條中「暫」均訓爲暫時不久，用其本義。

「暫騰而上胡兒馬。」

暫騰，即突然跳起之義。

「暫起柴荊色。」（杜甫〈晨雨詩〉）

「驚人去暫遙。」（韓愈〈叉魚詩〉）

「如聽仙樂再暫明。」（白居易〈琵琶行〉）

以上各詩句中之「暫」，皆爲突然、猝然之義。可是在現代漢語中不再以「暫」作突然用。

㈢注意分釋與合釋之差異

有些詞彙由兩字組成，二字分釋，與二字合解，其義不同。甚而二字合而成義，古今之義也有不同。

「武子疾，命顆曰：必嫁是。疾病，則曰：必以爲殉。」（《左傳宣公十五年》）

《左傳》所言「武子疾」，「疾」是生病之意。所言「疾病」，並非如後代所講的疊意複詞，「疾」是生病的病況，「病」則指病況加重了。《說文》：「疾，病也。」「病，疾加也。」「疾」與「病」義相近，不過有輕重之別，「病」是「疾加」，就是病情加重。同樣用法，如「子疾病。」（《論語‧子罕》）也是指孔子病情嚴重。

「保險自守，此示弱也。」（《三國志鄭渾傳》）

「其餘黨往往保險爲盜。」（《隋書劉元進傳》）

二文中「保險」二字，要分釋爲保守險要，不能合解爲「篤定」、「安全」等意，更不能如今日釋爲保險業之保險（Insurance）。

「臣不得復過矣，請謁事情。」（《戰國策‧秦策》）

「臣恐陛下淫非之辯而聽其盜心，因不詳察事情。」（《韓非子‧存韓》）

「切事情，明是非。」（《史記‧老莊申韓列傳》）

「去無事之言，則事情得。」（《漢書‧公孫弘傳》）

以上各條中之「事情」，也不得視爲一詞而合釋爲指一件事。也應二字分釋，「事」指「事件」、「事情」；「情」指「情實」，意即事情之實際情況。

「先帝不以臣卑鄙，猥自枉屈，三顧臣於草廬之中。」（諸葛亮〈前出師表〉）

「卑鄙」二字不能合釋如今日言人之品格行爲卑劣。二字亦應分釋，「卑」指出身低下，「鄙」指見識淺陋。

「問今是何世，乃不知有漢，無論魏晉」（陶潛〈桃花源記〉）

文中「無論」二字，也不能合釋如今日所言「不管」之義，而也要分釋，「無」釋爲「不」，否定之意；「論」釋爲「說」，是不用說的意思。

另外有些聯綿詞，只應合釋，不得分解，因此類聯綿詞多源

於早期語言，取近其音，故字往往不一。如：

《說文》：「踞，跱踞，不前也。」《段注》：「跱見止部，云踞也。今按當云跱踞也。淺人刪一字耳。」跱踞二字合成一詞，不能分釋。

《說文》：「蹢，蹢躅，逗足也。」《段注》：「逗，各本作住，今正。逗者，止足也。」按止足，即停而不前之意。《段注》又云：「蹢躅之雙聲疊韻曰踟躕，曰跢跦，曰跱踞，曰躘箸，俗用躊躇。」

《詩經‧邶風‧靜女》：「搔首踟躕」，《文選‧思玄賦注》引《韓詩》作「躊躇」，《說文繫傳》引《跱踞》。《易姤卦》：「羸豕孚蹢躅」，《釋文》云又本作「躑躅」，亦作「蹢躑」。《禮記三年問》作「蹢躅焉。」其他又有作彳亍、次且、次雎、趑趄、趦趄等，字體不一。實則均為一語之轉⑮。

「心猶豫而狐疑兮。」（《楚辭‧離騷》）洪興祖《補注》：「《老子》曰：豫兮若多涉川，猶兮若畏四鄰，則猶與豫皆未定之辭。」

「平原君猶豫未有所決。」（《戰國策趙策》）

「用兵之害，猶豫最大。」（《吳子‧治兵》）

「不公會則猶豫而不斷，則事留自取。」（《韓非子‧八經》）

以上各文中所用「猶豫」皆有疑而不決之意。

顏之推云：「案《尸子》曰，五月犬為猶。《說文》云，隴西謂犬子為猶。吾以為人將犬行，犬好豫，在人前侍人，不得，又來迎候，如此往還至于終日，斯乃豫之未定也，故稱猶豫。或以《爾雅》曰，猶如麂，善登木，猶獸名也，既聞人聲，乃豫緣木，如此上下，故稱猶豫。」（《顏氏家訓‧書證篇》）

顏氏所述，是將猶豫二字分釋，以猶為獸，而豫為其性行，其說似嫌附會。

　　朱駿聲則說：「猶豫雙聲連語，故亦作尤豫，作由與，作猶與。」（《說文通訓定聲》）

　　朱說甚是，猶豫爲雙聲聯綿詞，不能分釋，古書中尙有作猶予、猶預、由豫、優與、容與等，皆音近義同。

四、結　論

　　由一些古書中的實例來看，不管古書中的一個字或一個詞，在書中都有其重要作用，而其眞正所代表的意義，要認眞地用訓詁方法去尋求，而訓詁之道，除了注意字的本義、引申義和通假義之外，更要注意其特殊情況及變遷情況。對一個詞的眞正意義，更要注意其組合方式及其時代性，這樣閱讀古書，才會通讀通釋，不致誤入歧途。

【註　釋】

①方向，指方位，名詞。面向，指面對著那裡，動詞。

②斯用如「斯人」，則斯爲代名詞。斯有時用作連詞或語助詞。

③枚指樹榦，有體形長，可指可數，由之引申爲量詞，如幾枚。

④錯，用爲磨錯，當是厝之通假，再由厝引申爲錯誤。

⑤《說文》：「殊，死也。从歺朱聲。」誅用爲誅殺，當是殊之通假。

⑥題，爲人之額，在人頭部，引申爲匾額、題額，再引申爲題目。

⑦術爲邑中道，道路縱橫交錯，由交錯義引申爲謀術、技術。

⑧荍、滌均徒歷切，定母，古韻屬幽部（董同龢氏廿二部），音同故可通假。

⑨斐、匪均從「非」得聲，故可通假。

⑩壺、瓠均戶吳切，匣母，古韻屬魚部，音同故可通假。

⑪捄舉朱切，見母，古韻屬幽部；觩渠幽部，群母，古韻屬幽部；聲母同系，韻同部，音近故可通假。

⑫柳力久切，來母，古韻屬幽部；瘤力求切，來母，古韻屬幽部。音同故可通假。

⑬隕、抎均于敏切，喻三，古韻屬文部。音同故可通假。

⑭茅莫交切，明母，古韻屬幽部；旄莫袍切，明母，古韻屬宵部。音近故可通假。

⑮二字或雙聲、或疊韻、或音同。

【重要參考書目】

中國訓詁學史，胡樸安，商務印書館

訓詁學概要，林尹，正中書局

訓詁學大綱，胡楚生，蘭台書局

訓詁學，王忠林、應裕康、方俊吉，高雄文化出版社

訓詁學概論，齊佩瑢，廣文書局

訓詁學概論，黃典誠，福建人民出版社，一九八八年

訓詁學，楊端志，山東出版社，一九八五年

訓詁簡論，陸宗達，北京出版社，一九八〇年

訓詁學初稿，周大璞，武漢大學出版社，一九八七年

說文解字詁林，丁福保

說文解字注，段玉裁，藝文印書館

說文通訓定聲，朱駿聲，新興書局

十三經注疏

中國語言學史，王力，台北谷風出版社

漢語音韻學，董同龢，文史哲出版社

怎樣閱讀古文，學海編輯部，學海出版社

聯綿字通論，周法高，見《中國語文論叢》

說文引經通假字考，王忠林，慶祝高仲華先生六秩誕辰論文集，台灣師範大
　　學國研所

論修辭與訓詁的關係

蔡宗陽

一、前　言

當今訓詁學的書籍，多半闡析訓詁與文字、聲韻、校勘、文法、語言的關係，很少析論修辭與訓詁的關係。①

一般學者以爲修辭學僅對賞析文章、創作文章有裨益，殊不知也有運用修辭來釋詞析句，又有運用修辭來校注，而且剖析修辭技巧有助於訓詁者甚夥，因此修辭與訓詁的關係，是非常的密切。本文擬分爲運用修辭來訓詁、運用修辭來校注、析論修辭助訓詁三項，逐項詮證。

二、運用修辭來訓詁

古人運用修辭技巧來詮釋典籍者，最著名的是鄭玄、孔穎達。鄭玄注解《詩經》，孔穎達撰寫《五經正義》，已經運用了修辭方法來釋詞析句，這是運用修辭來訓詁的體現。②茲分爲互文、變文、省文、甚言、倒言等五項舉例闡論。

㈠互　文

互文，又叫互辭、互言、互義、互見、互備、參互、錯互。所謂互文，是指在連貫的語句中，某些語詞依據上下文的條件互相補充，合在一起共同表達一個完整的意思，或叙述上文中省略下文出現的語詞，下文中省略上文出現的語詞，參互成文，合而

見義的一種修辭技巧。③互文的作用有三：一是語言精煉，語義含蓄。二是節奏整齊，音韻和諧。三是在互文方式的運用中，既能體現出多方面、多層次、具體地觀察事物分析情理的辯證觀點，也能體現出漢民族語言傳統的寓變化於整齊之中的審美觀。④互文和錯綜不同：互文是參互見義，詞義包含對方，語意都擴大，錯綜則是互換語詞的位置，但語意並不擴大。孔穎達在《五經正義》中，闡明互文之意，例如《易經・損卦》：

　　象曰：君子以懲忿窒欲。

孔穎達疏：「懲者息其既往，窒者閉其將來；忿、欲皆往、來、懲、窒，互文而相足也。」「互文而相足」，是指在兩事各舉一邊的情況下而省略，但意義卻可以互相補足。懲、窒，就是互相補足對方之意。⑤又如《詩經・小雅・大東》：

　　東人之子，職勞不來；西人之子，粲粲衣服。

孔穎達疏：「東人言勞苦，則知西人為逸豫；西人言其衣服鮮明，則東人衣服敝惡，互相見也。」「互相見」，是指兩事各舉一邊而省略，也是「互文」，因此互文又叫互見。此外，鄭玄注《禮記》，也闡述互文之意，例如《禮記・文王世子》：

　　公若有出疆之政，……諸父守貴宮貴室，諸子諸孫守下宮下室。……戰則守於公禰，……諸父諸兄守貴室，子弟守下室，而讓道達矣。

鄭玄注：「上言父子孫，此言兄弟，互相備也。」「互相備」，是指兩事各舉一邊而省略，也是「互文」，所以互文又叫互備。上句當作「諸父諸兄守貴宮貴室，諸子諸弟諸孫守下宮下室」，下句當作「諸父諸兄守貴宮貴室，諸子諸弟諸孫守下宮下室」。⑥又如《禮記・坊記》：

　　君子約言，小人先言。

鄭玄注：「言人尚德不尚言也。約與先互爾。」「互言」，是指兩事各舉一邊而省略，也是「互文」，因此互文又叫互言。全句當作「君子約言，小人多言；小人先言後行，君子後言先行。」正如孔穎達所說：「君子約言者，省約其言，則小人多言也。小人先言者，小人行在於後，必先用其言，君子則後言先行。」

(二)變　文

變文，又叫變化、變用。所謂變文，是指在語文中，為了避免重複單調，有意變換字面，表達相同或相近的意思的一種修辭技巧。變文的作用有三：一是避免重複，使文章變化多姿。二是加強語氣，強化語意的作用。三是可以使文章產生節奏和諧，讀之有味。⑦變文和錯綜不同：變文是強調語詞的義同或義近而詞面不同，而錯綜則是強調語序、句子的長短及句型的變化。孔穎達疏解經文，闡述變文之意，例如《易經·乾卦·文言》：

君子進德修業。忠信，所以進德也；修辭立其誠，所以居業也。

孔穎達疏：「上云進德，下復云進德；上云修業，下變云居業者，以其間有修辭之文，故避其修文，而云居業，且功業云宜居也。」「居業」與「修業」同義，為避複而變「修」字作「居」字，這是變文的修辭技巧。劉勰《文心雕龍·練字》：「善為文者，富於萬篇，貧於一字，一字非少，相避為難也。」避複的變文，又如《左傳·襄公三年》：

祁午得位，伯華得官，建一官而三物成。

孔穎達疏：「官、位一也，變文相避耳。」位、官，是同一意義，為了避免重複單調而變換詞面，交互運用，這也是變文的修辭技巧。

(三)省　文

省文，一般修辭學書籍叫做省略，傅師隸樸《修辭學》稱爲買省。所謂省文，是指在語文中，蒙上探下地省略某些句子或句子成分的一種修辭技巧。省文的作用有三：一是爲了語文的簡潔明快。二是調整字數音節的作用。三是強調語意，增強語勢。⑧孔穎達在《五經正義》中，詮證省文之意，例如《書經・禹貢》：

　　荊岐既旅，終南、惇物，至于鳥鼠。

孔穎達疏：「三山空舉山名，不言治意，蒙上既旅之文也。」終南、惇物、鳥鼠，三山名。上文有「既旅」二字，下文省略「既旅」之字。這是蒙上省文的修辭技巧。又如《左傳・昭公三年》：

　　山木如市，弗加于山，魚鹽蜃蛤，弗加于海。

孔穎達疏：「如訓往也，言將山木往至市也。于木既云如市，魚鹽蜃蛤亦如市可知，蒙上文也。」「蒙上文」，是蒙上的省文。上文言及「木如市」，下文論及「魚鹽蜃蛤」時，就不必加「如市」二字，這也是蒙上省文的修辭方法。

㈣甚　言

甚言又叫甚辭，也叫虛言，約相當於現代修辭學的夸飾，又稱爲誇張、揚厲。正如宗廷虎、李金苓《漢語修辭學史綱》所說：「孔穎達把『誇張』手法稱爲『甚言』，又叫『甚辭』。」所謂夸飾，是指在語文文中，爲了表達強烈的感情或給聽讀者留下鮮明深刻的印象，故意擴大或縮小事物的形象、數量、特徵、作用，以增強語文的表現力的一種修辭技巧。夸飾的作用有三：一是可以突出事物的某種特徵，或揭示事物的本質，給聽者留下鮮明、深刻的印象。二是表達說寫者強烈的感情，用以諷刺或歌頌，給人的印象十分深刻。三是可以引起讀者的聯想、深思和共鳴。⑨孔穎達在《五經正義》中，運用甚言者，例如《書經・武成》：

　　罔有敵于我師，前徒倒戈，攻于後以北，血流漂杵。

孔穎達疏：「罔有敵于我師，言紂衆雖多，皆無有效我之心。故
自攻于後，以北走；自攻其後，必殺人不多，血流漂舂杵，甚之
言也。」「血流漂舂杵」，是「甚言」，即夸飾的修辭技巧，這是物
象的夸飾，誠如劉勰《文心雕龍·夸飾》所說：「倒戈立漂杵之
論，辭雖已甚，其義無害也。」孔穎達運用虛言注解經文，例如
《書經·武成》：

　　其旅若林，會于牧野。

孔穎達疏：「《詩》亦云『其會如林』，言盛多也。〈本紀〉云：
『紂發兵七十萬人以距武王。』紂兵雖則衆多，不得有七十萬人，
是史官美其能破強敵，虛言之耳。」孔氏認爲〈本紀〉所云「紂
發兵七十萬人」，是「虛言」，實際上並沒有七十萬人，這是爲了
「美其能破強敵」，而有意加重、強調，採用夸飾的修辭技巧，正
如王充《論衡·藝增》所說：「譽人不增其美，聞者不快其意；毀
人不益其惡，則聽者不愜於心。」

㈤倒　言

孔穎達言所謂倒言，即宋朝陳騤《文則》所說「倒語」，孫奕
《履齊示兒編》卷一所云「倒文」，羅大經《鶴林玉露》卷十二所
稱「反言」，民國楊樹達《漢文文言修辭學》所言「倒裝」。所謂
倒裝，是指在語文中，顚倒語文詞句的次序，以加強語氣，美化
句法或押韻的一種修辭技巧。倒裝的作用有三：一是加強語氣。
二是有助於安排韻腳、協調平仄，增加詩詞的音樂美。三是能錯
綜句法。⑩孔穎達運用倒言注解經文者，例如《詩經·周召·葛
覃》：

　　葛之覃兮，施于中谷，維葉萋萋。
　　黃鳥于飛，集于灌木，其鳴喈喈。

孔穎達疏：「中谷，谷中。倒其言者，古人之語皆然。詩文多此類也。」「中谷」，是「谷中」的倒裝，這是運用倒裝的修辭技巧。又如《詩經‧大雅‧桑柔》：

> 大風有隧，有空大谷。
>
> 維此良人，作為式穀。
>
> 維彼不順，征以中垢。

俞樾《古書疑義舉例‧卷一倒句例》：「詩人之詞必用韻，故倒句尤多。〈桑柔篇〉：『大風有隧，有空大谷。』言大風則有隧矣，大谷則有空矣。今作『有空大谷』，乃倒句也、」「有空大谷」，是「大谷有空」的倒裝，使句末的「谷」、「穀」、「垢」押韻，這是為詩文格律而倒裝，也是運用倒裝的修辭技巧。

三、運用修辭來校注

古籍的校注與修辭有關，有些問題若不從修辭來解決，不僅無法解說清楚，並且可能貽笑大方。至於運用修辭來校注，可以利用錯綜、飛白、仿擬、借代、引用等五個辭格來校注，茲逐項闡述。

㈠錯　綜

錯綜，又叫避複。所謂錯綜，是指在語文中，為了避免語詞的單調呆板，故意運用參差交錯的語詞，使句型錯綜變化，整散相間的一種技巧。錯綜的作用有三：一是可以使語言活潑清新，錯綜變化，搖曳生姿。二是可以使語言準確生動，以提高表現力。三是在韻文中，能造成韻律美。⑪運用錯綜的修辭技巧來校注，例如劉勰《文心雕龍‧神思》：

> 是以秉心養術，無務苦慮，含章司契，不必勞情也。

「秉心養術」，依郭晉稀《文心雕龍譯註十八篇》校改寫「秉心養

術」，郭氏認爲上文說旳「貴在虛靜，疏瀹五藏，澡雪精神」，就是「養心」；上文說的「馭文之首術」，就是「秉術」；「心」只能說「養」，「術」才能說「秉」。⑫此乃似是而非的論調，殊不知《詩經·小雅·小弁》：「君子秉心。」《詩經·鄘風·定方中》：「秉心塞淵。」因此，「秉心養術」，是運用錯綜的修辭技巧，旨在故意錯綜變化，搖曳生姿，以顯新奇。又如江淹〈別賦〉：「使人心折骨驚。」原意是「使人心驚骨折」，作者故意將「驚」與「折」的位置互換，以收到新奇的效果。又如蕭統〈昭明文選序〉：「未嘗不心遊目想。」原意是「未嘗不心想目遊」，作者故意把「想」與「遊」的位置互換，才不致單調呆板。又如歐陽修〈醉翁亭記〉：「泉香而酒冽。」原意是「泉冽而酒香」，作者故意將「冽」與「香」的位置互換，使句型錯綜變化，以顯新奇。

㈡飛　白

　　飛白，又叫非別，也叫擬誤。所謂飛白，是指在語文中，明知其說錯或寫錯，故意使用白字或在語音、語義、句法上有意歪曲附合，實錄援用的一種修辭技巧。飛白的作用有三：一是可以存眞，有助於刻畫人物形象。二是可以利用飛白創造幽默的氣氛，使語言生動活潑，饒有趣味。三是可用來諷刺，對那些語無倫次、白字連篇的人予以無情的嘲諷。⑬利用飛白的修辭技巧來校注者，例如《脂硯齋重評石頭記》第七回描繪焦大醉罵的情形，內容是這樣的：

　　　　不是焦大一人，你們就做官兒享榮華富貴？你祖宗九死一生掙下這家業，到如今了，不報我的恩，反和我充起主子來了。不和我說別的還可，若再說別的，咱們紅刀子進去，白刀子出來。

我們通常都說：「白刀子進去，紅刀子出來。」有些校注者就以爲

《脂硯齋重評石頭記》將「紅」、「白」二字弄顛倒了，因此一般版本的《紅樓夢》多作「白刀子進去，紅刀子出來」。後來新校注本才作「紅刀子進去，白刀子出來」。其實，曹雪芹撰寫《紅樓夢》這段內容，是運用「明知其錯，故意仿效」的飛白修辭技巧，如此才能使焦大的醉態，呈現出眞相來。⑭此外，又如《紅樓夢》第二十回描述湘雲的口吃情形，也是運用飛白的修辭技巧，內容是這樣的：

> 寶玉、黛玉二人正説著，只見湘雲走來，笑道：「愛哥哥，林姐姐，你們天天一處玩，我好容易來了，也不理我一理兒！」黛玉笑道：「偏你咬舌子愛説話，連個『二哥哥』也叫不上來，只是『愛哥哥』、『愛哥哥』的。回來趕圍棋兒，又該你鬧『幺愛三』了。」寶玉笑道：「你學慣了，明兒連你還起來呢。」

曹雪芹將「二哥哥」寫成「愛哥哥」，目的在描繪湘雲的口吃，如此不但可以存眞，而且可以增趣。作者運用飛白的修辭方法，使伶牙俐齒的黛玉與嬌憨可愛的湘雲，躍然紙上，並且產生活潑生動、幽默詼諧的語言效果，令人回味無窮。

㈢仿　擬

仿擬，又叫仿詞，也叫仿用、仿化。所謂仿擬，是指在語文中，故意模仿現成的詞、語、句、篇，創造臨時性的新詞、新語、新句、新篇的一種修辭技巧。仿擬的作用有三：一是表示奚落與嘲弄。二是可以描繪景色。三是用來抒發情感。⑮運用仿擬的修辭技巧來校注者，例如《魯迅書信集・一九三四年十二月二十日致楊霽雲》：

> 我認爲一切好詩，到唐已被做完，此後倘非能翻出如來掌心之「齊天太聖」，大可不必動手，然而語行不能一致，

　　有時也謅幾句，自省亦殊可笑。

其中「齊天太聖」一語，一九八一年版的《魯迅全集》注解：
「齊天太聖」，原作「齊天大聖」，即孫悟空。這是認為作者在
「大」字上；多寫了一點，是筆誤。後有來人在《社會科學集刊》
上撰文說明：魯迅手稿，確實是「齊天太聖」。魯迅運用仿擬的
修辭技巧，闡明本領比齊天大聖還要高的齊天太聖，真的能翻出
如來佛的手掌心。因此，「齊天太聖」，既不是筆誤，又不是引
申，而是仿擬。此外，又如王闢之《澠水燕談錄》描述蘇東坡戲
謔劉貢父的情形，也是運用仿擬的修辭方法，內容是這樣的：

　　貢父晚苦風疾，鬚眉皆落，鼻梁且斷。一日與子瞻數人小
　　酌，各引古人語相戲。子瞻戲貢父云：「大風起兮眉飛揚，
　　安得壯士兮守鼻梁！」座中大噱，貢父恨恨不已。

蘇東坡戲稱劉貢父大風起兮眉飛揚，安得壯士兮守鼻梁」，使在
座客人捧腹大笑。作者仿擬劉邦〈大風歌〉：「大風起兮雲飛揚，
威加海內兮歸故鄉，安得猛士兮守四方！」蘇氏仿擬此句調，其
結構與原作維妙維肖，主題卻與原作迥異。⑯仿擬可以使語言生
動活潑，詼諧幽默，並含有諷刺、嘲弄的意味。

㈣借　代

　　借代又叫代稱，也叫代替、替代、換名、換喻、提喻。所謂
借代，是指在語文中，不直接說出要說的人或事物的本來名稱，
而借用與該人或該事物密切相關的人或事物的名稱來代替的一種
修辭技巧。借代的作用有四：一是突出特徵，強調重點，使語言
形象生動。二是語詞錯綜變化，不重複，不呆板，使語言新鮮活
潑。三是可以使語言含蓄有味，文筆簡潔精煉。四是可以充分表
達作者的思想感情，愛憎分明，引起讀者的共鳴。⑰運用借代的
修辭技巧來校注者，例如劉義慶《世說新語‧術解》：

> 桓公有主簿善別，酒有酒輒令先嘗，好者謂「青州從事」，惡者謂「平原郵督」。青州有齊郡，平原有鬲縣。從事，言到臍；督郵，言在鬲（膈）上位。

「青州從事」，是指美酒。「平原督郵」，是指惡酒。清朝梁紹壬《兩般秋雨盦隨筆》也闡釋「青州從事」、「平原督郵」，內容是這樣的：

> 世說桓公有主簿，善別酒，佳者曰「青州從事」，惡者曰「平原督郵」。青州有齊郡，平原有鬲縣，言好酒下臍，惡酒酒凝鬲也。

梁氏詮解「青州從事」、「平原督郵」比《世說新語》更清晰、更透徹，更進一步說明「好酒下臍，惡酒凝鬲」。其實王永鑫析論更翔實，他為青州有齊郡，「齊」諧「臍」，言好酒到臍，然後以青州代齊郡，用青州表好酒，在這裡的「從事」，是沒有意義的。平原有鬲縣，「鬲」諧「膈」，言惡酒止于膈上，然後以平原代鬲縣，用平原表惡酒，在這兒的「督郵」，也是無意義的。這是運用諧音與借代的技巧。⑬一般誤以為「從事」、「督郵」都是官名，其實二者皆無義。因此，運用借代的技巧，可以校注古代的典籍。

㈤引 用

引用，又叫引語，也叫引證、引經、引話、援引、用典、用事、用詞、事類。所謂引用，是指在語文中，為了說明問題，闡述觀點，描寫事物，有意援引他人的話（包括詩文中的名言警句、格言、諺語、成語、資料等），以印證、補充、對照作者的本意的一種修辭技巧。引用的作用有三：一是引用權威或經典著作或他人言論，使論據確鑿、充分，以增強說服力。二是可以使表達更含蓄、更深刻，富於啟發性。三是使語言簡煉，生動活潑

，富於表現力。⑲運用引用的修辭技巧來校注者，例如司馬遷〈報任少卿書〉：

> 西伯拘而演《周易》，仲尼厄而作《春秋》，……不韋遷蜀，世傳《呂覽》。

我們來比對一下《史記·呂不韋傳》的內容，其言曰：

> 太子政立爲王，尊呂不韋爲相國。是時諸侯多辯士，如荀卿之徒，著書布天下。呂不韋乃使其客人人著所聞，集論以爲八覽、六論、十二紀二十餘萬言，號曰《呂氏春秋》。秦王十年十月，免相國出就國河南。歲餘，與家屬徙蜀，呂不韋恐誅，乃飲酖而死。

《史記·呂不韋傳》聞述呂不韋編書在先，遷蜀在後；而〈報任少卿書〉爲何說：「不韋遷蜀，世傳《呂覽》。」劉知幾《史通》也曾經懷疑此事。其實，這是運用引用的修辭技巧。誠如清朝高步瀛說：「大抵古人引事有二法：一則比屬甚嚴，絲毫不得假借；一則取明己意，不泥其事之形迹，……古書屬於前者十之二三，屬於後者十之七八。人不達此旨，或指斥以爲非，或曲附以爲是，皆爲古人所笑也。」⑳「比屬甚嚴，絲毫不假借」，是引用中的明引。「取明己意，不泥其事之形迹」，是引用中的暗用。「不韋遷蜀，世傳《呂覽》」，可以譯爲「呂不韋雖然後來被遷到蜀而死，可是世上已經把他的《呂覽》早傳出來了。」《呂覽》，就是《呂氏春秋》。六朝以前的文，言簡意賅，有時難免誤解，必須先比對相關的書籍，再運用修辭技巧來剖析，才能洞悉眞義。因此，運用引用的修辭技巧，也可校注古代詩文。

四、析論修辭助訓詁

析論修辭技巧，不僅可以了解文章的美，也可以洞悉文章的

意義，因此析論修辭技巧有助於訓詁。由於篇幅有限，茲列舉藏詞、析字、轉品、雙關、倒反等五個辭格，加以闡析論證。

㈠藏詞

　　藏詞又叫歇後語。所謂藏詞，是指在語文中，利用人們熟稔的語詞，故意隱藏本詞；即藏去本來要用的語詞，而僅將成語中剩餘的部分用在語文中，來代替本來要用的語詞的一種修辭技巧。藏詞的作用有二：一是語言簡潔含蓄，形象鮮明，詼諧幽默，可以引起聽讀者的聯想與回味。二是能激發讀者的閱讀興趣，增強語言的藝術效果。㉑藏詞依照形式結構，可以分為藏頭、藏腹（又叫藏腰）、藏尾三種。

　　藏頭，是指截取語詞的後半部而隱藏本詞的前本部的藏詞，因此也叫拋前藏詞。例如潘岳〈閒居賦〉：

　　　自弱冠涉乎知命之年。

「弱冠」代「二十歲」，截取《禮記·曲禮》：「二十曰弱冠」的後半部。「知命」代「五十歲」，截取《論語·為政》：「五十而知天命」的後半部，這是藏頭。又如《晉書·孝武帝紀》：

　　　烈宗知其抗直，而惡聞逆耳。

「逆耳」代「忠言」，截取《孔子家語·六本》：「忠言逆於耳而利於行」的後半部，這也是藏頭。

　　藏腹，是指隱藏語詞的中間部分，而截取尚存部分來代替本詞的藏詞，所以又叫舍中藏詞。例如白居易〈答四皓廟〉：

　　　君看喬鼎中，焦爛者酈其。

「酈其」，是指「酈食其」，隱藏「食」字，這是藏腹。又如龔自珍〈廣陵舟中為伯恬書扇〉：

　　　逢君只合千場醉，莫恨今生去日多。

以「去日多」代「苦」，這是隱藏曹操〈短歌行〉：「去日苦多」

的中間部分的「苦」字，這也是藏腹。

　　藏尾，是指截取語詞的前半部，而隱藏本詞的後半部的藏詞，因此也叫棄後藏詞。例如陶淵明〈庚子歲從都還〉詩：

　　　一欣侍溫顏，再喜見友于。

以「友于」代「兄弟」，這是截居《論語・爲政》：「友于兄弟」的前半部，這是藏尾。又如魯迅《熱風・反對「含淚」的批評家》：

　　　至於釋迦牟尼，可更與文藝界風馬牛了。

以「風馬牛」代「不相及」，這是截取《左傳・僖公四年》：「風馬牛不相及」的前半部，這也是藏尾。

㈡析　字

　　析字，又叫拆字，也叫字喩。所謂析字，是指在語文中，利用漢字結構的特點，減損、離合漢字的筆畫或部位，使字形發生變化，產生新的意義的一種修辭技巧。析字的特點有二：一是從材料方面，析字所利用的是漢字的形、音、義。二是從結構方面，析字可以分爲本體和析體兩部分。㉒析字的作用也有兩項：一是可以使語言隱晦曲折、含蓄有致。二是可以使語言幽默詼諧，富於情趣。㉓析字分爲化形析字、諧音析字、衍義析字三種。

　　化形析字，是利用漢字字形的離合、增損、顛倒等方式構成的析字。例如《後漢書・五行志》：

　　　千里草，何青青；十日卜，不得生。

「千里草」，組成一個「董」字。「十日卜」，組成一個「千里草」，組成一個「卓」字。全文意思是董卓活不成了。這是運用化形析字的修辭技巧。

　　諧音析字，是利用漢字聲音的相同、相近或聲韻相切來替代或推衍本字的析字。

例如劉禹錫〈陋室銘〉：

> 談笑有鴻儒，往來無白丁。

「鴻儒」對「白丁」；是因為「鴻」借音作「紅」，才能和「白」對仗。因此，「鴻」和「白」，是諧音析字之後，才可以對偶。

衍義析字，是利用漢字字義的特點，通過代換、牽連、演化等手段構成的析字。

例如《紅樓夢》第五回；

> 霽月難逢，彩雲易散。心比天高，身爲下賤。風流靈巧招人怨。壽夭多因誹謗生，多情公子空牽念。

全詩描繪晴雯的悲慘命運。霽，是雨後天晴。霽月，是雨後月亮出來，衍繹爲「晴」字。彩雲，是似花紋的雲彩，推演成爲「雯」字。「霽月」、「彩雲」，合成「晴雯」二字，這是衍義析字。

㈢轉　品

轉品，又叫轉類。所謂轉品，是指在語文中，由於表達的需要，臨時把某一類活用作另一類詞的一種修辭技巧。轉品的作用有三：一是可以使語言簡潔凝煉。二是可以伸縮文身，變換句式，使語言具有均衡美或變化美。三是可以增加語言的形象性與生動性。㉔轉品依詞性分類，主要分爲名詞轉品、動詞轉品、形容詞轉品三種。

名詞轉品又可分爲名詞用作動詞、名詞用作形容詞、名詞用作限制詞。例如陸游〈訴衷情〉：

> 胡未滅，鬢先秋。

「秋」，像秋霜一般白之意，這是名詞用作形容詞。秋不僅隱含有「霜」字，譬喻鬢髮的顏色，並且暗示晚景的冷寂淒清。

動詞轉品又可分爲動詞用作名詞、動詞用作形容詞、動詞用作限制詞。例如《孟子‧離婁上》：

孟子曰：「有不虞之譽，有求全之毀。」

「譽」、「毀」二字本是動詞，這裡用作名詞。全句意謂有本來不該得到，卻意外得到的虛譽；有原想保全名節，卻反而遭來的毀謗。

形容詞轉品又可分爲形容詞用作名詞、形容詞用作動詞。例如歐陽修〈蝶戀花〉：

淚眼問花花不語，亂紅飛過秋千去。

「紅」字，本是形容詞，這裡用作名詞。「紅」，是「花」之意。這是形容詞用作名詞的轉品。

(四)雙　關

雙關，又叫多義關連。所謂雙關，是指在語文中，利用一個語詞同音或多義的條件，使一個語詞或句子用時兼有字面與字外兩層意義，並以字外意義爲重點的一種修辭技巧。雙關的作用有三：一是即物抒情。二是指物借意。三是指桑罵槐。㉕雙關分爲諧音雙關、詞義雙關、句義雙關三種。

諧音雙關，是指一個字詞除本身所含的意義外，又兼含另一個同音或音相近的字詞的意義。例如《史記·淮陰侯列傳》：

秦失其鹿，天下共逐之。

《史記集解》引張晏：「以鹿喻帝位。」《史記會注考證》：「鹿祿音通。」「鹿」字除了含有本字鹿獸之意以外，又兼含「天祿」之「祿」的意思，因此「鹿」字是雙關語。㉖

詞義雙關，是指一個語詞在句中兼含兩種意義。例如杜牧〈贈別詩〉：

蠟燭有心還惜別，替人垂淚到天明。

其中「燭心」，除了含有本身「燭心」之意以外，又兼含「人心」的意義，因此「燭心」一詞是雙關語。

　　句義雙關，是指一句話或一段文字，雙關到兩件事物。例如
王建〈新嫁娘〉：

　　　三日入廚下，洗手作羹湯。

　　　未諳姑食性，先遣小姑嘗。

這首詩字面意義，是眞實地刻劃古代新婦那種小心謹愼的情形；
但兼含有爲新入仕途者而作，意謂未熟稔上司習性，只得先多向
同僚請教。正如陳滿銘、陳弘治、簡明勇三位敎授《唐宋詩詞評
注》：所說：「此詩將新嫁娘謹愼將事，以侍公婆之情形，描寫入
微。古人將其比喩初任官職，應抱小心翼翼之態度。」如此膾炙
人口的詩歌，運用的是句義雙關」。

㈤倒　反

　　「雙關」的重點，在於兩件事物的「相似」；「倒反」的重
點，在於兩件事物的「相反」。倒反，又叫反說。所謂倒反，多
指在語文中，運用跟本意相反的詞句來表達本意的一種修辭方
法。倒反的作用有四：一是揭露抨擊黑暗與醜惡。二是表達抒發
不滿情緒。三是造成幽默風趣氣氛。四是曲傳羞澀、喜悅、親愛
等複雜的感情。㉗倒反可分爲倒辭和反語兩種。

　　倒辭，是指情罵或嫌忌，難於直言，運用相反的詞句來表達
本意和眞情，可以說是沒有諷刺成分的倒反語。例如《列子·湯
問》：

　　　河曲智叟笑而止之曰：「甚矣，汝之不慧！以殘年餘力，

　　　曾不能毀山之一毛，其如土石何！」

從智叟角度來看，愚公以殘年餘力移山，眞是「不慧」；但作者
本意，卻是要藉智叟的口，反襯出一位最堅強、最可敬的聰明老
人。因此，與其說愚公「不慧」，不如說愚公「極慧」。㉘這是表
示尊敬的倒反，表面上說的不好聽，其實卻是尊敬，也可以說是

「口非心是」。

　　反語，又叫反話，是指使用和本意相反的語詞來表達本意，旨在嘲弄、諷刺，可以說是含有諷刺成分的倒反。例如朱自清〈背影〉：

> 我那時真是聰明過分，總覺得他說話不大漂亮，非自己插嘴不可。但他終於講完了價錢，就送我上車。他給我揀定了靠車門的一張椅子，我將他給我做的紫毛大衣鋪好座位。他囑我路上小心，夜裡要警醒些，不要受涼；又囑託茶房好好照應我。我心裡暗笑他的迂，他們只認得錢，託他們直是白託；而且我這樣大年紀的人，難道還不能料理自己麼？唉！我現在想想，那時真是太聰明了。

「聰明過分」、「太聰明」，是愚笨的倒反。愚笨得連父親的關愛，都無法心領神會，反而說父親迂。這是自我嘲笑的倒反，表面上是讚美、誇獎，其實是取笑、貶斥，也可以說是「口是心非」。

五、結　論

　　古人運用互文、變文、省文、甚言、倒言等修辭技巧來闡釋典籍，也有人運用錯綜、飛白、仿擬、借代、引用等修辭技巧來校注古籍，更有人析論藏詞、析字、轉品、雙關、倒反等修辭技巧來詮解文章的字義、詞義、句義。因此，王永鑫說：「訓詁用得著修辭知識，而且有時還非用修辭知識來訓詁不可。」㉙誠哉斯言。修辭與訓詁是息息相關，密不可分的。

【註　釋】

①析論修辭與訓詁的關係者，有王永鑫〈修辭與訓詁〉，參閱《修辭學習》總第十五期，頁二五至二六，一九八五，上海；還有周學武〈修辭學與古

籍解讀——以老子書為例〉，本文係作者於一九九二年十二月在廣州舉辦
中國修辭學國際研討會宣讀的論文，目前由中國修辭學編印《中國修辭學
論文集》，正排版中；又有楚胡生《訓詁學大綱》第一章第四節〈與訓詁
學有關的學科〉，論及修辭學與訓詁學的關係，參閱該書頁十三至十四，
蘭臺書局，一九七五，臺北。

②參閱王永鑫〈修辭與訓詁〉，見同註①。

③參閱唐松波、黃建霖主編《漢語修辭格大辭典》，頁三七五，中國國際廣
播出版社，一九八九，北京。

④參閱陸稼祥、池太寧主編《修辭方式例解詞典》，頁一〇二，浙江教育出
版社，一九九〇，浙江。

⑤參閱宗廷虎、李金苓《漢語修辭學史綱》，頁一九六，吉林教育出版社，
一九八九，吉林。

⑥參閱傅師隸樸《修辭學》，頁一二九，正中書局，一九六九，臺北。

⑦參閱同註④，頁二六至二七。

⑧參閱同註④，頁二一四至二一五。

⑨參閱同註④，頁一四二。

⑩參閱同註④，頁四六。

⑪參閱同註④，頁四四。

⑫參閱郭晉稀《文心雕龍註十八篇》，頁六八，中流出版社，一九八二，香
港。

⑬參閱同註④，頁八〇。

⑭參閱同註②。

⑮參閱同註④，頁七七至七八。

⑯參閱沈謙《修辭學》，頁二一二至二一三，國立空中大學，一九九一，臺
北。

⑰參閱同註④，頁一二五。

⑱參閱同註②。

⑲參閱同註④，頁二八四。

⑳參閱同註②引。

㉑參閱同註④，頁三三。

㉒參閱同註④，頁二五一。

㉓參閱同註④，頁二五二。

㉔參閱同註④，頁三〇二。

㉕參閱同註④，頁二二一。

㉖參閱黃師慶萱《修辭學》，頁三〇八，三民書局，一九七五，臺北。

㉗參閱同註④，頁七五至七六。

㉘參閱董季棠《修辭析論》，頁三一七，文史哲出版社，一九九二，臺北。

㉙參閱同註②。

馬王堆帛書周易經傳異文初探

黃沛榮

　　有關古籍異文之研究，自清代以來，學者大率針對某書而作分析評論，如三家《詩》異文、《春秋》三傳異文、《論語》異文等；然而綜合各書之異文現象，而作整體研究者，尚不多見。近人林燾、陸志韋曾撰〈經典釋文異文之分析〉，亦僅就《經典釋文》一書所錄，將異文分爲下列七類：一、正文與異文得聲聲首相同者，二、正文與異文在古音屬於同一韻部者，三、正文與異文音相似，然於音韻沿革上明知其爲後起者偏旁不同，四、正文與異文同字而其一爲變體者偏旁不同，五、正文與異文偶然形誤者，六、正文與異文意義同關因而涉誤者，七、正文與異文之關係無從解釋者①。觀其分類及論述，尚難愜人之意。筆者三年前嘗撰〈古籍異文析論〉一文②，就異文之定義、來源、成因、類別、價值等詳予論述。對於異文產生之原因，分爲：一、形變，二、音叚，三、異讀等三種來源；對於異文的類別，則依其性質分爲：一、異體字，二、古今字，三、訛誤字，四、通叚字，五、異義字等五類。本文是在該文之基礎上，對馬王堆《周易》經傳作深入分析、討論，其目標有二：一、爲古籍異文資料之研究提供系統理論，二、分析馬王堆帛書《周易》經傳中之異文，並討論其在訓詁上之意義。

　　西元一九七三年十一月至一九七四年初，考古學者在湖南省長沙市東郊馬王堆三座漢墓中發現陪葬物，在文獻方面，包括一

批帛書及帛畫等。帛書之內容，有《周易》經傳、《戰國縱橫家書》、《春秋事語》、《老子》甲本、乙本、天文書、醫書、《相馬經》、《導引圖》、地圖等，共二十餘種，凡十二萬餘字。《周易》經傳部分，包括《六十四卦》、〈繫辭傳〉及佚傳五篇。字體除篆書外，絕大部分是早期隸書，或則書寫十分工整，或則較爲潦草，顯非出自一人之手。

　　《六十四卦》約四千九百餘字，在帛卷之前部。無上下經之分。〈卦辭〉與〈爻辭〉與今本相較，異文甚多，六十四卦的排列次序更與今本完全不同。至於其抄寫年代，張政烺先生根據字體觀察，認爲約在西漢文帝初年，約當西元前一八〇至一七〇年之間。《六十四卦》之後，抄有〈繫辭傳〉及佚傳共六篇。五篇佚傳，分別爲〈二三子問〉（抄在《六十四卦》之後）、〈易之義〉（抄在〈繫辭傳〉之後）、〈要〉、〈繆和〉、〈昭力〉。上述資料，除〈繆和〉、〈昭力〉尚未發表外，其餘各篇皆有不同程度之公布。茲將目前帛書《周易》經傳之發表情形，列出如下：

1. 《六十四卦》圖片，《馬王堆漢墓文物》，頁 106 至 117
2. 《六十四卦》釋文，《文物》，1984 年第 3 期
3. 〈繫辭傳〉圖片及釋文，《馬王堆漢墓文物》，頁 118 至 126
4. 〈繫辭傳〉釋文，《道家文化研究》第三輯，頁 416 至 4423
5. 〈二三子問〉釋文，《道家文化研究》第三輯，頁 424 至 428
6. 〈易之義〉釋文，《道家文化研究》第二輯，頁 429 至 433
7. 〈要〉釋文，《道家文化研究》第三輯，頁 434 至 435

由於帛書《周易》經傳中之異文甚多，全面整理，尚須一段時日，故將其中若干較爲明確之異文先行整理，按其致異之原因加以分類，並一一評述，以就正於海內方家。

一、以字形爲主因者

1.帛書本字形訛誤：

(1)〈隨·上六〉：「拘係之。」

帛書本「拘」作「枸」。按：二字形近致誤，作「枸」非。帛書从「手」之字，往往訛爲从「木」，如〈頤·六二〉、〈六三〉「拂」並訛作「梻」，〈咸·初六〉「拇」訛作「栂」，〈易之義〉：「揆度其方。」「揆」訛作「楑」，皆其例。此類異文，雖亦可視爲同聲系通叚，然而字形上卻有明顯之關聯性，是故歸入此類。

(2)〈萃·初六〉：「乃亂乃萃。」

〈既濟·卦辭〉：「初吉終亂。」

〈繫辭傳〉：「言天下之至動而不可亂也。」

又：「亂之所生也，則言語以爲階。」

又：「通其變，使民不亂。」

又：「將反者其辭亂。」

帛書本「亂」皆誤爲「乳」。按：《老子·十八章》「國家昏亂有忠臣」，帛書甲本「亂」亦作「乳」。臨沂漢簡《孫子兵法·計篇》「乳而取之」、《孫武傳》「婦人乳而笑」，《孫臏兵法·威王問》「罰者所以正乳」，「乳」亦皆爲「亂」字之誤。

(3)〈繫辭傳〉：「聖人設卦觀象，繫辭焉而明吉凶。」

帛書〈繫辭傳〉「象」誤爲「馬」。全篇皆然。

2.帛書本累增偏旁：

在文字使用之過程中，有時為加強文字之表義、表音功能，或是需要與其他語義作區別，往往於初文上增添相關之偏旁，成為新字。如：

(1)〈師‧六三〉：「師或輿尸，凶。」

〈師‧六五〉：「田有禽，利執言，无咎。長子帥師，弟子輿尸，貞凶。」

帛書本「尸」皆作「屍」。于豪亮先生〈帛書周易〉云：「兩屍字通行本均作尸，知為尸的異體字，讀音與尸字同。」按：「屍」字不見於字書，帛書「屍」字，有二可能：一、「屍」為「尸」之增聲字，由「尸」增「示」聲而成。「尸」、「示」漢韻③同在脂部；二、「示」為所增之義符，謂人死而為鬼也。

(2)〈泰‧九二〉：「包荒，用馮河，不遐遺，朋亡，得尚于中行。」

帛書本「包」作「枹」。屈翼鵬先生《說易散稿》：「包字《釋文》作苞；云：『本又作包。』包、苞兩字，……均與匏通。」按：《說文》：「包，象人褢妊，巳在中，象子未成形也。」引申為空虛可容物之義，故用「包」字稱「匏」。帛書本在「包」形上增「木」，以表其植物之義，遂成為新字。此字與古書中訓「擊鼓椎」之「枹」字屬於同形異字之關係。

(3)〈離‧九三〉：「日昃之離，不鼓缶而歌，則大耋之嗟，凶。」

帛書本「缶」作「𡉼」。按：「𡉼」為「缶」之累增字。增「土」旁以表其材質。

(4)〈夬‧九二〉：「惕號，莫夜有戎。勿恤。」

帛書本「莫」作「䔉」。按：《說文》：「莫，日且冥也。」

「夢」字从夕，爲「莫」之累增字。然而字書另有「夢」字，《說文》：「夢，宋也。从夕、莫聲。」《廣韻》：「夢，靜也。」如此，則〈夬卦〉「莫夜」可釋爲「靜夜」而成爲異讀。唯是「夢」字不見於典籍，當爲後起（或以爲《說文》此字乃後人所增，見《繫傳校錄》），故不應以「靜」義釋「夢」也。

(5)〈井・九五〉：「井洌，寒泉食。」

帛書本「泉」作「湶」。按：「湶」爲「泉」之累增字。王輝先生《古文字通假釋例》云：「《字彙補》水部：『湶，與泉同。漢相孫君碑：波障湶溉。』《隸釋》楚相孫叔敖碑：『波障源湶，溉灌汝澤。』《洪适注》：『湶，泉添水而爲湶。』」

(6)〈繫辭傳〉：「夫乾，確然示人易矣；夫坤，隤然示人簡矣。」

帛書本「示」作「視」。按：「視」「示」得聲，二字可借用。《老子・三十六章》「國之利器不可以示人」，帛書甲本作「邦利器不可以視人」。《漢書》中亦多借「視」爲「示」，如〈陳勝項籍傳〉「視士必死」、〈張耳陳餘傳〉「視天下私」、〈張王陳周傳〉「召戚夫人指視曰」、「指視我」、〈文三王傳〉「以視海內」、〈爰盎晁錯傳〉「視民不奢」、〈賈鄒枚路傳〉「視孝也」、「則飾辭以視之」、〈竇田灌韓傳〉「視單于使者爲信」、〈董仲舒傳〉「視大始而欲正本也」、「上召視諸儒視」等，《顏注》皆云：「視讀曰示。」王輝先生《古文字通假釋例》亦云：「《詩・小雅・鹿鳴》：『視民不恌。』《鄭箋》：『視古示字也。』《左傳・昭公十年》正義引視作示。又《左傳・宣公二年》：『以視於朝。』《史記・晉世家》引視作示。」示之使見，故从「見」以表意。《莊子・應帝王》：「嘗試與來，以予示之。」郭慶藩《莊子校釋》：「《釋文》：『示之，本亦作視。』

崔云：『視之也。』」可證。

3.帛書本使用初文：

「初文」指一字未增偏旁前之原始形體。由於文獻歷經流傳，後世傳本，常使用為區別字義而經過增添偏旁之後起字，相對而言，帛書本反而使用該字之初文。如：

(1)〈比·九五〉：「顯比。王用三驅，失前禽，邑人不誡，吉。」帛書本「誡」作「戒」。按：「戒」為「誡」之初文，「誡」為「戒」之轉注字。《說文》：「戒，警也。从廾戈，持戈以戒不虞。」引申為言語之告誡。《儀禮·士冠禮》：「主人戒賓。」《鄭注》：「戒，警也；告也。」即使用其引申義。其後又增「言」旁而成專字。《說文》：「誡，敕也。」《玉篇》：「誡，告也。」皆是。「誡」、「戒」漢韻同在之部。

(2)〈大有·上九〉：「自天祐之，吉无不利。」

　〈繫辭傳〉：「是以自天祐之，吉无不利也。」

帛書本「祐」作「右」。《繫辭·集解》引《虞注》，「祐」亦作「右」。《說文》：「右，手口相助也。」加「示」旁表示「天助」。

(3)〈噬嗑·初九〉：「屨校滅趾，无咎。」

　〈大壯·初九〉：「壯于趾，征凶。有孚。」

　〈夬·初九〉：「壯于前趾，往不勝為咎。」

　〈鼎·初六〉：「鼎顛趾，利出否。得妾以其子，无咎。」

　〈艮·初六〉：「艮其趾，无咎，利永貞。」

帛書本「趾」作「止」。按：「止」為「趾」之初文。〈噬嗑卦〉《釋文》作「滅止」，云：「本亦作趾。」〈夬卦〉《釋文》：「荀作止。」足見漢、唐古本，猶不乏作「止」者。孫詒讓《名原》曰：「古文　為足止，本象足跡而有三指，猶《說

文》字下注云:「手之列多略不過三也。」」

(4)〈震·卦辭〉「震,亨。震來虩虩,笑言啞啞,震驚百里,不喪匕鬯。」此卦十一「震」字,帛書本並作「辰」。按:「辰」為「震」字初文。《說文》:「辰,震也。」

(5)〈萃·九五〉:「萃有位。」

〈繫辭傳〉:「貴賤位矣。」

〈易之義〉:「天地定位。」

又:「三與五同功異位。」

〈要〉:「危者,安其位者也。」

又:「夫子曰:德薄而位尊,□□鮮不及。」

帛書本「位」皆作「立」。按:「立」、「位」古今字,「立」為「位」之初文。金文中習見「即立」,即「即位」。臨沂漢簡《孫子兵法》:「四時无常立。」又佚篇:「武王即立。」「立」皆「位」字。

(6)〈繫辭傳〉:「觀始反終。」

帛書本「終」作「冬」。按:《說文》「終」从古文「冬」。《釋名·釋天》:「冬,終也。物終成也。」然則「終」由「冬」字孳乳,二字漢韻同在冬部,聲紐俱為舌音。帛書《六十四卦》「終」字多作「冬」,如〈訟·卦辭〉、〈訟·初六〉、〈需·九二〉、〈比·初六〉、〈既濟·卦辭〉、〈夬·上六〉、〈旅·六五〉皆然;又《老子·五十五章》「終日號而不嗄」,〈六十三章〉「是以聖人終不為大」,帛書乙本「終」亦作「冬」。

4.帛書本減省筆畫:

帛書本在抄寫時,往往減省原字筆畫。此種情況,在出土文獻中頗為習見。茲舉一例如下:

(1)〈繫辭傳〉:「聖人設卦觀象,繫辭焉而明吉凶。」

耺人，即聖人。「耺」爲「聖」字之省。《老子·四十九章》：
「聖人之在天下」、〈六十六章〉「是以聖人欲上民」、〈八十一
章〉「聖人不積」，帛書乙本皆作「耺人」。

5.帛書本使用異體：

此處所謂「異體」，指字形結構不同之異文，亦可稱爲「異
構」。從「音」角度而言，若干字例似可視爲同音叚借；筆者以
爲：此種異構，於六書中可有合理之分類，其形音義亦可有明確
之說解，故應視爲某字之或體。

(1)〈乾·九五〉：「飛龍在天，利見大人。」

〈小過·初六〉：「飛鳥以凶。」

〈小過·上六〉：「弗遇，過之。飛鳥離之，凶。是謂災眚。」

〈易之義〉：「飛龍在天，□而上也。」

又：「《易》曰：飛龍在天，利見大人。」

帛書本「飛」作「羆」。按：「羆」字从羽、非聲，漢韻在微
部，與「飛」字同。

(2)〈小過·卦辭〉：「飛鳥遺之音。」

帛書本「飛」作「翡」。按：《說文》：「翡，赤羽雀也出鬱
林。从羽、非聲。」與帛書「翡」字同形而異義。帛書「翡」
字亦从羽、非聲，與上文之「羆」同爲「飛」字之異體，二
者之結體僅有上下之不同。

(3)〈乾·九五〉：「飛龍在天，利見大人。」

〈二三子問〉：「故曰：飛龍在天，利見大人。」

帛書本「飛」作「蜚」。按：「蜚」字亦从虫、非聲，漢韻在
微部，與「飛」字同。此字古人習用，如《墨子·非樂上》：
「今人固與禽獸麋鹿蜚鳥貞蟲異者也。」《莊子·秋水》：「夫折
大木、蜚大屋者，唯我能也。」《史記·周本紀》：「蜚鴻滿

野。」《正義》：「蜚，音飛，古飛字。」又〈武帝紀〉、〈封禪書〉：「〈乾〉稱『蜚龍』。」又〈蘇秦列傳〉：「秦王曰：毛羽未成，不可以高蜚。」《漢書・司馬相如傳》〈子虛賦〉：「蜚襂垂髾。」《顏注》：「蜚，古飛字也。」又〈五行志・中之下〉：「殺蜚禽。」《顏注》：「蜚，讀曰飛。」

(4)〈乾・九四〉：「或躍在淵，无咎。」

帛書本「躍」作「鯩」。按：「鯩」字從魚、侖聲，漢韻在宵部入聲，與「躍」字同。「鯩」爲「躍」之或體，以魚躍表「躍」義。

(5)〈易之義〉：「或躍在淵，隱而能靜也。」

又：「《易》曰：或躍在淵，无咎。」

帛書本「躍」作「鱐」。按：「鱐」字從魚、翟聲，亦以魚躍表「躍」義。

(6)〈蒙・六三〉：「勿用取女，見金夫，不有躬，无攸利。」

〈震・上六〉：「震索索，視矍矍，征凶。震不于其躬，于其鄰，无咎。婚媾有言。」

〈艮・六四〉：「艮其躬，无咎。」

帛書本「躬」並作「躳」。按：「躳」爲「躬」之異構，從身、宮聲。「宮」、「躬」同屬中部。

(7)〈需・初九〉：「需于郊，利用恆，无咎。」

〈小畜・卦辭〉：「密雲不雨，自我西郊。」

〈同人・上九〉：「同人于郊，无悔。」

帛書本「郊」作「茭」。小畜卦辭、同人上九同。按：《說文》：「茭，乾茭，從艸、交聲。」與「郊」字義不相貫，自可釋爲同聲系通叚。唯是「郊」、「茭」同從「交」聲，「茭」字從「艸」，表示林野，則「茭」亦可能是「郊」的異體，

它與訓「乾茭」之「茭」則屬同形異字，意義毫無關聯。

(8)〈泰・上六〉：「城復于隍，勿用師，自邑告命，貞吝。」

帛書本「隍」作「湟」。按：《說文》：「隍，城池也。有水曰池，無水曰隍矣。」其字本从「阜」，後人因其「城池」之義，改从「水」旁；此與本爲水名之「湟」字有別。

(9)〈謙・初六〉：「謙謙，君子用涉大川，吉。」

〈易之義〉：「鳴謙也者，柔而□也。」

〈謙卦〉，帛書本作「嗛」。按：《釋文》：「《子夏》作「嗛」，云：嗛，謙也。」漢熹平石經亦作「嗛」（見〈小象傳〉及〈繫辭傳・上〉）《漢書・藝文志》云：「道家者流，……合於堯之『克攘』、《易》之『嗛嗛』，一謙而四益，此其所長也。」《顏注》：「嗛，字與謙同。」王先謙《漢書補注》引錢大昕曰：「古書『言』旁字與『口』旁字往往相通，故謙或爲嗛。」其說甚是。如《說文》：「內，言之訥也。从口內。」《段注》：「此與言部訥音義皆同。」又《說文》：「嘖，大呼也。从口、責聲。謫，或从言。」「吟，呻也。从口、今聲。訡，或从言。」此外，《穀梁傳・序》：「辯訥」，《釋文》：「字書云：訥，或作吶。」並其例也。是故此「嗛」與《說文》訓「口有所銜也」之字，乃同形而異字。

(10)〈大過・九二〉：「枯楊生稊，老夫得其女妻，无不利。」

帛書本「稊」作「荑」。按：《釋文》：「稊，鄭作荑。」「荑」爲「稊」之異體。「荑」从艸、夷聲，「稊」从禾、弟聲。漢韻同在脂部。《後漢書・方術傳・徐登》：「樹即生荑。」《李注》：「《易》曰：『枯楊生荑。』注云：『荑者，楊之秀也。』」《文選・謝靈運・從遊京口北固應詔詩》：「原隰荑綠柳。」《李善注》：「荑與稊音義同。」此「稊」、「荑」同字之證。

⑾ 〈咸·上六〉：「咸其輔頰舌。」

〈艮·六五〉：「艮其輔，言有序，悔亡。」

帛書本「輔」作「胈」。按：「胈」字雖不見於字書，自其形構分析，乃從肉、父聲；「輔」從車、甫聲，漢韻同屬魚部，聲紐俱爲雙唇音，僅有淸、濁之別。《說文》：「輔，人頰車也。」《集韻》：「輔，……或作頗、輮、酺。」「頗」、「輮」、「酺」、「胈」皆「輔」之或體，「父」、「甫」古通用，且「輮」、「胈」皆從父聲，可爲證明。

⑿ 〈咸·六二〉：「咸其腓，凶；居吉。」

帛書本「腓」作「跁」。按：《正義》：「腓，足之腓腸也。」《說文·肉部》「腓，腓腸也」《段注》：「腓腸謂脛骨後之肉也。腓之言肥，似中有腸者然，故曰腓腸。」「跁」爲「腓」之異構，「腓」字從肉、非聲，「跁」字從足、肥，肥亦聲；從非從肥之字，漢韻同屬脂部，聲紐俱爲雙唇音，僅有淸、濁之別。〈咸卦〉《釋文》：「腓，荀作肥。」可證。

⒀ 〈明夷·六二〉：「明夷，夷于左股，用拯，馬壯吉。」

帛書本「拯」作「撜」。按：「拯」爲後起字，本字作「抍」，「撜」爲「抍」之或體。《釋文》於本卦及〈渙〉並云：「子夏作抍。」〈艮〉「不拯其隨」，漢石經及馬融（《漢上易傳》引）並作「抍」。《說文》：「抍，上舉也，從手、升聲。《易》曰：抍馬壯吉。撜，抍或從登。」段本改以「拯」爲正，不可從。《呂氏春秋·察微》：「子路拯溺者。」《淮南子·齊俗》「拯」亦作「抍」。「拯」、「抍」、「撜」漢韻同屬蒸部，聲紐俱爲舌音。

⒁ 〈夬·九三〉：「壯于頄，有凶。君子夬夬獨行，遇雨若濡，有慍，无咎。」

帛書本「頯」作「頯」。按:《王弼注》:「頯,面權 (《集解》
本作顴) 也。」《玉篇》同。《釋文》:「鄭作頯。」《說文》:
「頯,權也。」《段注》:「權者,今之顴字。」是則「頯」、
「頯」同字。《集韻》:「頯,……或作頯。」可為明證。

(15) 〈繫辭傳〉:「則思且愛。」

〈屯·六三〉:「君子幾不如舍,往吝。」帛書本「吝」亦作
「愛」。王輝先生〈馬王堆帛書六十四卦校讀札記〉云:「按
愛即鄰字,此處借用為吝。河北平山縣出土中山王𧊒大鼎銘
文:『愛邦難寴』,愛即鄰字,寴即親字異構。張守中《中山
王𧊒器文字編》定愛為鄰字古文,甚是,高明《古文字類
編》定為吝字,非是。馬王堆帛書《老子》乙種本:『愛國
相望』、『其若畏四愛』,前愛字帛書《老子》甲種本作𦊙,
今通行本二愛字俱作鄰。按漢隸鄰字作吅,孫根碑:『至于
東吅大虐』,衡立碑:『彭祖為吅』。《文選》班孟堅〈幽通
賦〉:『東鄰虐而殲仁』,鄰字《漢書·叙傳》作屾,師古曰:
『屾,古鄰字也。』屾當即吅之訛變。愛是在吅下又加注文聲
的形聲字,鄰文古韻真文旁轉,古音極近。」按:《說文》
「遴」字下云:「行難也。从辵、粦聲。《易》曰:以往遴。」
清惠棟《九經古義》:「史書遴本吝字 (見《汗簡》),此《易
經》古文。《漢書·魯安王》『晚節遴』,〈王莽傳〉『性實遴
嗇』。」「遴」、「鄰」古韻在真部,「愛」、「吝」古韻在文部。
根據羅常培、周祖謨先生之說,漢韻真、文合為一部,而四
字皆為來紐,故可通段也。

(16) 〈繫辭傳〉:「夫易,聖人之所崇德而廣業也。」

又:「知崇禮卑。」

又:「崇效天,卑法地。」

又：「利用安身，以崇德也。」

帛書本「崇」作「槀」。按：槀字蓋从高省、宗聲，爲「崇」之異文。

(17)〈繫辭傳〉：「動靜有常。」

帛書本「靜」作「靖」。按：「靖」即「靜」字，二字左右偏旁互易。帛書《老子》乙本卷前古佚書「至靜者正」，「靜」亦作「靖」。

(18)〈易之義〉：「陰陽合德而剛柔有體。」

〈易之義〉：「以體天地之化。」

二句見於今本〈繫辭〉，「體」字帛書本作「膿」。按：「膿」字从肉、豐聲。以「肉」旁表「身體」之義。

二、以字音爲主因者

古籍多叚借，帛書群籍，尤爲顯著。是故不識叚借，實無法通讀帛書。然而使用借字之使用，未必與時代相關，往往亦有帛書本使用正字，而傳本反使用借字者。茲分別舉例如下：

1.傳本使用借字：

(1)〈小畜・上九〉：「旣雨旣處，尙德載，婦貞厲。月幾望，君子征凶。」

帛書本「德」作「得」。按：作「得」是。「德」、「得」古通，漢韻同在職部。《釋名・釋言語》「德，得也。」〈剝・上九〉：「君子得輿。」《釋文》：「京作德輿。」又《論語・季氏》「戒之在得。」《釋文》：「或作德。」《荀子・成相》「尙賢推德天下治。」下文又作「尙得推賢不失序。」《楊倞注》：「得當爲德。」皆兩字通用之證。

(2)〈賁・九二〉：「渙奔其機，悔亡。」

帛書本「奔」作「賁」。俞樾《群經平議》（卷一）云：「說
文夭部：『奔，走從夭，賁省聲。』故賁與奔古通用。《詩》
『鶉之奔奔』，《禮記・表記》引作『鶉之賁賁』是。『奔其机』
當作『賁其机』，《射義》『賁軍之將』，《鄭注》曰：「賁讀爲
僨，僨猶覆敗也。」《大學》『此謂一言僨事』，《釋文》曰：
『僨本又作賁，猶覆敗也。』『賁其』者，猶言『敗其』也。」
按：讀「奔」爲「賁」，其說是矣；釋「賁」爲「敗」，義猶
未安。聞一多《周易義證類纂》云：「案太玄準渙以文，曰：
『文質斑斑，萬物粲然』，是讀渙爲煥。《論語・泰伯篇》曰：
『煥乎其有文章。』奔讀爲賁，《詩》『鶉之奔奔』，《左傳．襄
二十七年》、《禮記・表記》、《呂氏春秋・壹行篇》並引作
「賁」，是其比。〈賁・釋文〉引傅氏曰：『賁，文章貌。』……
『渙賁其机』，猶言文飾其几。」又按：「賁」爲「飾」義，聞
說可從。「奔」、「賁」漢韻同在眞部。臨沂漢簡〈唐勒賦〉
「神賁而鬼走」，「賁」亦借爲「奔」。

(3) 〈睽・上九〉：「睽孤，見豕負塗，載鬼一車，先張之弧，後
　　說之弧，匪寇，婚媾，往遇雨則吉。」
　　「後說之弧」帛書本「弧」作「壺」。按：《釋文》：「弧，本
　　亦作壺。京、馬、鄭、王肅、翟子玄作壺。」《集解》亦作
　　「壺」，引虞翻曰：「……故後說之壺矣。」與帛書並同，是漢
　　本多如此。今本作「弧」，蓋涉上句「弧」字致誤。「說」，
　　《集解》引虞翻曰：「說猶置也。」按：「說」通作「挩」，《說
　　文》：「挩，解也。」之，猶「其」。「說之壺」謂解挩其壺，
　　勞以酒漿也。

2.帛書本使用借字：

(1) 〈需・上六〉：「入于穴，有不速之客三人來。」

帛書本「速」作「楚」。按:「速」漢韻屬屋部,心母;「楚」屬魚部,初母。根據羅常培、周祖謨先生之說,漢韻魚、侯合為一部。魚部既可與鐸部對轉,侯部既可與屋部對轉,則魚部字與屋部字可通用也。

(2) 〈解‧卦辭〉:「有攸往,夙吉。」

帛書本「夙」作「宿」。按:作「夙」是。《爾雅‧釋詁》「夙,早也。」「夙」、「宿」同音,漢韻同屬沃部,聲紐亦同為古心母。古書常通用。如《管子‧禁藏》「宿夜不出。」《戰國策‧趙策三》「不出宿夕,人必危之矣。」《史記‧吳王濞列傳》「有宿夕之憂。」「宿」皆借為「夙」。王輝先生《古文字通假釋例》亦云:「《儀禮‧士昏禮》:『夙夜無愆。』《白虎通‧嫁娶》引夙作宿。《呂氏春秋‧用民》:『夙沙之民,自攻其君。』《淮南子‧道應》夙沙作宿沙。」

(3) 〈井‧九五〉:「井洌。」

帛書本「洌」作「戾」。按:「洌」,潔也,漢韻在月部,「戾」在質部,質、月通韻,聲母同為來母。漢劉去詩以「忽」與「絕」協,王褒〈洞簫賦〉以「溢」、「鬱」、「律」、「謫」、「出」與「折」、「滅」協,馬融〈長笛賦〉「乍跱蹠以狼戾」與「正瀏溧以風洌」協,皆二部通韻之例。

(4) 〈未濟‧九四〉:「貞吉,悔亡。震用伐鬼方,三年有賞于大國。」

帛書本「賞」作「商」。按:「賞」、「商」古韻同屬陽部,聲母亦同,僅有聲調之異。古人每每通用,如獻侯鼎:「商獻侯囂貝。」般甗:「王商作冊般貝。」小子省卣:「子商小子省貝五朋,……省揚君商。」彥鼎:「尹商彥貝二朋。」令簋:「姜商令貝十朋。」小臣豐卣:「商小臣豐貝。」在文獻中,

《尚書‧費誓》：「我商賚汝。」「商」皆讀爲「賞」。

(5)〈繫辭傳〉：「廣大配天地。」

帛書本「配」作「肥」。按：〈豐‧初九〉：「遇其配主。」《老子‧六十八章》「是謂配天」，帛書乙本「配」亦並作「肥」。「配」、「肥」漢韻同在脂部，聲母同爲唇音；音近通叚。古佚書《伊尹九主》「以肥天地」、「唯余一人□乃肥天 」，「肥」亦皆爲「配」之借字。

3. 傳本及帛書本俱使用借字：

(1)〈師‧六五〉：「長子帥師，弟子輿尸，貞凶。」

帛書本「帥」作「率」。按：「帥」、「率」古韻同在脂部。典籍中常通用，《左傳‧宣公十二年》：「率師以來，唯敵是求也。」《儀禮‧聘禮》：「帥大夫以入。」《鄭注》：「古文帥爲率。」《荀子‧王霸》：「若夫論一相以兼帥之。」《楊倞注》：「率，領也。」據《說文》，「率」之本義爲「捕鳥畢」，「帥」之本義爲「佩巾」，即「帨」字。然則「率」、「帥」皆當讀爲後起之「達」字。《說文》：「達，先導也。从辵、率聲。」《段注》：「達，經典假率字爲之。」《說文》另有「衛」字，云：「衛，將衛也。从行、率聲。」此即「將帥」之「帥」。

(2)〈繫辭傳〉：「乾坤定矣。」

帛書《六十四卦》及各《易》傳，「乾」字皆作「鍵」，「坤」字皆作「川」。按：「鍵」、「乾」漢韻同屬元部，聲母俱爲群母。「鍵」、「犍」並从「建」聲，今四川犍爲縣「犍」正唸ㄑㄧㄢ，與「乾」同音。又、陸德明《經典釋文》：「坤，本又作巛。」《玉篇》：「巛，古文坤字。」王引之《經義述聞》則云：「乾坤字正當作坤，其作巛者，乃是借用川字。」「坤」漢韻屬眞部，「川」屬元部，眞元通韻；又坤之卦德爲

「順」，「順」从「川」聲，故「巛」即「川」，皆爲「坤」之借字，王說至確。唯是「乾」、「坤」二字之取義未明，若依「乾」爲「健」、「坤」爲「順」之說，則傳本與帛書本所用者俱爲借字也。

4.傳本及帛書本同聲通叚：

(1)〈二三子問〉：「《易》曰：亢龍有悔。……故曰：亢龍有悔。」
帛書本〈乾·上九〉「亢」作「枕」。按：作「枕」非。

(2)〈離·九三〉：「日昃之離，不鼓缶而歌，則大耋之嗟，凶。」
帛書本「耋」作「絰」。按：《釋文》：「耋，京作絰。」「耋」、「絰」同从「至」聲，漢韻同在脂部。

(3)〈晉·六五〉：「悔亡，失得勿恤。往吉，无不利。」
帛書本「恤」作「血」。按：「恤」、「血」同聲系通叚。

(4)〈困·初六〉：「臀困于株木，入于幽谷，三歲不覿。」
帛書本「谷」作「浴」。按：「浴」从「谷」聲，同在屋部。《老子·六章》「谷神不死」、〈二十八章〉「爲天下谷」、〈三十九章〉「谷得一以寧」、〈六十六章〉「江海所以能爲百谷王者」，帛書甲、乙本「谷」並作「浴」。又《詩經·小雅·伐木》「出自幽谷」，阜陽漢簡本「谷」作「浴」。

(5)〈繫辭傳〉：「仁者見之胃之仁。」
〈易之義〉：「〔不〕事王〔侯〕，□□之謂也。」
又：「先迷後得主，學人之謂也。」
帛書〈繫辭〉及〈易之義〉等，「謂」字率作「胃」。「胃」、「謂」同聲系通叚，帛書習見，如《老子·六章》：「谷神不死，是謂玄牝。玄牝之門，是謂天地根。」帛書甲、乙本「謂」亦矩「胃」。

(6)〈繫辭傳〉：「作結繩而爲網罟。」

帛書本作「作結繩而爲罟」。按：「古」、「罟」音同致誤。《集解》本、《經典釋文》本皆無「網」字。《釋文》云：「爲罟，音古，馬（融）、姚（信）云：猶网也。黃本作爲网罟。」則馬融、姚信本亦無「網」字。

三、以字義爲主因者

1.傳本及帛書本使用同訓字：

(1)〈睽・初九〉：「悔凶。喪馬勿逐，自復。見惡人，无咎。」

帛書本「喪」作「亡」。按：《說文》：「喪，亡也。从哭亡，亡亦聲。」《詩經・秦風・車鄰》：「逝者其亡。」《毛傳》：「亡，喪也。」

(2)〈繫辭傳〉：「安土敦乎仁故能愛。」

帛書本「土」作「地」，「敦」作「厚」。按：土與地、敦與厚同義。

2.傳本及帛書本使用異義字：

此類異文，亦多因字形或字音之關係而產生。大凡單純字形之訛誤或字音之叚借，其字皆不可通，故必推求其致誤之由，或尋繹其本字，方能通讀。倘使其中某些形訛、聲誤之字，若能提供另一種不同之解釋或讀法者，則不應以單純之形訛或聲誤視之。此類異文，筆者稱之爲「異義字」。當然，異義字所提供之異讀是否優於今本，則屬於另一層次之考慮。例如：

(1)〈師・卦辭〉：「大人吉。」

帛書本作「丈人吉」，《集解》引崔憬曰：「《子夏傳》作『大人』。」「丈人」爲老人之通稱，用指老成謀國之人。「大人」則指有位者。

(2)〈履・初九〉：「素履，往无咎。」

帛書本「素」作「錯」。按：作「素」作「錯」，義皆可通，「素」爲質樸之義，（《釋名·釋綵帛》：「素，朴素也。」《說文通訓定聲》：「物不加飾，皆目謂之素。」）「錯」則有文飾，與〈離卦·初九〉「履錯然」義近。「素」、「錯」漢韻同在魚部，聲母俱爲舌尖音。

(3) 〈大畜·九三〉「日閑輿衛。」

《釋文》「日」作「曰」，云：「劉云：『曰猶言也。』鄭人實反，云：『日習車徒。』」按：「曰」爲語詞，「日」爲副詞。

(4) 〈歸妹·六三〉：「歸妹以須，反歸以娣。」

帛書本「須」作「嬬」。《釋文》：「須，荀、陸作嬬。陸云：妾也。」按：「須」、「嬬」漢韻同屬魚部，聲母有心、日之別。考〈需卦〉六「需」字（心母），帛書本並作「襦」（日母），而《老子·六十九章》「攘無臂」，帛書本「攘」（日母）作「襄」（心母），皆二母相諧之證。然而此一異文，非屬單純之叚借。「須」讀爲「嬃」，其義爲「姊」；「嬬」則爲「妾」義，二者俱可通。

(5) 〈歸妹·六五〉：「月幾望，吉。」帛書本「幾」作「既」。《釋文》亦云：「荀作既。」「幾」、「既」漢韻同屬微部，聲母同爲見母，僅有聲調之異。唯是「既望」指已過望日，「幾望」則月猶未望。二者意義不同。

(6) 〈繫辭傳〉：「吉凶與民同患。」

帛書本作「患」作「願」。按：此字原卷作「顡」，即「願」字。《戰國縱橫家書·一》：「顡（願）王之爲臣故此也。」同書〈四〉：「臣甘死蓐（辱），可以報王，顡（願）爲之。」《孫臏兵法·十問》：「交和而舍，客主兩陳（陣），適（敵）人刑（形）箕，計敵所顡（願），欲我陷復（覆）。」武威漢

簡《儀禮‧士相見禮》：「某也顛（願）見，無由達。」皆可
證。

(7)〈繫辭傳〉：「何以守位曰仁，何以聚人曰財。」

　　帛書本作「仁」作「人」。陸德明《經典釋文》云：「曰人，
王肅、卞伯玉、桓玄、明僧紹作仁。」則陸氏所見之本，亦
作「人」字。按：「仁」、「人」古通用，《論語‧里仁》：「人
之過也，各於其黨。觀過，斯知仁矣。」《後漢書‧吳祐傳》
引作「斯知人矣」。〈繫辭〉云：「聖人之大寶曰位，何以守
位曰人，何以聚人曰財。」文意相啣，作「人」爲長。《群書
治要》引陸景典語云：「《易》曰：聖人之大寶曰位，何以守
位曰人。故先王重於爵位，慎於官人。」此即「守位」以
「人」之義也。

四、非單一因素而產生者

　　上文所述，皆爲單由字形、字音或字義之不同而導致異文之
產生。然而許多異文卻往往結合形音之訛誤而產生，而非由於單
一因素者，如：

(1)〈復‧初九〉：「不遠復，无祇悔，元吉。」

　　帛書本「祇」作「提」。按：《釋文》云：「音支。辭也。馬
同，音之是反。韓伯祁支反，云：『大也。』鄭云：『病也。』
王肅作『禔』，時支反。陸云：『禔，安也。』九家本作『𧗓』
字，音支。」黃焯先生《經典釋文彙校》云：「按氏、是古通
用，王肅作禔，證知祇從氏，非從氐也。」證以古音，「氏」、
「是」、「支」三字同屬佳部，「氐」則屬脂部，足可爲據。帛
書本作「提」，則又是「禔」字之訛也。此一異文，乃兼有
字音與字形之因素。

(2) 〈大過‧卦辭〉:「大過，棟橈，利有攸往，亨。」

帛書本「橈」作「𡩋」。按:「橈」爲曲義，「𡩋」爲「隆」字之叚借。〈九四〉:「棟隆，吉。」帛書本「隆」作「𡩋」，可證。高亨《周易大傳今注‧二》云:「漢帛書《周易》此『棟橈』作『棟𡩋』，〈九四〉之『棟𡩋』亦作『棟𡩋』，可證此『棟橈』當作『棟𡩋』。隆，高也。……〈卦辭〉言:棟高者室巨而家大，以此條件有所往，則利。」「隆」漢韻在多部，「𡩋」在東部，二部旁轉。此一異文，乃兼有字義與字音之因素。

(3) 〈豐‧上六〉:「豐其屋，蔀其家，闚其戶，闃其无人，三歲不覿，凶。」

帛書本「覿」作「遂」。「遂」當爲「逐」之誤，〈震‧六二〉、〈既濟‧六二〉「勿逐，七日得」，帛書本「逐」並誤爲「遂」，可證。「覿」、「逐」漢韻同屬沃部，聲母有定、澄之別。〈頤‧六四〉「其欲逐逐」、帛書本「逐」作「笛」，可爲參證。是故此一異文，乃兼有字音與字形之因素。

(4) 〈繫辭傳〉:「安土敦乎仁故能愛。」

帛書本「愛」作「㤅」。「㤅」即「旡」字。《說文》:「旡，惠也。……㤅，古文。」《段注》:「㤅者，古文愛。」「㤅」與「㤅」形近致誤。是故二字乃兼有異體與形訛之關係。

(5) 〈繫辭傳〉:「方以類聚。」

帛書本「聚」作「冣」。按:「冣」爲「冣」字之誤，《說文》:「冣，積也。宀取，取亦聲。」《段注》:「冣與聚音義皆同。」是故此一異文，乃兼有異體與形訛之關係。

(6) 〈繫辭傳〉:「天地之大德曰生。」

帛書本作「大思」，今本作「大德」，疑帛書本原作「大恩」，

誤為「大思」耳。然則此一異文，乃兼有字義與字形之因素。

綜合上文，馬王堆帛書《周易》經傳異文之價值約有三端：

一、帛書本與今本互有優劣，若能作全面之分析，對於《周易》經傳之研究，當可有所突破。

二、帛書本可提供文字學研究之資料。即「累增字」及「異體字」。如上文所舉之「屍」（尸）、「塪」（缶）、「潒」（泉）、「罪」（飛）、「鰩」（躍）、「鱰」（躍）、「躳」（躬）、「胶」（輔）、「腗」（腓）、「槀」（祟）、「靖」（靜）、「膿」（體）等，皆屬此類。此等字形，多不見於字書，故極具參考價值。

三、帛書本可提供秦漢聲韻研究之資料。如上文論及「遴」、「鄰」、「叟」、「吝」之關係，「遴」、「鄰」古韻在眞部，「叟」、「吝」古韻在文部。故知羅常培、周祖謨先生「漢韻眞、文合為一部」之說可信；又如帛書本「楚」叚借為「速」，「速」漢韻屬屋部，心母；「楚」屬魚部，初母。古韻魚、鐸對轉，侯、屋對轉，今魚部字與屋部字通用，又可為羅、周二位先生「漢韻魚、侯合為一部」之說提供佐證。

四、帛書本可提供訓詁學上之省思。即「異義字」及「同形異字」之觀念。前者說明因形訛、音叚等因素而產生之異文，若能提供某種新意，而又具有詮釋之餘地者，訓詁學家不應遽以形訛或音叚視之，本文故稱之為「異義字」。後者則受戴靜山先生〈同形異字〉④、龍宇純先生〈廣同形異字〉⑤之影響，說明不同時空之造字者往往會分別採用相同義符或聲符之組合造成新字，以表達不同之語言；換言之，造字者對於歷來已造之字未必皆有所知，故選取某義符、聲符以造字時，不知此種字形組合已曾為他人使用以表達另一語言，因而造成同形異字之現象。此種情

形，在累增偏旁時亦常會發生。訓詁學家若逕以字書中某字爲本字，而將另一字視爲叚借，將不符合文字使用之實情。本文所舉之「枹」（飛）、「夢」（莫）、「翡」（飛）、「茭」（郊）、「湟」（隍）、「嗛」（謙）等字，即屬此類。

【註　譯】

①載《燕京學報》三十八期。

②發表於《漢學研究》九卷二期。

③本文所用漢韻，據羅常培、周祖謨先生《漢魏晉南北朝韻部演變研究》。

④收入《梅園論學集》及《戴靜山先生全集》冊二。

⑤載《文史哲學報》第三十六期。

台灣車鼓歌辭抄本異文校勘舉隅

臧汀生

一、前　言

㈠著作旨意

　　訓詁之學以文獻爲基礎，其論述之準度與可供對照比勘之文獻是否豐富成正比；又審音然後知義固爲訓詁通則，唯古今方國之音，時隔世異，冥杳難明，是以後世學者不免各出己意齟齬爭訟。依台灣口語而記之民間歌詞因記錄者學識不足，或口耳相傳而訛變，或本有其字而不能用，或形似而筆誤，不一而足，僅具孤本，實難辨讀；惟因文獻資料之比對與語言之存活，爲之校釋尙稱便利。是以歸納其訛變之跡，除印證前賢訓詁學理之卓見，或者可以另有發明，以今喻古而有助於古籍訓詁之推敲。用是不揣淺陋略陳管窺之見，尙祈大方之家不吝敎正是幸。

㈡內容綱要

　　本論文共分四節，一爲前言；說明著作旨意、內容綱要與撰述體例。二爲資料影本；羅列校勘原件影本，以資徵信。三爲校勘說明：將影本資料以曲牌爲單位，分句並列，以便對照校勘，探求訛變之跡。四爲結論：歸上節校勘說明之訛變類型，印證本地抄本訛變與我國文獻訛變傳統彷彿之狀，並指出其地方小傳統之特性性質。

㈢撰述體例

本論文凡標音部分大體以台灣長老教會羅馬音標爲基礎，然爲謀付梓之便，將開口洪音之○改爲○○，純鼻音原附於字末右上角之小 n 改爲大寫體 N，聲調符號一律據閩南語八音次第以阿拉伯數字代替之。其分句並列部分，原本作簡體者，一律還原爲正體，其重文與縮小偏寫之襯音則省略之。敘述部分凡稱〈擬音借字〉，指本字未明或俗寫尚未定型而各憑己意擬音取字者。稱〈取音訛字〉指本字甚明或俗寫已定，然作者但取其音而另行用字者。

二、資料影本

本論文校勘資料取自國立台北師範大學音樂研究所 75 年黃玲玉小姐碩士論文〈台灣車鼓之研究〉之〈附錄〉。

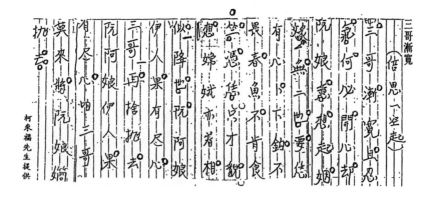

潮陽春

早起日上

三哥

陳清雲先生提供

鍾德益先生提供

吳三貴先生提供

三潮陽

早起日上火人影。提起針線無心成。
明見外尖四磨鏡，毒訶叫出伊問分在。
媚今着未開問出來看，女有卓司。
底癀鏡。何有一位磨鏡不卓司。
生有拾分下級正娟令恁是禹上
下官久賞伊小啓勸學依磨鏡。
人有底恩想，盍辱恐恣未自少人
吟定。人何有底┌┐──自灶探聽。

鍾德益先生提供

吳三貴先生提供

早起日上灯蒼影。提起鬥佩無心成。
藥起外頭人叫聲。聲叫出善伊今名。
親玄朕馬响五十聲。聲叫去密鏡司。
見他一位風流伊人物。生作十分美娟娥
簡他恁是禹上伊官人。着伊未看
學遠廣鏡。人誉話相是。不浹蔘春
自世認挨手是七七

陳學禮先生提供

早起日上，花苓影。提起針線，無心晟。
藥聽見外頭叫磨鏡。聲叫出真伊有顧思。
見有徑磨鏡司子生做有這捨分。
伊瑞斷妻正娟認是卜上伊官人。想
伊夜前玄學慶學磨鏡。人有這相似
國發春你都着。註定。人有
這相似。不你着看你着。仔細
仔細探聽

劉　闖先生提供

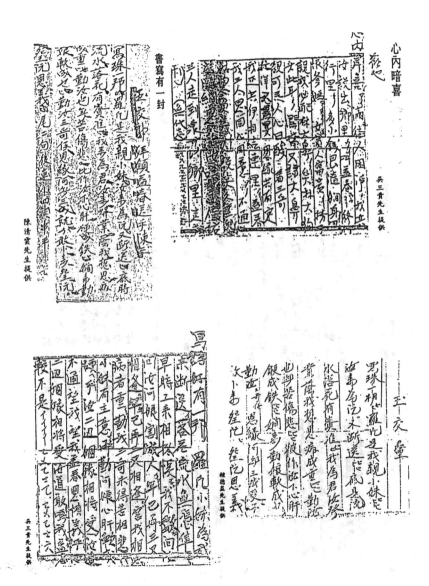

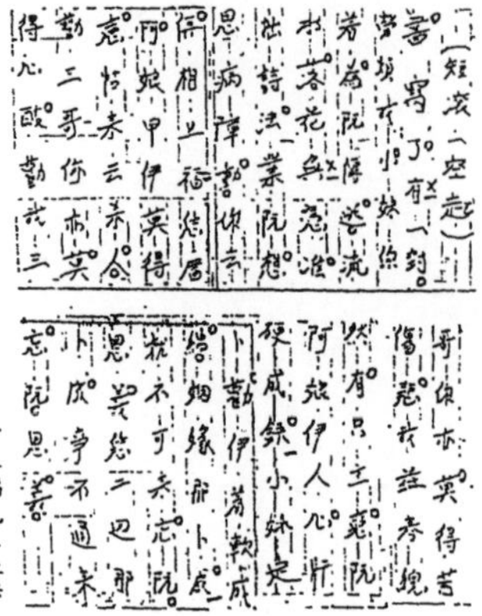

寫信一攬

郭昭君先生提供

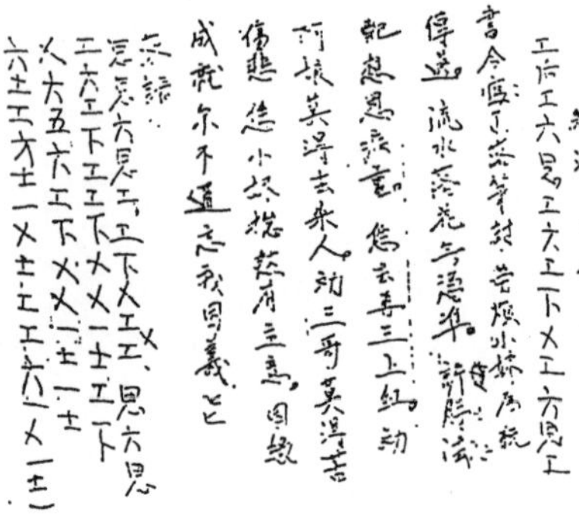

陳學裡先生提供

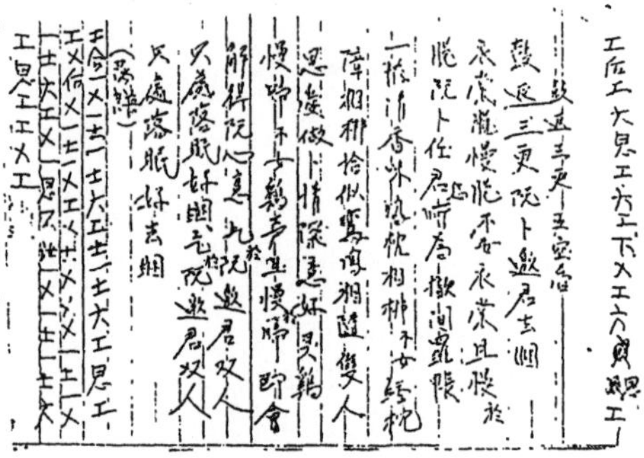

村東福先生提供

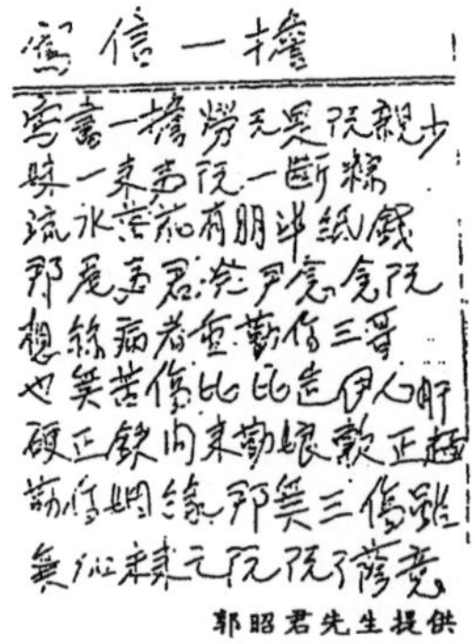

陳學裡先生提供

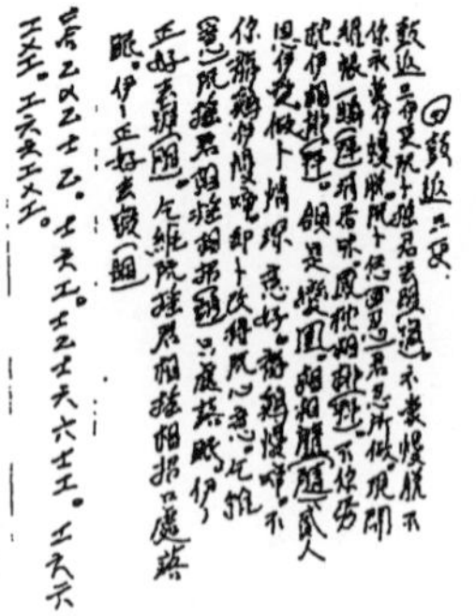

劉閂先生提供

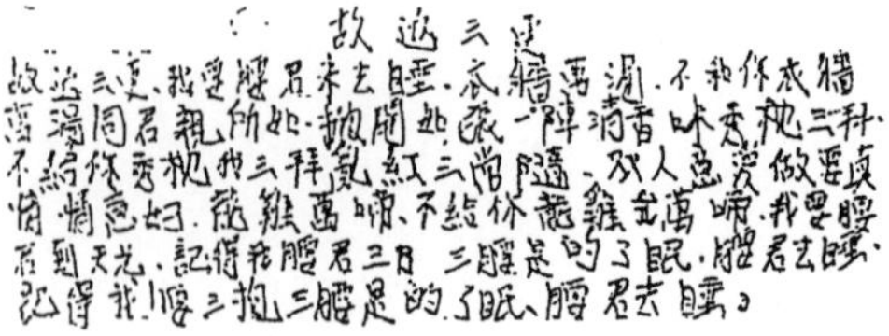

盧蓮花小姐提供

鼓返三更

福馬

鼓返三更阮卜懷君去相（伴）衣裳万般
阮卜於君相親（隨）衣裳好○共君說
看（準）情香味－枕三排（茶）於（枕）
三桃永久共相（隨）双人恩愛作卜
一兩恩好君天坐万哪（咻）沈卜懷君
到天光記得卜－懷君三腰看（覽）
阮低新眠△抱君去相（伴）記得卜△
卜－臨眠三覺△阮低浮眠△△

　　　　　　　　　　　　　鍾傳敏先生提供

鼓返三更

福馬跳，五娘陳三春初鴛
沉卜於君觀親伴衣裳好△
人是愛△情好△美沈柳△桃
三桃△三排鴛鴛三排親親△
天光記得沈卜腰君双人△□廳△眠抱君
非去楣。尾句二次，四門沖。

　　　　　　　　　　　　　陳清貴先生提供

鼓輚三更了

鼓輚三更搖君入眠房。
困牆萬當。不嗚伊用牆萬
當同君親楚落。現開君瑪
一瓶清香味、綉嬌三鮮不嗚
伊綉嬌三鮮搖君來專用
總黃三修雖双人進來近前。
驚以龍雞慢啼。不嗚伊
龍雞慢啼搖君加天光。
見伊搖君三脈要三男伊地
落伊紅君專用

　　　　　　　　　　　　　郭明君先生提供

鼓返三叉

阮是賣招君入來眠，衣裳尾滑
衣裳滑好，任君你斯光去閑罷衣
嗚身到－陣清香味，享枕燒郎不火
風吹燒桃親像慈鳳得燒隨全難
早伊啼不戲吠啼請君成意硯請君成
意阮吃蛋拌君返五又你你阮阮招人
楚招同比－落眠同比好去眠你你
那阮招人燒招同比－落眠同比好
去眠

　　　　　　　　　　　　　李榮春先生提供

去睡－
相招當落賺人
阮搖君双人相搖
瞑好去瞑賺賺人
那阮搖君雞啼
改得阮心意△雞
不理金雞慢啼
伊好賣雞慢啼
多人你你慢心
卜△放桃二排阮
香味綉榜△排阮
懷君－陣清
變阮眠卜理衣衣
任所△狀開羅
嗚眠呆哩君君
不嗚鷗采相相通
裁君未桃眠衣
楣君懷眠卜哩君
鼓返三更阮

　　　　　　　　　　　　　阿來福先生提供

三、校勘大概

㈠三哥漸寬

　　三哥漸寬且忍氣，何必開心，卻阮娘意。（柯來福）

　　三哥漸寬正忍氣，可比嫦娥，祝阮娘意。（陳請雲）

　　三哥漸寬且忽氣，可比嫦娥，足阮娘意。（鍾德益）

　　三哥漸寬正忽氣，可比嫦娥，足我娘意。（吳三貴）

1.〈正〉爲〈且〉之誤；案〈且〉音 chhia2，〈正〉音 chia3，聲近致誤也。

2.〈忽〉爲〈忍〉之誤；案，〈忽〉爲〈忍〉之俗寫。

3.〈卻〉、〈祝〉、〈足〉皆爲〈洽〉之誤；案，〈洽〉音 chhiah4，作〈卻〉爲取音訛字，作〈足〉爲借意，作〈祝〉則又因〈足〉之音而誤寫。又因誤〈洽〉爲〈卻〉，於是望文而生推卻之意，遂改〈可比嫦娥〉爲〈何必開（愧）心〉，以協文意。

4.〈阮〉爲〈我〉之方音俗寫字。

　　想起姻緣無二世，要恁有心人下鈎，不畏春魚不肯食竿。（柯來福）

　　養咱煙緣个一時，曉汝三哥仔汝來有心人夏鈎，掠子春魚不肯食字。（陳清雲）

　　養咱恩象不一時，僥汝三哥仔汝來有心人夏鈎，掠子春兒不啓食字。（鍾德益）

　　有難姻緣不一時，曉汝三哥有心馬下釣，不驚春魚不輕食字。（吳三貴）

1.〈養〉，為〈想〉之誤；案，南管喝法為聲韻分開而讀，此處因聲部急唱，韻部緩唱，故誤因韻部 iuN 而寫作〈養〉iuN2。

2.〈有難〉為〈想咱〉之誤；案，〈想〉誤作〈有〉之理與前項同，又因既誤〈想〉為〈有〉，且〈咱（lan2）〉與〈難（lan5）〉聲韻皆同，於是輾轉附會而作〈有難〉以協文意。

3.〈不一時〉為〈不二世〉之誤；案，南管喝詞常文白混用，此處〈二世〉讀為文音，而〈二〉之文音為 li7，〈世〉之白音為〈si3〉與〈時（si5）〉相近，故既因誤〈世〉為〈時〉，遂改〈二〉為〈一〉以協文意。

4.〈煙〉、〈彖〉皆為〈姻緣〉形近而誤寫。〈恩〉則擬音而誤。〈个〉為〈不〉之形近訛寫。

5.〈僥〉、〈要〉皆為〈曉〉之誤；〈僥〉為形近而訛，案，〈曉〉為〈曉得〉之省，本地已無此用法，遂取音作〈要〉。

6.〈恁〉（lin2）本為〈你們〉之合音，稱〈汝〉為〈恁〉，女子口氣常有之。

7.〈馬〉為〈卜（欲）〉之取音訛字①。

8.〈夏〉為文音〈下〉之取音訛字。案動詞〈下〉文音 ha7，白音 he7。

9.〈畏〉為泉州古語用法，本地已無用法，遂改為〈驚〉；〈掠〉應係〈驚〉之俗寫作〈惊〉，形近而再訛為〈掠〉；〈子〉則或為〈了〉（文音 liao2）之形近訛寫。

10.〈啓、輕〉皆為〈肯〉之借音誤寫；〈字、竺〉亦為〈餌〉之取音訛字。作〈竺〉者加偏旁以示取〈二〉之音②；作

〈字〉者，取漳音。案〈餌〉之泉音爲 li7，漳音爲 ji7。

　　只才貌，想嫦娥亦著相似降世。（柯來福）

　　欽衣才貌，小嫦娥也情常食於港詩。（陳清雲）

　　欽衣才貌，小嫦娥也情常食於港詩。（鍾德益）

　　輕衣財貌，小章我夜前相食以讚（講）詩。（吳三貴）

1.〈輕〉、〈欽〉疑皆爲〈欣〉之音近誤寫，柯本則或因見〈欽〉字文意不協而改爲〈只（這）才貌〉。

2.〈小〉應係因〈想〉之泉音讀 siOON7，與〈小（siO2)〉音近而訛。〈章我〉則爲〈嫦娥〉之借音誤寫。

3.〈夜前相食〉、〈也情常食〉應爲〈亦曾相似〉之擬音誤寫，〈港詩〉〈讚（講之形訛）詩〉皆爲〈降世〉（〈世〉讀白音）之取音訛寫。

　　阮阿娘伊人果有盡心，咱三哥莫來將阮娘嫺拋去。（柯來福）

　　阮阿娘古人有心，三哥仔免得代爲口氣。（陳清雲）

　　阮阿娘姑人有心，三哥免得代謝代寫口氣。（鍾德益）

　　我阿娘古子盡心，三哥免得代寫哭氣。（吳三貴）

1.〈果、古、姑〉應皆爲語助詞〈可〉之取音訛寫。案，〈果〉取漳音 ko2，〈古、姑〉取泉音 koo2。

2.〈子〉疑因〈盡〉之發音析爲〈chi〉〈in〉，故衍〈chi〉音而誤增〈子〉字。③

3.〈代爲口氣〉、〈代謝口氣〉、〈代寫哭氣〉皆因取〈來捨拋去〉之音而訛。

㈡早起日上

　　早起日上花弄影，提起針線與心成。（陳清雲）

　　早起日上花人影，提起針線無心成。（鍾德益）

　　早起日上花弄影，提起針綿無心正。(吳三貴)

　　早起日上花巷影，提起針線無心成。(陳學禮)

　　早起日上花弄影，提起針線無伊心晟。(劉悶)

1.〈人〉為〈弄〉之取音訛寫，〈巷〉則因〈弄〉之聲韻分讀，取韻讀之音而訛。

2.〈綿〉因形近於〈線〉而訛。〈無〉為〈無〉之形近訛字。

3.〈心正〉〈心成〉〈心晟〉皆為〈心情〉之取音訛寫。案〈情〉文音 cheng5，白音 chiang5 此處取白音另作一字，以與習於讀文音之〈情〉區別。

　　聽見外頭叫磨鏡，聲聲叫出問分名。(陳清雲)

　　聽見外頭叫磨鏡，聲聲叫出問分名。(鍾德益)

　　聽見外頭叫磨鏡，聲聲叫出問分名。(吳三貴)

　　聽見外頭人叫聲，聲聲叫出無伊分名。(陳學禮)

　　聽見外頭人叫聲，聲聲叫出真伊分明 (名)。(劉悶)

1.〈去 (khi3)〉音近〈見〉之白音 KiN3 而誤。

2.〈名〉為取〈明〉之泉州白音 miang5 而訛，劉本附註 (名) 而改作〈明〉可證，案，本地讀音幾已皆改為文音 meng5，此處作〈名〉蓋用以保留泉州語音以協韻。

3.〈無〉音 bo5，與〈問〉mng7 音近而誤。

　　嫻今著來開門出來看，看有司夫底磨鏡，生有拾分下緞正。(陳清雲)

　　嫻今著來開門出來看，看有阜司底磨鏡，生有拾分下緞正。(鍾德益)

　　嫻多著來開門出於來看，看有司父以磨鏡，生有十分以端正。(吳三貴)

　　聽去鐵馬響三聲，聲聲叫出磨鏡司，見伊一位風流伊人物

生有十分眞嫖緻。（陳學禮）

——（缺）——，見有一位磨鏡伊司子，生做有這拾分伊端（斷）（斷）正。（劉悶）

1.〈著〉應是〈得〉（tioh8）之擬音借字；吳本之〈多〉字與〈著〉同聲而訛。又〈於〉爲襯音。

2.陳本或因原曲詞記憶不全，故本節自行擬意改作。

3.〈司夫〉〈司父〉爲〈師傅〉之擬音俗寫，〈阜司〉則爲傳鈔誤倒。〈司子〉即〈司仔〉，學徒也。

4.〈底〉（te2）爲〈在〉之擬音俗寫〈以〉爲〈伊〉之取音訛字。

5.〈下緞正〉爲〈地端正〉之擬音借字。

6.劉本〈端〉字下附註〈斷、斷〉二寫，應係說明所見原本；與上節〈明〉下註〈名〉，用意相同。

7.〈嫖緻〉即〈標緻〉，〈嫖〉作女之故，參見②。

　　嫺今忍是馬上下官人，賞伊个肯學底磨鏡，人有底想思，益春汝來自少拎定。（陳清雲）

　　嫺今忍是馬上下官人，賞伊不肯勤學底磨鏡，人有底思想，益春汝來自少吟定。（鍾德益）

　　多認是馬上以官人，想伊不輕學以磨鏡，人于得親象，益春汝著主世認定。（吳三貴）

　　簡他認是馬上伊官人，爲何來者學這磨鏡，人爲汝想思，不汝益春自世認定。（陳學禮）

　　嫺認是人上伊官人，想伊夜前去學慶學磨鏡，人有這相似，不你益春你著仔細仔細探聽。（劉悶）

1.〈簡〉爲〈嫺〉之擬音借字，〈忍〉爲〈認〉之形近訛字。

2.〈馬上下官人〉即〈馬上的官人〉，其他各本皆同。案，表

所有格之〈的〉，本地俗寫有〈兮〉〈个〉二種，讀作 e5。

3. 〈賞〉爲〈想〉之取音訛字，〈輕〉〈慶〉爲〈肯〉（kheng2）之取音訛字。由陳學禮本之規模其意爲〈爲何來這學這磨鏡〉一句，推測原文應爲〈想伊不肯勤學，在磨鏡〉，則陳淸雲本之〈个〉爲〈不〉之形近訛字。

4. 劉本〈夜前〉爲〈也曾〉之取音訛寫，取〈前〉之白音 cheng5 代〈曾〉之文音 cheng7。

5. 〈想思〉爲〈相似〉之取音訛寫，〈思想〉則又倒錯之，〈親象〉則改文言爲口語。

6. 〈自少拎定〉〈自少吟定〉〈主世認定〉〈自世認定〉皆取〈仔細認定〉之文音而訛。案，〈認〉之泉音爲 gim7，與本地之泉音 lin7，漳音 jin7 有別，故此處當係取泉州本音而另作〈吟〉〈拎〉。〈不你〉爲襯音。

㈢書寫有一封

寫珠一邦，羅凡是我親小妹，汝來爲我斷送。（陳淸雲）

寫珠一杍，羅凡是我親小妹，汝來爲阮又斷送。（鍾德益）

寫詩好有一邦，羅凡小妹爲我來斷送。（吳三貴）

書今寫了落筆封，勞煩小妹爲阮傳送。（陳學禮）

書寫了有一封，勞煩我小妹，你著爲阮傳送。（柯來福）

寫書一擔，勞元是阮親少妹，一來爲阮一斷粽。（郭昭宗）

1. 〈珠〉〈詩〉皆爲〈書〉之訛，致誤原因爲〈書〉之文音有三讀，分別爲〈su〉〈si〉〈chu〉取音而訛也。

2. 〈邦〉〈杍〉〈擔〉皆爲〈封〉之訛。案〈邦、杍〉皆因形近於〈封〉而誤，而〈擔〉則又因其簡寫爲〈担〉形近於〈杍〉而訛，然後又將〈担〉還原爲正字也。

3. 〈羅凡〉〈勞元〉皆因取〈勞煩〉之音而訛。

4.〈斷送〉〈斷粽〉皆因擬〈傳送〉之音而訛。

5.〈一來爲阮一斷粽〉之〈一〉字爲襯音，同〈于、伊、於〉等。

底時流水落花有賓准，我來爲君汝來發業，蔭我想思病成重。(陳清雲)

底是流水落花有賓准，我爲君汝發業，蔭我相思病成重。(鍾德益)

落花流水無憑准，早時工來相拸悮，我不敢問汝問汝阿娘割成人，年已再三又相逢，害我相思病者重。(吳三貴)

流水落花無憑準，許時法配相思病重，恁去再三上紅。(陳學禮)

流水落花無憑准，拙詩法業，阮想思病障重，你去倆相上福，恁厝阿娘甲伊莫得意，怙來云杀。(柯來福)

流水落花有朋準，紙錢那尾夷君發尹念，念阮想絲病者重。(郭昭君)

1.〈賓准〉〈朋準〉爲〈憑準〉取音訛寫。〈流水落花無憑準〉取〈底時流水落花有憑準〉之意而改作，郭本則脫〈底時〉而誤。

2.〈我來爲君發業，蔭我相思病成重〉一句，陳清雲本與鍾本仿彿而較其他各本爲簡，或係約取文意而改作。〈成〉音chiang5，擬〈眞正〉之合讀音④而作。〈蔭〉則取〈引〉之音而訛。又，各本於此處紛亂不一，陳清雲本與鍾本約取其意改作之故或在於此。〈拙詩〉〈紙錢〉或因〈許時〉音變而訛。〈早時エ來相拸悮〉爲〈總是會來相擔誤〉之訛，〈エ〉音e7，以日本片假名記音也；〈拸〉因〈担〉而訛，〈悮〉爲本地常見代〈誤〉之俗寫。〈年已再三又相逢〉或爲〈如今

再相逢〉之訛。案，閩南方言常有一字文白二讀運用以表加
強語氣之俗⑤，〈三相逢〉即〈相相逢〉，前一〈相〉讀白音
為 SaN，故取音作〈三〉；陳學禮本作〈三上紅〉，柯本作
〈相上福〉，皆因此取音而訛。〈年己〉取〈而今〉之音而訛，
柯本〈怙來云杀〉疑為取〈又來分煞〉之音而訛。郭本〈紙
錢那尾夷君發尹念〉之〈夷〉〈尹〉或為襯音，〈尾〉擬
〈欲〉之音（beh4、boeh4）而訛。〈想絲〉取〈相思〉之音
而訛。

　　勸汝三哥仔恩緣阿無三成就，就个敢卜來埑阮，埑阮恩
　義。（陳清雲）
　　勸汝三哥無苦傷悲，彼作汝下心肝鋰成鐵，嫺來勸娘軟
　成？勸汝三哥仔恩緣阿無三成愛，不？卜來埑阮怨阮恩
　義。（鍾德益）
　　小妹有主義，再勸阿娘心肝軟成硬，乎汝二邊姻緣相將
　受，汝道敢嗎我益春較不是。（吳三貴）
　　勸阿娘莫得去杀人，勸三哥莫得苦傷悲，恁小妹捴（總）
　然有主意，因緣成就，尔不通忘我恩義（陳學禮）
　　人勸三哥你亦莫得心酸，勸我三哥你亦莫得苦傷悲，我益
　春總然有只主意，阮限娘伊人心肝硬成鐵，小妹定卜勸伊
　軟成綿，姻緣那卜成就，不可來忘阮恩義，恁二邊那卜成
　事，不通來忘阮恩義。（柯來福）
　　勸你三哥也無苦傷悲，造伊心肝硬正鐵，問來勸娘軟正
　麵，勸你姻緣那無三傷，雖無加未來亡阮阮了陰意。（郭
　昭君）

1.此段文字繁簡出入較大，而以柯本內容較為完備。以下校勘
　以之為本。約取文意之處茲不一一。

2. 〈勤〉爲〈勸〉形似訛字。〈鋏〉爲〈硬〉之形近訛字。〈硬正鐵〉之〈正〉取〈成〉之白音而訛。〈軟正麵〉之〈麵〉因〈綿〉之音而訛。郭本〈問來〉之〈問〉或因泉音〈卜〉（欲）讀爲 boh4，與漳音〈無〉（bo5）近，再訛爲〈問〉（mng7）。〈造伊〉之〈造〉爲〈做〉之取音訛字，而〈做〉又爲〈準做〉（就算做是）之省語。

3. 〈因綠〉之〈綠〉爲〈緣〉之形近訛字。〈朢〉爲〈望〉之俗寫字，而〈望〉又爲〈忘〉之取音訛字。柯本〈那卜成就〉爲〈若欲成就了後〉之省，其他各本則因泉音〈卜〉（欲）與漳音〈無〉相近，遂訛爲姻緣若無成就則勿因此遂忘卻吾恩義云云。

4. 陳淸雲本〈無三成就〉之〈三〉取〈相〉之白音而訛。鍾本〈無三成愛〉之〈愛〉先因取〈就〉之音訛爲〈受〉，再因〈受〉之形而訛爲〈愛〉。郭本〈勸你姻緣那無三傷，雖無加未來亡阮阮了蔭意。〉，應以〈雖〉斷句，〈傷雖〉，相隨也；全句爲漳人擬泉音而記，本意或爲〈勸你姻緣若無相成就，莫又來忘我恩義〉。案，綜觀郭昭君本，雖文意難解，然多存泉音面貌，亦有其功。

㈣鼓返三更

鼓返三更，阮卜腰君去捆，衣裳萬脱，阮卜共君親蓆羅。（陳淸雲）

彭返三更，腰君去困，衣裳萬脱，共君親蓆羅。（鍾德益）

鼓返三更，阮卜邀君去眠，衣裳慢脱，阮卜任君恁所爲。（陳學禮）

鼓返三更，阮卜搖君來去睡，衣裳慢脱，阮卜任君任所爲。（柯來福）

故返三更，我要腰君來去睡，衣牆慢湯，不和你衣牆萬湯，同君親所如。(盧蓮花)

鼓返三伊更，阮卜搖君去眠(寢)，衣裳慢脫，不你衣裳慢脫，阮卜恁(忍)君忍所做。(劉悶)

鼓轉三更，搖君入綉房，因墙萬當，不嗎，你因墙萬當，同君親楚落。(郭昭君)

阮是賣招君入來眠，衣穿尾湯，衣穿湯好，任君你所爲。(李榮春)

1. 「彭」形近於〈鼓〉而訛，〈故〉取〈鼓〉之音而訛，〈梱〉形近於〈眠〉而訛，〈困〉爲取音，〈睡〉則擬意。

2. 〈腰、搖〉皆取〈邀〉之音而訛。〈賣〉取〈卜〉之音而訛。

3. 〈萬〉取〈慢〉之音而訛。〈湯、當〉取〈脫〉之白音而訛。〈尾〉取〈卜〉之泉音(boeh)而訛。〈因牆、衣牆〉取〈衣裳〉之音而訛。〈衣穿〉之〈穿〉因形近於〈裳〉而訛。

4. 末句應以〈阮卜任君你所爲〉爲正，唯本地女子常以本用以稿多數之〈恁(lin2)〉代替稱單數之〈你〉之習，故陳學禮本以〈恁〉代你；而柯本則因形近訛爲〈任〉，其他各本則又因音近訛爲〈親〉。〈蘇〉、〈楚〉皆因取〈所〉音而訛。〈羅〉因先取〈爲〉之音近訛字〈維〉而增筆形訛。〈落〉則又因取〈羅〉之音而訛。〈如〉則因與〈爲〉之行草體相近而訛。〈楚落〉則取〈蘇羅〉之音而一誤再誤。〈忍〉亦取〈任〉音且意義可通而訛。

軒開羅帳，鼻著一淮清香味，秀枕三排，鳳枕三排，鸞鳳三相隨，雙人恩愛做卜一情伊好。(陳清雲)

獻開羅帳，鼻著一淮清香味，秀枕三排，不汝鳳枕三排，鸞鳳三相隨，雙人恩愛，做卜一場恩好。(鍾德益)

撤開羅帳，一拵清香味，鳳枕相排，繡枕障相排，恰似鸞
鳳相隨，雙人恩愛，做卜情深意好。(陳學禮)

掀開羅帳，鼻著一＊清香味，繡枕雙排，放枕雙排，阮卜
鸞鳳來相隨，雙人做伙儘心伊好。(柯來福)

掀開如張，一陣清香味，秀枕三拜，不給你秀枕我三拜，
亂紅三常隨，雙人意味，做要眞情情意好。(盧蓮花)

現開羅帳，一瞬（陣）清香味，鳳枕相排（拜），不你秀
枕伊相排（拜），覎是變鳳相相隨（隨），貳人恩伊愛，做
卜情深意好。(劉悶)

現開老場，一存清香味，綉嬙三拜不嗎你綉嬙三拜搖君來
去困，戀黃三傷雖，双人造來近前医好。(郭昭君)

玄開羅衣場，鼻到一陣清香味，秀忱燒排，不是鳳忱燒
排，親像戀鳳得燒隨。(李榮春)

1. 〈軒、獻、現、玄〉皆取〈掀〉之音而訛，〈撤〉則因〈掀〉
之形而誤。〈如張、老場、羅場〉皆取〈羅帳〉之音而訛，
〈羅衣場〉之〈衣〉則爲襯音誤爲實字。

2. 〈准、拵、怰、瞬、存〉皆因取〈陣〉之白音而擬音用字，
〈拵、怰〉所以另附偏旁之故理由參見註　。

3. 〈秀枕、秀忱、繡嬙〉皆取〈綉枕〉之音而訛。〈三排、雙排、
三拜〉即〈相排〉，〈相〉字之白讀有漳泉之別，漳音讀 Sio，
泉音讀 SaN，因本曲以泉音爲準，漳人遂擬泉音而借字表音
作〈三〉；作〈雙〉則擬〈相〉之文讀且其義可通故訛變。
〈綉枕障相排〉之〈障〉因擬襯字〈將〉之音而訛。〈放枕〉
之〈放〉因〈鳳〉之音而訛。〈不給你秀枕我三拜〉之〈不
給你〉則因誤將襯音之〈不你〉視爲實字，遂加〈給〉使之
意義可通。

4. 〈三相隨，三常隨〉即〈相相隨〉，文白二讀連用而誤，說見註⑤。〈蛤是〉取〈恰似〉之音而訛，〈蛤〉即〈蛤〉之俗字，讀爲 Kap4。〈亂紅〉〈戀黃〉取〈鸞鳳〉音而訛。〈變鳳〉之〈變〉則形近於〈鸞〉而訛。〈隨〉因形近於〈隨〉而訛。〈傷雛〉〈燒隨〉取〈相隨〉之音而訛。

5. 〈情伊好〉之〈伊〉因〈意〉之音而訛，〈前醫好〉取〈情意好〉之音而訛，〈意味〉即〈意欲〉，〈味〉擬〈欲〉之文音 bi7 而訛。

> 靈哇萬啼，阮卜腰君則到天光，記得阮卜腰君雙人治底落眠，抱君來去捆。（陳清雲）
>
> 靈哇萬啼，阮下腰君到天光，記得阮卜腰君三腰三覽，治低落眠，抱君來去困。（鍾德益）
>
> 靈雞慢啼，雞聲且慢啼，即會解得阮心意，氣於阮邀君雙人只處落眠好眠。（陳學禮）
>
> 靈雞慢啼，金雞慢啼，改得阮心意，雞啼阮君雙人相搖相招，當落眠好去睡。（柯來福）
>
> 龍雞萬啼，不給你龍雞我萬啼，我要腰君到天光，記得我腰君三？三腰是的了眠。（盧蓮花）
>
> 龍雞慢啼，不你龍雞慢啼，即卜改阮心意，乞維（意）阮搖君相搖相招（誘），只處落眠伊正好去寢（眠）。（劉悶）
>
> 龍雞慢啼，不嗎你龍雞慢啼，搖君加天光，見得搖君三腰三男，得地落你和君去困。（郭昭君）
>
> 金雞早伊啼，雞晚啼，請君成意，不是請君成意，阮吃賣伴君過五更，你你那阮相人燒招同地一落眠，同地好去眠。（李榮春）

1. 〈龍雞〉即〈靈雞〉，漳音〈龍〉讀爲 leng5，此爲漳人取音

而訛；〈金雞〉即公雞，以其項羽璀璨，故又稱〈金雞〉。〈萬〉擬〈慢〉之音而作簡筆〈万〉，取其便利，俗本每每如此。〈幔〉因形近於〈慢〉而訛。〈晚〉則取〈慢〉之音而訛。又〈哇〉取音 koel，取〈雞〉之泉音。

2. 據陳學禮本〈即會解得阮心意〉一句與上句文意連貫可證其他各本皆因脫落〈即會〉於是擬〈解得〉之音而訛爲〈記得〉〈改得〉〈見得〉以協文意。

3. 〈相邀相攬〉一句，各本或取音分別用字而訛變。或取意而用他字。

4. 〈治底落眠〉即在此落眠之意，鍾本〈治低落眠〉之〈低〉形近而訛，廬本〈是的了眠〉之〈是的〉亦擬音而訛，〈了〉則因或據他本擬意之〈下眠〉之〈下〉字，形近而訛。柯本〈當〉讀爲 thang1，音義無誤，然全句約取文意而省略改作。

5. 李本〈吃賣〉取〈才欲〉之音而訛。〈相人燒招同地落眠〉爲取〈雙人相招同齊落眠〉之訛。〈不是請君成意〉之〈不是〉爲襯音〈不汝〉之訛。

6. 陳學禮本與劉本之〈乞於〉〈乞維〉，其〈乞〉應爲〈阮〉之形近訛字，〈於〉〈維〉皆爲襯音。

四、結　論

歸納上節訛變之跡，就其大體而言，不外音形二途，下請分別說明之：

㈠形近而訛

形近而訛之類型可分爲減筆、增筆與變形三種。減筆如〈三哥漸寬〉鍾本〈恩象〉之〈象〉，陳清雲本〈个一時〉之〈个〉，〈代爲口氣〉之〈爲〉。〈早起日上〉陳清雲本〈臾心成〉之

〈毌〉，〈嫺今忍是〉之〈忍〉。〈鼓返三更〉郭本〈一存清香味〉之〈存〉。〈書寫有一封〉吳本〈無憑隻〉之〈隻〉等等。增筆如〈三哥漸寬〉柯本〈不肯食竻〉之〈竻〉。〈書寫有一封〉柯本〈怙來〉之〈怙〉，鍾本〈心肝鍜成鐵〉之〈鍜〉。變形如〈三哥漸寬〉各本〈怱氣〉之〈怱〉，陳清雲本與鍾本〈掠子春魚〉之〈掠〉，吳本〈相食以讚詩〉之〈讚〉。〈早起日上〉陳學禮本〈火巷影〉之〈巷〉，吳本〈提起針綿〉之〈綿〉。〈書寫有一封〉陳清雲本〈寫珠一邦〉之〈邦〉，鍾本〈寫書一杘〉之〈杘〉，吳本〈相捈悞〉之〈捈〉，陳清雲本與鍾本〈勤汝〉之〈勤〉，陳學禮本〈惣然有主意〉之〈惣〉，鍾本與陳學禮本〈因綠〉之〈綠〉。〈鼓返三更〉陣清雲本〈腰君去梱〉之〈梱〉，〈共君親蔌羅〉之〈蔌羅〉，陳學禮本〈撤開羅帳〉之〈撤〉，郭本〈龍雞幔啼〉之〈幔〉，鍾本〈彭返三更〉之〈彭〉，〈治低落眠〉之〈低〉……等等。

㈡音近而訛

　　民間歌辭抄本以記音爲要，故音近而訛爲數最夥，其類型共有四種：

1.取音而訛

　　所謂取音而訛者，蓋本字甚明或俗寫已定，然記錄者學識不足，任意採取同音或音近字記錄之謂。如〈三哥漸寬〉陳清雲本與鍾本〈卜夏釣〉之〈夏〉，吳本〈馬下釣〉之〈崗〉，吳本之〈章我〉〈夜前相食〉〈講詩〉，各本之〈代寫口氣〉。〈早起日上〉鍾本之〈火人影〉，各本之〈無心成〉，陳本〈馬上下官人〉之〈下〉，劉本〈卜上伊官人〉之〈卜〉，〈慶學磨鏡〉之〈慶〉。〈書寫有一封〉各本之〈羅凡〉〈斷送〉〈斷粽〉〈賓准〉〈朋準〉。〈鼓返三更〉各本之〈腰君〉，盧本之〈衣牆慢湯〉，郭本之〈因墻萬

當〉，李本之〈衣穿尾湯〉，各本之〈軒開〉〈獻開〉〈現開〉〈玄開〉，〈秀枕三拜〉〈繡嬬三拜〉〈秀枕燒排〉〈亂紅〉〈戀黃〉〈龍雞〉〈三腰三男〉……等等。其所取之音未必與原來之音同，而常有聲、韻、調之些微差異，茲不細述，要而言之，鄉野之人，於此則自足矣。又本字未明之口語用字只能擬音借字，無所謂訛誤，故本文略而不論。

2.漳泉異音

本地閩語主要有漳、泉二系，南管以泉語為本，車鼓係其一支，本應以泉語發音；惟其傳播所及則不以泉語區為限，於是漳人有時摹擬泉音，有時採用漳音，遂生用字不一之紛擾。如〈三哥漸寬〉〈食餌〉之〈餌〉作〈竺〉（泉）與〈字〉（漳），〈阿娘伊人果有盡心〉之作〈果〉（漳）〈古〉（泉）〈姑〉（泉）。〈早起日上〉之〈問分名〉取泉語白音。鍾本〈賞伊不肯勤學〉之取〈想〉之泉音而訛。〈書寫有一封〉之〈書〉取泉音而作〈珠〉，取漳音則作〈詩〉，尤其〈姻緣那卜成就〉之〈卜〉（欲）字泉音與漳音〈無〉相近，遂導致文意相違。〈鼓返三更〉李本〈衣穿尾湯〉之〈尾〉為漳人擬泉音而作，〈燒招〉之〈燒〉取漳音，〈三腰〉之〈三〉則取泉音……等等。

3.文白混用

閩南語文白混用之現象甚盛，且常因人因地而任意使用⑥，為區別文白遂常另取一字以代替較不習用之文音或白音，於是徒滋閱讀之困擾。如〈三哥漸寬〉之〈不二世〉之〈世〉讀白音遂誤為〈時〉，〈也曾相似〉不明文音用字遂取音記為〈夜前相食〉。〈早起日上〉之〈心情〉讀白音，遂取音而訛為〈心正〉〈心成〉，〈聽見〉之〈見〉讀白音而訛為〈去〉，〈有這相似〉之〈相似〉讀文音而訛為〈相思〉。〈書寫有一封〉之〈硬成鐵〉之〈成〉讀

白音而訛為〈正〉。〈鼓返三更〉〈相排〉之〈相〉讀白音而訛為〈三〉，讀文音而訛為〈雙〉，〈三相隨〉〈三常隨〉則因文白連用之俗而訛變……等等。

4.歌唱特性

　　南管唱法凡長聲處皆聲、韻分開而讀，以致口耳相傳之際時有脫落或偏重，於是筆之於書遂生訛變。如〈三哥漸寬〉〈想咱姻緣無二世〉之〈想〉失其聲讀而訛為〈有〉〈養〉，〈阿娘古子盡心〉之〈子〉則因涉〈盡〉之聲讀而衍增。〈早起日上〉之〈花弄影〉因失〈弄〉之聲讀而訛為〈巷〉……等等。其他因襯音竄入正文如〈以、伊、於、維、不汝、不你……〉等，尤為習見，凡此亦每每造成文意之誤解。

　　總結以上校勘其可得而言者為，台灣歌辭抄本之訛誤變化，大致不脫我國古來文字因形因音而訛變之大傳統，然而其中則又有因方言、文白混同與歌唱特性而訛變之地區小傳統。或可引為吾人訓釋古籍或其他地區民間文學文獻記錄之參考。

【註　釋】

①〈卜〉音 pook4 或 pak4，與所表示之音 beh4 聲韻相差甚遠；案，其他歌辭抄本屢見以日文片假名〈メ〉擬音者，疑〈卜〉為〈メ〉之變，以筆畫簡省故人人樂用之而約定俗成矣。又洪惟仁氏以為閩北語〈卜〉讀 pok4，與〈欲〉之泉音 boh4 相近，故擬音借〈卜〉。

②我國文字音義兼具一身，假借字音常恐讀者望文生義，於是本地作者常於易望文生義之借字附加偏旁，以表示絕為借音之用意；故用〈竺〉而不用〈二〉。又，附加偏旁之目的尚有表示改變聲符讀音之作用，藉以彌補符未能與所欲假借之音完全彌合之病；其所附加之偏旁亦有隨句意變化或任意使用等數種條理，詳見筆者 82 年 5 月政治大學舉辦之〈俗文學會議〉

論文〈從台灣民間辭俗寫形聲字談義符兼指示變音〉。

③南管歌辭唱法凡長聲處皆聲韻分開而唱，入聲字則聲部唱音遲緩而收音短促，故歌者若不明歌詞本字，但憑口耳相傳，不免滋生誤會。

④本地常用語言合讀之風甚盛，不明其理往往即音造字，如〈未會〉合爲be7 或 boe7，寫作〈𣍐〉〈𣍐〉或〈賣〉；〈給伊〉合爲 kai，寫作〈該〉〈皆〉；〈予人〉合爲 hong5，寫作〈逢〉〈黃〉……等等，詳見拙著82年3月國立師大第一屆台灣語文會議論文〈台語文學用字之商榷〉。

⑤台灣文白二讀連用之現象常用以表示加強語氣，除〈相相逢〉外，尚有如〈當（白）當（文）時〉〈現此時〉〈落（白）落（文）去〉〈婦人（文）人（白）〉……等。

⑥如〈企站在路口〉之〈站〉文音爲 cham7，習用於〈車站〉於是白音tiam3 遂又取音作〈店〉或〈怗〉。如〈時常〉之〈常〉習用於文音siong5，於是又爲白音 tian7 取音作〈定〉。台語用字之紛擾常因不明一字可以兼容文白二音之理另行造字而滋生，詳見拙著〈台語文學用字之商榷〉。

辭典訓詁謬誤舉例四種

季旭昇

訓詁的最實用的目的是解釋字詞，把這些解釋收集在一起的工具書便是辭書。現代學術發達，各種辭書層出不窮，對使用者是莫大的福音。然而編辭書是一種吃力不討好的工作（國科會等單位到目前還不肯補助工具書的編纂），沒有非常淵博精湛的學術造詣是無法勝任的。其次，辭書又是一種與時俱進的工具，隨著學術的進步，它也必需隨時增補修改。因此先進國家著名的詞典往往是由國家組成固定編制的編纂機構，集合全國各界最優秀的學術人材，每隔一段時間便展開修訂的工作，其權威性當然足以讓人信服。我們國家近代長期動盪，國家建設還未臻於完善，國家辭書編纂機構不知何時能成立，因此表現在辭書編纂上的缺點當然在所難免。以下本文以世面上容易見到的、或比較有名氣的辭書為對象，挑出四種有缺點的詞目，藉以凸顯辭書編纂之難以及成立國家辭書編纂機構的急迫性。

一、字義解釋錯誤

【略跡原心】謂原諒其居心而不苛求其形跡也。

—— 中文大辭典

【略跡原情】lue ji yuan qing 撇開表面的事實，從情理上予以原宥。魯迅《我之節烈觀》：「萬一幸而遇著寬厚的道德家，有時也可以略跡原情，許他一個烈字。」

—— 中國成語大辭典

　　案：這兩條成語的文法結構及文義應該是完全一樣的，二書都把「原」字解成「原諒」、「原宥」，恐怕是不太恰當的。《說文解字．十一篇下》：「灥、水本也。从灥出厂下。原、篆文从泉。」段玉裁注：「後人以原代高平曰邍之邍，而別製源字爲本原之原，積非成是久矣。」據此，「原」字是水源之「源」的本字，當動詞用則義爲「探源」，這是「原」字最普通的用法，《易．繫辭下》：「原始要終。」《墨子．非命上》：「原察百姓耳目之實。」《禮記．王制》：「凡聽五刑之訟，必原父子之親、立君臣之義以權之。」韓愈文＜原道＞、＜原毀＞，都是用的這個意思。

　　「原」字開始有新的意義—— 「赦免」，大約是從後漢開始的，我懷疑它本來是法律用語，目前所能見到最初的這個用法幾乎都是屬於政法方面的事：

　　1.《後漢書．郭杜孔張廉王蘇羊賈陸列傳第二十一．羊續傳》：「（羊）續復擊破之，斬首三千餘級，生獲渠帥，其餘黨輩原爲平民。」章懷太子注：「原、免也。」

　　2.《後漢書．陳王列傳第五十六．陳蕃傳》：「蕃因朝會，固理膺等，請加原宥，升之爵任。」

　　3.《後漢書．儒林列傳第六十九．楊倫傳》：「詔書以倫數進忠言，特原之，免歸田里。……遂徵詣廷尉，有詔原罪。」

　　4.《後漢書．獨行傳第七十一．范冉傳》：「是時西羌反叛、黃金作難。制諸府掾屬不得妄有去就，冉首自核退，詔書特原不理罪。」

　　5.《宋書．本紀第三．武帝紀下》：「其大赦天下……逋租宿債勿復收；其有犯鄉論清議、贓汙淫盜，一皆滌蕩洗除，與之更始；長徒之身，特皆原遣。……三年春正月甲辰朔，詔刑罪無輕

重，悉皆原降。

6.《宋書·本紀第八·明帝紀》：「可大赦天下……逋租宿債勿復收；其有犯鄉論清議、贓汙淫盜，並皆洗除；長徒之身，特賜原遣。……泰始春……二年……三月癸丑，原赦揚、南徐二州囚繫，凡逋亡一無所問。

7.《魏書·卷一百十一·刑罰志》：「高宗……和平末，冀州刺史源賀上言：自非大逆手殺人者，請原其命，謫守邊戍。」

8.《舊唐書·卷八·玄宗本紀》：「七年……秋七月丙辰，制以亢陽日久，上親錄囚徒，多所原免。」

從楊倫傳、武帝紀、明帝紀來看，「赦」、「原」、「免」顯然是不同的法律術語，「赦」的範圍比較廣，「原」的意思是免罪，「免」則是免官職。「原」字的用法和後世的「原諒」一義，並不完全相等。

「原」有「免罪」的意思的最早時代，據注疏家說，可以推到東周時期。①《莊子·天道》：「是故古之明大道者，先明天而道德次之，道德已明而仁義次之，仁義已明而分守次之，分守已明而形名次之，形名已明而因任次之，因任已明而原省次之；原省已明而是非次之，是非已明而賞罰次之。賞罰已明而愚知處宜，貴賤履位，仁賢不肖襲情。」《成玄英疏》：「原者、恕免；省者、除廢。」《陸德明釋文》：「原、除；省、廢。」按成、陸二家的意思，「原」字釋為恕免、除，與漢以後的「原宥」用法相同，這應是「原」字用為免罪義的最早出處了。但是成、陸二家的這個解釋實際上是不可信的，因為《天道篇》此段文字的層次非常明白，古之明大道者，在明天、道德、仁義、分守、形名、因任之後，接著是明原省，然後才是明是非、明賞罰。「原省」是一個聯合式合義複詞，意思是「推究省察」②，「推究省察」之後

才知道是非，才能知所賞罰。因此《莊子》此節的「原」字不該解釋爲「恕免」。

「原」字「免罪」的意思最早可能是從「環」字假借來的，秦《睡虎地秦墓竹簡‧法律答問》：「免老告人以爲不孝，謁殺，當三環之否？不當環，亟執勿失。」整理小組說「環」讀爲「原」，寬宥從輕，古時判處死刑有「三宥」的程序，見《周禮‧司刺》，《三國志‧魏書‧張魯傳》有「犯法者，三原然後乃行刑」的記載。③當然，「環」的本義也不是寬宥，它可能是從「寬、緩、謥」等音義假借而來，這是一個還有待探究的問題。

以文言的結構來看，「略跡」和「原心（情）」是並列的兩個詞結，所要表達的內容完全一樣，不過一個指涉的是外在的現象，一個指涉的是內心的世界罷了。外在的現象和內在的世界通常不完全相等，所以「略跡」是要人不要管那外在的現象；「原心（情）」則是要人去探求那內心的世界。「跡」與「心（情）」相對的，「略」與「原」也是相對的。如果照《中文大辭典》等一般的解法：「謂原諒其居心而不苛求其形跡也」、或「撇開表面的事實，從情理上予以原宥」，都不能把「略跡」和「原心（情）」相對的張力表現出來。如果外在的事實和內心的用意不是對立的，那麼「形跡」不可以原諒、「居心」當然也不可以原諒，爲什麼可以「原諒其居心而不苛求其形跡」？

一九九一年六月出版、我最近買到手的《漢語大詞典》第七卷也收有「略跡原情」這一條目，解釋如下：

> 撇開表面的事實，從情理上加以原諒。蘭陵憂患生《京華百二竹枝詞》之六二：「討錢童子亂攔人，略迹原情總爲貧。」。魯迅《墳‧我之節烈觀》：「萬一幸而遇著寬厚的道德家，有時也可以略跡原情，許他一個烈字。」

　　《漢語大詞典》所引《京華百二竹枝詞》是否「略迹原情」最早的出處，還不能確定，但《竹枝詞》二句的意思翻成白話是說：「討錢童子亂攔人，很讓人厭煩，但我們不追究他攔人的這一點，而深入探察他攔人的原因，還不都是因貧窮啊！」如果把「原情」解成「從情理上加以原諒」，那《竹枝詞》這二句就嫌迂曲拗口了。再說一個成語的形成，總是前有所承的，傳統有「原心」一詞，其含義是「推原本心」，《漢書‧何武王嘉師丹傳第五十六‧王嘉傳》：「聖王斷獄，必先原心定罪、探意立情，故死者不抱恨而入地，生者不銜怨而受罪。」又有「原情」一詞，其含義是「推原實情」，《後漢書‧卷十一‧邳彤傳》：「凡言成事者，以功著易顯；謀幾初者，以理隱難昭，斯固原情比迹，所宜推察者也」從訓詁史的角度來看，一個成語的組成多半會繼承他所沿用的舊詞的既有詞義，因此「略迹原心（情）」一詞解成「撇開表面的事實，推察他的用心（實情）」，應該比舊的解釋要好一點吧。

二、釋義不夠精當

【寢疾】猶言臥病。《禮記‧檀弓上》：「蓋寢疾、七日而沒。」《穀梁‧莊‧三十二》：「公薨于路寢。路寢、正寢也。寢疾居正寢，正也。」《韓詩外傳‧三》：「六月，文王寢疾五日。」

——中文大辭典

　　案：本條釋義不精當。「寢疾」的「寢」不是臥的意思，它是「癮」的省體，意思是「病臥」，翻成白話是「病得爬不起來」，因此「寢疾」是一個聯合式合義複詞，意思就是生病，而且應有生重病的意思。如果解成「臥病」，因為「寢」的現代常用義是睡覺，很容易讓人以為「寢」就是「臥」，「疾」就是

「病」。解成「臥病」，不但病的嚴重程度降低了，而且「臥病」一詞在文法上似乎有點不通－－雖然後世從這個不妥當的解釋產生了「臥病在床」這一條成語。後人把「寢」和「寢」字混淆了，寢的意思正是臥，於是「寢疾」也就由「病臥」變成了「臥病」。最早這樣誤解的似乎是王逸，《楚辭章句》在東方朔＜七諫・謬諫＞的「身寢疾而日愁兮」句下注：「寢、臥也。」這個注當然是錯的。

　　《說文解字・七篇下》：「寢、臥也。从宀、侵聲。寍、籀文寢省。」段玉裁注：「李善引《論語》鄭注：『寢、臥息也。』臥必於室，故其字从宀。……今人皆作寢。寢乃寢部寢字之省，與寢異義。」又《說文解字・七篇下》：「寢、病臥也，从寢省、寍省聲。」段玉裁注：「寢者臥也，寢者臥病也，此二字之別，今字概作寢矣。」段氏注區分寢、寢（寢）二字，說得非常清晰精當。寢是尋常臥息，其字从宀。寢則是病臥，其字从寢省。寢字《說文》釋爲「寐而覺者也」，今人都以夢字替代，字形上的意義比較不能彰顯。因爲寢字小篆的字形本是「从宀、从疒、夢聲」，可見古人以寢爲與疾病相近的一種形態。寢字在甲骨文中作　，从爿，象一人臥而手舞足蹈，夢魘之狀如繪（《甲骨文字集釋》第七頁二五一四李孝定先生說），所从爿即床之初文。關於古代床和疾病、夢魘的關係，許進雄先生《中國古代社會》中有一段話說得很明白：「商人相信夢是精靈引起的。精靈能降災禍，所以也相信夢能招致疾病。……很多未開化的民族，遇有重大事情要決定時，如出獵、遷移等，會乞靈於夢境的指示。但作夢對有些人並不是經常能發生的，發生了也不一定能記得住夢到的事件。故有些人以挨餓或吃藥物，讓精神恍惚而易於作夢。在甲骨文，夢與疾都以臥在床上表意。商代的人一般睡於地上，床是種

與死亡儀式有關的東西。因此有病重時要睡到床上等死，以免死於不正當場所的習慣。古時由於醫藥不發達，死亡率很高。一有病就得作最壞的打算，讓病者睡到臨時作的床上。旁人一見到床就明白什麼事，故才以睡於床上表示疾病的意義。很可能夢字的創義也源自讓精神恍惚，睡臥床上，以備與精靈世界相會而得指示的習俗。」（第十六章疾病與醫藥，第三八四、三八五頁），因為挨餓、吃藥到精神恍惚以祈得夢，祈夢者很容易導致死亡，所以對祈夢者採取和得了重病一樣的處置，睡在床上，這是可以理解的。綜合這樣的背景，我們可以了解甲骨文的「瘳」字為什麼从爿、小篆的「瘺」字為什麼从疒、「𤕲」字為什麼从瘳。當然，我們也可以了解為什麼《說文》釋「𤕲」為「病臥」，病到要臥在床上，應該是蠻重的病。後世省「𤕲」為「寢」，又與訓臥的「寢」字相淆亂，「寢疾」就不容易看出有重病的意思了。

　從文獻上來看，「寢疾」是情況相當嚴重，甚至於很難度過的疾病，因此這個詞本來應該寫作「𤕲疾」，而不是「寢疾」。隨手舉幾個明顯的例子，如：

　1. 《左傳‧昭公七年》：「鄭子產聘于晉，晉侯有疾，韓宣子逆客，私焉，曰：『寡君寢疾，於今三月矣，並走群望，有加而無瘳。』」

　2. 《禮記‧檀弓上》：「曾子寢疾，病。……反席未安而沒。」

　3. 《禮記‧檀弓上》：「孔子蚤作，負手曳杖，逍遙於門，……夫子曰：『……予將殆死也。』蓋寢疾、七日而沒。」

　4. 《禮記‧檀弓上》：「成子高寢疾，慶遺入，請曰：『夫子之病革矣……。』子高曰：『……我死，則擇不食之地而葬我焉。』」

　5. 《禮記‧檀弓下》：「季武子寢疾，……及其喪也，曾點倚其門而歌。」

6.《禮記・檀弓下》：「衛有大史曰柳莊，寢疾，公曰：『若疾革，雖當祭必告。』」

7.《禮記・檀弓下》：「陳乾昔寢疾，屬其兄弟，而命其子尊己曰：『如我死，則必大為我棺，使吾二婢子夾我。』」

8.《穀梁・莊・三十二》：「公薨于路寢。路寢、正寢也。寢疾居正寢，正也。」

以上幾條，除了《左傳》所記的晉平公拖到昭公十年才去世外，其餘的都是在記下「寢疾」之後不久就溘然而去了。即使是晉平公多活了幾年，當他寢疾的時候，大家為他「並走群望」，而他的病情卻「有加無瘳」，令韓宣子非常緊張，這顯然不是普通的病。因此「寢疾」一詞應該解為「生了重病」，它比「生病」重、比「病革」輕，它可以解成「病臥」，但不應該是王逸以來所理解的「臥病」。

「寢病」的意義和「寢疾」相近，一般字典也是解為「臥病」，缺點同樣是不夠精當。

三、引例斷句不當

【進退無據】jin tui wu ju 前進、後退均無所憑依。《後漢書・樊英傳》：「而子始以不訾之身，怒萬乘之主；及其享受爵祿，又不聞匡救之術，進退無所據矣。」《晉書・周處傳》：「邪正失所，進退無據，誠國體所宜深惜。」宋・王禹偁《讓西京留守表第四表》：「臣伏奉今月某日第三道批答，不許臣讓恩命，令斷來章者上言，則是拒命受寵，則是要君憂惶失圖進退無據。」

——中國成語大辭典

案：本條引王禹偁《讓西京留守表第四表》一段，斷讀簡直

不知所云，依鄙見，這幾句應該這麼讀的：「臣伏奉今月某日第三道批答，不許臣讓恩命，令斷來章者，上言則是拒命，受寵則是要君，憂惶失圖，進退無據。」經查一九八九年四川大學古籍整理研究所編的《全宋文》第四冊第三〇七頁斷句和鄙見完全一樣，文義較爲明白。另外，《中文大辭典·金部·十二畫》：「【鐘鼎】鐘與鼎也。古視爲重器、輒銘鏤文字於其上、今因稱其文曰鐘鼎文。參見鐘鼎文條。《周禮·考工記·輈人》：『金有六齊六分、其金而錫居一、謂之鐘鼎之齊。』」案：此處引《周禮·考工記》文應讀爲「金有六齊，六分其金而錫居一、謂之鐘鼎之齊。」即銅與錫的比例是六比一。商代著名的《司母戊大鼎》銅與錫的比例是 84.77/ 11.64 ④，和《考工記》所說的比例是相當接近的。

四、未吸收現代的學術研究成果

【眉壽】人年老者眉有豪毛秀出，故稱長壽之曰眉壽。《詩·豳風·七月》：「爲此春酒，以介眉壽。」《傳》：「眉壽、豪眉也。」《疏》：「人年老者、必有豪毛秀出。」《詩·小雅·南山有臺》：「遐不眉壽。」《傳》：「眉壽、秀眉也。」

——中文大辭典

案：長壽而必以眉毛爲特徵，恐怕完全接受的人並不多。事實上，銅器中這一個意義的詞都寫作「鸞壽」，沒有一個寫作「眉壽」的，可見得在周人所記錄的第一手資料中，「鸞（眉）壽」並不是藉著眉毛秀出來形容人的長壽。從本義上看，作「鸞壽」也好，作「眉壽」也好，都是假借字，在其他典籍上還有作「麋壽」、「微壽」的⑤。徐中舒引《方言·一》：「眉、老也，東齊曰眉。」以爲「此當指眉壽之眉，訓老蓋其本義。」⑥這個說法恐怕是說不通的，「眉」字的本義沒有「老」的意思，《方言》此處

的「眉」字可能只是一個假借字。否則，如果「眉」字可以引伸出「老」的意思，那和毛傳、鄭箋、孔疏的解釋實相去不遠。李孝定先生以為「釁、眉、麋、微」等字都是「徽」的假借：「釁壽一辭，疑當讀為徽，訓為美，美善之壽，猶言多壽、魯壽、永壽也，眉壽、麋壽、微壽之解並同。」⑦林潔明以為李說無徵：「李孝定謂釁讀為徽、美也。則以為尚差一間。釁讀為徽，亦是假借義，且於古無徵。按《周禮·春官》『女巫掌歲時祓除釁浴』，鄭注：『歲時祓除，如今三月上巳如水上之類。釁浴謂以香薰草藥沐浴。』則知釁浴為古代一種習俗，於歲時沐浴以祓除不潔、邪惡及禍害。引申之則釁浴有求福、求善之意。釁壽殆即用此引申義，殆即福壽、魯壽之意。」⑧案：林氏指出李孝定先讀釁為徽，亦是假借義，這是對的。但他又提出「釁壽」當讀「釁壽」，並以周禮釁浴引伸為求福求善說之，亦是無徵。事實上，眉壽、釁壽、麋壽、微壽都是「釄（彌）壽」的無本字假借，因為此義初起，倉猝之間無本字可用，於是用眉、用釁、用麋、用微，罄無不宜，先師魯實先先生《文字析義·三》：「卜辭之湄日，詩之彌月（魯頌·閟宮）、眉壽（豳風·七月，小雅·南山有臺，周頌·雝篇、載見，魯頌·閟宮，商頌·烈祖），皆釄之假借。蓋以古無釄字，故假湄、眉為之，湄日、彌月謂終日、終月，眉壽義同長壽、永壽。詩七月傳曰『眉壽、豪毛也』，其說失之。」⑨說當可從。

　　遍檢各家辭典，只有《中文辭源》在「眉壽」條下的解釋稍稍注意了現代的研究成果：

　　　　【眉壽】頌祝語，長壽之意。周代金文銘刻有「萬年眉壽」、「眉壽無疆」、「眉壽永命」等語。「眉」字本為同音假借，舊說或以為年壽高者眉長是壽徵，故曰眉壽。《詩

‧豳風‧七月》：「爲此春酒，以介眉壽。」又《商頌‧烈祖》：「綏我眉壽，黃耇無疆。」參閱清朱駿聲《說文通訓定聲‧履部》「眉」。清鄭業斅《獨笑齋金石文攷‧二》有＜眉壽綽綰攷＞。

　　此注雖指出眉壽的眉是假借，但未指出是那一個字的同音假借，讀者看了仍然不夠明瞭。其次，引周代金文銘刻有「萬年眉壽」、「眉壽無疆」、「眉壽永命」等語，其「眉壽」二字在金文中實際上都寫作「𧤙壽」，無一作「眉壽」的，引用例證，似嫌不夠嚴謹。再其次，所引《說文通訓定聲‧履部》及《獨笑齋金石文攷》二書，用意似爲辭源的注文添佐助。但是翻檢《說文通訓定聲‧履部》，朱氏以「眉、麋、微」三字爲轉注，與《辭源》之說並不同。而《獨笑齋金石文攷》的＜眉壽綽綰攷＞一文實際上只討論了「綽綰」一詞，根本沒有談到「眉壽」，然則引這二部書的意義竟不知在那裏。

【註　釋】

①《莊子‧天道篇》的著成年代，學者看法不同，近人大多以爲莊子後人所輯，與《禮記》的成書年代相類似。然而論其資料來源，主要應該還是出自先秦，而非一空依傍，全然僞造的吧。

②俞樾《諸子平議‧卷十八‧莊子二》第三十則「因任已明而原省次之」條下云：「下文云『原省已明而是非次之，是非已明而賞罰次之』，然則此時尙未有是非，未有賞罰，又何罪責之有乎？今案省之言省察也，原與省同義。」

③參《古文字通假釋例》第八四〇頁。

④參馬承源《中國靑銅器》五〇四頁。

⑤《儀禮‧士冠禮》「眉壽萬年」，鄭注：「古文眉作麋。」《儀禮‧少牢饋食禮》

「眉壽萬年」，鄭注：「古文眉爲微。」

⑥見《金文嘏辭釋例》，原載中央研究院歷史語言研究所集刊第六本第一分第一五頁。

⑦見《釋「䵼」與「沬」》，原載中央研究院歷史語言研究所集刊外編第四種。

⑧見《金文詁林》卷四第二二〇六頁。

⑨此說早發之於魯先生鐘鼎文講義，惟未集結出版。後見魯先生遺著《文字析義》，即將出版。八十二年六月三十日由魯先生全集編輯委員會先印一百部《珍本文字析義眞蹟》以紀念魯先生八十歲冥誕。參見該書第三百五十七頁。

【參考書目】

中國成語大辭典，王劍引責任編輯，王力序，上海辭書出版社，1987.8

諸子平議，兪樾，世界書局

古文字通假釋例，王輝，藝文印書館，1993.4

漢語大詞典♯1-10，漢語大詞典出版社，1989

中國古代社會，許進雄，臺灣商務印書館，1990.9

中國靑銅器，馬承源，上海古籍出版社，1988.7

中文詞源，藍燈出版社

獨笑齋金石文攷，清鄭業斅，共和十八年慧業堂印行

全宋文，四川大學古籍整理研究所，巴蜀書社，1989

文字析義，魯實先先生遺著，即將出版。八十二年六月三十日由魯先生全集編輯委員會先印一百部《珍本文字析義眞蹟》以紀念魯先生八十歲冥誕。

試論〈洛神賦〉的詮釋
——以接受理論為觀點

廖棟樑

壹

一部作品出版，讀者去追究其本旨命意，這似乎是天經地義而有目共睹的事情。但是，有一種奇特的現象，不管哪部作品，解說者總說不到一塊去。一部《詩經》，「解之者不下數百餘家」，從中有人見到「美刺」，有人見到「淫詩」，有人見到「愛情」；一部《紅樓夢》，其命意，有人以為「反清復明」，有人視之「自傳」，更有人解之為「鬥爭」。解人之多，分歧之大，從古至今仍未能定論。這種現象，確如顧炎武感嘆的：「新說愈多，而是非靡定。」①然而，越是「是非靡定」，注家解人越是個個想獲取注說作者本旨的專利，一副儼然作者的「正宗」代理，別人則一概郢書燕說。因此，對於作品意義詮釋的問題，是值得我們來考察。

姑且不論諸如《詩經》、《楚辭》、《杜詩》、《紅樓夢》等大書。我們試引一樁文學史的公案為例，討論解詩的不同看法。這篇文章是〈洛神賦〉。②

貳

在曹植作品中，〈洛神賦〉是一篇獨特的作品。它以強烈的

感情色彩和鮮艷奪目的藝術光輝，博得歷代讀者的喜愛而膾炙人口。但是，對這篇名作的理解，卻千古以來爭論不休，直到現代，也是眾說紛紜。

概括說來，有如下數種分歧不小的觀點：③

甲、感甄說。

這是一種較早出現的觀點。主此說者認爲，〈洛神賦〉旨在抒發作者對甄氏的思慕愛戀之情。

較有代表性的是宋尤袤的《李注文選》刻本，中有李善注引〈感甄記〉作爲本事的說法：「魏東阿王（植）漢末求甄逸女，既不遂，太祖回與五官中郎將（丕）。植殊不平。晝思夜想，廢寢與食。黃初中入朝，帝示植甄后玉縷金帶枕，植見之不覺泣。時已爲郭后讒死，帝亦尋悟。因令太子留宴飲，仍以枕賚植。植還，度轘轅，少許時，將息洛水上，思甄后，忽見女來，自云：『我本托心君王，其心不遂。此枕是我在家時從嫁，前與五官中郎將，今與君王。遂用薦枕席，歡情交集，豈常辭能具？爲郭后以糠塞口，今被髮，羞將此形貌重睹君王爾。』言訖，遂不復見。所在遣人獻珠於王，王答以玉珮。悲喜不能自勝，遂作〈感甄賦〉。後明帝見之，改爲〈洛神賦〉。」

較此更早的還有幾位唐人，如元稹、李商隱、裴鉶等人已主此感甄說。

元稹〈代曲江老人百韻〉中云：「班女恩移趙，思王賦感甄。輝光隨顧步，生死屬搖唇。」

李商隱〈代魏宮私贈〉、〈代元城吳令暗答〉、〈東阿王〉、〈涉洛川〉、〈可嘆〉等詩，皆詠曹植與甄后事。如，〈可嘆〉句云：「冰簟且金鏤枕，瓊筵不醉玉交杯。宓妃愁坐芝田館，用盡陳王

八斗才。」〈無題四首〉之二句云：「賈氏窺簾韓掾少，宓妃留枕魏王才。」

晚唐小說家裴鉶的〈蕭曠〉，明言〈洛神賦〉為感甄而作。

宋王銍曰：「故此賦托之鬼神，有曰『洛靈感焉』；又曰『悼良會之永絕，哀一逝而異鄉』；又曰『忽不悟其所捨，悵神宵而蔽光』；又曰：『冀靈體之復形，御輕舟而上泝』皆鬼神死生之語也。」（見《學海類編》王銍〈默記〉卷下第21頁）此亦感甄說也。

明人朱彝尊《風懷詩二百韻》句云：「感甄遺故物，怕見合歡床。」

宋長白曰：「甄逸女將終，作〈塘上行〉…子建傷之，不待遺枕之寶，而始賦洛神也。」（見《柳亭詩話》卷五）

清蒲松齡〈聊齋志異〉有〈甄后〉一篇，即以甄妃事作素材而創作的。

曹雪芹《紅樓夢》亦深受〈洛神賦〉影響，從中我們可以看出曹雪芹也主感甄說。《紅樓夢》第五回〈警幻仙姑賦〉明顯有〈洛神賦〉影子。其四十三回中又有曹植感甄的議論。

今人中，持感甄說的代表人物是郭沫若。

郭氏不同意寄托君王說，他認為這是封建時代的論者為了塑造曹植道德純臣的形象，而有意「洗刷他的風流才子的頭銜」。〈論曹植〉一文說到李善《文選》注引〈記〉的資料時，這樣論到：「托夢薦枕，獻珠報珮云云，確實是怪誕，不近情理。但子建對這位比自己大十歲的嫂子曾經發生過愛慕的情緒，大約是無可否認的事實罷。不然，何以會無中生有地傳出這樣的『佳話』？甄后何以又遭讒而死，而丕與植兄弟之間竟始終是那樣隔閡？魏晉時代的新人物對於男女關係並不如其前代人或後代人所看到那

麼嚴重。例如曹丕爲太守時『嘗請諸文學，酒酣坐歡，命夫人甄氏出拜。坐中衆人咸伏，而楨獨平視』。這足見曹丕、劉楨都相當浪漫。劉楨的態度在曹丕倒滿不在乎，卻惱了做阿翁的曹操，以楨不敬，幾乎處死了他。又如再後一輩的阮籍更坦然與嫂話別，醉臥於當爐的美貌鄰婦側而不自嫌。那麼，子建要思慕甄后，以甄后爲他〈洛神賦〉的模特兒，我看應該也是情理中的事。」（見上海古籍出版社版《郭沫若古典文學論文集》）

乙、一般寫情說。

持論者認爲，〈洛神賦〉並沒有什麼寄托，也不是感甄，爲甄妃作，即便有感於甄妃之事，而它所體現的主題也只是一般的男女戀愛，或人神戀愛的主題。

蕭統編《文選》將〈洛神賦〉歸入「情」類，可見他認爲這是一般的寫情之作。

吳景旭曰：「曹植〈洛神賦〉：『臣聞河洛之神，名曰宓妃。』吳且生曰：屈子《天問》：『妻彼雒嬪。』蓋言羿夢與洛神女交也。子建改賦而名洛神，倘亦托於此乎?」（見《歷代詩話》卷十五）

清代何焯《義門讀書記·文選》卷一說：「而後世大儒如朱子者，亦不加察，於衆戀之餘，以附之楚人之詞之後，爲憂可悲也。」看來，朱熹亦主一般寫情說。

鍾優民《曹植新探》中〈曹植的辭賦〉一文，將〈洛神賦〉歸類爲「描寫男女戀情」之作。鍾先生也認爲郭沫若的"感甄說"「並非無稽之談」。他同意〈洛神賦〉有感於甄妃而作之說，但在主題認識上他又不從感甄說。鍾先生認爲：「早在曹植之前，陳琳、王粲、楊修等人都寫有〈神女賦〉，采用人神戀愛的題材，表現封建社會男女美滿愛情和幸福婚姻得之匪易的主題，這對於

我們論定〈洛神賦〉為言情之作更是有力的佐證，郭沫若先生曾經『疑心《洛神賦》或許本是《神女賦》的改題』，這種假說頗有道理，我們同意這種論斷。」鍾氏認為「他在愛情上失戀的痛苦經歷應該是〈洛神賦〉創作的客觀基礎。」「通過夢幻的境界，描寫人神戀愛的悲劇，抒發作者對不能結合的情人的傷懷和思戀，從而反映出封建制度下男女愛情受到壓抑的深刻痛苦。」

曹道衡〈試論漢賦和魏晉南北朝的抒情小賦〉一文說：「那篇歷來被認為是他的代表作的〈洛神賦〉所以傳誦，因為作品對洛神傾注著愛慕的感情。……曹植的《洛神賦》寫的卻是愛情。」（見其所著《中古文學史論文集》）

褚斌杰、章必功的〈論建安時代的辭觀與辭賦創作〉一文論建安辭賦說：「真正以辭賦表現男女愛慕之情的當推曹植〈洛神賦〉。」（見黃山書社版《建安文學研究文集》）

大陸社科院本《中國文學史》認為「作者在賦裡流露了自己對洛神的愛慕之情和人神相隔不能如願的惆悵，充滿了抒情的氣氛。」

游國恩等主編本文學史也認為《洛神賦》「描寫一個人神戀愛的悲劇。」

洪順隆〈論洛神賦〉亦云：「依淺見，這篇賦的主題，應是作者由洛陽返東蕃，涉洛水，由洛水聯想到古時流傳下來有關洛神的傳說，想及洛神傳說而又聯想到宋玉對楚王事，於是，靈感受到觸發，正如後世詩人讀過前代詩人〈陌上桑〉的作品，於是，他也來一首〈羅敷行〉。內容寫得大體和前人的差不多。這種時代連鎖反應式的文學創作，不只詩歌，其他文學領域中，也是常有的事。與曹植同時，王粲、應瑒也都作有〈神女賦〉。這種現象，正好肯定『序』的正確性，何況，賦的內容確有很多地

方與〈高唐〉、〈神女〉、〈登徒〉諸賦相似，怎可無視『序』的話，而曲加附會。」(見《華岡文科學報》，民七十二年十二月版)

丙、寄心君王說。

主此論者認為，洛神之賦有如屈宋以美人為喻，托心於君王是其主旨所在。

宋人劉克莊《後村詩話》已認為感甄說是好事者所造，說「〈洛神賦〉，子建寓言也。」

何焯亦不同意感甄說，認為那是「無稽之說」。何氏云：「〈離騷〉：『我令豐隆乘雲兮，求宓妃之所在。』植既不得於君，因濟洛以作此賦，托詞宓妃，以寄心文帝，其亦屈子之志也。(《義門讀書記．文選》卷一)

朱乾《樂府正義》首先指出：「子建感甄事，極為荒謬。」并指出：「所謂感甄者，必鄄城之『鄄』，非甄后之『甄』也。」接著又說：「今讀甄后〈蒲生行〉，惓惓於文帝而非有二心，子建擬〈蒲生行〉亦款款於君恩而非有邪志。然則，〈洛神〉一賦，乃其悲君臣之道否，哀骨肉之分離，托為神人永絕之詞，潛處太陰，寄心君王，貞女之死靡他，忠臣有死無二之志，小說家附會『感甄』，李善不知而誤采之。」(卷十四)

維護「寄心君王」說最堅決，反對「感甄」說最激烈的是清代的潘德輿，他說：「不解注此賦者，何以闌入甄后一事，致使忠愛之苦心，誣為禽獸之惡行，千古奇冤，莫大於此。」他還指斥贊同「感甄」說的人是「文人輕薄，不顧事之有無，作此讕語，而又喋：不已，真可痛恨」潘德輿指出：「子建人品甚正，志向甚遠」，是「愛君戀闕，報國奮身」的人，即〈洛神〉，亦純是愛君戀闕之詞。其賦以『朝京師，還濟洛川』入手，以『潛處

於太陰，寄心於君王」收場，情詞亦至易見矣。蓋魏文性殘刻而薄宗支，子建遭讒謗而多哀懼，故形於詩者非一，而此亦其類也。首陳容色以表其才，次言信修以表其德，繼以狐疑為憂，既以交結為願，豈非詩人諷托之常言哉?」又引時人張若需〈題陳思王墓〉詩曰：「白馬詩篇悲逐客，驚鴻詞賦比湘君。」看來二人均主寄心君王說。(見《養一齋詩話》卷二)

清代丁晏曰：〈洛神賦〉「托之宓妃神女，寄心君王，猶屈子之志也。而俗說乃誣為『感甄』，豈不謬哉！余嘗嘆陳王忠孝之性，溢於楮墨，為古今詩人之冠，靈均以後，一人而已。」又說：「至其人品之高，志量之遠，忠君愛國，情見乎辭。觀於〈洛神〉、〈九詠〉，屈靈均之嗣聲。」(《曹集銓評》附錄)

劉熙載亦以為「曹子建〈洛神賦〉出於〈湘君〉、〈湘夫人〉」。(《藝概》卷三〈賦概〉)

今人中亦不乏主此說者。

劉師培《論文雜記》沿襲舊說云：「〈洛神〉、〈長門〉，其音哀思，出於〈湘君〉、〈湘夫人〉者也。」

王禮卿《歷代文約選詳評》說：「賦以宓妃喻文帝，於六義屬比。蓋借男女之情愛，喻君臣之怨慕。…故賦以『寄心君王』標一篇之主旨，全文要義，皆繫乎此。」

許世瑛〈我對於洛神的看法〉說：「我更以為子建一腔忠君愛國之思，不能見諒於文帝，抑鬱不得志，而又眼見任城王的暴卒，骨肉相殘，真是感慨萬端，悲憤不已。所以在朝京師歸國途中，渡過洛水，忽然想到洛水之神是宓犧氏之女溺死而為神；於是也學宋玉藉神女以諫王的辦法，做了這麼一篇賦，希冀文帝看了領悟，能夠兄弟友愛如初，其用心真可謂良苦矣！」(見幼獅書局版《中國古典文學論文選集》)

羅敬之〈洛神賦的創作及其寄托〉說:「總之,〈洛神〉一賦,則托屈、宋比興之思,以美人芳草,藉喻己身的修美,而『寄心君王』。」(收入趙福海主編《文選學論集》)

黃彰健〈曹植洛神賦新解〉更是洋洋灑灑的考證一番,認為「這篇賦的寫作係有感於他對鄄城侯及鄄城王的遭遇,故以『感鄄賦』為名。」而「『申禮防以自持』,『長寄心於君王』,實為他作此賦的主要寓意。他希望王機等人不要繼續冤枉陷害他,希望朝廷仍能用他,一展他的才力。」(見其手稿本)

丁、思慕賢者說。

這個觀點不多見。持此論者亦從屈宋以美人為喻的傳統,只是認為〈洛神賦〉中求女之情,不是指君王,乃喻思慕賢者之意。

詹瑛〈曹植洛神賦本事說〉云:「〈洛神賦〉中求女之情,乃喻思慕賢者之意,非寄心文帝也。」「曹植之賦洛神,既擬〈高唐〉〈神女〉二賦,當亦寓有求賢自輔之意。」「當是時也,追念被誅之丁氏昆弟(丁儀、丁廙),情不自禁,發而為賦,實為極可能之事。但此等事又為文帝所深忌者,故不敢明言,而出以隱約之辭,因有斯作耳。」(見其所著《語言文學與心理學論集》)

戊、追求理想說。

主此說者認為,〈洛神賦〉旨在通過愛情故事表現作者對政治理想、人生理想以及美的理想的不懈追求。

周顯忠《先秦漢魏六朝文學解惑》說:「從作品描寫的全部內容看,從我們讀了這篇作品後的實際感受看,〈洛神賦〉寫的是一個人神戀愛的美麗故事,表現了作者對美和理想的追求,別

無他意。」（西南師範大學出版）

　　許善述〈試說曹植作品的「華麗」與「壯大」〉一文認為〈洛神賦〉「表達了他（指作者）的憤激情緒和反映他在抗爭中追求理想的精神。」（見黃山書社版《建安文學研究文集》）

　　張亞新〈略論洛神形象的象徵意義〉一文亦從此說。張氏云：「表現自己的政治理想，傾吐對於建功立業的熱烈渴望，抒發不能施展抱負的抑鬱的痛苦」，是曹植詩文「一貫而突出的主題」，〈洛神賦〉「就是這樣的作品」。「……洛神形象，用以象徵自己的美好理想，寄托自己對美好理想的傾心仰慕和熱愛；又虛構了向洛神求愛的故事，象徵自己對美好理想孜孜不倦、夢寐不輟的熱烈追求；最後通過戀愛失敗的描寫，盡情渲染了理想不能實現的悵恨和痛苦。」「總的說來，洛神是作者抽象的理想抱負的形象化身，〈洛神賦〉是表現作者對於美好理想的熱烈追求，以及追求失敗、理想破滅後悲憤淒苦心情的作品。作品對當時壓抑人才、摧殘理想的社會現實進行了含蓄而又尖銳的控訴和譴責，表現出了一定的抗爭精神，是有積極意義的。」（見黃山書社版《建安文學研究文集》）

　　黃瑞雲選注的《歷代抒情小賦選》論云，「從更為普遍的意義上去理解」，「它體現出對一種理想的追求，而最後於幻滅。它固然由作者政治上的失意而來，但由此升華成一種人生之恨。歌德讓浮士德博士追求希臘的神話美人海倫，最後也歸於幻滅。雖然《浮士德》的情節更富於想象，但其意義實有相通之處。」

　　李文祿、王巍著《建安詩文鑒賞》析之曰：「從文中，我們可以看到，作者贊美洛神與生俱來的外在美與內在的品格美，這正是作者所要追求的理想。洛神就是作者理想的化身。而這種理想的產生又是與作者的生活處境密不可分的，是作者現實生活中

思想和情緒的反映。」

己、苦悶象徵說。

據此論者認為，〈洛神賦〉表現了作者有志不獲馳騁，政治失意、情場失意、理想難展等的失望，是作者苦悶的象徵。

逯欽立〈洛神賦與閑情賦〉一文云：「〈洛神賦〉以好色喻好修而設一夢境排演其悲觀主義者，與屈、宋之賦固無異矣。」（見其所著《漢魏六朝文學論集》）

瞿蛻園《漢魏六朝賦選》說曹植「由於骨肉之間有著爭競權位的矛盾，在他的長兄曹丕、侄子曹叡在位的時代，他都備受猜忌，終於抑鬱而死。所以他的詩文都帶有苦悶難言的情調。從他的身世出發來了解他的作品，就更可以體會到他的內心深處的苦悶。以〈洛神賦〉而論，全篇以浪漫主義的手法，通過夢幻的境界，描寫神人之間的真摯愛情，但終於無從結合而含恨分離，充滿著強烈的抒情氣息和傳奇意味。當然作者是意有所指的。看來，他是在抒對曹丕的猜忌而產生的失望和痛苦心情，和自己忠於君王臣兄弟之間的親密關係。」

李寶均《曹氏父子和建安大學》認為：「這篇賦的意義在於，它托物寄情，假托與洛神戀愛的故事，寄寓作者被迫離開朝廷，無由效忠同事的痛古心情。……和〈求自試表〉一樣，也是作者執著的建功立業理想與後期被壓抑、被監視生活之間的矛盾的反映，不過用象徵的手法，通過形象的描繪曲折地加以表達罷了。」

朱東潤主編的《中國歷代文學作品選》給此賦的「題解」如是說：「本篇或係假托洛神寄寓對君主的思慕，反映衷情不能相通的苦悶。」

張永鑫《漢魏六朝小賦選》說「作者在曹丕稱帝以後，深受

猜疑和排抑，賦中曲折地寄托了曹植那種建功立業、經世濟用、致臣君王、不得遇合的矛盾苦悶心跡。」

陳祖美〈洛神賦〉主旨尋繹）一文同意說此賦有愛情內容，又說「但我又不同意把它看成是一般的寫情之作。賦中『君王』和宓妃之間那種刻骨銘心的愛，不是一般兒女情長所能比擬的。如果說〈洛神賦〉有所寓意的話，我以為就寄托作者身不由己，好夢未圓的惆悵和憤怨」；認為其中「蘊含著理想不得實現的政治憤懣」。結之云：「本文以身不由己，好夢未圓的的愛情故事概括它的主旨」。(見《北方論叢》1983年第 6 期)

　　作者另有〈恨人神之道殊，怨盛年之莫當—曹植洛神賦的主題和藝術特色〉一文說：「洛神的形象可以而且可能是以甄后為模特兒的，作者對於人物原型的某種隱情，也可能滲透到作品的形象之中。但是宓妃不是甄后，它是甄后和許多似曾相識的美人儀容的綜合和升華。」又說：「作者在洛神身上，可能寄托著一定的知遇之感」，但它不同於屈原的美人香草之喻；作者對之一往情深的女神，與處處猜忌報復他的曹丕，不搭界。所以我認為〈洛神賦〉是一個愛情故事，在這個故事裡，隱寓著作者身不由己，好夢未圓的惆悵和憤怨。」（《見其所著《古典詩詞名篇心解》）

　　張文勛的《苦悶的象徵—〈洛神賦〉新議》，對此說論之最詳。張氏認為〈洛神賦〉的思想內容有兩個層次：「一是對愛情和幸福的追求，二是對事業和理想的寄托。」而在愛情追求之中的理想寄托才是更深的內涵。

　　張氏說：「曹植作為一個有理想有抱負而被排擠壓制的詩人，長期抑鬱憤激的感情，往往會自覺地通過各種機會流露出來，理想的幻滅，愛情的失意，交織成一種失望、傷感憤懣苦惱的情

緒，這種情緒是多種感情的積淀，成為一種下意識的東西。」
「《洛神賦》中，表現出來的失望、哀婉、眷戀、追求種種錯綜復
雜的思想情緒，可以說是曹植其人長期受壓抑、受迫害、在生活
上事業上種種不幸遭遇的綜合反映，如果我們借用廚川白村的一
句話，那就叫『苦悶的象徵』吧！」

　　「洛神是理想的象徵，這理想，可以是美的理想、愛的理
想，也可能是事業的理想，生活的理想。可惜這些理想都和洛神
一樣，是可望而不可及的，她給人留下的只是惋惜惆悵，冥思遐
想。從這個意義上來說，我們認為曹植藉這篇賦以寄託自己的種
種失意情懷，說它是苦悶的象徵，也是可以理解的」。（見《社會
科學戰線》1985 年第 1 期）

　　鍾來因〈洛神賦源流考論〉亦從此說。鍾文以為，「〈洛神
賦〉是黃初四年曹植被壓抑的心態的產物」；是「曹植死裡逃生
的悲憤情緒的產物。」結尾說：「洛神以人神之道殊，贈江南之明
珠；洛神向曹植表示：身處太陰、長思君王。隨即，曹植只能耿
耿不寐，思戀而已。這是何等抑悶之安排！這正是時時刻刻害怕
被害的人特有的煩躁不安、愁悶難遣，祈求神靈保佑的精神狀態
的寫照。」（見《江海學刊》1985 年第 5 期）

　　千年來各家說法不斷對諍爭鋒。辯駁的論題，不外乎有屬於
實證的層面，如本事是否妄傳，感「甄」抑是感「鄄」，創作時
間是在黃初三年或者四年等等；也有屬於詮釋的層面，如曹植的
內心世界，寫作動機及作品結構等等。其中，關鍵乃在視作品是
否蘊含寄託上，其他問題皆攀緣此焦點而輻射開展。循此，諸家
詮釋大體便可分為「情愛說」與「寄託說」二種類型。前者專事
詠頌聲色，肯定情愛，先有「感甄」之說，繼而捨棄徵實而提出

「一般寫情」說；後者乃政教詩學的產物，藉神女的追逐託喻君臣之互動，於是有「寄心君王」說以及由此派生的「思慕賢者」、「追求理想」、「苦悶象徵」等說法。換句話說，「情愛說」與「寄託說」的根本區別在於它的非政治道德化和唯美的傾向。當然，「情愛」與「寄託」亦時見互典，偶而難以截然析分。

　　紛紜諸說，漪歟盛哉，其中，主要的詮釋脈絡，卻大抵不出這兩條路線，遂蔚為文學史中有名的公案。

參

　　分析諸家解釋有如下的現象值得指陳：

　　首先，不管「情愛說」或「寄託說」二者都是認為文學作品有一個先在的意義，並且皆以為己說最合乎作者本意。關於一件文學作品是否只能有一種解釋或只能有一種正確的解釋？在這個問題上解釋學（Hermeneutics）存在著嚴重的分歧。④總的來說，對此持否定意見顯然占優勢，不過，余英時卻指出忽視作者創作意圖的詮釋方式與中國的詮釋傳統大相逕庭。他說：「伽達默（Hans – Georg Gadamer）否認我們有瞭解作者『本意』的任何可能，這便和中國的詮釋傳統大相逕庭。作者『本意』不易把捉，這中國古人早已承認的。但是因為困難而完全放棄這種努力，甚至進而飾說『本意』根本無足輕重，這在中國傳統中無論如何是站不穩的。從孟子、司馬遷、朱熹，以至陳先生（案：陳寅恪）都注重如何遙接作者之心於千百年之上。通過『實證』與『詮釋』在不同層次上的交互為用，古人文字的『本意』在多數情形下是可以為後世之人所共見的。」⑤，「情愛說」與「寄託說」都是置基在這種詮釋傳統的影響下，孜孜於探求原意。

　　其次，既然詮釋者都以探尋本意為終極目標，那麼，人人詮

釋出來的結果理應不致相差太遠才對，爲何彼此卻各執一見呢？可見，雙方在所謂本意的認知是有差異的。對「情愛說」而言，本意是見諸於語言文字本身的「作品本意」，作品的主題理當是指通過作品描述的生活所表現出來的主要思想，因此，詮釋的對象就應落在作品而非作者。反之，「寄托說」卻認爲意義總是隱藏在語言文字之外，單從作品的層次去探尋自然無法充分獲知作者的眞情實義了，那麼，詮釋的對象轉而落在作者而非作品。換句話說，「情愛說」的詮釋是由作品之內來解剖意義，「寄托說」的詮釋則是從作品之外去尋找意義。

　　第三、然而相當詭譎的是，基本上「情愛說」對於作者的問題比較不那麼看重，它所注重的只是作品中對於情的刻繪。但因作品繪聲繪影，寫情細緻，遂不免敎人疑心這即是作者的自述，循蹤覓跡，反而，求助於考證索隱了，詮釋路向便由作品及於作者了。反觀「寄托說」，固然做了大量的旁搜遠溯、鈎玄發隱的工作，但是爲了證成作品中的人物和作者的關係或者作品中的事件與歷史的關係，勢必回復到作品，在作品中尋找證據，如此，詮釋路向也就由作家於作品了。如此一來，「情愛說」與「寄托說」詮釋的進路，其中固然有些個別差異，大體上彼此卻無多大的歧異，不像西洋文學批評中「作者中心論」和「作品中心論」的對立。

　　最後，對於〈洛神賦〉的詮釋，不管是「情愛說」抑且「寄托說」，都不是一個孤立的現象。它們不僅與文學創作的實際有關，並且也是一種詮釋觀念下相應的產物。正如葛兆光所說：「一種批評方法背後總有一種批評觀念在，無論這種觀念形諸文字是在實際運用方法之前還是之後，它總是實際批評操作的指導。」⑥〈洛神賦〉的詮釋，正是古代「以意逆志」與「知人論

世」傳統在文學批評上的實踐。孟子在《孟子．萬章上》說：「故說《詩》者，不以文害辭，不以辭害志。以意逆志，是爲得之。」在〈萬章下〉又說：「頌其詩，讀其書，不知其人可乎？是以論其世也，是尙友也。」漢代以後，說詩者將「以意逆志」與「知人論世」結合起來，成爲我國傳統的說詩方法之一，並且，進而成爲一種詮釋傳統。「以意逆志」要求讀者透過字面去推測作者的用意；「知人論世」則要求理解作品必須依據歷史經驗。二者的結合，旣能「知言」又能「知人」，方是詮釋「正確」作品意義的保證。中國傳統的文學批評，對「言」（作品）和「人」（作者）的重視，正是置基於此。⑦因此，「以意逆志」與「知人論世」就成了傳統學者的旣定思路，〈洛神賦〉的詮釋者也不例外，即便是現代人的讀解，亦未能跳脫此一思考模式。

　　當然，「以意逆志」和「知人論世」對於作品意義的闡釋是必要的，尤其是精細而準確的考證和分析，較之那種大而無當的籠統介紹或憑著感覺強作解人，確實有益作品的把握。⑧

　　可是，理論上知道詮釋作品最忌穿鑿附會，而且也明白避免的方法在於「以意逆志」和「知人論世」的結合，但在實際批評中卻還是難免衆說並陳，對此紛紜矛盾之說，又將如何解釋？況且這種情形頗爲常見，實不可一概推諉說是詮釋者誤讀所致。究其原因，一方面是文學不等於歷史，在反映生活、表現情志上有其特殊性；⑨另一方面，文學反映生活的豐富性及作者表現情志的自由性也是一個不容否認的客觀事實。因此，作家及作品並非孤立，固定及封閉的藝術系統，不能一一對號入座。⑩

　　另外，欣賞主體—讀者的能動作用，恐怕更是不能忽視的原因。誠如王夫之所指出：「『詩可以興，可以觀，可以群，可以怨。』盡矣。辨漢、魏、唐、宋之雅俗得失以此，讀三百篇者必

此也。『可以』云者，隨所以而皆可也。……作者用一致之思，讀者各以其情而自得。故〈關雎〉，興也；康王晏朝，而即爲冰鑑。『訏謨定命，遠道辰告』，觀也；謝安欣賞，而增其遐心。人情之游也無涯，而各以其情遇，斯所貴於有詩。」⑪作品意義之所以多種多樣，在於「讀者以其情而自得」，並且「人情之游也無涯」，作品與不同時代，不同口味讀者的結合，即使同一讀者，在不同的年齡、經歷、心境中讀同一作品，都會引發不同的感受和詮釋。

　　職是，作品的意義可能有三層：一是作者的意義，二是作品的意義，三是讀者的意義。既然作家、作品及讀者三者都與詮釋有關，那麼，習慣於分析作家、作品二個維度的思考模式，顯然無法釐清作品意義詮釋之多元的現象，反而更可能，促使我們糾纏在相關作者生平家世的考證和作品影射對象的索隱之泥淖中。因此，我們不能僅囿限於傳統詮釋的路向，實有必要重新審視〈洛神賦〉的詮釋脈絡，經由不同的角度對這些詮釋現象加以考察，也許可以說明〈洛神賦〉詮釋的多元。

　　假如將宋尤袤《李注文選》刻本中有李善注引〈感甄記〉的說法到現代黃彰健的〈曹植洛神賦新解〉，視爲歷代讀者對〈洛神賦〉的審美接受過程，那麼，這一文學史舊案的解決，我們以爲可以求助於「接受理論」（Rezeptionstheorie）。⑫

　　接受理論和它之前的批評理論相比較，「前者所關注的是作者、作品已經說了甚麼，現在要從讀者的視角，關注作者、作品可能說些甚麼，對現在和未來將要說些甚麼；以前所關注的是作者、作品原本存在著甚麼，現在關注的是讀者會從中獲取甚麼和創造甚麼。」⑬

肆

　　接受理論的創始者是德國康斯坦茨大學的一批學者，稱爲「康斯坦茨學派」（Konstanz School），其代表人物是姚斯（Hans Robert Jauss）和伊瑟爾（Wolf Iser）。接受理論的思想很豐富，這兒僅舉其理論要點配合〈洛神賦〉簡要說明。⑭

　　首先，接受理論認爲：文學是爲讀者而創作、而存在的，文學是依存於讀者的，沒有讀者，文學就毫無意義。不僅如此，如無讀者的審美閱讀，文學連產生的可能和內在動力都沒有。按此原則，接受理論強調讀者在文學活動歷程中的作用，考察作家、作品與讀者之間的相互關係和相互影響以及文學被讀者接受和產生效果的過程。所以，接受理論的研究對象不是文本（text）的創作問題，而是文本的「具體化」（Concretization），也就是文本的接受條件，方法及過程等等。按照此說，則考察〈洛神賦〉的詮釋就由分析作家、作品轉而去分析讀者，通過讀者來反觀作者和作品，詮釋成了被詮釋，受者變成了授者。

　　第二、，由此出發，接受理論提出文學作品的兩極（Two Poles）之說。一極是藝術的（Artistic），即作者寫出來的「文本」；另一極是美學的（Esthetic），即讀者對「文本」的具體化。作家創造了「文本」，但「文本」只提供了某種文學性和文學價值得以實現的潛在可能性或結構，端賴讀者的閱讀把「文本」所包含的潛在可能性轉化爲現實性，「文本」才能呈現爲作品。那麼，自蕭統《文選》以後的種種詮釋，都應看作六朝、唐、宋、明、清、民國的讀者對〈洛神賦〉文本的具體化。

　　第三、接受理論認爲文學作品既不單純等同作者藝術創造的文本，也不單純等同於讀者的審美現實，而是處於這兩極之間的

文本與讀者交互作用之結果。換言之，文學作品並非只屬於客觀的文本，它凝聚了作家的創作意識、作品的結構意義，同時又投射著讀者的接受意識。因此，所謂作品的意義就不可能只有一個。〈洛神賦〉詮釋的多元，皆應作如是觀。

第四、接受理論進一步分析「文本」的性質。他們指出文學「文本」不同於一般性著作的「文本」，因為它使用的是描寫性語言，而不是陳述性語言，以致常有意義不確定性和意義空白的現象。這樣，文本也就不可能是決定性的、自足性的存在，而只能是一個有待完成的圖示結構—召喚結構（Appellstruktur），召喚讀者發揮想像力和創造性，賦予文本以確定性的意義及填補意義空白。因此，作品意義的不確定性和空白愈多，詮釋空間也就愈大。〈洛神賦〉正是這樣的一部充滿潛能（Poetential effect）的作品。曹植固然在賦前序言中表明是「感宋玉對楚王說神女之事，遂作斯賦」，然而，究竟所「感」何事，仍是一團迷霧。至於賦篇更是恍惚迷離，不易把握。首先，作者揚棄賦的傳統的徵實傾向，不做具體實寫，充分發揮了藝術想像力，其次，把神話人物引入故事，為作品增添了神秘色彩。賦中，除了主角洛神，還寫到湘水和漢水之神，這些神話人物的出現，豐富了作品的內容和象徵。第三、運用浪漫主義的描寫技巧以及複雜精緻的情節設計，營造如夢似幻的氛圍，使得作品意境幽眇曲折。總之，〈洛神賦〉泛寫對愛和美之追尋嚮往的情意，而卻無實寫現實中具體之情事，因此，一方面既仍具有寫愛情之文所特有的一種芳菲悱惻的特質，另一方面卻又可以引起許多言外之感發與聯想。

第五、關於讀者的閱讀，接受理論認為讀者不是被動地接受或「鏡子」式地反映，更不是填鴨式照單全收。讀者總是帶著自己原有的「期待視野」去接受文本，去發揮想像，填補空白，能

動地改造和重建文本。期待視野（Erwartungshorizont）是接受理論的一個重要概念，姚斯甚至稱之爲全部理論的「頂梁柱」，意指在文學接受活動中，讀者原先的各種經驗，在具體閱讀時表現爲一種潛在的審美期待。它可以是個人的，也可以是群體的。⑮它是讀者響應文本召喚結構的先前條件，也是通向作品意蘊的必由之路。讀者正是帶著自己的期待視野來欣賞，詮釋文本。所以，文學作品是作家與讀者共同創造的，文學作品的意義不是純客觀的，包含著讀者的參與和再創造。拿〈洛神賦〉的詮釋來說，潘德輿《養一齋詩話》卷二曰：「子桓日夜欲殺其弟，而子建乃敢爲〈感甄賦〉乎？甄死，子桓乃又以枕賜其弟乎？揆之情事，斷無此理。義山則云：『宓妃留枕魏王才。』又曰：『來時西館阻佳期，去後漳河隔夢思。』又曰：『宓妃漫結無窮恨，不爲君王殺灌均。』又曰：『宓妃愁坐芝田館，用盡陳王八斗才。』又曰：『君王不得爲天子，半爲當時賦〈洛神〉。』文人輕薄，不顧事之有無，作此讕語，而又喋喋不已，眞可痛恨，作詩者所當力戒也。」，事實上，義山突出子建的才華與宓妃的多情，正是個人情志的體會，所謂「才命雙妨，遇合無成」，抑鬱難伸的義山似乎在曹植和宓妃身上獲尋共鳴。所以，「詩人緣情綺靡，有托而言，正不必實事求是也。」⑯李商隱或許誤讀了〈洛神賦〉，而潘德輿又何嘗不也按照自己的期待視野來評斷作品。他基於倫理道德的立場，維護「子建人品甚正，志向甚遠」，是「愛君戀闕，報國奮身」的人，叔嫂戀事自然是不被允許，而〈洛神〉一賦亦純是愛君戀闕之詞。其實，在潘氏的詮釋背後隱含著一個更大的群體性期待視野，那即是「比興寄托」的傳統。以美人來自喩或喩人，在中國文學歷史中，自屈原〈離騷〉開始，就已形成了一種悠久之傳統。尤其，東漢王逸斷定〈離騷〉是依《詩》取興，提

供了解讀〈離騷〉的符碼（code）：「善鳥香草，以配忠貞，惡禽臭物，以比讒佞；靈修美人，以媲於君；宓妃佚女，以譬賢臣；虯龍鸞鳳，以托君子；飄風雲霓，以爲小人。」⑰以君臣關係爲符碼系統的基本座標軸，男女關係、夫妻關係、父子關係、上司與下屬關係分別與之對應了。於是，男女愛悅之情在這種解碼方式中一律被納入政治價值體系。「寄託說」便是在如此的思維定勢下，依據符碼來指稱作者與作品的原意，得出或寄心君王，或思慕賢者，或追求理想，或苦悶象徵等說法。總之，唐宋以來的各種詮釋，使得〈洛神賦〉的境界變得更爲深遠，對其所蘊含的意義有新的開掘和拓展。⑱

最後，承認詮釋的自由並非意味著任何人可以不受限制、隨心所欲地作出自己別出心裁的詮釋。接受理論指出，文本雖開放的，有許多空白，但它的文學傳統及語義成規仍把讀者的反應引向一定的渠道，暗示出填補那些空白的一定方式。〈洛神賦〉的詮釋，不出乎愛情及托喻兩大類型，道理即在於此。

既然文本是一個開放的對象，讀者的情況又千差萬別，那麼讀者對文本所作出的詮釋就不可能是一個口徑。從另一方面說，不同讀者在閱讀文本時所進行的多次反復的具體化過程，正是使寓於文本中的潛能不斷浮現，使文本的意義不斷實現的過程。從這個意義上說，儘管我們未必贊同某些對〈洛神賦〉的詮釋，卻也不能不認爲，這些詮釋從接受理論看來是完全正常的。

伍

總結說來，文學作品是一個開放性的結構，而讀者的參與閱讀更使作品顯示出萬花筒般的義蘊。因此，縱然「本意」是存在的，與其論辨何家詮釋最合乎「原意」、最是「正確」、而難有定

論；不如探究眾家說法紛紜的現象。誠如柯勒（J.Culler）在《記號探索》（The Pursuit of Signs）考察布雷克（Blake）的〈倫敦〉（London）中衝突的解釋並非爲了選出其中最好的解釋，而是爲了「釐清潛藏在那些衝突解釋之下的解釋活動」，爲了表明「什麼樣的慣例和解釋過程使批評家能作此推論知道此言語。」⑲寫作本文，正是基於這樣的認識。當然，按照接受理論的說法，任何詮釋都不可能獨攬意義的解釋權，這篇短文其實也只是提出一種觀察角度，一點意見而已。

【註　釋】

①見顧炎武《日知錄》卷4：〈春秋闕疑之書〉。

②在中國傳統裡，關於書寫女性的篇章，尤其是芳菲悱惻的作品，總是同時引人以愛情及託喻的雙重聯想。康正果選定古代文論中常用的兩個術語──「風騷」與「艷情」──分別命名這兩種類型。〈洛神賦〉就是其中的典型之作。所以，拙文選爲樣本加以討論。又拙文是由反省實際批評而來，是一種「文學批評的理論」，或稱「後設批評」（meta – criticism）之性質的寫作。

按康正果的論點，請見其所著《風騷與艷情》（河南：河南人民出版社，1988）一書。

③關於詮釋〈洛神賦〉的資料，大體引自《三曹資料彙編》（台北：木鐸出版社，1981）譚紹鵬、甘安順主編《中國古代文學名著爭鳴大觀》（廣西：廣西教育出版社，1992）二書，並且補充一些晚近的論點，特別是臺灣學者的意見。

④在解釋學中，以施萊爾馬赫（Schleiermacher）和狄爾泰（Dilthey）爲代表的傳統解釋學企圖排除理解當中屬於解釋者自己主觀成見，最終達到作者原意的重建。但海德格（Heidegger）把存在定義爲在世界中的存在，

定義爲定在（Dasein），即總是限定在歷史性中的存在，這種歷史性也決定著存在者對世界的理解，於是，新的解釋學就不再尋求超越歷史環境的「透明的」理解，而傾向於承認主觀成分的積極價值。詳見高宣揚著《解釋學簡論》（台北：遠流，1991），Richard E.Palmer 著《詮釋學》（台北：桂冠圖書公司，1992）。又朱狄〈當代西方文學美學的兩大難題〉一文，刊載於《外國美學》（北京：商務印書館，1992）第九輯，均有討論。

⑤見余英時〈明明直照吾家路—《陳寅恪晚年詩文釋證》新版自序〉一文，收入氏著《中國文化與現代變遷》（台北：三民書局，1992），頁251－52。

⑥見葛兆光〈背景與意義—中國古典詩歌批評中一個傳統方法的剖析〉，刊載於《學人》（江蘇：江蘇文藝出版社，1991）第一輯，頁226。葛氏并徵引斯基耐爾（Skiner）的說法：「在我們可望鑒別的那個關係背景有助於解釋出手中作品意義之前，我們實際上已獲得了一種詮釋方式，這種詮釋方式提示我們：什麼環境最值得探討，什麼背景最能幫助我們解釋作品的意義。」可見，詮釋的背後總有某種觀念在，觀念的是非導致操作的是非。

⑦關於「以意逆志」及「知人論世」之詮釋法的討論，請見顏崑陽《李商隱詩箋釋方法論》（台北：學生書局，1992）一書。

⑧珍妮特．沃爾夫（Janet Wolff）的一段話，可以補充之，她說：「去重建作者的原意也是文學批評家的一個可能任務。雖然批評家總是受他自己的觀察力的約束和指引，因此，這種重建不可能是完美無缺的。如果暫先把這點撇開，那麼作者的原作者的傳記和其它信息總是與文學研究息息相關。對任何一種『正確』解釋來說，這是無須爭論的。」見其所著《藝術的社會生產》（The Social Production of Art）第102頁。此處譯文轉引自朱狄，前揭文，頁19。

⑨誠如葛兆光所說：「把『背景』之因與『意義』之果硬疊合在一起，難免犯刻舟求劍的錯誤。顯然，這種錯誤大半來自批評家對『可靠背景』的過分信賴，而這種信賴在古代中國又常被詩歌『怨刺說』膨脹成了批評定

勢。」見葛兆光，前揭文，頁335。

⑩就「以意逆志」及「知人論世」的詮釋傳統之可能性而言，清人已經提出四個問題需要解決：一是文心難明，二是本事不清；三是興會適然；四曰見仁見智。見張伯偉〈以意逆志法的源與流〉，刊載於《文化：中國與世界》（北京：三聯書店，1987）第二輯，頁24－30。

⑪見王夫之著，戴鴻森注《薑齋詩話箋注》（台北：木鐸出版社，1982）卷1：〈詩繹〉，頁415。

⑫雖然在中國古代文學理論中，找不到接受理論這個概念，但這並不等於說中國古代的學者就沒有注意到讀者的接受問題。實際上，在中國古代的詩詞書畫理論和小說序跋及評點中，就保留著極為豐富的接受理論材料，此可參考龍協濤《文學讀解與美的再創造》（台北：時報出版公司，1993）所徵引的資料。因此，拙文借用接受理論來對〈洛神賦〉的詮釋略做反思和探討，也許並非牽強附會的無稽之談。不過，首先得聲明，拙文既不想也無力對接受理論做全面性、系統性的論述，也不想把中國古代文論中的詮釋問題完全套入接受理論模式之中，我只不過是想要借用接受理論中的某些概念，換一種角度，嘗試探究〈洛神賦〉的詮釋，並說明其多元現象的理由。

⑬見龍協濤，前揭書，頁19。

⑭關於接受理論，主要參考：朱立元著《接受美學》（上海：上海人民出版社，1989），H.R.姚斯與R.C.霍拉勃著《接受美學與接受理論》（遼寧：遼寧人民出版社，1987），沃爾夫崗．伊瑟爾著《閱讀活動》（北京：中國社會科學出版社，1991），劉小楓選編《接受美學譯文集》（北京：三聯書店，1989），胡木貴、鄭雪輝著《接受學導論》（遼寧：遼寧教育出版社，1989），胡經之、張首映著《西方二十世紀文論史》（北京：中國社會科學出版社，1988），特里．伊格爾頓著《文學原理引論》（北京：文化藝術出版社，1987），張雙英、黃景進中譯主編《當代文學理論》（台北：合森文化公司，1991）及葉嘉瑩著《中國詞學的現代觀》（台北：大安出版社1988）等書。

至於，單篇論文就不列載了。為了行文方便，下文就不再註明出處。

⑮姚文放在〈期待視野與文藝接受社會學〉一文中，指出：「接受者作為社會的存在物，他的期待視野也有一個完整的社會參照系，這是由時代精神、民族心理、文化傳統等一般環境，社會出身、經濟來源、文化教養、社會交往、生活遭遇等特殊情境，以及在生活中偶然發生的個別動因這三個層次構成的完整系統。」見《天津社會科學》1991年1期。

⑯見鄧廷楨《雙硯齋筆記》卷6，他說：「況〈洛神賦〉作於黃初三年，時丕即位已久，安得如詩所云哉？史稱商隱博學強記，豈不知此。蓋詩人緣情綺靡，有托而言，這不必實事求是也。」張采田《李義山詩辨正》評〈可嘆〉一詩曰：「自慨用盡才華，而兩情依然，睽阻也，故以〈可嘆〉命篇，通體皆是自傷遇合之無成。」義山對〈洛神賦〉的詮釋，正是基於個人的特殊情境而發的。可見，不同的讀者，在不同的歷史情境中，理解某種文本往往產生不同的反應。

⑰見王逸〈離騷經序〉。案王逸既認為詩前半部的「靈修、美人、以媲於君」，又認為後半部「宓妃、佚女、以譬賢臣」，把全詩的主題形象割裂二半，上半篇主要「求君」，下半篇主要「求賢」，因此，後來香草美人就有喻托君王、賢臣諸說了。這種符碼的索隱，經過歷代的提倡，「香草美人」已經在文人的創作和閱讀反應中成為一種思維定勢了。譬如清屈復《玉谿生詩意》便說：「自《三百篇》，漢、魏、三唐，男女慕悅之詞，皆寄托也。」凡寫男女戀情都暗指君臣遇合。於是，意義的發掘闡釋就成為技術化的操作程序。

⑱至於「追求理想說」則以為對美人的期待與對理想之追尋二者原可以互相生發、借喻。而「苦悶象徵說」是置基在傳統「發憤著書」及晚近創作心理學合璧下的推論。

⑲見拉比諾維茲（Peter.J.Rabinowitz）著，王金凌師譯〈無盡的迴旋：讀者取向的批評〉一文引，收入張雙英、黃景進中譯主編《當代文學理論》（台北：合森文化事業公司，1991），頁151。

附記: 論文發表後，洪順隆先生來電，謂其尚有數篇關於〈洛神賦〉的文章，我遺漏徵引討論。謹逐錄篇名、出處於下，供讀者參閱:

1.〈洛神賦創作年代補考〉，《書目季刊》第十七卷第一期，頁七～十一。

2.〈論洛神形象的襲用與異化──由洛神賦到明清戲曲小說的脈絡〉，《國立編譯館館刊》第十八卷第二期，頁二二七～二四九。

3.〈論洛神賦中洛神形象的象徵指向〉，《林尹教授逝世十週年學術論文集》，頁二〇一～二一六。

話本小說用語訓詁初探
——以《京本通俗小說》七篇爲範圍

丁肇琴

一、前　言

　　胡樸安先生在其《中國訓詁學史》的〈自叙〉中，開宗明義就說：

> 訓詁學，是書本子上的考古學。因爲古今文字之含義不同，後人讀古人之書假使無有訓詁學的工具，在古人原爲明顯之語，後人遂成爲不能了解之詞；就是能了解，亦是望文生義，甚至牽強附會，以後人之心理，揣度古人。所以不通訓詁學，決不能讀古書也。

古典小說亦爲古人之書，但一般所謂訓詁學，幾乎專指經傳的注疏之學，頂多及於子、史和集部的古文、詩、詞等，鮮少被用在小說的範疇。而研究小說的學者亦偏好鑽研作者、作品的考證，不甚注意小說用語的訓詁問題。以國內研究《金瓶梅》著稱的魏子雲先生來說，也是把主力放在該書的成書年代及作者問題上十年之後，才開始從事註釋《金瓶梅》的工作。①再以文言小說的冠冕唐傳奇而言，汪國垣編選的《唐人小說》風行一時，但亦無一語攸關語詞注釋。故早年在臺僅有胡倫清編註之《傳奇小說選》②中選有十五篇，略加注釋而已。至民國七十二年王師夢鷗之《唐人小說校釋》上冊③問世，而大陸方面也有張友鶴選注的

《唐宋傳奇選》④出版，大家才有比較詳實的註解本可讀。至於小說用語的專門辭典，坊間最早見到的是陸澹安編著的《小說詞語匯釋》⑤，嗣後有田宗堯根據此書擴大編成的《中國古典小說用語辭典》⑥。所以小說用語的訓詁受到學者重視，不過是最近十年左右的事。

　　此外，市面上也有一些古典小說校注本⑦，省去讀者翻查辭典的麻煩。但事實上，一般人看小說恐怕是不會去看註釋的，原因很簡單，「讀小說就是看故事嘛！」「不懂的地方就跳過去！」平心而論，小說用語和故事情節、主題的關係並不很密切，這可以從小說原典經常被改寫、簡化、縮寫等事實得到證明。但不可否認的，如果我們從事小說研究時，也能重視其所使用詞語的訓詁，則對了解作品的風格、時代背景等亦有相當助益。以《京本俗小說》為例，薄薄的一冊共七篇小說，也曾引發多次「時代」大戰，有人說是宋人話本，也有人說是元代甚至明代的作品，他們所根據的往往也就是幾條詞語的寫法或用法。⑧

　　筆者才疏學淺，過去從未做過訓詁方面的研究，對訓詁學可以說是相當陌生的。但筆者有一個想法：如果要對小說作品有全面且深入的了解，或者可將訓詁方法運用在小說詞語的研究上。基於此種認識，筆者乃企圖選取一些適合的小說作品做為研究材料，所謂適合，是指㈠作品的時代不宜太古或太近：太古則與古文類似，缺乏比較價值；太近的作品大家習以為常，可以研究的地方有限。㈡作品的份量不宜太多或太少：太多則筆者能力有所不逮；太少則難見具體成果。斟酌這兩項考慮的因素，筆者遂決定以《京本通俗小說》的七篇為研究對象。這七篇的著成時代雖有爭議，但一般都認為是宋以後的話本小說，⑨已非古代文言，但與現代白話又有相當距離。七篇合起來約六萬字左右，字數雖

然不多，但確實可摘出不少詞語加以討論。且這七篇均見於《警世通言》或《醒世恆言》，文字差異甚小，⑩實可說是《三言》的節本；《三言》在話本小說上有舉足輕重的地位，故在未全面研究《三言》等話本的用語之際，由《京本通俗小說》入手，應可收略見一斑之功。

二、異古或異今的小說用語

小說是現實生活的反映，也是人生的縮影。世上男女老少的喜怒哀樂、一顰一笑，都可以透過文字記錄在小說作品當中。而小說中重要的成分——對話，也應和實際生活中的語言相當接近。再加上話本小說原是說話人的底本⑪，所以其中使用的詞語和當時人民的日常生活必然是極爲密切了。

（一）名詞居多：

從《京本通俗小說》七篇來看，詞語的使用確實已與日常生活息息相關，而和唐宋傳奇小說的表現大相逕庭，此因唐宋傳奇小說仍因襲著古文史傳的傳統，而屬於話本系統的《京本通俗小說》則根本屏棄了這個傳統，完全是平民化的說話人口吻。⑫所以審視這七篇小說可以發現，許多詞語的解釋都是以前古書中沒有的，而和現代白話比起來，當時通行的意義如今多已消失。這種用法異古又異今的詞語尤以表示行業或身分的名詞居多，如「大夫」一詞，本爲古代爵位之一，之後又被用來指官員；今日則多指醫師而言，如云內科大夫、骨科大夫是。但在話本小說中，大夫卻是對有特殊技藝者的尊稱。⑬〈碾玉觀音〉中寫到璩老開一家裝裱店，咸安郡王府的虞候要找他：

> 虞候即時來他家對門一個茶坊裏坐定，婆婆把茶點來，虞候道：「啓請婆婆，過對門裱褙鋪裏，請璩大夫來說話。」

　　　　婆婆便去請到來。兩個相揖了就坐，璩待詔問：「府幹有
　　　何見諭？」

虞候稱璩老爲「大夫」，說話人又稱他爲「待詔」，而事實上璩老
沒有任何官銜，只是個裱褙匠而已。同篇中的碾玉匠崔寧，說話
人稱他「崔待詔」，他後來掛招牌寫著「行在崔待詔碾玉生活」，
也自稱「待詔」。如果不明白宋朝有此風尙，可能會覺得奇怪，
怎麼有這麼多官員不務正業？

　　又如「男女」一詞，或指兒女，或指男子與女子，但在宋元
小說中卻有另外的用法，如〈菩薩蠻〉：

　　　　郡王問：「可常如何不來？」院公告：「恩王，可常連日心
　　　　疼病發，來不得。教男女奉上一簡，他親自封好。」

而〈西山一窟鬼〉中除有「小男女」一語外，也用了一次「男
女」：

　　　　吳秀才悶悶不已，又沒甚麼盤纏，也自羞歸故里；且只得
　　　　胡亂在今時州橋下開一個小小學堂度日，等待後三年春榜
　　　　動，選場開，再去求取功名。逐月卻與幾個小男女打交。
　　　　⑭

　　　　吳教授當日一日教不得學，把那小男女早放了，都唱了諾
　　　　先歸去。

　　　　恰待奔入這店裏來，見個男女：頭上裹一頂牛膽青頭巾，
　　　　身上裹一條豬肝赤肚帶，舊瞞襠褲，腳下草鞋。王七三官
　　　　人道：「你這酒怎地賣？」只見那漢道：「未有湯哩！」

〈菩薩蠻〉裏的「男女」是院公的自稱，好比說「小的」，〈西山
一窟鬼〉中的「小男女」是小男小女的略稱，也就是指小孩子；
至於「男女」，其實只有一個男人，也就是下文所說的「那漢」，
把一個男人說成是「男女」，含有輕蔑的意味，是賤稱。同是一

個詞「男女」，用在自己身上是謙虛，用在別人身上就瞧不起對方了。

　　又如「頭腦」一詞，在宋元話本裏也有它特別的用法，〈西山一窟鬼〉裏的王婆要替吳教授做媒，

　　　　婆子道：「教授方纔二十有二，卻像三十以上人。想教授
　　　　每日價費多少心神！據我媳婦愚見，也少不得一個小娘子
　　　　相伴。」教授道：「我這裏也幾次問人來，卻沒這般頭腦。」
「頭腦」一詞，《中國古典小說用語辭典》上收有八種意義，第一種意義是「對象」，以下依次是「理由，原因」、「人」、「頭子，主腦人物」、「頭緒」、「主顧」、「頭腦酒的簡詞」、「辦法」。並註明：

　　　　「頭腦」或作「頭惱」，對象。

　　【例】（《警世通言》十四）我這裏也幾次問人來，卻沒這般頭惱。⑮
可見此處的「頭腦」確實是當作「對象」來解釋。嚴敦易注為「合格的人，體面的人」⑯，意思也是一樣。「腦」本是頭部的器官，頭腦二字連用有聰明的意思，也可以當作領導者來講，但在小說裏卻成了適合婚配的對象。如《水滸傳》第七回〈林教頭刺配滄州道，魯智深大鬧野豬林〉，林沖因為怕耽誤妻子的終身幸福，先寫下休書，對妻子說：

　　　　娘子，小人有句話說，已稟過泰山了。為是林沖年災月
　　　　厄，遭這場屈事，今去滄州，生死不保，誠恐誤了娘子青
　　　　春，今已寫下幾字在此。萬望娘子休等小人，有好頭腦，
　　　　自行招嫁，莫為林沖誤了賢妻。
句中的「好頭腦」毫無疑義就是「好對象」的意思。

　　妓女又稱婊子，這是大家都知道的；但在話本小說裏頭還有

其他的說法，如〈西山一窟鬼〉中王七三官人知道吳教授新婚，故意把吳教授約出去吃酒，後來天色晚了，吳教授想回家，

> 王七三官人道：「再吃一盃，我和你同去。我們過駝獻嶺九里松路上妓弟人家睡一夜。」

妓弟就是妓女，又叫妓者或妓家，妓者和妓家的意義容易理解，但為什麼又叫妓弟呢？原來宋元時代也把妓女叫做弟子，妓弟連用，是帶著輕薄口氣的說法。⑰把妓女叫做妓弟是鄙薄，稱塾師為教授該算是抬舉了。〈西山一窟鬼〉中的男主角吳洪是個開學堂的秀才，但整篇除了一開始說他是秀才（這個秀才、有個秀才、吳秀才，凡三見）外，其他地方一律稱之為「教授」。「教授」本為動詞，是以學業傳授於人的意思，如《史記》〈仲尼弟子列傳〉：「子夏居西河教授，為魏文侯師。」到了宋朝才在各王府及各路、府、州諸學設置教授，督理學政，教授遂成了官職；現在則以大學或專科學校的教師為教授，並沒聽說有稱小學教師為教授的，但宋元話本中竟稱教小孩子的學堂教師為教授，大概和尊稱裱褙匠、碾玉匠為大夫或待詔道理是一樣的。

提到「教授」，很容易讓人聯想到「博士」。「博士」一詞，早在春秋時代就有了，如《史記．龜策列傳》云：「（宋）元王惕然而悟，乃召博士衛平而問之。」〈循吏列傳〉云：「公儀休者，魯博士也。」至於秦始皇立博士，漢武帝置五經博士，則都是大家耳熟能詳的事情。漢代的經學博士多以傳授經學為主要工作，博士從此和教書結下不解之緣；但到了宋代，民間卻有「茶博士」、「酒博士」等稱呼，小說中更是屢見不鮮，如〈志誠張主管〉寫張勝元宵夜看燈，

> 正行之間，一個人從後面趕將來，叫道：「張主管，有人請你！」張勝回頭看時，是一個酒博士。張勝道：「想是王

二哥在巷口等我，置些酒吃歸去，恰也好！」同這酒博士
到店內，隨上樓梯，到一個閣兒前面。量酒道：「在這
裏。」

這酒博士其實就是賣酒的人，酒店老闆；上文的「量酒」則是酒
保，堂倌。⑬酒博士的地位顯然比量酒要高得多，這又是當時尊
重專門技藝的一個例證。而「夫子」一詞，本指先生長者，或稱
老師，也有妻子稱丈夫爲夫子的；但在宋元時代，「夫子」經常
另有所指，如〈拗相公〉裏：

荆公聽了前番許多惡話，不耐煩，巴不得走路；想道：
「就是兩個夫子，緩緩而行也罷。只是少一個頭口。

沒奈何把一匹與江居坐，那一匹敎他兩個輪流坐罷。」

是說拗相公到了鍾離，想走陸路，結果只雇到兩個轎夫和一頭
騾、一個叫驢，主僕四人不夠使用。夫子就是抬轎子的轎夫，但
夫子也可以是搬運工人，如《水滸傳》第十五回〈楊志押送金銀
擔，吳用智取生辰綱〉：

楊志趕著催促要行，如若停住，輕則痛罵，重則藤條便
打，逼趕要行。兩個虞候雖只背些包裹行李，也氣喘了行
不上。楊志便嗔道：「你兩個好不曉事！這干係須是俺的！
你們不替洒家打這夫子，卻在背後也慢慢地挨！這路上不
是耍處！」

楊志因爲急著把生辰綱送到東京開封去，以免在路上被人劫走，
所以對押送的腳夫（實爲廂禁軍）要求得很嚴格，但天氣太熱，
腳夫們身擔重物趕路，實在吃不消；連兩個虞候的腳步也慢了下
來，楊志不好罰他們，只得嫌他們不站在他這一邊。

再看一個原爲普通名詞卻被轉用爲職稱的例子——地方，
〈錯斬崔寧〉：

> 朱三老道:「好自在性兒! 你若眞個不去, 叫起地方: 有
> 殺人賊在此, 煩爲一捉! 不然, 須要連累我們, 你這裏地
> 方也不得清淨!」

文中的地方已不是某地或處所的意思, 而是指該地的地保⑲, 否
則就講不通了。

以上所介紹的小說用語都與「人」有關, 且多半與職業有
關。如果從訓詁的觀點看, 這些大夫、待詔、教授、博士等職
稱, 在話本小說裏的使用可以說是一種「借用」⑳。這些詞彙本
來專指某種特定身分的人, 而小說裏卻用它們去指另一類特定身
分的人, 這兩種人彼此之間並無瓜葛, 相同的是他們都是受人尊
重的專業人士。但男女、妓弟就有貶抑的意味, 夫子一詞則應和
貶抑或尊重都沒什麼關係, 只是把轎夫或腳夫等夫字的前一字省
去, 再加上一個後附號——子㉑, 成爲一個較籠統的稱呼, 和夫
子的原義相較, 也只有同爲男性一點雷同而已。至於量酒、地方
二詞, 量酒本是酒保的工作, 竟變成酒保的意思, 這其實和教授
從教導傳授變成教書的人有異曲同功之妙。地方原是地保的管轄
範圍, 卻也成爲地保的另一種稱呼, 這中間似乎都有軌跡可尋。

再看下面幾個稱呼: 養娘、官家、做公的、捉事人 (〈碾玉
觀音〉), 侍者、都管 (〈菩薩蠻〉), 撮合山、老媳婦、養家人
(〈西山一窟鬼〉), 大伯子、雌兒、安童 (〈志誠張主管〉)。

養娘的娘字有兩個意義: 母親或少女。此處娘字若當母親
講, 養娘就成了和親娘相對的養母; 如果當少女講, 養娘就是領
養的女孩。在宋元話本裏, 養娘的意義屬於後者, 是婢女的意
思。官家是對皇帝的稱呼, 和上句「主上」互文㉒, 宋代稱皇帝
爲官家非常普遍, 《書言故事. 人君類. 官家》云:

> 俗稱天子爲官家, 宋眞宗嘗以問侍讀李仲容, 對曰:「蔣

> 濟〈萬機論〉：五帝官天下，三王家天下，兼五三之德，
> 故曰官家。」

「做公的」指公差、衙役，「捉事人」是緝補罪犯的人。捉事原是找別人的過失，捉事人或捉事使臣便成了捉拿罪犯的人。

侍者在古代是指左右侍候的人，現代則多指飯店、餐廳等場所的侍應生，意義上是一致的；侍者還有一個「僧徒」的意思，指能親炙於長老左右，任由長老使喚的人，這種侍者的地位頗高，也很受人尊重，〈菩薩蠻〉中的男主角可常就是這樣的一位侍者。「都管」是僕人的頭領，管家，它的意義可以由字面意會；「撮合山」亦然，幫男女撮合的人自非媒人莫屬。〈西山一窟鬼〉中王婆自稱老媳婦，是老婢、年老女僕的意思，可見王婆的態度十分謙卑；原來舊時已婚的女僕稱「媳婦」，年紀大的遂成為「老媳婦」了。「養家人」《中國古典小說用語辭典》上解為主人，丈夫，所舉的例一即是〈西山一窟鬼〉此篇。㉓但筆者以為此處養家人的意義應不止於此，試看原文：

> 看那從嫁錦兒時，脊背後披著一帶頭髮，一雙眼插將上去，脖項上血汙著。教授看見，大叫一聲，匹然倒地。即時渾家來救得甦醒，錦兒也來扶起。渾家道：「丈夫你見甚麼來？」吳教授是個養家人，不成說道我見錦兒怎地來？自己也認做眼花了，只得使個脫空，瞞過道：「姐姐，我起來時，少著了件衣裳，被冷風一吹，忽然頭暈倒了。」

如果養家人只是主人或丈夫的意思，那麼下文說吳教授使個脫空（說謊）就不夠適切；這裏的養不單是養家活口的養，而是指吳教授有顧念體恤之心，不願把錦兒是鬼的實情托出，破壞家中的和諧氣氛。所以，這「養家人」一詞應該是「替家裏設想的人」。

「大伯子」和「雌兒」都是〈志誠張主管〉裏媒婆的用語，

大伯子指年過六旬的張員外，是老大爺，老頭子的意思；雌兒指
王招宣府裏出來的小夫人，是少年婦女的代稱，含有輕戲的意
思。㉔這兩個詞語都不是很正式的稱呼，而是在別人背後使用
的。這篇還有一個稱呼小孩的「安童」，指年幼的僮僕，第三次
出現時作「小安童」，意思一樣，但或有強調他年齡幼小，未能
識破小夫人窘態的用意。㉕至於前面提到過的「老媳婦」，也是
在第三次出現時有了變化，成了「（我）媳婦」，省去形容年紀的
「老」字，而加上一個自稱的「我」字。像這樣在原來的稱呼上
加字或改字，也可能是爲了修辭的緣故。

　　底下再舉一些名詞來討論：遺漏、滿日、一項錢、（〈碾玉觀
音〉）、抹胸、一帶頭髮、杜醞、抹額（〈西山一窟鬼〉）、數學
（〈拗相公〉）、書程、生理（〈錯斬崔寧〉）、吳歌（〈馮玉梅團
圓〉）。

　　遺漏本是脫漏某些事物之意，但在宋元小說中卻常當作失火
或火災的意思㉖，《國語辭典》則說是「失火的隱語」㉗，試看
〈碾玉觀音〉的三條原文：

　　崔待遊春回來，入得錢塘門，在一個酒肆，與三四個相知
　　方纔吃得數盃，則聽得街上鬧炒炒，連忙推開樓窗看時，
　　見亂烘烘道：「井亭橋有遺漏！」
　　當日有這遺漏，秀秀手中提著一帕子金珠富貴，從左廊下
　　出來，撞見崔寧。
　　崔寧道：「告小娘子：要和崔寧做夫妻不妨；只一件，這
　　裏住不得了。要好趁這個遺漏，人亂時，今夜就走去，方
　　纔使得。」秀秀道：「我既和你做夫妻，憑你行。」

《國語辭典》所舉的例子正是上引「要好趁這個遺漏」，在這個例
子裏，遺漏固然可以說是「失火的隱語」，但「井亭橋有遺漏」

中的「遺漏」就不能說是隱語了，事實上宋元小說和戲曲中另外也有用遺漏一詞以表失火或火災的例子㉘，所以《國語辭典》的解釋實在不盡理想，還不如嚴敦易的註：「遺漏——失火的代詞，和『失愼』『走水』是同樣意思。㉙」但〈碾玉觀音〉中的「遺漏」都當名詞用，不是動詞。

滿月通常是指一個月（另有一義是指圓月），但滿日卻不是一整天，而是指到了可以爲男女奴婢擇配的時候，試看〈碾玉觀音〉原文：

> 原來郡王當日嘗對崔寧許道：「待秀秀滿日，把來嫁與你。」

所以此處滿日是指到秀秀可以出府或嫁人的那一天。

「一項錢」和「一帶頭髮」二詞所用的量詞都與今日不同。照王力的說法，量詞的使用和其本義很有關係，譬如「隻」字最初只是普通名詞（《說文》：鳥一枚也。）後來用作單位詞，開始也只指鳥類。㉚那麼「項」和「帶」的原義又是如何呢？《說文解字》上說：

> 項，頭後也，从頁工聲。

> 帶，紳也。男子鞶帶，婦人帶絲。象繫佩之形，佩必有巾，从重巾。

所謂「頭後」其實就是頸項，現在白話中已很少使用項字的本義，反倒是「款項」、「事項」以及當量詞的第幾項經常見到。用「項」字當錢的量詞，可能跟「款項」的用法有關，但今日則多改稱「一筆錢」，即便如此，我們仍可從筆和頸項的形狀產生聯想。「帶」本來也是長形的物體，用來指稱女子垂下的長髮，誰曰不宜？

「抹胸」和「抹額」這兩樣東西，一是掩胸之衣，俗稱兜

肚;一是束額之巾,也叫抹頭。時至今日,中國女士早已拋棄了傳統的抹胸,中國男士也不作興以巾束額,但這兩個名稱卻造得十分傳神。《說文》沒有「抹」字,《廣韻》上說抹是「抹撥,摩也。」《增韻》上說是「塗抹也。亂曰塗,長曰抹。」塗抹就是覆蓋上去。另外抹字又有「轉」的意思,如「拐彎抹角」。結合這兩層意思來看「抹胸」和「抹額」這兩個從動作變成物品名稱的詞彙,應該可以豁然開朗了。

「杜醖」的醖是釀酒的意思,杜醖是自釀之酒㉛,但「杜」和「自己」有什麼關係?嚴敦易說:「杜字在江浙一帶口語中有仿製,土法製的含義。」㉜

〈拗相公〉中說邵雍「精于數學」,所謂的數學也並非今日代數、幾何之數學,而是指術數陰陽五行之學,以五行生剋制化之理來推測人事的吉凶。㉝對照於下文說邵雍「聞杜宇之聲,歎曰:『天下從此亂矣!』」可以確知無誤。「書程」一詞,《中國古典小說用語辭典》上解為「書信和旅費」,所舉的例子也正是〈錯斬崔寧〉此篇(標為《醒世恆言》三十三)。㉞但嚴敦易則注曰:「書是書信,程是鋪程(或作鋪陳)行李,旅行時所攜用的臥具。」㉟衡諸上下文,實以嚴注為佳,試看原文:

> 家人收拾書程,一逕到家,見了夫人,稱說賀喜,因取家書呈上。

書固為書信,但把「程」解為旅費,卻不免犯了胡樸安先生所謂「以後人之心理,揣度古人」的毛病。而「鋪程(鋪陳)」一詞,亦見收於《中國古典小說用語辭典》中㊱,蓋編者不察,遂逕用現代人的觀念去解釋古人的行事。又從「收拾」一詞亦可判斷所收拾的是行李臥具而非旅費。

〈錯斬崔寧〉是講一個丈人資助女婿十五貫錢做生意的曲折

故事，所以其中用了不少生意、買賣、經紀和生理等詞。這四個
詞彙中前兩個至今仍然通用，但後兩個今日的用法已和過去不
同，如現在說「經紀」，很難讓人想到是指買賣或生意人；「生
理」一詞更是已被視為醫學或生物方面的名詞，但它在《中國古
典小說用語辭典》中的五種意義卻全和生意或謀生有關，㊲這也
是比較詞語古今異同時一個有趣的現象吧。

　　「吳歌」在文學史上是指南朝盛行於江南的吳聲歌曲，此類
歌曲形式多為五言四句。㊳但在〈馮玉梅團圓〉中，則是宋朝的
歌曲。試看原文：

> 這首詞末句，乃是借用吳歌成語。吳歌云：
>
> 月子彎彎照幾州：幾家歡樂幾家愁，幾家夫婦同羅帳，幾
> 家飄散在他州。
>
> 此歌出自我宋建炎年間，述民間離亂之苦。

嚴敦易說「吳歌」是「流行於蘇州一帶的民間和農村裏的『山
歌』」，所以其實文學史上的吳歌和話本裏的吳歌性質是一樣的，
只是形式有了改變，五言四句成了七言四句而已。

㈡動詞、副詞及連接詞舉例

　　現在來看一看宋元話本中動詞的使用有何特殊之處。如「將
帶」一詞在〈碾玉觀音〉裏：

> 紹興年間，行在有個關西延州延安府人，本身是三鎮節度
> 使咸安郡王。當時怕春歸去，將帶著許多鈞眷遊春。至晚
> 回家，來到錢塘門裏，車橋前面。

如果不明就裏，可能會以為「將帶」是「即將帶領」的意思，但
如此一來和下文就不聯貫了。事實上，此處「將帶」就是「率
領」，並沒有未來才要去帶領之意，因為「將」字本身就是動詞
「拿」的意思，㊳有時又是「將帶」的省文㊴，如同篇中下列三

條：

> 當日有這遺漏，秀秀手中提著一帕子金珠富貴，從左廊下
> 出來，撞見崔寧，便道：「崔大夫！我出來得遲了，府中
> 養娘，各自四散，管顧不得。你如今沒奈何，只得『將』
> 我去躲避則個。」
>
> 秀秀道：「你知道不敢，我叫將起來，教壞了你。你卻如
> 何『將』我到家中？我明日府裏去說！」
>
> 崔寧密使人打探行在本府中事，有曾到都下的，得知府中
> 當夜失火，不見了一個養娘，出賞錢尋了幾日，不知下
> 落，也不知道崔寧『將』他走了，見在潭州住。

現在一般人已很少用「將帶」一詞，如果要省文，省的也是
「將」而非「帶」，和話本小說中的用法恰恰相反。另外話本小說
裏還常用「把」字當「拿」的意思，如〈碾玉觀音〉：

> 虞候即時來他家對門一個茶坊裏坐定，婆婆把茶點來。

「把」當動詞用，符合本義（說文：把，握也。手巴聲。）但在現
代語裏，這句話可能就要改成「婆婆拿茶點來」或「婆婆把茶點
拿來」。後者就是王力所謂的處置式㊶，句中的「把」字是助動
詞，將目的語（茶點）提到敘述詞之前。這樣說來，話本小說此
處「把」的用法倒是比較接近古代。

　　另外我們可隨手從這七篇拈出一些與今日用法不同的動詞，
如〈菩薩蠻〉中的問訊（問安），理會（處理或算帳），打斷（判
刑），招架（承認），〈拗相公〉裏的准與（折算，抵償），〈錯斬
崔寧〉中的執命（償命），「結」扭（扭，抓）等，確實有相當差
異。尤其是一些對話中的用語，若非翻查小說辭典或專門的註
釋，根本不知所云，如〈菩薩蠻〉中新荷說：

> 他若欺心不招架時，左右做我不著，你兩個老人家將我去

府中，等我郡王面前實訴，也出脫了可常和尚。

句中「做我不著」究竟當如何解釋？乍看之下，實在沒有概念。《中國古典小說用語辭典》在「做不著」條下云：

> 拿來犧牲。「做」字下通常有一個名詞或代名詞，例如「做我不著」即「拼（應作拚）著犧牲自己」，「做丈夫不著」即「拼（應作拚）著犧牲丈夫」。㊷

> 〈志誠張主管〉裏另有「不著人」一詞，卻是「不近人情」的意思，可見這個「著」字應用起來的複雜了。㊸

在副詞和連接詞方面，也有一些詞語的用法十分特別，如「廝」字是「互相」的意思，廝撞、廝覷、廝趕、廝挽（分見〈碾玉觀音〉、〈西山一窟鬼〉、〈錯斬崔寧〉等篇）就是相撞、相覷、相趕、相挽的意思。「須」字是「真」的意思，「你須不盡道理」（見〈錯斬崔寧〉）即「你真不講道理」；但「須索」卻是「一定要」，如「明日須索來家」（亦見〈錯斬崔寧〉）是說「明天一定回家」的意思。另外「不爭」的用法和詞曲中相仿，如「不爭你偷了我的去，卻是怎的計結」（見〈錯斬崔寧〉），意即「要是你偷了我的去，我該怎麼辦」。再說「卻」這個字，《中國古典小說用語辭典》上只有一個解釋——再，「卻是」和「卻好」都未見收錄。㊸如上引「卻是怎的計結」的「卻」即不能當「再」講，而是「倒」的意思，又如〈碾玉觀音〉：

> 小娘子如今要嫁人，卻是趙奉官員？

句中的「卻」字相當於「還」字，也不是「再」的意思。而〈錯斬崔寧〉中的「卻好」，是恰巧、正好的意思。「卻不」一詞該辭典收了，當「豈不是」講，〈志誠張主管〉有「卻不作怪」、〈碾玉觀音〉有「卻不叵耐」之語。

以上拉拉雜雜所舉的詞語，主要是著重在它們的意義或用法

上和古今有別，值得我們閱讀時加以注意；其中有極少數詞語前人的解釋不盡令人滿意，所以筆者也大膽地提出自己的看法。以下再分就假借、引申、語詞、反訓、切音等分項舉例說明。

三、可用假借、引申、語詞、反訓和切音來解釋的詞語

㈠假　借

《京本通俗小說》裏頭同音假借字（別字）用得不少，如所有該用「倒」的地方全用「到」；彌天大罪變成「迷天大罪」，瞭高（守望）寫作「料高」（見〈菩薩蠻〉）；賺錢的「賺」寫成「撰」，不提的「提」卻用個「題」字，躡手躡腳寫成「捏手捏腳」，人急計生的「急」寫成「極」（見〈錯斬崔寧〉）；燙酒的「燙」只寫「湯」，太狠寫作「太很」，尤不可解成了「猶」不可解（見〈西山一窟鬼〉）等均是。

其他如「不則一日」（見〈碾玉觀音〉），不則是不只，不止的意思，則是只的假借字㊹；「這漢則甚」（亦見〈碾玉觀音〉），則甚是做甚，幹什麼；「不敢則聲」（見〈西山一窟鬼〉）就是不敢作聲，可見則字可通做或作。〈碾玉觀音〉裏還有一個凱字，「如何胡亂凱得人？」「若真個在，把來凱取一刀；若不在，郭立你須替他凱取一刀！」凱是砍的音借。㊺另外筆者懷疑同篇中的「勒」字是「立」的音借，原文是：

> 怕恩王不信，勒下軍令狀了去。

> 郭立是關西人，朴直，卻不知軍令狀如何胡亂勒得！

嚴敦易注曰：「這裏作寫、畫解釋。」㊻但筆者總覺得不大理想，看看時代稍晚的《三國演義》也有敘及軍令狀的，用的是一個「立」字，㊼再研究一下勒和立，確實有聲同韻近的現象，《說

文》說勒从革力聲，《廣韻》說立是力入切，故二字聲母相同；而勒在《廣韻》是入聲德韻，立是入聲緝韻，二者恰爲鄰韻，十分接近。

　　還有一個詞「幫總」，很不好解釋，《中國古典小說用語辭典》未收此詞，但解釋「幫」字借作「傍」字，靠攏。（見頁一三六八）到了《警世通言》被改成「幫牎」，嚴敦易注曰：「靠牎，近牎。在轎子的牎傍行走，準備伺應的。」⑱

　　〈碾玉觀音〉中有「奢遮」一詞，〈西山一窟鬼〉中作「咋嗻」，都是厲害，了不起的意思，二者形音俱近，應該也是通假。〈錯斬崔寧〉有一詞「常便」，應該寫作「長便」，本是長久之方便，引申爲妥善辦法，也就是長久之計的意思。⑲同篇還有一詞「沒巴臂」，乍看也不好懂，但巴臂和把柄、巴鼻音近，原來「杭人語做事無據曰『沒巴臂』。」（《西湖遊覽志餘》）⑳沒巴臂和沒把柄、沒巴鼻一樣，是無憑據的意思。

㈡引　申

　　此處所謂引申是指詞語在使用時由原義轉爲相關的其他意義，如〈菩薩蠻〉有「消乏」一語，原本是消耗之意，但在篇中卻是貧乏、困苦的意思，這就是從消乏引申出來的。㉑又如「答應」一詞，本是允諾之意，但在〈拗相公〉裏則當作聽候使喚講，㉒我們可以知道這是從奴婢要答應主人的使喚引申出來的。再如〈西山一窟鬼〉裏有「房臥」一詞，原是臥房中的東西，小說裏就用來指粧奩，和〈志誠張主管〉中的房奩、房計意思雷同。㉓以下就再舉一些詞語，來看它們本義和引申義之間的關係。

　　1.過眼：本是看，引申爲「相親」。

　　2.量酒：本是秤酒，引申爲「酒店裏的伙計」。

3. 打脊：本是刑法的一種，引申爲「該打的囚徒」。(以上詞語出自〈西山一窟鬼〉)

4. 破綻：本指衣縫綻裂，引申爲「事情有漏洞」。

5. 足色：本指金銀純而無雜物，引申爲「完美」。(以上詞語出自〈志誠張主管〉)

6. 隨喜：本是佛家語，見人行善，隨而生歡喜之心，或隨自己所喜而爲功德，後來引申爲「到寺廟去參觀」。

7. 香火：本指燃香燒火以祠神，引申指「稱廟中主管燒香點燈之事者」。(以上詞語出自〈拗相公〉)

8. 做不是：本是做錯事，引申指「偷盜」。

9. 分曉：本是清楚，引申爲「詳情」。

10. 皀絲麻線：本指黑絲和麻線，一些細微的東西，引申爲「可疑之處」。絲和線是私和嫌的雙關語。

11. 首尾：本指頭和尾，引申爲「關係」，尤指曖昧非法的關係。

12. 毛團：本是毛球或指一團毛，引申爲「畜牲」，是罵人的話。(以上詞語出自〈錯斬崔寧〉)

上面的例子中，量酒、打脊、香火、做不是幾個詞都是從某種動作而引申指做那種動作的人，可歸於事→人的類型，過眼、隨喜本義是動作，引申後仍是動作，可歸於事→事的類型，破綻、分曉、皀絲麻線本指物的狀態或物本身，引申後指事的狀態，可歸於物→事的類型，足色、首尾、毛團原來也指物的狀態或物本身，引申後卻牽涉到人身上，故歸之於物→人的類型，這樣分類雖然很粗糙，但多少可以看出小說裏詞語引申的大致方向。

㈢語詞

　　《京本通俗小說》是宋元白話小說，所以裏頭也用了一些白話語詞，但另外又有幾個和現代語不同的語詞，如〈碾玉觀音〉中「無甚事，閒問則個。」「則個」是加重語氣的語助詞，沒有什麼特別的意義。至於「兀」這個字，雖也是發聲詞，但與「誰」連用（〈西山一窟鬼〉有「兀誰」一語）時，卻加強了指點的語氣。又如〈碾玉觀音〉「趕將上來」的「將」字，相當於白話的「了」字，卻和了字用法有別，從〈西山一窟鬼〉的「走將來」一語可知，它似乎專用在表示行走的動詞之後，而且後面通常還跟一個來字。「休」字也是常用在表示行走的動詞之後，如「走休」（見〈西山一窟鬼〉）、「去休」（見〈錯斬崔寧〉），相當於現代白話的「吧」。再看一個「地」字，〈西山一窟鬼〉裏有這麼一句：「孩兒和錦兒在東閣兒裏坐地。」「坐地」就是坐著，但地讀輕音，坐地或作坐的；⑭〈碾玉觀音〉、〈西山一窟鬼〉和〈錯斬崔寧〉都有「恁地」一詞，也作恁的（見〈志誠張主管〉），是如此的或怎的的意思。⑮這些語詞也經常在元明戲曲中出現，這應該和時代接近以及都採用白話脫不了關係。

㈣反　訓

　　反訓是訓詁中的異數，但在詞語意義的演變上，卻確實有它一席之地。在《京本通俗小說》中筆者找到三條，其一是〈西山一窟鬼〉中的「罪過」：

　　　　撚指開學堂後也有一年之上，也罪過，那街上人家，都把
　　　　孩兒們來與他教訓，顧自有些趲足。

這裏的「罪過」不能講成是「罪惡過失」。《中國古典小說用語辭典》說「罪過」有二義：一是多謝，幸虧；一是抱怨。（見頁一一三）這裏似乎可以採取前者——幸虧，也就是幸好，好在的意思。乍看言這句話也許會以爲把孩子送來是「罪過」，仔細研

究才知道是好事，因爲就靠著這些孩子來上學，吳秀才才有些積蓄。「罪過」原是不好的，這下又成了好的，意義是不是相反了呢？

其二是〈志誠張主管〉中的「怕」：

> 不愁小的恁小，還愁老的恁老。這頭親，張員外怕不中意！只怕雌兒心下必然不美。

「怕不中意」其實是「那怕不中意」或「不怕不中意」，也就是一定中意。第三個例子也許不是頂理想，算是聊備一格吧，〈錯斬崔寧〉裏的「靜山大王」：

> 我乃靜山大王在此！行人住腳，須把買路錢與我！

「靜山大王」乃強盜之別稱，㊽但諷刺的是，這些強盜以「靜山」自許，實際從事的卻是「鬧山、亂山」的行徑。我們若以正面來理解「靜山大王」，那就陷入的泥淖而不可自拔了。

㈤切　音

切音只有一例，就是〈碾玉觀音〉裏的「叵耐」：

> 郡王聽説，便道：「叵耐這兩個做出這事來！卻如何直走到那裏？」

> 郡王道：「卻不叵耐，教人捉這漢，等我取過軍令狀來，如今剮了一刀！」

「叵」是「不可」二字的切音，叵耐即「不可耐」，有可恨、可惡的意思。㊾這裏「叵耐」兩次出現，都是郡王所說的話，可以看出這個詞語常在口語中使用，也可能是郡王慣用的。

由上述所舉的例子，我們可以發現，話本小說所用的詞語，仍然適用傳統的訓詁方式來解釋。「假借」部分的字詞較多，其實和小說的作者下筆草率不無關聯；因爲《京本通俗小說》原本就有版本上的問題，㊿即以筆者手頭的世界書局和商務印書館所

印的《京本通俗小說》相較，就有幾十處用字不同，但對本文沒有影響，故略而不論。至於語詞和切音方面，可以說和戲曲中用法如出一轍，並無新意。倒是引申和反訓部分比較有趣，因爲透過這兩種方式使詞語的使用更活潑，也可以看出當時市井人士語彙豐富的軌跡。

四、結　語

《京本通俗小說》僅是一冊薄薄的話本小說，文不甚深，言頗通俗。在當時一般人「聽」這些故事時，應該是毫無困難的，但時至今日，中上程度的人「看」這冊書可能也只能略知梗概，關鍵可能在於它所使用的是當時的白話。因爲語言是一直演變不停的，宋元的白話作品到了民國，也有「以今言釋古言」的必要。限於學力和時間，筆者只能做這一點點粗淺的介紹，希望假以時日，能夠用更多的材料，更好的方法，並配合歷史、民俗等相關知識做更深入的探究。

【註　釋】

①詳見魏子雲著《金瓶梅詞話註釋》，上冊，〈自序〉，頁一。臺灣學生書局，民國七十三年七月，臺北。

②正中書局，民國四十一年臺一版，臺北。

③正中書局，民國七十二年三月臺初版，臺北。

④臺北明文書局於民國七十一年二月翻印（初版），大陸方面應該更早即已印行。

⑤此書於民國五十三年初版，臺灣中華書局六十三年影印出版，七十一年一月華正書局影印時附〈小說成語匯纂〉。

⑥此書於民國七十四年三月由聯經出版公司初版，編著者於〈前言〉云：

「當時的決定是把《小說辭語匯釋》擴大。凡是原書已經有的詞語，除極少數外，一律收錄。原書間或有解釋不大妥當的地方，也都予以改正；材料不完全的地方，也盡可能的予以補充。」

⑦如里仁書局出版的《紅樓夢校注》，桂冠圖書公司出版的《三國演義》，聯經出版公司印行的《新列國志》，鼎文書局出版的《喻世明言》、《警世通言》、《醒世恆言》等，於每回或每篇之後均附有註釋。

⑧如馬幼垣、馬泰來撰〈京本通俗小說各篇的年代及其眞僞問題〉，主張《京本通俗小說》是一部僞書，除〈拗相公〉是元人話本，〈馮玉梅團圓〉和〈金主亮荒淫〉二種是明人作品，其餘都是宋人舊遺。原刊《淸華學報》新五卷一期，民國五十四年七月，後收入馬幼垣著，《中國小說史集稿》，時報文化公司，六十九年六月初版，七十六年三月二版。另樂師蘅軍所著《宋代話本研究》（臺大文史叢刊之二十九，民國五十八年十二月初版）亦主張〈金主亮荒淫〉是明人無聊之戲作，〈拗相公〉、〈馮玉梅團圓〉非宋人作品，餘皆爲宋作。又雷威 Andre Levy 著，吳圳義譯〈京本通俗小說眞僞考〉（收於靜宜文理學院中國古典小說研究中心編，《中國古典小說研究專集 1》）亦認定其爲僞書。而胡萬川所撰〈「京本通俗小說」的新發現〉（見中華文化復興月刊，第十卷第十期，民國六十六年十月）則以兩種《警世通言》的版本兼善堂本、三桂堂本和《京本通俗小說》對勘，證明《京本通俗小說》是一本僞託的書。但那宗訓著的〈京本通俗小說新論〉（收於《京本通俗小說新論及其他》，文史哲出版社，民國七十四年二月出版）卻從時代、人名、銜頭、引用詞、書目、俗字等問題方面，證明《京本通俗小說》並非現代人的僞造品，必定出現在馮夢龍的《三言》以前。

⑨同註⑧。

⑩〈碾玉觀音〉即《警世通言》第八卷〈崔待詔生死冤家〉，〈菩薩蠻〉即《警世通言》第七卷〈陳可常端陽仙化〉，〈西山一窟鬼〉即《警世通言》

第十四卷〈一窟鬼癩道人除怪〉，〈志誠張主管〉即《警世通言》第十六卷〈小夫人金錢贈年少〉，〈拗相公〉即《警世通言》第四卷〈拗相公飲恨半山堂〉，〈錯斬崔寧〉即《醒世恆言》第三十三卷〈十五貫戲言成巧禍〉，〈馮玉梅團圓〉即《警世通言》第十二卷〈范鰍兒雙鏡重圓〉。《京本通俗小說》的七篇與見於《警世通言》、《醒世恆言》的七篇相比較，文字的差別非常少。

⑪參見葉師慶炳著，《中國文學史》下冊，第二十六講〈宋代話本與諸宮調〉，頁一八〇、一八五，臺灣學生書局，民國七十六年八月。

⑫同註⑪，頁一八三至一八五。

⑬參田宗堯編，《中國古典小說用語辭典》，頁九三，聯經出版公司，民國七十四年三月，臺北。

⑭世界書局與商務印書館所排印之《京本通俗小說》，此句均作「逐月卻與幾個小男女打交撚指」，但鼎文書局印行之《警世通言》則作「逐月卻與幾個小男女打交」，「撚指」連下句讀。衡諸文意，後者較佳。

⑮同註⑬，頁一三五八至一三五九。

⑯見楊家駱主編，《警世通言》，頁一九七，鼎文書局，民國六十九年九月三版，臺北。

⑰同註⑯，頁一九八。

⑱同註⑯，頁一九八。又《中國古典小說用語辭典》，頁一〇四九：「量酒人（量酒的）（量酒）酒店裏的伙計。」

⑲同註⑬，頁三四一。

⑳同註⑯，頁一〇二。

㉑如「花兒」、「桌子」、「石頭」、「這麼」、「爺們」等詞中的「兒」、「子」、「頭」、「麼」、「們」等，都可稱爲後附號。詳參王協（王力）著，《中國語法理論》上冊，頁一五至二十。臺灣商務印書館，民國六十六年三月臺一版，臺北。

㉒原文是：「主上賜我團花戰袍，卻尋甚麼奇巧的物事獻與官家。」「主上」與「官家」應爲互文。

㉓同註⑬，頁一三一三。

㉔同註⑯，頁二三一、二三二。

㉕〈志誠張主管〉中小夫人碰到安童，向他打聽府裏的近況。安童提起一串一百單八顆西珠不見的事，小夫人臉上或青或紅，但安童並沒有察覺異樣，說完就走了。

㉖同註⑬，頁一三四八。

㉗見中國大辭典編纂處編，《國語辭典》，第四冊，頁三九二七。臺灣商務印書館，民國六十七年六月第三次修訂五版，臺北。

㉘同註㉖。

㉙同註⑯，頁一〇三。

㉚詳參王協（王力）著，《漢語史稿》增訂本，第三十三節〈單位詞的發展〉，頁二三八至二四〇。波文書局，香港。

㉛同註⑬，頁四六四。

㉜同註⑯，頁一九八。

㉝嚴敦易注曰：「這裏是作術數解釋，指天文星命占卜等，并不是算學的數學。」同註⑯，頁五〇。又《國語辭典》，第三冊，術數條2云：「謂研究陰陽五行生剋制化之理，以推測人事之吉凶者。」同註㉗，頁三二一八。

㉞同註⑬，頁七六六。

㉟見楊家駱主編，《醒世恆言》，頁七〇六，鼎文書局，民國六十七年十一月再版，臺北。

㊱見該書頁一三一〇：「鋪陳（鋪程）即『鋪蓋』，被褥等。」

㊲五種意義是：「1.生意，買賣。2.做生意。3.謀生，工作。4.謀生的方法。5.管理，經營。」見該書頁三〇〇。

㊳參見葉師慶炳著，《中國文學史》上冊，第十一講〈南朝文學〉，頁一九五

至一九七，臺灣學生書局，民國七十六年八月。

㊴同註⑬，頁八七一、八七二。

㊵同註⑯，頁一〇二。

㊶詳參王協（王力）著，《中國語法理論》，上冊，第二章第十二節〈處置式〉，頁一六四至一七四。臺灣商務印書館，民國六十六年三月臺一版，臺北。

㊷同註⑬，頁八四四。

㊸小說用語常與詞曲用語類似，張相撰，《詩詞曲語匯釋》著字收有二十二種解釋，可爲一證。詳見該書上冊卷三，頁二七九至二九九。世界書局，民國六十七年十月再版，臺北。

㊹同註⑬，頁一二八。

㊺同註⑬，頁九六〇。

㊻同註⑯，頁一〇四。

㊼見《三國演義》第四十九回，「孔明曰：『如此，立下文書。』雲長便與了軍令狀。」頁四三二至四三三，桂冠圖書公司，民國七十二年二月十五日初版，臺北。

㊽同註⑯，頁一〇二。

㊾同註⑬，請參閱頁八七四「常便」條及頁六一〇「長便」條。

㊿同註⑬，請參閱頁四七一「沒巴臂」條。

(51)同註⑬，頁七七七。

(52)同註⑬，頁一〇二六。

(53)同註⑬，頁五四五至五四六。

(54)同註⑬，頁四二九。

(55)同註㉗，第三冊，頁三三〇二。

(56)同註⑬，頁一三五五。

(57)同註⑬，頁二四二。

(58)胡萬川、那宗訓先生都曾討論《京本通俗小說》的版本問題，請參閱註⑧。

黃季剛先生，真正訓詁學之奠基人

黃建中

一

　　訓詁，從現有的文獻記載看，早在春秋戰國時期就已開始了。如《國語》和《春秋左氏傳》中就記載了當時一些人解說《易》、《書》、《詩》的例子，《國語·周語》記載晉人叔向對單靖公的家臣解說《詩·昊天有成命》，《春秋左氏傳》襄公四年載魯國穆叔解說夏代樂曲《肆夏》、《韶夏》、《納》和《詩·大雅》的《文王》、《大明》、《綿》以及《詩·小雅》的《鹿鳴》、《四牡》、《皇皇者華》等；至于像《周禮》「春見曰朝，夏見曰宗」、《禮記》「禮者，因人之情而爲之節文也，以爲民坊者也」、《論語》「政者，正也」、《孟子》「老而無妻曰鰥，老而無夫曰寡，老而無子曰獨，幼而無父曰孤」等這樣一些在正文中解釋詞語的例子那就更多了；《易》的《彖辭》、《象辭》、《文言》解釋卦辭、爻辭，《繫辭》、《說卦》、《序卦》等又進一步解釋上述諸項和諸卦；《春秋三傳》解說《春秋》等等，都是訓詁所有事，也是訓詁的最初形式。①到了毛公傳《詩》，鄭玄箋《詩》注《禮》，以及《爾雅》、《方言》、《釋名》等訓詁專書出現，中經魏晉南北朝、唐、宋和清代，訓詁雖有了大發展，但始終停留在隨文注疏和《廣雅》、《小爾雅》、《埤雅》、《廣釋名》、《續方言》一類的訓詁專書；雖也創造了許多的訓詁形式、方式、方法等，但始終未出現

一本系統總結和研討訓詁的原理、方式、方法、義例和條例的「訓詁學」專書。直到 1920 年，沈兼士先生在《研究文字學形和義的幾個方法》（載《北京大學月刊》第 1 卷第 8 號）中才提出：

訓詁學

(1)訓詁學概論——總論「原流、要義和研究方法」，如「變易」、「孳乳」、「引申」、「通假」諸定律。

(2)代語沿革考——應用總論所説的方法，目治的依據古籍來探尋歷代文語蜕禪的軌迹。

(3)現在方言學——應用總論所説的方法，耳治的研究現代各地方語言流變的狀况。

沈先生在這裡第一次提出了建立「訓詁學」的設想，但這個設想也僅僅是個設想；且將講訓詁的「原流、要義和研究方法」的總論與屬于「訓詁學」內容之一部分的，或者説是與「訓詁學」相關的科學「代語沿革考」、「現在方言學」平列在「訓詁學」中，與「訓詁學總論」鼎足而三。所以，沈先生所説的「訓詁學」，還不是眞正的有科學理論體系的「訓詁學」。建立眞正的有科學理論體系的「訓詁學」，黄侃先生是第一人。②

二

黄侃先生建立眞正的「訓詁學」，是自 1928 年始在中央大學講授「訓詁學」③。其具體內容雖在黄侃先生生前未正式出版，但從他的門人整理、發表的「筆記」、「要語」中，亦可見其梗概。現在能見到的這些「筆記」、「要語」主要有：

1.潘重規先生紀錄的黄侃《訓詁述略》，載 1935 年《制言》第 7 期。

2.武酉山氏的《追悼黄季剛師》中撮錄有 1932 年 7 月「聽

季剛師講訓詁學」「要語」，亦載 1935 年《制言》第 7 期。

　　3.黃焯先生記錄、整理的黃侃《訓詁學講詞》（未發表）和黃侃述、黃焯編《文字聲韵訓詁筆記》中的《訓詁筆記》，上海古籍出版社，1983 年出版。

　　綜合上述幾種「筆記」、「要語」，黃侃先生的「訓詁學」理論體系有如下要點：

　　其一，第一次明確地對「訓詁」和「訓詁學」下出了定義。黃先生說：

> 訓詁者，用語言解釋語言之謂。若以此地之語釋彼地之語，或以今時之語釋昔時之語，雖屬訓詁之所有事，而非構成之原理。眞正之訓詁學，即以語言解釋語言，初無時地之限域，且論其法式，明其義例，以求語言文字之系統與根源是也。

「訓詁」和「訓詁學」是兩個既有聯系而又有區別的概念。「訓詁」就是「用語言解釋語言」；說得具體些，即「以此地之語釋彼地之語，或以今時之語釋昔時之語」；亦即人們所常說的，「以今語釋古語，以通語釋方言」。④當然，訓詁的內容還有闡述章旨大意、叙事考史和發凡起例等等，⑤但主要的、大量的還是解釋字詞，分析句讀和篇章，即是「用語言解釋語言」。「訓詁學」則就是以訓詁爲研究對象和研究內容，研究其「構成之原理」，「論其法式，明其義例」，也就是要總結和研究訓詁的原理、規律、方式、方法、條理和義例，以便指導訓詁，指導更好地進行訓詁的工作。

　　其二，建構了「訓詁學」的主要理論體系。綜合前述黃先生講「訓詁學」的「筆記」、「要語」，黃先生建構的「訓詁學」體系，主要有：

訓詁與訓詁學

訓詁構成之方式（互訓、義界、推因）

本有之訓詁與後起之訓詁

獨立之訓詁與隸屬之訓詁

義訓與聲訓

說字之訓詁與解經之訓詁不同

《說文》之訓詁必與形相帖切

以聲韻求訓詁之根源

求訓詁之次序（求證據、求本字、求語根）

聲訓

十種根柢書：《爾雅》、《小爾雅》、《方言》、《說文》、《釋名》、《廣雅》、《玉篇》、《廣韵》、《集韵》、《類篇》。

由上可以看出，黃侃先生對已經過長期發展而有豐富內容的訓詁實踐，進行了系統的總結和理論的概括。第一次提出了「訓詁構成之方式」，區分了「本有之訓詁與後起之訓詁」、「獨立之訓詁與隸屬之訓詁」、「義訓與聲訓」、「說字之訓詁與解經之訓詁不同」，強調了「《說文》之訓詁必與形相帖切」、「以聲韵求訓詁之根源」、「求訓詁之次序」和「聲訓」，提出和闡述了「十種根抵書」等⑥。這樣建構起「訓詁學」的理論體系，使「訓詁學」真正成為一門有理論系統的、獨立的、能指導訓詁實踐的科學。

三

黃侃先生建立的這一訓詁學理論體系，使訓詁學成為一門真正的、獨立的、能指導訓詁實踐的科學，對訓詁和訓詁學的發展作出了巨大貢獻，影響深遠。

如前所述，「訓詁」，從現有的文獻記載看，早在春秋戰國

時期就已出現，中經兩漢、魏晉南北朝、唐、宋和淸代，毛公傳《詩》、漢‧鄭玄箋《詩》注《禮》等隨文注疏和《爾雅》、《方言》、《釋名》等訓詁專書的大量出現，發展迅速，成績斐然。至于說到「訓詁學」的產生，目前還有爭論：

齊佩瑢氏在本世紀 30 年代寫的《訓詁學槪論‧緒論》中說：

> 大概在先秦的時候，是只有「訓故」的稱謂的，而且訓故和經學、小學簡直是三位一體而不可分離，那時研究經學、古學或小學的學者也僅是爲了講解古書而去訓釋古籍中的古字、故言，去闡發古聖賢的微言大義；至于如何解釋古字、故言—— 即訓詁的方法技術以及理論系統等等的問題，卻尚無自覺的有系統的槪述綜合的研究；換言之，那時只有「訓故」而無「訓詁學」，只有工作的實行而無學理的解說。理論的產生是靠着事實的歸納，在一個訓故工作剛萌芽的時候，自然不會同時就有成熟的系統理論的。這也是時代使然，直到二千年後的現在，不是還沒有一部「訓詁學」的著作出現麼？⑦

胡樸安氏在 1937 年寫的《中國訓詁學史‧自叙》中說：

> 《釋名》一書，含有訓詁學之意義，其性質與《爾雅》不同。《爾雅》僅爲訓詁之記載，《釋名》則必求訓詁發生之所以然。

本師洪誠先生在 1984 年江蘇古籍出版社正式出版的《訓詁學‧緒論》中說：

> 第一部詞典《爾雅》產生的時代，就是訓詁學產生的時代。《爾雅》和《詩詁訓傳》相同的部分占大多數，不同的部分占少數。《爾雅》產生于公元前三百五十至四百五十年之間。

　　我曾在我的那本拙作《訓詁學教程》的第八章《訓詁學的回顧與展望》（荊楚書社，1988年）中發揮洪師的觀點說：

　　《爾雅》是我國現存最早的一部按照意義分類編排的詞典，也是我國現存的第一部訓詁專書。《爾雅》產生以前，訓詁雖已出現，但從我們現在所能見到的材料説，均是對古書作出一些隨文的講解，或對某些字、詞作出解釋；而《爾雅》則是有意識地把古今異言、方俗殊語，以及各種名物異名，加以分類、排比，進行系統整理，作出解釋，匯成通釋意義的第一部漢語分類詞典，成為訓詁學的第一部以詞為研究對象的通釋語詞意義的專書。它雖然不像現在的《訓詁學》一類的專門性理論著作，全面研究訓詁的法式和義例，「以求語言文字之系統與根源」；但它也不僅僅是隨文的就字釋字，就詞釋詞，而是對語言中的詞，包括單音節詞和多音節詞，進行研究、分類、排比，求其系統。所以洪誠先生說「《爾雅》產生的時代，就是訓詁學產生的時代」，是有道理的。當然，這還僅是訓詁學研究的開始。

從上引諸說中，我們可以看出：(1)「訓詁學」的產生應是在「訓詁」有了一定的發展之後。正如齊佩瑢氏所說：「理論的產生是靠着事實的歸納」，沒有訓詁的事實，就不可能有訓詁的理論，更沒有訓詁的理論體系，也就不可能有講訓詁的原理、規律、法式和義例的「訓詁學」。(2)「訓詁學」的產生或者說「訓詁學」的開始研究是在戰國至秦漢訓詁有了較大發展的這一時期，其標志：有的人認為是《爾雅》（如洪誠先生說），有的人認為是《釋名》（如胡樸安氏說），也有的人認為是《方言》（如齊佩瑢氏在他的《訓詁學概論》第十四節《理論的訓詁學》中說：「《方言》

則是訓詁的學術了，這在訓詁學史上不能不說是一個新紀元」)。
其實，《爾雅》、《方言》、《釋名》都還只是訓詁專書，都還只是
各從一個方面對漢語詞進行集中研究和訓釋，成爲各具特色的一
種訓詁體式，是「訓詁學」應該總結和研究的訓詁學理論體系中
一重要組成部分，故都還只能表明「訓詁學」的開始誕生或開始
研究階段，都還不能說是有理論體系的、能全面指導訓詁實踐
的、眞正的「訓詁學」。(3)直到 1928 年黃侃先生始在中央大學、
金陵大學等校講授「訓詁學」，初建訓詁學理論體系之前，還沒
有一部眞正的、有理論系統的、能指導訓詁實踐的「訓詁學」。

四

黃侃先生建立起這一「訓詁學」的理論體系，影響是十分巨
大的，對「訓詁」和「訓詁學」的發展起到了很好的推動作用，
其主要事例是：

㈠自從黃侃先生建立起這一訓詁學的理論體系之後，這一類
的訓詁學著作大量出現。如上引本世紀三、四十年代出版的齊佩
瑢著《訓詁學概論》和何仲英著《訓詁學引論》⑧（商務印書
館），其後的林尹先生著《訓詁學概要》（臺灣正中書局）、陸宗
達先生著《訓詁淺談》和《訓詁簡論》（北京出版社）、洪誠先生
著《訓詁學》（江蘇古籍出版社）等等，前後達數十種之多。

㈡這一類的訓詁學著作大多采用了黃侃先生所總結的訓詁的
原理、規律、方式、方法或義例，當然也各有自己的創見。

如齊佩瑢氏著《訓詁學概論》，全書分「緒論」、「訓詁的基
本概念」、「訓詁的施用方術」、「訓詁的淵源流派」四章，其中第
三章「訓詁的施用方術」又分「音訓（上、下）」、「義訓」和
「術語」四節，開頭就寫到：

以語言釋語言之方式有三：

一曰宛述（義界）

二曰翻譯（互訓）

三曰求原（推原求根）

這就是黃侃先生對「訓詁」下的定義和黃侃先生所提出的「訓詁構成之方式：互訓、義界、推因」，只是齊氏換了另外的名稱而已。

又如林尹先生著《訓詁學概要》，全書分「緒論」、「訓詁與文字的關係」、「聲韻與訓詁的關係」、「訓詁的方式」、「訓詁的次序」、「訓詁的條例」、「訓詁的術語」、「訓詁的根柢書籍」等八章，更是對黃侃先生建立的訓詁學理論體系的闡述和發展，正如陳新雄教授所介紹的：「《訓詁學概要》，臺灣正中書局出版。於訓詁之意義、成因、訓詁與文字聲韻之關係，訓詁之方式、次序、條例、術語、書籍各方面均予扼要叙述，大體本黃侃《訓詁述略》而加以擴充。為目前臺灣各大學普遍採用之訓詁學教材。」⑨

再如陸宗達先生著《訓詁簡論》（北京出版社，1980 年），全書分「什麼是訓詁」、「訓詁的內容」、「訓詁的方法」、「訓詁的運用」四大部分，大都是以黃侃先生總結的訓詁條例和義例立說。如陸先生在該書第一大部分「什麼是訓詁」，先分析唐代孔穎達在《詩經·周南·關雎》疏中對「訓」和「詁」的解釋，接着就說：

> 近代學者黃侃先生對「詁」、「訓」二字的解釋，反映了訓詁學進一步發展後所具有的新的含義。他說，「詁」就是「故」，「本來」的意思；「訓」就是「順」，「引申」的意思。這個解釋，過去也有人講過。如東漢許慎在《說文解

字》裡說：「詁，訓故言也。」漢代人也常把「詁訓」二字寫作「故訓」。魏代的張揖在《廣雅》裡也說過：「訓，順也」。這些，都是採用聲訓的方法來解釋「詁」、「訓」的語源，從而明其定義。「詁」的語源是否是「故」，「訓」的語源是否是「順」，我們且不在這裡研究。但應該看到，黃侃先生對「詁訓」的解釋，說明他已有了詞義的系統的觀點。

其他數十種同類性質的《訓詁學》著作，包括拙著《訓詁學教程》在內，受到黃侃先生建立的訓詁學體系的影響和啓發，就不一一在這裡細說了。

黃侃先生建立的訓詁學理論體系，也有其粗疏之處，這是開創者所難免的。在黃侃先生建立這一訓詁學理論體系之後所出現的數十種「訓詁學」著作，雖各有其發展和創造，各有其特色和勞績，但受到黃侃先生講「訓詁學」的影響和啓發也是很明顯的。所以我們說：黃侃先生是眞正訓詁學之奠基人。

【註　釋】

①參見陸宗達先生《訓詁簡論》，北京出版社，1980 年；洪誠先生《訓詁學》，江蘇古籍出版社，1984 年；拙作《訓詁學教程》，荊楚書社，1988年。

②參見許嘉璐氏《黃侃先生的小學成就及治學精神》，載北京師範大學《訓詁研究》第 1 輯，1981 年。

③潘重規先生紀錄之黃侃《訓詁述略》（載 1935 年《制言》第 7 期），有潘先生附記云：「戊辰之春，師始來教南雍，第一講即爲‘訓詁學’。茲取舊記，略加比次，揭諸《制言》。」按：戊辰，即 1928 年。

④晉代郭璞《爾雅注》亦曾說《爾雅》是：「釋古今之异言，通方俗之殊

語」。

⑤參見拙著《訓詁學教程》第二章〈訓詁的內容〉，荆楚書社，1988 年。

⑥關于這些內容的具體解說，見潘重規先生、黃焯先生等人的「紀錄」、「筆記」，另外還可參見黃侃先生所寫的《爾雅略說》、《手批爾雅義疏》、《手批爾雅正名》、《王念孫〈廣雅疏證〉批校》、《說文略說》、《手批說文解字》、《說文選講》、《說文小箋》、《手批廣韵》等二百餘種有關著述和批點本，其目錄可參見黃建中整理《黃季剛先生著作分類錄》，載《中國海峽兩岸黃侃學術研討會論文集》(1)，華中師大出版社，1993 年。

⑦見齊佩瑢著《訓詁學概論》第 1 頁，中華書局，1984 年新版。

⑧何仲英著《訓詁學引論》，分「訓詁」、「代語的沿革」和「現在方言」三章，從全書三章看，何著似乎受沈兼士先生在《研究文字學形和義的幾個方法》中提出的「訓詁學」三方面影響較大。這裡舉出，只是因何著在黃侃先生講「訓詁學」之後。

⑨見陳新雄教授之《百年身世千年慮之林尹教授》一文，臺灣文史哲出版社 1993 年印行《林尹教授逝世十周年學術論文集》有載。

黃季剛先生生日記、札記在訓詁學上的發凡與效用

——略談黃侃解文訓詁的原則、方法和態度

王慶元

「精通練要之學，幼眇安雅之辭，幷世固難其比。」這是章太炎先生對黃侃學術成就的精當評價。黃侃學術涉及面廣，而造詣精深，於經、史、文辭，義理，乃至詞、曲、小說，無不精究。但是，取得超邁前賢成就的，仍應是傳統文字、聲音、訓詁之學，即小學。在這方面，他遠紹漢、唐、近承乾、嘉，在近代學術史上，與他的老師太炎先生齊名。他們師弟二人被譽爲清代小學的殿後人和近代國學大師，是當之無愧的。這裏特別值得提出的，在訓詁研究上，黃侃不僅僅是傳承，而且對新訓詁學有開創之功，可說是近代訓詁學的開創人。爲了繼承和發揚、光大黃侃學術，在今天這樣的訓詁學盛會上，認眞對黃侃在訓詁學上的建樹和貢獻進行總結和研究，是十分必要的。本文僅就平日閱讀黃侃日記（未刊），和讀書論學札記（未刊）中涉及到的材料，專門紬繹出他在解文訓詁方面的原則、方法，以及科學的態度，略作闡述，就教於各位專家、學者。

一

黃侃在訓詁學上的成就，應從兩方面來說。從宏觀方面說，季剛先生超越前人的地方，是他對訓詁理論的創建。清代學者雖

然明確提出「訓詁之旨，本乎聲音」、「因聲求義」等理論原則，但他們仍停留在一些表面現象上，未加以總結，因而未能達到系統性，學理性的認識。而到了黃季剛，才眞正形成體系，開始創建了系統的理論化學說——訓詁學。幷在大學課堂上講授，這就是他的《訓詁學講詞》。黃先生的門人林尹、洪誠，陸宗達等，根據老師創立的學說，也在大學課堂上系統講授這門學問，他們也都有訓詁學專著問世。雖然，今天來看，黃侃訓詁學的理論還相當粗略，但他對訓詁理論的提出，使訓詁學徹底擺脫經學的附庸，而取得獨立地位，幷且成爲現代語言學中不可分割的一部分，其功不可沒。然而，我們不能忽視的，還有另一方面。即黃侃對文字、聲音，訓詁的研究，均反對僅作空洞理論的探討，而主張落腳到實處。黃先生在談到文字、聲音、訓詁三者關係時反復指出：「講小學不宜專究形體」、「音韵之學最忌空談音理，」「音韵不能孤立，孤立則爲空言，入于微茫矣。」他認爲訓詁學必須落腳在解讀古籍上：「訓詁者，……以究語言文字正當明確之解釋，推求其正當明確之來源，因而得其正當明確之用法者也。」他說：「譯昔言爲今語，是必有賴于訓詁學也」，明確指出了訓詁的效用即在解讀古代典籍。他還說：「小學（這裏主要指訓詁）之於群籍，由經史以至詞曲，皆不能離之。而或以爲治小學僅爲讀周秦兩漢之書，誤矣。」因此，他提出應「合千載爲一朝，萃萬里於一地」。①本此，黃先生對唐、宋以來的詩、詞曲、乃至方言、俗語也頗加留意，幷綜合運用訓詁知識，加以索解。在這方面他給我們研究詩歌、詞曲、小說俗語詞的學者，作出了示範。他的再傳弟子蔣禮鴻教授，及蔣先生的弟子青年語言學家郭在貽教授（已故），都在這方面作出了重大成果，茲不贅述。

二

　　黃先生在《訓詁學講詞》中，第一次提出了訓詁的分類。他將訓詁的類分為：本有之訓詁與後起之訓詁，獨立之訓詁與隸屬之訓詁；說字之訓詁與解文之訓詁。他說的本有之訓詁與後起之訓詁是就詞義的發展變化與新詞的派生方面說的，也是即對字詞本義、引申義的探討。獨立訓詁、隸屬訓詁和解文訓詁則是對訓詁作靜態分析。他把脫離開具體語言環境，孤立地給字詞作解釋，稱做獨立訓詁。把某種特定環境中的字詞的解釋叫做隸屬訓詁。他說：「《說文》之訓詁乃獨立之訓詁，《爾雅》乃隸屬之訓詁」②。根據他的理解，這二者都可算作是說字之訓詁，其它字，詞典的釋詞，均屬于此類。至于在一定的語言環境中（這裏是指古書的文句）對詞義、文意，甚至章旨、修辭手段進行解釋的訓詁，則是解文之訓詁。他說：「小學家之說字，往往將一切義包括無遺，而經學家解文，則只取字義中一部分。」③這裏，黃先生把說字訓詁與解文訓詁的不同之處區分得很清楚。擴大而言，不僅經書的注疏，子、史文集的注釋也都屬于解文訓詁。黃先生《手批說文解字》、《手批爾雅義疏》是他研究獨立訓詁、隸屬訓詁，即說字訓詁的代表作，而他的《手批文選》、經、史要籍的圈點、箋識，以及他的《日記》、讀書札記中存留下來的對古書某些字、詞、句的說解以及考釋的零星材料，則是解文訓詁的重大成果。黃先生曾說：「解書，有全解者，有零碎解之者。解釋一部書者，為一書之注。零碎解者，可為筆記。《湖海樓叢書》中周嬰（明人）《巵林》即為零碎解釋，文辭甚美。」④黃先生自己未曾對任何一種經、史古籍作出全解，即未為古書作注，但他的零碎解釋，今見之于群書箋識、《黃侃日記》和讀書札記

中卻甚夥，這是他給我們留下的解文訓詁的寶貴遺產。

　　勿庸諱言，在這方面清人已做了大量工作，他們對古代重要典籍幾乎都進行了一番清理，不少的疑難字詞和前人舊注，經清人考釋，已得到確解。但仍有不少懸而未決的問題，需待後人去解讀。在這方面，黃先生所做的雖不是開創性的工作，但他對唐以前的經、史、子、集的要籍幾乎全部作了圈點，箋識和讀書札記（這些識語部分錄存於《日記》中。）從《日記》中我們發現，他在一段時間，除了溫尋經書外，還排日圈點、批校子、史方面的重要古籍，何日啓卷，何日閱畢，都作了詳細的記載。這些書的識語和札記，無不論斷精覈，識見閎通。駁斥舊注的謬說，補前人之未逮，於異解紛紜中定是非，確有突駕前人，脫出古人窠臼的地方。更重要的是，他總結歸納了解文的諸多原則，他的工作，具備比前人更加科學的方法和態度。黃先生解文訓詁的成果，已公諸於世的有《手批白文十三經》、《手批文選》（臺、港刊出稱《黃氏文選學》，大陸刊出稱《文選平點》），近年黃焯先生整理出版的《量守廬群書箋識》中亦有部分屬此。筆者談黃先生解文訓詁的成就，僅就其未刊的《日記》和札記中的材料來論述。下面采摘數條，并稍加案語解說，以示一斑。

　　《嶠農日記》

　　《巢經巢文集一·經說》：《孟子》「知好色則慕少艾」，趙注：「艾，美好也」。《炳燭齋隨筆》言古人呼男色為艾，引《左傳》「艾豭」，《晉語》「國君好艾」，《戰國策》「乃與幼艾」為證。閻氏《釋地》）取之。余謂狐突言艾，指嬖臣，魏年言幼艾指建信君，固皆男色。若「艾豭」之訓老，與「五十曰艾」義同。「艾豭」老牡豬也。豈色之謂？「楚辭」，「擁幼艾」亦謂女色，又豈有人知好色專慕男色

之理？則男色爲艾非確義也。《爾雅》，「艾，相也」，此形相之相，少艾猶言幼少姿相也。姿相所以爲艾者，翟灝《考異》：「古訓艾爲白，而白含二義，以髮蒼白言，謂之老，以面白皙言，謂之美。同取于艾之色。焦循乃不然之，別生通乂、通刈、絕色之說，轉支蔓矣。

峻農案：趙注確不可易。其以爲男色者，皆云外之假借。然男色而但以外名，雖云有出（「國君好外」），特必與內對言始顯。至少艾、幼艾、五十曰艾、艾畷，此四艾字實同一原。艾、本乂之借，當訓治（治乃乂引申之誼，後出字作嬖），猶云修治莊飾耳。服官之艾，言治事也。艾畷之艾，則與少艾、幼艾同意。牡豬唯少，乃定娶豬，老非其任也。少艾，幼艾，皆莊飾美好，故趙注直以美好釋之。艾對轉爲義，己之威儀也。爲儀，度也。爲誐，嘉善言也。爲娥，秦晉謂好曰嫷娥。爲妮，嫘妮也。爲顉，頭閑習也。爲彥，美士有文章也。爲倠，點也。爲頠，面前岳岳也。爲顒，謹莊兒。爲仡，勇壯也。爲毅，有決也。爲顙，頭狹長也。爲嬐，莊敬兒。爲儼，昂頭也，一曰好兒。凡同此聲者，大都有好義。故趙注直以美好詁之。訓爲艾草者是爲望文生義，訓爲外嬖者是爲傅會無徵。獨焦氏知是乂之通（刈即乂字）。而以「絕色」爲說，則仍等于不知而已矣。至子尹引《雅》爲詁，而先須破相爲形相，取徑迂曲，尤未可從。

　案：《孟子》「少艾」，條，趙岐訓「艾」爲美好，歷來注家并無太多岐解，唯有人提出以男色爲「艾」之說，經前人批駁，基本不復成立。但「艾」訓爲「美好」，卻未得確證。鄭珍取翟灝之說：古訓艾爲白，而白含二義，以髮蒼白言，謂之老；以面

白皙言，謂之美，同取于艾之色。黃先生不同意此說，認爲「此須先破相爲形相，取經迂曲，未可從」。他根據字的通假和字源學知識，確認「艾本乂之借，當訓治，猶云修治莊飾耳」，他同時列舉了十余個同源字來證明，凡同此聲（即與艾對轉）者，大都有好義，故趙注直以美好詁之。他又認爲「艾爲乂之借，訓治。即修治莊飾」義，如此作詁，則使少艾、幼艾、五十曰艾、艾豭，均得到「怡然理順」的解釋，而使艾訓艾草，訓外襞，以及焦循「絕色」之說不攻而自破。《孟子》「少艾」條釋義，自應以黃先生說爲確詁。黃說用「因聲求義」，從考索字源，弄清文字的變易和孳乳來立說，這是他比前人高明的地方。

又，壬戌日記（幷見《尚書孔傳參正箋識》）

《尚書·益稷》「予欲聞六律五聲八音在治忽」，「在治忽」三字歧異殊多，鄭康成「忽」作「曶」，《史記》作「來始滑」，《漢志》作「七始詠」，《隋志》作「七始訓」（此即承用《漢志》，則《漢志》本作「訓」），《索隱》引今文作「采政忽」。鄭以「曶」爲臣見君所秉，未知據何師說（疑鄭用今文作「采政忽」，故云君亦有焉，以出納政教于五官，蓋所謂聽聲而書之于笏，以其政告五官。官五故言五也）？竊謂《孔傳》之義不謬，忽當訓亂，故《史記》作「滑」。「來」者，「采」之譌文。楊愼說爲「來」之誤，非也。「采」者，「在」之通借。

「始」者，「治」之借字。「政」則與「治」聲訓兼通。是《史記》今文古文只用通借，幷無異解。《漢志》作「七始詠」，《隋志》作「七始訓」。《書·大傳》說「六律五聲八音七始」之義，此乃今文末師據譌文以爲說也（《大傳》本非伏生自作）。「采」譌爲「七」者，蓋先譌爲「柒」，

而後改爲「七」。「忽」訛爲「汖」者，蓋「㫈」通作「忽」，亦通作「㕚」（孫云「忽」當爲㕚則非）。「㕚」字曰旁作「川」，則似「咏」字之口旁作「永」，「咏」正篆從言，復訛爲「訓」矣。「七」始起于周時，虞安得有七音哉？大氐他經字異多由聲轉，惟此經今古文之異，多由字訛。「箘路楛」可作「箭足杆」，「割申勸」可作「周田觀」，「腹腎腸」可作「優賢揚」，則「采治忽」訛爲「七始咏」無足怪爾。

案：黃侃先生閱讀王先謙《尙書孔傳參正》時，嘗施以箋識語數十條，均能切中王說要害。此條全係訂正《尙書》文字之訛誤，精密無與倫比。王引之說：「經典之文，往往形似而訛，仍之則不可通，改之則怡然理順」。但有時又不可驟改，孰爲訛，孰爲正，需細心校正作出判斷。校勘家有對校、自校、他校、理校等方法，特別是覓得善本校正，結論最可靠。但訓詁學家除運用校勘方法外，往往從字的形、音、義上着眼，通過對訓詁方法的綜合運用進行校正文字。此條即此。在這裏，黃先生并不依據善本，僅運用訓詁知識，和他對古代典章制度的熟悉，作出是非、正訛的最後判定，宜爲定解無疑。

又，壬戌日記（民國十一年三月）

閱《五經文字》、《九經字樣》，因思群字雖繁，不過八類，今且皆以東韵爲例。一曰正，如童正篆墨，同正篆作同之類是也（此畢沅所謂正）。（注五）二曰同。中有古文屮，終有古文㓜之類是也（畢無）。三曰通。夢通爲瞢，工通爲功，字異而聲義不相遠之類是也（又皆非本字而互用屬此，畢無）。四曰借。借種爲種，借蒙爲矇，聲借而義無可相冡之類是也（畢無）。五曰訛，訛雄爲碓，訛蟲爲虫，

於筆意純無可言，而又與他字溷之類是也（此畢所謂俗）。
六曰變。變戎為戎，變宮為宮（變茻為茻），變𰀉為民，
篆之變也，今且以隸為例），隸筆小異，而為今世所承用
者是也（此畢所謂省，所謂通二者）。七曰後。菄之為東
風菜加艸之字，崧高為崇高山專造之字，凡由正字引申義
或別義而加偏旁以為之者皆是也。八曰別（畢晐於俗中）
與同異者，彼為正字之重文，而此則後世之增造者耳。
有𩠐而造絨字，有翁而造𩖶字，字義與正篆絲髮無殊，而
徒增俗體者是也（此畢所謂別）。古今字書皆可以是攝領
之矣。

　案：詞義難以訓釋，一方面由於一字多義，即查字書，有時
也難以判定。另一方面，則因為一義多字，即字義相同，而字形
不同。如重文，謰語（聯綿詞）的多種寫法、古今字、借字、轉
注字、異體字等等。這裏，黃先生將一義多字現象歸納為八類，
囊括了字書的全部字體，可謂包舉無遺。他在訓釋考辨古書字詞
時，對字體的復雜情況，即根據此八類加以判定，收到以簡馭
繁，一目了然的效用。比如：

　　《黃侃論學雜記》（未刊稿）：
　〈舜典〉「五玉三帛二生一死贄」，贄當以摯為正字。「扑作
教刑」，扑蓋撲之別字。〈益稷〉「萬事墮哉」，墮乃墮重
文，墮之隸變。〈禹貢〉「兗州」，兗字下體蓋從兒，上體
從二，蓋沿字之別體，兒從㕣聲，亦有㕣義。〈五子之歌〉
「懍乎若朽索之馭六馬」，懍正當作㾕。〈胤征〉「遒人以木
鐸徇于路」，徇，侚之借。〈湯誥〉「克綏厥猷」，猷即猶之
變。《三體石經》古文猶字作猶，非俗字也。〈高宗肜日〉
「肜日」之義為又祭，其字作融作肜，皆引申之義，以

《山海經》注證之，字當作彤。〈微子〉「告予顛隮」，《説文》引作「顛躋」，正當作擠。〈洪範〉「鯀陻洪水」，《繫傳》壐下有重文陶，云壐或從昌，此即陻字也。〈康誥〉「恫瘝乃身」，瘝古通用矜，正應作悁，或通悤。〈酒誥〉「汝乃是不蘉」，蘉當是夢之異體，從寢省從萌省書之。蘉借爲孟。孟本訓長，引申訓勉。黽勉即孟勉也。孟得以通作蘉者，猶夢讀若萌，皆唐、登之轉也。〈洛誥〉「秬鬯一卣」，卣者卤之變，酉之借。〈顧命〉「敷重篾席」，篾籧字正當作筬，筬籧義亦近。

案：在黃侃先生《日記》及札記中，對字體考辨之條甚多，然均以此八類爲依據，茲不一一引出。

《黃侃論學雜記‧〈讀史漢札記〉》

句讀之學蓋盛于漢，二鄭之讀《周禮》句讀既有異同，康成畢生精力萃于禮經，仍有不憭之句，今人輕視句讀，以爲古章句之流，大妄也（《毛傳》既分章句，趙邠卿《孟子》注猶以章句自題，則章句亦非可輕也）。古人訓故之作，既爲欲通句讀。……《漢書》文辭茂美，實總承周漢諸文，誠於《漢書》句讀憭然，移以尋求經傳，可無捍格之慮，茲略舉常文二條以示例：

《高紀》「大王功德之著，於後世不宣。」於後世不宣者，不宣於後世也。此當於著字豆，此著字在全句中當一名詞之位，如此解釋，則此句文義無隔塞矣。

《諸侯王表序》「以德若彼，用力若此，其艱難也。」此當以彼、此字爲二讀，而以「其艱難也」句總承二讀，言三代以德，則若彼其艱難，秦以力，則若此其艱難也。

黃先生又舉《史記》文爲例：

《屈原列傳》「其志潔，故其物芳，其行廉，故死而不容，自疏濯淖污泥之中，蟬蛻于濁穢，以浮游塵埃以外，不獲世之滋垢，皭然泥而不滓者也。」此當從「死而不容」斷句，與上文「方正之不容」之文法合。濯通濁，濯淖與污泥同。「自疏」直貫下文，謂自遠也，爲一句之動字。後人以不解濯字之故，以「死而不容自疏」爲句，而以「淖污泥」三字皆釋作泥，非也。

又《伯夷列傳》「伯夷叔齊雖賢，得夫子而名益彰。顏淵雖篤學，附驥尾而名益顯。岩穴之士趨舍有時若此，類名湮沒而不稱。悲夫！」舊多從「趨舍有時」斷句，殊不可解。當讀「趨舍有時若此」爲句，此字正指上文夷齊顏子而言，「趨舍」者，漢時語，當作舉動行爲解。類，大率也。

案：古書異讀很多，求準確無誤斷句，實非易事。且不說棤詘聱牙的《尚書》，歷來號稱難讀，即《史》《漢》書中常文，有時也有不易句讀之處，黃先生所舉數例即此。黃焯先生在《黃侃手批白文十三經》「前言」中說：「審度經文辭氣，探其義旨，始得明古人用意所在」，又說：「經生多詳訓詁，而忽于推究文理，唯先生兼具眾長，所下句讀，至爲確切」。從上舉《史》《漢》書中四處斷句，可以看出黃先生推究文理的功夫之深。經黃先生圈點的古書，句讀均堅確不移。五十年代以來陸續出版的《二十四史》、《資治通鑑》（中華書局標點本）等史書，在顧頡剛先生主持整理工作和進行標點的過程中，曾部分吸收了黃先生斷句的成果，故錯誤較少。八十年代黃侃《手批白文十三經》出版，其對《十三經》的斷句應是最具權威的，現已移入新版本的《十三經注疏》中。當然校讀古書，句讀至難，不可能絕對無誤。黃先生治學嚴

謹，他對自己圈點的古書中的句讀也常加修正。他曾對學生說：「侃所點書，句讀頗有誤處，請隨時改正。」作爲一代宗師，這種實事求是，虛心謙謹的態度，實足爲後學矜式。

　　綜上所舉例證，可看出黃侃先生解文訓詁所堅持的方法和原則，大致有以下幾方面：1.訂正文字（首先將字體分類，然後指出字體變化，歸納類別，糾正訛文）；2.辨明通假（根據「因聲求義」原則，指出借字）；3.探尋語源（即用聲轉方法，尋求字的同源關係，通過考索語源，弄淸字義的歷史變化，以正確訓釋詞義）；4.分析句讀（借助典章制度、歷史知識、文法知識，和推究文理等來確定古書斷句）。此外還有用方言、俗語與古語詞相參正等等，茲不贅述。因爲黃先生能正確運用以上科學方法，遵循科學的原則，他的解文訓詁，對古書中許多千年聚訟的字、詞、句解，給予了正確解釋。同時也給今人解讀古書，注釋舊籍作出了示範。他在這方面的成就，與他對訓詁學理論的建樹一樣，是我們決不應忽視的。

　　我們談到黃先生解文訓詁時，還應指出，他不僅對古書字詞、句的辨析、考釋，作了大量的「比文察義」、「依理探義」、「因聲求義」、「引書證義」的具體、細致功夫，而且他能貫通全書，對經、史古籍紬繹其條例，對一部書，或全經，或全史，從宏觀上，得出綜合性、整體性的認識。這些對後學研治學問，解讀古籍幫助、啓發甚大，姑舉數條以示例。

> 治國學當力戒之弊，一曰不講條理，一曰忽略細微。講條理而不講細微，如五石之瓠；講細微而不講條理，如入海量沙。

> 學問貴能深思，得其條貫。

> 五經應分二類。《易》、《禮》、《春秋》爲一類，《詩》、

《書》又爲一類。

《詩》、《書》用字及文法之構造與他經不同，《易》、《禮》、《春秋》則字字有義。《詩》、《書》以訓詁爲先，《易》、《禮》、《春秋》以義理爲要。《詩》、《書》訓詁明即知其義，《易》、《禮》、《春秋》之訓詁明，猶未能即知其義也。

《易》一名而含多義，一字多異義。

《易》一卦名而含多義，如乾有三義。一君子終日乾乾，讀爲庹庹。二、乾，健也。三、《說文》：乾，上出也。上出即乾義。

《易經》之句讀參差不齊，惟當主一說。

《易》文不可以文理求，每於一句之中，字與字不相連接。

《易經》文義，凡視爲相連者，多不相連。如「黃裳」，非「黃色之裳」是也。

《易》之訓詁名物，不可固執爲說。

《詩經》最難句讀，《書經》最難解釋。

解《尚書》宜先詳訓詁，次究文法，次求詞言之情。

講《毛傳》不必依《說文》，因師說不同，難于融合。又小學訓詁與經傳訓詁有異故也。

《三禮》鄭注每云讀如讀若宜從鄭氏之音，而不必改本經之字。

讀史，分字、義、音、句四者求之，此屬小學之事，又人、地、官、年、事、制、言、文八者，亦屬小學之事。

班氏之于小學，蓋甚深邃，其說《尚書》，大半用古文。……《漢書》舊文，多有古字。楊、劉、張、杜之後，浸

長未生之前，正文字之精，莫如令史。⑥

三

　　黃侃先生在學術上取得超邁前賢的成就，是與他科學的治學方法和態度分不開的。他嘗說：「治學須知二事：一曰治學之法，二曰持論之方。」又說：「所謂科學方法，一曰不忽細微，二曰善于解剖，三曰必有證據。」⑦在解文訓詁方面，黃先生既遵循了他自己所定的科學方法，而且謹守實事求是的科學態度。他還經常反復提到以下原則：

　　1.凡讀古書，遇有所疑，須展轉求通，不可遽斷爲誤而輕加改易。

　　2.對古訓宜加悉心體玩，不應輕易駁斥。

　　3.不輕言通假，每當言之，必舉大量佐證，使之恰當而後已。

　　4.推尋本義，非精熟音理，求之明證，未可率爾妄爲。

　　5.經學訓詁雖有時亦取其通，必須依師說展轉求通，不可因猝難明曉，而輒以形聲通假之說，率爲改易也。

　　6.讀古書當潛心考索文義，不必驟言通假。

　　7.解詁字義，先求《爾雅》、《方言》有無此訓，不宜離已有之訓詁而臆造新解。

　　8.訓詁不可展轉附會。

　　9.訓詁宜兼顧詞言之情，不然于古人文有不能豁然理解者。⑧

　　先生于閱讀古籍，解詁經文及子、史要籍字詞時，對以上原則始終遵循不移。下再舉二例說明。

　　《廣韵》十七「眞，側鄰切」（《唐韵》同）。眞軫震三音相

承，軫在照紐，眞不得獨在莊紐。且從眞得聲之字，古皆在舌音，無作齒音者。《玉篇》「眞，之仁切」是也。《切韵指掌圖》眞爲照紐三等，不誤。軫韵章忍切，下有縝賑等七字皆從眞聲，以此知其一系，側鄰切，側字疑應作之。⑨

《北山移文》「馳烟驛路，勒移山庭。」山靈勒移于山，何故先言驛路？且「馳烟驛路」，語亦不可解。「烟」又不與「移」對。今案當作「馳烟驛霧」。此二句合之，止是「飛檄」二字之意。霧訛爲露，露又爛脱爲路，遂不可解。王勃《乾元殿頌》「繩幽駕險，驛霧馳烟」知所見孔稚珪文尚不誤也。馳，驛相對，故王勃《上武侍極啓》又以「馳魂霧谷」與「馳思霞丘」句儷。⑩

案：以上二條，黃先生綜合運用文字、音韵、訓詁知識，判定《廣韵》及《文選》文中均有誤字，然亦不輕易輒改，必求得旁證，始作結論。黃先生嘗謂：「詩之六義，風、雅、頌爲三體，賦比興爲三用，孔疏所說，極爲明白，不必別立異解。」黃先生認爲：「舊說雖不可盡信，而無條條遜於後師之理」，故於前賢學說，態度亦審愼之極。

綜括言之，黃先生在解文訓詁中，所持科學態度，主要體現在如下幾方面：

一、對古書原文、及前賢故訓持審愼態度。既不墨守，也不妄詆古訓。他於漢人傳注、唐人義疏以及淸人新解尤拳拳服膺，以爲可信程度高，非必有確鑿旁證，決不輕改。對經文原文，容有未安，輒妄加改易、黃先生亦不取也。至于通假，黃先生雖于音理精熟，向亦不輕言。故章先生說先生「有惠棟之嚴謹，且又過之」，所論至允。

二、實事求是，無徵不信。黃先生謹遵循許慎之言：「信而有徵」。於解說經文時必求實據，決不想當然，更不向壁虛造，望文生訓，或者僅憑孤證，牽強附會。由于黃先生博覽群書，胸羅萬卷，又極精熟，故其解文時，隨手可得大量旁證，不僅證以經書，并旁及子、史、文集，乃至方言、俚語。求得所解之字詞必與全篇之義連屬，且與他經之義不相窒礙，方始作解，這種實事求是，徵實而不蹈虛的態度，是後學應學習和效法的。

三、博采眾家，擇善而從。經史字句異解，自漢代至今，有的聚訟千年，解者無慮數十百家。欲施以新解，確須擇善而從。黃先生解文時，不徒守一家之說，而能博采慎擇。對于字詁群書如漢代的《爾雅》、《方言》以及清人的疏證如《爾雅義疏》、《方言箋疏》、《廣雅疏證》、《說文段注》、《釋名疏證補》等等，均徵引無遺，于清人筆記如《讀書雜志》、《經義述聞》、《經傳釋詞》、《諸子平義》、《札迻》等亦無不旁搜搏采，以爲己用。故黃先生解文決無狹隘、固執之弊。

四、恪守師承，又敢于創新。太炎先生說黃先生「其爲學一依師承，不敢失尺寸」。然黃先生既注重師承，又不墨守成規，他極重視有所發明和創新。他借用顧炎武的話告誡學子：「著書必前之所未有，後之所不可無」。又說：「所貴乎學者，在乎發明」。黃侃在學問上確有蔑視前人的氣魄。他說：「鄭君（指鄭玄）之學體大思精，後世朱元晦終莫能及。鄭君注經，度越千古。然亦有矛盾處，有謬誤處，……學者固難盡從也」。所以他主張「治經貴由傳注入門，而終能拋棄傳注」。⑪這是他對學術遺產總的態度。在解文訓詁方面，也貫穿了這種態度和精神，故他於故訓不是依樣葫蘆地搬用，而是做到了以故訓爲根據而有所訂正，有所補充，有所發揮，有所發明，這是他與一般經生不同

的地方，也是他成爲一代宗師的重要原因。

【註　釋】

①以上引文均見《文字聲韵訓詁筆記》，上海古籍出版社，一九八三

③同註①

③同註①

④參見《黃侃論學札記》，未刊

⑤畢沅有《文字辨證》，將字體分爲五類：一曰正，二曰省，三曰通，四曰別，五曰俗。

⑥同註④

⑦同註④

⑧同註①

⑨見《黃侃手批廣韵》（過錄本，未刊）

⑩見《黃侃日記》：乙亥七月丁未日記（未刊）

⑪此處引文均見《黃侃論學雜記》

語言中縮語性質初探

曾榮汾

一、前　言

　　「縮語」是指將一個已經約定俗成的語詞加以節縮而成的「結果」。而此「結果」，雖保留了原詞的部分詞素，卻缺少原詞詞義的完整性，因此若無原詞的背襯，未必能傳達原詞的詞義。此種「背襯」的效果，一則透過節縮的合理性表達，一則透過約定俗成認定來呈現。缺此兩種條件，即無「背襯」效果，則原詞衍生的縮語縱然很多，但必然很難達到語言複呈運用的基本要求。如：「行政院」可節縮爲「政院」，這正是一般接受的縮語，因此具複呈性；若節縮爲「行院」，則可能只是個自由詞組而已。

　　「語言的節縮」是基於語言表達欲求「經濟」的前提下發生的，因此並非所有的語詞都可節縮，也並非所有的場合都適合節縮，它經常是針對「常用詞」、「繁瑣詞」，也經常是因應於如「報紙標題」般的「經濟園地」而節縮。當然某些常用縮語，使用時日一久，也往往會取代原詞，而通行於各種場合，如：「奧運會」、「成棒」、「靑棒」、「少棒」、「超市」、「股市」、「電玩」、「大傳」、「史博館」等詞。

　　這些已成生活化的縮語流行程度，也會隨時代環境的變遷而消長，因此今日無論從語言學研究立場或生活資訊的正確獲得，縮語的研究都是不容忽視的重要課題。

　　縮語的研究重點，依個人淺見，在於了解它的語言特徵、語言特質、發生原因、使用限制等，借此對它的學術定義、地位能加以確認，並建立更深入討論的學理基礎。不過，研究須靠資料，因此探究蒐輯縮語資料的觀念與方式當如何，事實上正是從事正式研究前的前置作業。筆者曾於八十一學年度，指導文大中文系研修「辭典學」課程的同學作過縮語資料的整理，本文即就此次整理所得，提出一點淺見，盼能從實務中對此問題有一些抛磚的引導作用。文中所涉及的縮語資料以臺灣地區為主。

二、縮語的語言特徵

　　若要想了解「縮語」的語言特徵，首先得確定「縮語」的學術定義；而要確定「縮語」的學術定義，則必須從「縮語」與它的相混用語間的界限作一釐清。「縮語」容易與「略語」、「簡稱」相混在一起。相混的原因是這三者都是語言的「經濟表現」，都是將語言的表達方式簡單化，但事實上，若細究之，其各有特色，不應相混。試析論如下：

　　1.「縮語」是抽取詞素而成，若無原詞相襯，本身並無意義。

　　所謂「縮語」是指從原詞抽取「關鍵詞素」節縮而成，試舉數例如下：

〈全　　　稱〉	〈縮　　語〉
國立歷史博物館	史博館
國立自然科學博物館	科博館
國立臺灣大學	臺大
私立中國文化大學	文大
中央警官學校	中警

中央圖書館	央圖
臺灣汽車客運公司	臺汽
臺北市立交響樂團	市交
高速鐵路	高鐵

　　從上舉數例得知，「縮語」的構詞法則是從原詞「適當的」抽取「關鍵詞素」組合而成，這種「適當性」涉及「語義輕重體認的心理因素」，這種心理因素是具有共通性質的，因此「歷史博物館」雖亦可節縮為「歷博館」，但終缺少「史博館」一詞所具有的共同「體認感」。這就是上文所提及的「合理性」與「約定俗成」的兩大條件。但具備此二條件，並非代表節縮結果的「本身」即亦具備有原詞的一切身分。若單從「史博館」、「科博館」、「台大」、「文大」、「中警」、「央圖」、「臺汽」、「市交」、「高鐵」等詞觀之，本身實無原詞的意義，若無原詞的相襯認知，如何從「台大」、「台汽」等詞去了解其詞義為何？這種抽取詞素構成，本身卻無「意義」的現象，正是「縮語」最明顯的語言特徵。

　　2.「略語」是原詞的成段節錄，即無原詞相襯，本身即可代表原詞。

　　所謂「略語」是指從原詞節錄主要部分而成，因為所節錄者為主要表義部分，所以單從「略語」本身即可識辨詞義為何，所具有的語言功能，除特殊要求外，幾全同於原詞。試舉數例如下：

〈全　　　　　稱〉	〈略　　　　語〉
臺灣省菸酒公賣局	公賣局
臺灣省政府教育廳	教育廳
中國國民黨	國民黨

中華文化復興委員會　　　文化復興委員會

中國文化大學　　　　　　文化大學

中華民國訓詁學會　　　　訓詁學會

教育部國語推行委員會　　國語推行委員會

　　這種就原詞直接「截取」部分而成的略語，除了一些如法律文書中須明辨外，在一般使用場合中，地位與原詞是全同的，也無須原詞的相襯，即可就「略語」本身了解其涵具的詞義。

　　3.「簡稱」是原詞的簡易代稱，地位與原詞無異。

　　所謂「簡稱」是指原詞的一種簡易代稱，常見於地名，猶如原詞的別名，因此語言地位與原詞並無不同。試舉數例如下：

〈全　稱〉　　　　〈簡　稱〉

安徽省　　　　　　皖

福建省　　　　　　閩

臺灣省　　　　　　臺

雲南省　　　　　　滇

上海市　　　　　　滬

　　此種別名性質的簡稱，與「縮語」、「略語」的語言節省方式是大異其趣的。

　　從以上三種常見的語言減省方式的簡介，可以了解，「縮語」與「略語」性質較近，容易相混，「簡稱」則另成一個系統，可以且置不論。綜而言之，「縮語」的節縮方式是就原詞抽取詞素而成，「略語」則是直接截取而成，所以就「詞型」觀之，「縮語」未必相似於原詞，而「略語」則本是原詞的一部分。就詞義觀之，「縮語」若無對原詞認識的背景相襯，很難傳達原詞的意義，「略語」則不然，詞義表達效果幾全同原詞。此是二者大概相異之處，也正是了解「縮語」語言特徵的主要根據。

　　就上所論，「縮語」的語言特徵可歸納如下：

　　1.「縮語」是抽取原詞詞素而成，而非截取部分而成。

　　2.原詞必須是語言環境中通用的常用詞，「縮語」的詞義方易顯現。

　　3.「縮語」表達方式較「略語」更加減省，一個原詞可能同時具有「縮語」與「略語」的表達方式，各有使用場合。

　　4.一個原詞可能節縮成不同的「縮語」，但非具合理與共通的條件，很難成為流通成俗的「縮語」。

三、縮語的語言學學術價值

　　「縮語」的研究是語言學的重要課題，它至少具備如下的學術價值：

　　1.研究「縮語」，可明白此種語詞的構詞法則。

　　構詞法則是在談「詞」的構成原理，如：

　　　(1)對立法：東西、利害、橫豎、左右、好歹、大小、多少、上下、動靜、長短

　　　(2)併合法：窗＋戶—窗戶　乾＋淨—乾淨　幫＋助—幫助

　　　(3)化合法：請教、請示、得罪

　　　(4)重疊法：舅舅、默默、每每、剛剛、家家戶戶、清清白白、慢慢來、快快走

　　　(5)簡略法：班馬、史漢、李杜、蘇黃、韓柳

　　凡此種種，前人所云及者，都是一詞的衍生，或兩詞素的再結合，與「縮語」是一詞的省減顯然有異。縱然第五種亦頗接近，但實又不同。因此「縮語」的構詞法則當另立一項，姑且名之曰：「濃縮法」，如：「北一女」、「南一中」等。

　　2.研究「縮語」，可了解現成的詞彙體系。

「詞彙體系」是指在某一時空中語詞所呈現的結構系統。如以目前臺灣地區的國語為例，大概可分析如下的體系：

1.一般單詞

2.一般複詞

3.慣用語

4.成語

5.諺語（含格言、諺語、俗語等）

6.歇後語

7.外來語（含譯為中文與直引原文等）

8.專門語（各專業領域所用語詞）

9.縮語

10.略語

11.簡稱

12.中英略語（如：卡拉 ok、5A 辦公室　三 F 等）

其中第九項的「縮語」事實上與第二、第八項都有關。無論從事作語言研究或工具書的編輯，詞彙體系都是基礎，如果其中忽略了「縮語」的存在，無異使基礎有所遺憾，自然影響研究與編輯成果的完美。

3.研究「縮語」，可正確掌握語義的傳達。

「縮語」既然普遍存於現今語言中，則自是詞義的訓詁對象。忽略「縮語」的特殊情形，很可能使詞義傳達產生障礙。以下試舉數例說明之：

(1)「歐體繼續討論，挽救貨幣危機。」（82.8.2 中央日報）

(2)「推動航太工業，經部擬成立大型中心衛星工廠。」（同上）

(3)「大陸通貨膨脹率高居不下，美中情局認為將導致經濟

失控。」（同上）

⑷「下半年房市，業者普遍不看好。」（同上）

⑸「許多觀眾動口又動手，科博館開幕日亂糟糟。」
（82.8.2兒童日報）

這五個例子中「歐體」、「航太工業」、「經部」、「中情局」、
「房市」、「科博館」都是「縮語」，四例僅是同一天的兩份報紙信
手拈來的，可見「縮語」的通行情形。因此，在接受資訊傳播
時，不對「縮語」有所認識，是無法獲得正確的訊息。這種情形
在兩岸訊息交流上更須注意，因爲海峽彼岸「縮語」的應用，幾
觸目皆是，由此觀之，「縮語」的研究實刻不容緩。

　　4.研究「縮語」，可助語言的經濟表現。

　　「縮語」是語言表現的經濟方式，適當的運用縮語，確可使
同樣篇幅中容下更多文字；同樣時間內，表達更多言語。若從文
學修飾作用觀之，也可具有「簡鍊」的效果。這些功能，不能不
謂爲「縮語」所產生的語言效益。茲以上節所舉數例對比觀之，
A爲原例，B爲未使用「縮語」者：

⑴A「歐體繼續討論，挽救貨幣危機。」

　　B「歐洲共同體繼續討論，挽救貨幣危機。」

⑵A「推動航太工業，經部擬成立大型中心衛星工廠。」

　　B「推動航空及太空工業，經濟部擬成立大型中心衛星工
　　　廠。」

⑶A「大陸通貨膨脹率高居不下，美中情局認爲將導致經濟
　　　失控。」

　　B「大陸通貨膨脹率高居不下，美國中央情報局認爲將導
　　　致經濟失控。」

⑷A「下半年房市，業者普遍不看好。」

B「下半年房地產市場，業者普遍不看好。」

⑸A「許多觀眾動口又動手，科博館開幕日亂糟糟。」

B「許多觀眾動口又動手，自然科學博物館開幕日亂糟糟。」

很明顯的，A例確實較爲簡鍊。當然這五例都取諸報紙標題，也許這種簡鍊本是標題使用文字的要求，不能作爲一般性的了解。事實上，在一般演講與文章中使用「縮語」的情形也是相當普遍。因爲有些「縮語」，如：「歐市」、「駕訓班」、「研發」、「靑棒」、「職棒」、「航太工業」等，已約定俗成固定語，甚而有強勢取代原詞地位的情形，一般使用場合很難避開。因此在從事寫作時，如何適當使用「縮語」，是值得研究的。

5.研究「縮語」，可反應出存用的語言環境特色—海峽對岸的比較。

客觀而言，「縮語」的產生是語言的特殊情形，因爲每一個「縮語」都有一個母體原詞的存在，此一母體必然已是被約定的固定詞語，因此使用原詞本即可表達「縮語」所欲傳達的訊息，然則，「縮語」的存在並非絕對必要。但事實上，在今日語言中「縮語」已見普遍行用，此種矛盾的現象正是肇因於存用「縮語」的語言環境有特殊的需求，所以發生既存原詞，復又容許「縮語」孳衍的現象。換言之，若能歸納某一時空環境所使用的縮語，進行研究，必然有助於了解此時空的語言環境特色。若進一步比較不同研究的成果，更可以了解不同環境的語言特色—— 包括「縮語」行用的比例、「縮語」的節縮方式等。今日海峽兩岸的語言發展情形正可用爲舉例。海峽兩岸相隔數十年，語言環境卻有許多不同，謹以一九八七年齊魯書社出版的〈現代漢語新詞詞典〉爲例，其中所存載的「縮語」眞是比比皆是，如：（括弧

中爲頁碼）

1.「芭賽」—— 芭蕾舞比賽（002）

　「國際芭賽男演員占上風。」（《新民晚報》1985.4.9）

2.「保教」—— 保育、教養（005）

　「一個合格的保教人員應該懂得多方面的知識。」（《人民日報》1981.5.28）

3.「爆冷」—— 爆出冷門（006）

　「凱歌杯女子足球邀請賽開門爆冷。」（《羊城晚報》1984.3.8）

4.「彩電」—— 彩色電視機（012）

　「有彩色電視機的這一戶人家每天晚上都擠滿了人，甚至連有黑白電視機的人家也攜兒帶女去看彩電。」（《新民晚報》1985.4.12）

5.「彩影」—— 彩色攝影（012）

　「這家……彩影公司經營彩色擴印、快速成像……等業務。」（《新民晚報》1984．9．28）

6.「彩照」—— 彩色照片（012）

　「拍彩照給大人小孩帶來了新的樂趣。」（《文匯報》1984.11.30）

7.「查體」—— 檢查身體（014）

　「陳老總這次住院，主要是治療高血壓和一般查體。」（鐵竹偉·《霜重色愈濃》）

8.「產需」—— 生產和需求（015）

　「這不僅起到調節產需平衡的作用，而且有助于……。」（《人民日報》1984.2.27）

9.「廠街」—— 工廠和街道（015）

　「瀋陽市在開展廠街共建精神文明活動中……。」（《人民日報》

1984.5.29）

10. 「晨運」——　早晨運動（017）

「香港掀起一股晨運的熱潮。」（《羊城晚報》1985.3.11）

11. 「城雕」——　城市雕塑（018）

「好的城雕是一個國家文明的標幟。」（《人民日報》1984.5.9）

12. 「程控」——　程序控制（018）

「程控電話由電腦控制……。」（《羊城晚報》1985.7.22）

13. 「傳媒」——　傳播媒體（023）

「他把電影、電視和報紙這三大傳媒集于一身。」（《新民晚報》
1986.5.2）

14. 「創匯」——　創獲外匯（023）

「解放以來，已為國家創匯一億多美元。」　（《光明日報》
1984.9.9）

15. 「春運」——　春節運輸（024）

「市交通辦昨天下午專門召開一九八二年春節客運工作會議，
部署了春運工作。」（《文匯報》1981.12.12）

16. 「大巴」——　大型巴士（027）

17. 「電大」——　電視大學（035）

「河南省新鄉縣七里營鄉劉家村……平均不到兩戶人家就有一
名電大學生。」（羊城晚報》1984.4.24）

18. 「電教」——　電化教育（036）

「本市的電教工作得到了有關領導的重視和社會各界的支持。」
（《北京晚報》1983.9.26）

　　這十幾例，僅是一斑，而且普遍屬於一般生活語詞，與臺灣
地區多見使用於機關名稱，有很大的差異。也許這正是初看大陸
報紙時，難以適應的一個原因。這現象也反應出兩地語文使用觀

念各自的特色，大陸地區顯然在語言心理與節奏上較臺灣地區來得「急迫」與「尖銳」些。此點若配合其它語言線索，如「用語」的比較，像「單親家庭」稱「半邊家庭」，「家庭寵物」稱「伴侶動物」，「遲婚男女」稱「大男大女」等，更覺大陸的語言環境不可以臺灣地區的眼光「依此類推」，對彼此各具的特色是值得深究的。

　　以上五點的析述，僅是個人淺見，但已可藉知「縮語」於語言學上的學術價值，自當被視爲重要的語言研究課題。

四、縮語產生的原因

　　「縮語」是語言表達透過節縮方式所獲得的結果，基本上它並不取代原詞的地位，而令原詞的生命終止，因此它與原詞的關係是互存的。但並非所有的語詞都會發生節縮，語詞所以需要節縮是有一定的因素，試論如下：

　　1.過長語詞的濃縮

　　「縮語」發生的首要原因當是過長語詞的濃縮。此種語詞往往是專有名詞，包括專業名詞及機關名稱。如：

　　　　「公共關係」—— 公關

　　　　「大衆傳播」—— 大傳

　　　　「航空及太空工業」—— 航太工業

　　　　「集會遊行法」—— 集遊法

　　　　「北部東西橫貫公路」—— 北橫

　　　　「北部第二高速公路」—— 北二高

　　　　「公務人員普通考試」—— 普考

　　　　「中山科學研究院」—— 中科院

　　　　「行政院大陸工作委員會」—— 陸委會

　　「臺灣省酪農乳品運輸合作社」——　臺酪

　　「國立中央圖書館」——　央圖

　　「中華民國著作權人協會」——　著協

　　此類過長語詞無論於書寫或口述皆有不便，因此自然加以節縮，猶如文字的省減一般。

　　2.表達園地的限制

　　「縮語」發生的次要原因，當是表達園地的限制。如報紙的標題、雜誌的刊頭等，為了於有限「空間」中容納最多訊息，往往將許多語詞刻意節縮，尤其機關名稱更是常見：

　　「立法院」——　立院

　　「經濟部」——　經部

　　「經濟部長」——　經長

　　「財政部」——　財部

　　「財政部長」——　財長

　　「外交部」——　外部

　　「外交部長」——　外長

　　「交通部」——　交部

　　「交通部長」——　交長

　　這些「縮語」自有新聞領域約定俗成的標準，與上節所述者性質並不相同。上節的「縮語」普遍通行於口語，而此類「縮語」往往僅限見於標題與刊頭等，若用口語表達並不順當。如：

　　「高鐵預算被刪，交長緊急召開說明會。」

　　「重返聯合國，連揆盼朝野齊心協力。」

　　「重要民生法案，立院加速審議。」

　　「傳車司機吸安提神，警方嚴密偵查。」

　　「奶粉市價偏高，公交會展開調查。」

　　凡此數例，若以口述表達，聽聞之間，語義不易明白，因此
此類「縮語」須配合詳細的內容解說，方能確然了解。

　　3.節奏順暢的配合

　　「縮語」產生的第三個原因是爲了配合語言表達節奏的順
暢。人說話一口氣能表達的音節有限，有些時候爲能表達較爲順
溜，或盼能表達既簡單卻完整時，會將某些語詞節縮。如：

　　「公司此次招考公關部人員，有幾位應徵的人曾服務於中
鋼、臺機、臺塑等機關，素質相當優異。」

　　假如將此句話「縮語」部分還原，則成：

　　「公司此次招考公共關係部人員，有幾位應徵的人曾服務於
中國鋼鐵公司、臺灣機械製造廠、臺灣塑膠公司等機關，素質相
當優異。」

　　由三十七個音節變成五十二個音節，在表達節奏上是不一樣
的。因此，除了須特別講究的場合外，爲了配合說話節奏的順
暢，「縮語」的應用是經常發生的。

　　4.專業領域的需要

　　「縮語」使用的第四個原因是某些專業領域中，爲相互傳達
之便，會將部分常用的專門用語節縮。如：

　　若遇同一個語詞在《中百》與在《現漢》解說不同，請再參
看《漢大》、《三大》等工具書。

　　這是一個詞典編輯工作環境中的撰稿要求，在此例中，《中
百》是《中文百科辭典》、《現漢》是《現代漢語詞典》、《漢大》
是《漢語大詞典》、《三大》是《三民大辭典》的「縮語」。但這
類「縮語」的約定俗成標準僅限於此專業環境中，很難成爲一般
通用的「縮語」，這點也是此類「縮語」與第二種「縮語」差異
的地方。因爲第二種原因產生的「縮語」，縱然未必適於口語傳

述，但透過媒體傳播，自會具備一般的、共通的性質。而專門領域的「縮語」，對領域內的人來說是共通的，但對於領域外的人來說，很可能只是一堆「自由詞組」，不知所云了。

　　以上四種原因，僅是個人的粗略觀察所得，事實上，每一種「縮語」產生的原因未必只有一種，如第一、二種原因可能同時存在，而第三種也可能是第四種原因的原因，可見了解「縮語」的產生，就如同其它語言問題般，當用有機的眼光，而非單純的對應而已。

五、縮語的使用限制

　　「縮語」在表達上，無論口語表述使用的音節數或文字記錄的字數，都確較原詞來得簡略，因此，今日語言中普遍使用「縮語」的情形自可理解。但「縮語」使用當有一定的限制，否則將使語言的使用未蒙其利，先受其害。本來語言發展的過程是自然而然，今日討論的許多學理，往往從歸納所得，既然如此，語言的發展視其需要而約定俗成，何可限制？但「縮語」並非一般性質的語詞，在它產生被使用時，它的母體原詞仍具有相同的生命力，只是在某些條件的要求下，「縮語」被選擇來作為表達的工具。這些條件，根據前文的分析，都是相當特殊的。縱然如語言節奏的順暢要求，雖較近乎自然，也很難完全取代運用原詞所能表達的明確語義。因此，似乎可以確定一個理念：

　　語言本可不節縮，節縮是一種特殊的手段。節縮後的「縮語」，很難完全取代原詞的地位，而讓原詞消失；原詞所能表達的明確功能，也是「縮語」所難及的。

　　這個理念正是「縮語」的天然限制，由此大約可再衍生出如下的條例：

　1.一般性質的「縮語」使用不可泛濫：

　語言節縮既有限制，不能依節縮邏輯，爲所爲欲爲的將所有想要節縮的語詞都拿來節縮，如此「縮語」將泛濫，而語義傳達將有困難。

　2.專業性質的「縮語」使用不可越界：

　專業領域中所使用的「縮語」，自有其域內的流通功能，不可將其隨意混用於一般生活領域中，否則徒增語義解釋的負擔。

　3.一般口語、文章中不可使用未經約定俗成的「縮語」：

　一般生活領域中，口述或作文時，使用已經約定俗成的「縮語」自不成問題，若隨意運用一些自創的、專業的、標題的縮語，則將造成語言的表達的障礙。

　如此看來，「縮語」雖是語言的經濟表現，在語言學上具有一定的地位，但使用時，當了解其特色與限制，才能幫助語言的表達，而展現其當有的特色與功能。

六、結　語

　語言的問題的研究相當複雜，因它不僅涉及語言本身學理的探討，也須顧及語言發展的環境因素。這種因素與語言本身的發展是互動的。不過環境因素的了解，不像學理般容易掌握。語言發生的心理因素或來自社會的刺激，往往較難以捉摸。但這種心理與社會的環境因素，對一種語言狀態而言，卻正是學理分析的背景，缺此因素的了解，學理的認知充其量只是表相的理解而已。「縮語」的情形亦乎如此。語言爲何在表達時要加以節縮？上文雖作了許多推測，但就心理狀態進一步去揣摹，似乎上文所提的「經濟表現」只是一種表面的觀察，眞正的原因，恐是一種「偸懶」心態的反應。因爲偸懶，所以刻意的把複雜的表達得比

較簡單，這與語音連讀變化，因應順口生理要求而節縮、省略的狀況，顯有差異。

　　至於兩岸的「縮語」流行程度不一，究其因素，或正因社會型態的不同所致。較爲專制的政治環境中，使用「口徑」一致的口號、標語、特殊用語等，正是政令宣示的上級權威與下級服從的表徵，所以幾十年來大陸地區的許多「運動」中，留下了不少這方面的語言資料。久而久之，某些此類用語的語言格式會被吸收入一般語言，「縮語」在大陸地區較爲流行，或許正是此種原因。

　　就現代漢語的研究來說，無論語詞、語音、語義、文字的整理與理解都須再下大功夫。「縮語」的問題絕不僅是上面所提及而已，諸如中英文的縮語比較、海峽兩岸的縮語總整、一般性「縮語」的常用程度、專業「縮語」的特性、非名詞性的「縮語」情形等等，都是值得更進一步深究的專題。本文只是作一粗略的試探，淺談「縮語」的一些基本問題，希望語文學界能從認識而重視，對這方面多作研究。

小克鼎銘文探究

蔡崇名

一、前　言

　　司馬遷《史記·封禪書》云:「聞昔泰帝興,神鼎一。一者壹統天地,萬物所繫終也。」,又云:「黃帝采首山銅,鑄鼎于荊山下,鼎既成,有龍垂胡顔須下迎黃帝。」①,此外,〈五帝本紀〉也載:「黃帝獲寶鼎,迎日推筴。」②,從這些典籍的記載,可知我國製造銅器的時代很早,可以上推到黃帝以前的太昊伏犧氏。然而,根據歷代所出土的銅器,最早的只有商代的銅器,而且這些銅器的製造已相當精良美觀,可以推測我國銅器的發明是在商朝以前;至於上溯到那一個年代,只有等地下銅器陸續出土來印證了。

　　我國菁銅器的製作,經過商朝的發展,到了周朝,達到鼎盛期,因周公提倡「禮樂之治」,行禮作樂需要各種不同的器物,所以銅器的製作便和「禮樂之治」結合起來,因此禮器和樂器也特別多。直到秦漢以後,才逐漸被石刻所取代。

　　前代銅器埋藏在地下,自漢朝以來,便逐漸出土,許慎《說文解字·叙》說:「郡國亦往往於山川得鼎彝。」③,宋代時出土逐漸增加,因此有趙明誠《金石錄》、歐陽脩《集古錄》等專著加以著錄。到了清代,銅器更大量出土,在學術上掀起研究的熱潮。

　　古人製作銅器，為了歌功頌德，大多刻有銘文；這些銘文都是當時真實的紀錄，而且歷經數千年來未被修改，是古代最可靠、最珍貴的史料，不僅能彌補歷史的不足，研究中國文字的本源，作為文章的典範，並且也可以作為書法的範本，在學術上有極高的價值，值得我們深入探討。

　　本論文乃對傳世享有盛名的「小克鼎」銘文作深入的探究，以發掘它的價值，而對歷史、文字或書法藝術有所貢獻。

二、出土及形制

　　小克鼎是在清光緒十六年（西元一八九〇年），出土於陝西省扶風縣（今岐山縣）法門寺的任村，同文云：鼎有七，同時出土的有大克鼎、克盨一、克鐘六、中義父鼎等一百二十餘件。然而王國維《觀堂古金文考釋、克鼎銘考釋》卻說：「案：此鼎出于寶雞縣之渭水南岸。」④，對於王氏的說法，羅振玉《貞松堂集古遺文》有詳細的辨解，他說：

> 「此鼎出土之地，吾友王忠愨公（國維）據華陽王君（文燾）言：『謂出寶雞縣南之渭水南岸。忠愨遂謂克都在渭南，其他邑又遠在渭北，北至涇水殆盡有豳國故地。』，予近以詢廠估趙信臣言：此器實出岐山縣法門寺之任村，任姓家岐山，在鳳翔東五十里；在渭北寶雞則在鳳翔西南九十里，南臨渭水；克之故都正在渭北，故他邑北至涇水而未嘗及渭南也。趙君嘗為潘文勤公親至任村購諸器，言當時出土凡百二十餘器，克鐘、克鼎及中義父鼎均出一窖中，於時則光緒十六年也。器出寶雞，殆傳聞之譌。」⑤

羅氏的考辨極為詳實可信，此鼎的出土情形已十分明晰，今藏上海博物館、日本京都黑川古文化研究所、北平故宮、日本京都有

鄰館、天津藝術博物館、南京大學歷史系、日本東京書道博物館
等處。

　　小克鼎（圖一）高五六．五公分，口徑四九公分，腹徑四
九．四公分，腹深二五．三公分。重四七．八八公斤。它的底部
比較寬平，靠近底部外壁稍微向外突出。上面有兩耳，下面有三
足，都極爲粗壯結實。器外有各種紋飾：鼎身分兩層，上層鼎口
沿下，是身首分離的幾何夔龍紋，也稱變形獸面紋。下層是一環
波浪形帶紋，又稱環帶紋，帶紋空白處又塡入角紋、鼻紋或鱗
紋，頗爲特殊。鼎耳飾蟠獸紋，鼎足飾獸面饕餮。腹壁內有銘文
八行，共七十二字。

圖一：**小克鼎**（取自古代靑銅器彙編）

　　此鼎自出土以來，著錄於《周金文存》、《客齋集古圖一、小
克鼎（取自古代靑銅器彙編一）錄》、《周代金文圖錄及釋文》、
《吉金文錄》、《小校經閣金文》、《三代吉金文存》、《商周彝器通
考》、《古代靑銅器彙編一》、《中國銅器精品》⑥、《書道全集
一》、《西周金文集》、《中國古文字學通論》⑦等書。

三、銘文隸定

　　小克鼎銘文有八行，各鼎每行字數不一，共七十二字，也有

加方格的，這是最特殊的地方，因此銘文也顯得特別嚴整。字體爲大篆，茲先依各種拓片隸定如下：

佳王廿又三年九月，王才宗周，王命善夫克，舍令于成周遹正八自之年。克乍朕皇且釐季寶宗彝。克其日用蕅朕辟魯休。用匄康勴屯右霝壽，永令霝冬，萬年無疆，克其子子孫孫永寶用。

圖二：小克鼎銘文之一

圖三：小克鼎銘文之二

圖四：小克鼎銘文之三

圖五：小克鼎銘文之四

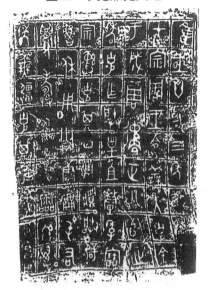

圖六：小克鼎銘文之五

圖七：小克鼎銘文之六

圖八：小克鼎銘文之七

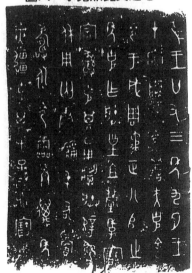

四、年代考

　　小克鼎的年代，據馬承源《商用青銅器銘文選》則以爲周孝王時器。而郭鼎堂《周代金文圖錄及釋文》利用標準器的方法，訂爲周厲王時器⑧，又據銘文：「佳王廿又三年九月」之記載，斷爲周厲王二十三年所作。惟白川靜《金文的世界》說：「小克鼎七器，器制與文樣幾同於大克鼎。小克鼎銘有紀年，大概是夷王二十三年器。」⑨，又據大克鼎銘文推測說：

> 「照此銘來看，克之文祖師華父，在龔王（即共王）時期曾有夾輔王室之功與安定四方的治績，可能以師職而負責軍政的大任。文祖一詞如果係指祖父之意，則爲其孫單的克在世代的關係上正好是夷王期的人物。」⑩

由於夷王在位時間，各家說法不同，而且差異很大。茲歸納爲兩類：一是二十三年以下：

《帝王世紀》：十六年

《通鑑外紀》：十五年

《通志》：十五年

《皇極經世》：十六年

《通考》：十二年

《通鑑前編》：十二年

《今本紀年》：八年

《新城新藏》：十二年

吳其昌：十六年

丁　山：三年

章鴻釗：七年

二是以夷王在位在二十三年以上的：

陳夢家：三十年

董作賓：四十六年

周法高：三十四年

白川靜：三十九年

就以上歸納：可知前人大都以夷王在少於十六年，而近人多認爲有三十年以上。據《左傳》昭公二十六年載：「至於夷王，王衍于厥身，諸侯莫不並走其望，以祈王身。」⑪，可知夷王健康欠佳，加上王權沒落，諸侯不朝，可謂備極艱辛，在位很難長久。

又據「無㠱簋」載：

「唯十又三年正月初吉壬寅，王征南尸（夷），王錫無㠱馬四匹。無㠱拜稽首曰：『敢對揚天子魯休令。』，無㠱作朕皇祖釐季尊簋。無㠱其萬年子孫永寶。」⑫

這裡的「釐季」同是「小克鼎」中克的皇祖，也就是克和無㠱同是釐季的孫輩，兩人的時代應當十分接近。而「無㠱簋」中記載「王征南夷」之事。《後漢書、東夷列傳》：「厲王無道，淮夷入寇；王命虢仲征之，不克。」⑬，可見無㠱是厲王時人，則克亦是同時代之人。

又據與小克鼎同時出土的大克鼎載：「克曰：『穆穆朕文祖師華父，聰襄厥心，寧靜于猷，淑哲厥德，肆克龏保厥辟龏（共王），諫辟王家。惠于萬民，柔遠能狋（邇）。肆克口於皇天，瑣于上下，得純亡泯，賜釐無彊，永念于厥孫辟天子……」⑭，這裡的「師華」，即是小克鼎的釐季，是恭王時期輔佐王室的功臣，其孫輩可以活動到厲王時期，據以上論述，小克鼎當是厲王時器。

五、銘文考釋

(一)隹王廿又三年九月

　　1.隹：通「唯」，發語詞。

　　2.王：這裡指周厲王。

　　3.廿又三年九月：二十三年九月。

　　4.整句是說：在周厲王二十三年九月。

㈡王才宗周

　　1.王：指周厲王。

　　2.才：通「在」。

　　3.宗周：為周的國都，在酆鎬，謂之西都。

　　4.整句是說：周厲王在周的西都——酆鎬。

㈢王命善夫克

　　1.王：指周厲王。

　　2.命：下令。

　　3.善夫：即膳夫，即周代職官。《周禮、天官》：「膳夫上士二人。」鄭玄注：「膳夫、食官之長也。」⑮，可見膳夫是職掌王飲食膳羞的官，職位並不高。然而，小克鼎的膳夫「舍令于成周遹正八師」，大克鼎的膳夫可以「出納王命」，在岐山出土的這批銅器，膳夫乃用大牢七鼎，可見他的職位相當高。所以，楊樹達《積微居金文說、善夫克鼎再跋》說：「余謂《詩、小雅、十月之交》云：『皇父卿士，番維司徒，家伯維宰，仲允膳夫，棸子內史，蹶維走馬，楀維師氏。』，卿士、司徒、冢宰、內史、師氏皆卿士大僚，而膳夫與之並列，則膳夫之職，雖以掌膳羞名其官，實則職掌不止於膳羞也。《天官、序官》注謂膳夫為為食官之長，此猶漢世太官主膳食，湯官主餅餌，導官主擇米，皆屬於少府，少府為其長，而列於公卿，其職甚尊矣。」⑯，楊氏之言是正確的，清代官制中，光祿寺主帝之膳食，其光祿寺卿列於九卿的高官；可知膳夫雖以掌膳羞名其官，其職掌實在不止膳羞而已，並

涵蓋軍國大事，其地位是很高的，這樣，和銘文內容才能相符。

4.克：是周厲王時的貴族，據「克盨」：「王令尹氏友史趠冊
膳夫克田人。」，小克鼎：「王命善夫克舍命于成周遹還八師之
年。」大克鼎：「𤔲季右善夫克入門，立中廷北嚮。王呼尹氏冊命
善夫克。」可見他的職官雖是「膳夫」；其職掌卻很重，地位也極
崇高。大克鼎：「王若曰：克！昔余既命女出納朕命，今余隹𤔲
𩫖乃命。」，小克鼎：「王命善夫克舍命于成周遹正八師之年。」克
既能出納王命，又舍命於成周遹正八師，掌有軍政大權，居住在
渭北，岐山一帶。自清末以來，在岐山出土大批克氏之器，從這
些器物，可知他的祖父師華父（字釐季）在恭王時，曾有輔佐王
室之功，並膺任要職。又據「無𦦥簋」可知無𦦥是克的兄弟輩，
在厲王十三年隨王征伐南夷有功，得到王賞識馬四匹。從地下出
土的銅器來看，在宣王以後，就沒有再發現這個家族銅器，因
此，克的家族自恭王時興起，在夷王、厲王兩代最活躍，到了宣
王時便沒落了。

5.整句是說：厲王下令給膳夫克。

㈣舍令于成周遹正八自之季

1.舍令：《說文》：「舍，市居曰舍。」段玉裁注：「此市字，
非買賣所之，謂賓客所之也。舍可止，引申之為凡止之偁。」，可
見舍為凡止到達的意思，舍令是下達派令之義。

2.于：在。

3.成周：是周朝的陪都，亦稱「東都」，在洛陽。

4.遹正：「遹」為發語詞，《詩、大雅、文王有聲》：「遹駿有
聲」，陳奐疏：「遹即曰聿，為發語之詞。」⑰。「正」是治理的意
思、《呂氏春秋集釋、順民》：「昔湯克復而正天下。」注：「正、
治也。王念孫曰：『正天下、君天下也。』」，《廣雅》曰：『正、君

也。」。」⑱，則遹正是治理之義。

5.八自：「自」即「師」字之省寫。如孟鼎：「率肆于酒，故喪師。」「八師」即成周八師，是西周駐守在東都洛陽附近的軍隊，〈智壺〉銘：「王乎尹氏冊命智曰：更乃祖考作家司土于成周八師」，此「成周八師」就是這裡所指的八師。高明《中國古文字學通論》云：「西周王朝的軍隊有『西六師』、『殷八師』、和『成周八師』。『成周八師』是宿營在東都附近的宿衛軍。」⑲

6.秊：爲年字。

7.整句是說：下達派令是在治理成周八師的那一年。

㈤克乍朕皇且釐季寶宗彝

1.乍：爲「作」字，爲製作的意義。

2.朕：爲「朕」字，乃自稱之詞。

3.皇且：「皇」：是煌或美的意義。且爲「祖」的本字，皇且是說煌美的先祖父。

4.釐季：爲克的先祖父－師華父之字。〈大克鼎〉載克曰：「穆穆朕文祖師華，聰襄厥心，寧靜于猷，淑哲厥德，肆克龏保厥辟龏，諫辥王家，惠于萬民，柔遠能邇。肆克口于皇天，瑣于上下，得純亡泯……」，可見釐季是恭王時輔佐王室的功臣。

5.寶宗彝：「寶」：珍貴。「宗」：《說文》：「宗：尊祖廟也，從宀示。」「彝」：《說文》：「彝：宗廟常器也。從系。糸，綦也。從廾，廾持之，米器中實也。從互象形。彝器：《周禮》六彝：雞彝、鳥彝、黃彝、虎彝、蜼彝、斝彝，以待祼將之禮。」，可見彝爲宗廟祭祀所用的銅器。寶宗彝是珍貴的宗廟祭祀所用的銅器。

6.整句是說：克爲自己的祖父釐季，作珍貴的宗廟祀的銅器。

㈥**克其日用䵼朕辟魯休**

1.其：將的意思。

2.日用：隨時之意。

3.䵼：爲「鬻」字之古文，金文也有作「鬻」、「鬻」。《玉篇》；「鬻：煮也，亦作鬵。」，《說文》：「鬵：煮也，從鬲，羊聲，式羊切。」，段玉裁注：「鬵，亦鬻，亦作鬻。《韓詩》：于以鬻之，惟錡及釜。〈封禪書〉：禹收牧之金，鑄九鼎，皆嘗享鬻上帝神鬼。〈郊祀志〉作鬻享，享、詐兩切，謂煮而獻之上帝神鬼也。」，可見䵼本爲煮食之銅器，用以祭祀，引申爲祭祀、紀念之義。

4.朕辟：「朕」：我也。「辟」：《說文》：「辟：法也。從卩辛，節制其辠也。從口，用法者也。必益切。」，「用法者」即發號施令者，乃君王也，故引申爲君王之意。《爾雅．釋詁》：「林烝天帝王后辟公侯，君也。」，　　注：「天子諸侯通稱辟。」；《詩、大雅、文王有聲》：「皇王維辟」，　　注：「皇王，武王也。武有天下，故曰皇王；辟，君也，此言武王嗣文王爲君也。」朕辟即是我王的意思。

5.魯休：「魯」：《說文》：「魯：鈍詞也，從白鮺省聲。」此爲「嘏」字之假借。《說文》：「嘏：大遠也，从叚，古聲。」。「休」：《說文》：「休：息止也，从人依木。」，言人在樹下，承樹之庇蔭，引申而有美善、恩德、吉慶之義。《爾雅、釋詁》：「休，美也。」，魯休是大遠的恩德。

6.整句是說：克將時時感念我王那浩大的恩德。

㈦**用匂康勵屯右覺壽**

1.用：使用也。

2.匂：《說文》：「匂，气也，逮安說：亡人爲匂，古伐切。」，又《說文句讀》：「匂，气也，借雲气字爲气求也，今省作乞。通

俗文：求願曰勾，字體从人从亡，言人自亡失，則行求乞也。」
《集韻》：「勾，求也。」，《玉篇》：「勾，乞也，行請也，取也。」，
《廣雅釋詁》：「勾，求也。」，此乃　的假借義，本字為「祈」，
《說文》：「祈，求福也、從示，斤聲。」，則匂是祈求之義。

3.康勵：郭沫若《周代金文圖錄及釋文》讀作「康龠」，
「勵」是「樂」的假借，即康樂之義。

4.屯右：「屯」為「純」之假借，《說文》：「純，絲也，從
系，屯聲。」段玉裁注：「美絲不雜，不雜則壹，壹則天。」，《詩
經、周頌、維天之命》：「文王之德之純」，傳曰：「純，大也。」，
《爾雅、釋詁》：「純，大也。」。「右」：《說文》：「右，助也。從又
口。」，屯右是得到上天大大的佑助。

5.釁壽：「釁」：金文作「釁、釁、釁」，都是「沬」字古文。
釁為「釁」的假借字，《說文》：「釁、久長也。」，故釁壽即是長
壽的意義，經傳皆多「眉壽」。

6.整句是說：用來祈求康樂，上天的佑助和長壽。

(八)永令霝冬

1.永：長久也。

2.令：使也。

3.霝：《說文》：「霝，雨零也，從雨，吅吅象霝形。」，此為
「靈」字之假借。《說文》：「靈，靈巫以玉事神，從玉靈聲，靈、
靈或从巫。」，又《玉篇》：「靈，神靈也。」，則「霝」在此為神靈
的意思。

4.冬：為「終」的古文，《說文》：「終、絿絲也，從絲冬聲。
仌，古文終。」。又《說文》：「絿，急也，從系求聲。」，段玉裁
注：「絿，糾也。」，故絿絲即繅絲時，因機動急速，使絲糾纏在
機車上，直到糾成絲縷，便是工作告成，所以終引申有完成的意

思，《爾雅、釋詁》：「終，竟也。」，《廣雅、釋詁》：「終，極也。」，《廣韻》：「終，極也，窮也，竟也。

　　5.整句是說：祖父的神靈，將永遠使世代子孫都能善終。

(九)萬年無彊

　　1.萬年：年代久遠。

　　2.無彊：「彊」爲「疆」的假借字。《說文》：「彊，弓有力也，從弓畺聲。」。又「疆」爲「畺」的或字。《說文》：「畺，界也。從田。三，其介畫也。疆，畺或從土彊聲。」，今「疆」行而「畺」廢矣。可見「無彊」即「無疆」，是沒有邊界的意思。

　　3.整句是說：萬年而沒有止境。

(十)克其子子孫孫永寶用

　　1.整句是說：克將使他的後代子子孫孫永遠寶貴使用這個鼎來祭祀。

六、學術價值

　　小克鼎在學術研究上，具有多方面的價值，這是十分令人欣慰的事，茲舉犖犖大者，分別敘述於下：

　　一、增進對周代職官——膳夫的理解：《周禮》爲保存周朝官制的經典，其〈天官〉載「膳夫」的官位，據鄭玄注說：「膳夫、食官之長也。」他以膳夫是職掌君王飲食膳羞的官，可見這種職官的地位並不高；然而小克鼎有「王命善夫克舍令于成周遹正八師之年」的記載，亦即「膳夫」可以統領成周八師的軍隊，參與軍國大事，其地位是極爲崇高的。在其他出土銅器中，也可以得到佐證，大克鼎：「天子明哲，覼孝于神，經念厥聖保祖師華父，勩克王服，出納王命。」，此鼎以膳夫克能「出納王命」，可以審視王命的出入，其職位是很高的，在岐山出土的銅器中，

膳夫乃用大牢七鼎，可見周代官制中的膳夫絕不是像鄭玄所說，只是掌管君王膳食而已，這是小克鼎在學術上的第一個價值。

二、對西周權臣——克氏家族的認識：小克鼎是克氏所作之器，從銘文中知道膳夫克受命統領成周八師，掌握軍國大權，是厲王時侯的權臣，對當時的政治必有相當的影響，但是史書的資料缺乏，後人對於克氏的事蹟也不甚了解，所以，小克鼎的出土，提供克家族的資料，可以幫助我們進一步了解西周的歷史。根據岐山出土克氏的銅器，可以知其梗概，大克鼎：「克曰：穆穆朕文祖師華，聰襄厥心，寧靜于猷，淑哲厥德，肆克襲保厥辟襲王，諫辥王家，惠于萬民，柔遠能猷。」，克的祖父——師華，在恭王時期曾是輔佐王室的功臣。〈克盨〉也載：「佳十又八年十又二月初吉庚寅，王在周康穆宮，王命尹氏友史趩，典善夫田人。」，又知克在當時甚受厲王賞識；其家族自師華父以至克，活躍於恭王至厲王時期，並掌握軍國大權，可以出納王命，並統領成周八師的軍隊，大有專擅朝柄號令四方之勢，對西周歷史及政治有相當的影響。

三、在文字學上的價值：小克鼎銘文七十二字，保存西周厲王時代大篆字形的眞貌，這些字形未經傳抄、翻刻或改造，是西周時留下的眞蹟，對中國文字的演進，是重要的里程碑，可以瞭解當時大篆的眞貌。其次，此鼎假借字有「佳、善、遹、魯、匄、勱、賨、霝、彊」等，可知當時文字假借的實況。又有語助詞「佳、遹」，也可與經籍相印證。在訓詁方面，如「且」字尚保留本義。至於字義引申也逐漸發達，如「㦰、辟、休、屯」等皆是。「朕」字的意義並非帝王所專用，這些資料對於文字學的研究有助益。

四、在藝術上的價值：小克鼎的形制是七件精巧的工藝作

品，在腹部有幾何形夔龍紋及波浪形帶紋。足部又有獸面饕餮紋，其紋飾極爲精美而特殊，是西周富有代表性的圖案，對中國古代美術的研究，有極高的價值。腹壁內有銘文八行，共七十二字，更是西周書法的眞蹟，其銘文七種，書法風格有別；其第五、六兩種並畫有方格，在古代書法作品中更爲罕見，七種銘文的章法排列不一，表現也各異，第一、二、三、七銘文的筆畫略細而直，佈白也較疏朗，有淸麗秀逸之風。而第四、五、六銘文的筆畫較粗而圓，佈白較密，頗富端莊古雅的韻致，都是西周書法的傑作，在七種銘文中，以第五種書法最佳，如圖六：其筆畫與墨蹟極爲接近，如第四行第一字「八」，其起筆皆圓而粗，收筆則細，是典型的篆書筆法。至於「王、于」諸字橫畫起筆與收筆皆細，則略有不同。在間架結構都很精緊，且姿態優美，如第一行「佳」字像一隻活生生的小鳥，第二行「命」字頗奇巧，第四行「年」字雖無橫畫，具有一種巧妙的平衡，極爲生動，末行「子子孫孫」不僅姿態優雅，並且已知重複字的處理要領，這是十分難得的。至於章法方面，因爲畫有方格，格外端整，因此在全幅上，給人古雅端莊的感覺，堪稱西周書法的名作，益增加書法史的光輝，這也是小克鼎的重要價值。

七、結　語

　　小克鼎是清末出土的西周銅器，由銅器的形制及銘文的研究，可以明瞭西周的文化，包括文字、歷史、政治、社會及藝術各方面。我國歷史悠久，自漢朝以後，記載比較詳實可信；而秦朝以前，因爲資料缺乏，也很模糊。然而這些地下銅器的出土，提供先秦的史料，可以幫助我們了解先秦的歷史，自清末以來，地下古物大量出土，銅器的數量已有一萬多件，加上銅器大多刻

鑄銘文，保存更豐富的史料，這是值得學術界加以重視的，本論文僅就小克鼎加以探究，對西周的歷史文化具有多方面的價值，如能投入更多的人力物力，對這批古銅器作全面性的研究，對於中國古文化必有更進一層的理解，這是本論文所期盼達到的目的。

【註　釋】

①見司馬遷撰、史記卷二十八頁六二。

②同上卷一頁十一。

③見許慎撰、段玉裁注、說文解字注卷十五上頁十八。

④見王國維撰、王觀堂先生全集第六冊頁二〇七六。

⑤見羅振玉撰、貞松堂集古遺文卷三頁三四。

⑥見佳禾圖書公司印、中國銅器精品、民國七十三年。

⑦見高明撰、中國古文字學通論、文物出版物、無出版年月。

⑧見郭鼎堂撰、周代金文圖錄及釋文第一冊。

⑨見白川靜撰、溫天河等譯、金文的世界頁一四九。台北、聯經，民國七十八年。

⑩同上頁一五二。

⑪見春秋左傳注疏卷五十二頁七，台北，藝文，十三經注疏本。

⑫見郭鼎堂撰、周代金文圖錄及釋文第三冊。

⑬見范曄撰、後漢書、東夷列傳第七十五。

⑭見周代金文圖錄及釋文第三冊。

⑮見周禮注疏卷一頁八。

⑯見楊樹達撰、積微居金文說卷二頁六三、台北、大通，民國六十年。

⑰見陳奐疏、詩毛氏傳疏頁六九四、台北、學生，民國五十九年。

⑱見許維遹撰、呂氏春秋集釋卷九頁五、台北、世界，民國五十八年。

⑲見高明撰、中國古文字學通論頁四七一、文物出版社，無出版年月。

主要參考書目

①周代金文圖錄及釋文、郭鼎堂撰、台北、大通、民國六十年。

②積微居金文說、楊樹達撰、台北、大通、民國六十年。

③西周青銅彝器彙考、高木森撰、台北、中國文化大學出版部、民國七十四年。

④貞松堂集古遺文、羅振玉輯、台北、文海、在羅雪堂先生全集初編第十冊。

⑤觀堂古金文考釋、王國維撰、台北、文華、在王觀堂先生全集第六冊。

⑥金文的世界、白川靜撰、蔡哲茂等譯、台北、聯經、民國七十八年。

⑦中國古文字學導論、高明撰、文物出版社、無出版年月。

⑧古青銅器銘文研究、趙英山撰、台北、商務、民國七十二年。

⑨西周史、許悼雲撰、台北、聯經、民國七十九年。

⑩西周政治史研究、葉達雄撰、台北、明文、民國七十一年。

⑪書道全集（第一冊）、于還素譯、台北、大陸書局、民國六十四年。

⑫中國銅器精品、齊德金等編、譚繼山等譯述、台北、名家出版社、民國七十三年。

⑬愙齋集古錄、吳大澂編、台北、台聯國風出版社、民國六十年。

⑭西周金文集、朱玖瑩選輯、高雄、大衆、民國六十二年。

⑮史記、司馬遷撰、台北、藝文、民國六十年。

⑯說文解字注、許愼撰、段玉裁注、台北、藝文、民國五十四年。

⑰左傳注疏、台北、藝文、十三經注疏本。

⑱後漢書、范曄撰、台北、藝文、民國六十年。

⑲周禮注疏、台北、藝文、十三經注疏本。

⑳呂氏春秋集釋、許維遹撰、台北、世界、民國五十八年。

哈佛燕京圖書館訓詁書目零拾

陳光政

提　要

　　從八十八種的訓詁書目中可看出：訓詁學的發展無法與聲韻學、文字學等量齊觀。這也代表著：訓詁學的領域有待開發之處很多，其潛力可能超過已開發的聲韻學和文字學。

　　從八十八種的訓詁書目亦可窺知：中土的出版獨領風騷，超過六十種以上，居絕對多數，而其餘則分散於台、港、新、美等地。到底漢學還是得由中土來領導，訓詁亦然。

　　從八十八種訓詁書的購買管道足以顯示：哈佛燕京館的資訊來自古今中外與四面八方，其多元化與包容性的蒐購，最值得我們深省與效法。

　　從不上百種的訓詁看，訓詁學的成長遲緩，急須我輩與後進的努力。

一、一點小說明

　　民國七十六年，我曾在美、加的旅次中，路過哈佛大學，發現哈佛燕京圖書館是我夢寐以求的書城，雖然也留下個把月的玩味，終覺時短而書夥，因假日無多，乃恨恨然離去，但是，我早已發下誓言：我一定要回來重溫舊夢。

　　皇天不負，民國七十八年，我終於履行誓言，整整一個年頭的長假，我隨著該館的開閉以進出，悠遊自在的逐書架而讀，快

樂如神仙，一年過後，我居然瀏覽全館的三分之二漢學書，高高興興的賦歸，對於所剩的三分之一藏書，我可不敢再發狂誓了，也許有見面的一天吧！

我抱著泛覽的心態讀書，欣賞有餘，研究不足，每嘆太多不求甚解，卻也無奈。本篇即是截取我那段零落而潦草的訓詁書目札記，體例不整不全，也膽敢獻曝，罪過罪過。

至於該館善本室、工具書與參考室的豐碩資料，其中不乏與訓詁學亦有密切的關係，筆者無暇置喙，是為大憾。

二、哈佛燕京圖書館訓詁書目零拾

1. 《夏小正疏義》，洪震煊，商務，民 29。
2. 《群經字類》（線裝、一函、一冊），王念孫。
3. 《藝文備覽》（線裝、四函、三十冊），沙木集注，1932。
4. 《同義異讀單字研究》，齊鐵恨，復興書局，民 52。
5. 《說文荅問疏證》（六卷線裝、一函），薛傳均，道光戊戌。

考古今用字之變，計易 21 則、書 23 則、詩 58 則、春秋 3 則、左傳 51 則、禮記 57 則、周禮 31 則、儀禮 5 則、論語 21 則、孟子 17 則、爾雅 20 則、群經 19 則。

6. 《侯官陳恭甫輯說文經字考》，宋文蔚，商務，民 23。
疏解說文經字三百餘。

7. 《湖樓筆談說文經字》，宋文蔚，商務，民 23。
疏解說文經字 99 個。

8. 《朱氏說文通訓定聲序注》，宋文蔚，商務，民 23。

9. 《訓詁方法論》，陸宗達．王寧，中國社會科學出版社。
包括訓詁學之復古、發展、方法、科學化、以形索義、因聲

求義、以義正音、古代文獻語言、比較互證、引申、辨析詞義、訓詁學名詞。

　10.《訓詁學引論》，何仲英，商務，民 23。

　11.《訓詁通論》，吳孟復，安徽教育出版社，1983。

　12.《訓詁學》（觀遠山房藏版），徐善同，香港珠海大學用書。

　13.《訓詁學》（上、下），殷煥光，山東文藝出版社。

　14.《訓詁學要略》，周大璞，湖北人民出版社，1980。

　15.《訓詁學概論》，齊佩瑢，中華（北京），1984。

　16.《訓詁學研究》（第一輯）（紀念黃侃先生逝世 45 周年），陸宗達，北師大出版社，1980。

　17.《爾雅》（四部叢刊經部）。

　18.《爾雅正郭》，潘衍桐，光緒辛卯九月開雕，匡正郭注之作。

　19.《廣雅疏證》（四部備要本）（線裝、一函、六冊），王念孫，中華書局（上海）據家刻本校刊。

　20.《釋名》（八卷、線裝）劉熙，上海涵芬樓借江南圖書館藏明嘉靖宋木景印。

　21.《釋名研究》，徐芳敏，台大出版委員會，民 78。

　22.《釋名疏證補》（八卷）、《續釋名》、《釋名補遺》（二卷）、《疏證補坿》（一卷），（線裝、一函、四冊），王先謙，光緒丙申刊。

　23.《釋名考釋》，方俊吉，文史哲，民 67。

　24.《爾雅新義》（二十卷），宋大樽，間草堂雕。

　25.《爾雅．廣雅．方言．釋名》（四種合刊），上海古籍出版社，1989。

包括郝懿行、王念孫、錢繹、王先謙之疏及索引。

26.《爾雅注疏引書引得》，哈佛燕京學社，1941。

27.《爾雅蒙求》（線裝、四冊），李拔式，蟠根書屋校訂，嘉慶三年仲冬新鐫。

為便初學之簡易，省去注釋及音切，在難字旁注直音與聲調。

28.《爾雅匡名》（二十卷、一函、四冊、線裝），嚴元照，廣雅書局刻，光緒十六年。

著重考正文字。

29.《爾雅穀名考》（笠園藏本）（線裝、一函、八卷），高潤生。

群經農事之一，其字均出於釋草。

30.《爾雅說詩》（線裝、22卷、一函、八冊），王樹枏，乙亥仲春新城王氏刊板，列舉詩經作為爾雅之義證。

31.《爾雅音訓》，黃侃箋識，黃焯編次，上海古籍出版社，1983。

黃侃批校爾雅時，依郝懿行義疏而施以增文，全書增訂字數約十餘萬言，原校本今存武漢大學中文系資料室。（黃焯是黃侃的姪兒，武漢大學中文系教授，曾經整理為數甚夥的黃侃遺稿）。

32.《爾雅引得》，哈佛燕京學社特刊第十八號，1941。

33.《爾雅本字考》，馬宗霍，齊魯大學國學研究所，民28。

34.《爾雅論略》，駱鴻凱，嶽麓書社（長沙），1985。

名義、撰者、注家、義例、資料均有論述、附論小爾雅、廣雅。

35.《爾雅學》（上、下），陳晉，山西大學教育學院，民24。

命名、作者、詮釋者、訓詁書皆作詳述。又論爾雅與群經、

方言、說文、歷史諸子及小說之關係。發明轉注假借用音韻例、解釋異義字同，並以音韻與科學方法研析草木鳥獸蟲魚之字。

36.《爾雅正名評》（黃季剛先生遺書），香港中大新亞書院中文系，廣華書局，民57。

正爾雅本字之力作。

37.《小爾雅考釋》，許老居（居後改作雍），台灣師大碩士論文，民62。

包括書名、作者、版本、爾雅廣雅比較、價值、校箋、補遺與著述。

38.《小爾雅義證》（線裝、一函、一冊），胡承珙，四部備要本。

39.《駢雅訓纂》（線裝、一函、八冊），瀹雅齋藏版。

40.《金壺精萃》（全），楊慶麟，京都琉璃廠青雲齋藏版，光緒元年，另一本為京師松竹齋開雕，光緒丙子年春正月。

41.《博雅》（線裝、一函、二冊），魏·張揖，附隋·曹憲之音釋。

42.《廣雅考》，梁春華，政大中文所碩士論文，民64。

43.《廣雅疏證釋例》，方俊吉，政大中文所碩士論文，嘉新文化，民65。

44.《廣雅疏證》，王念孫，中華，1983。

近人鍾宇訊加以點校說明，可讀性高。

45.《新爾雅》，汪榮寶．葉瀾，上海明權社，國學社，光緒29。

政治、法律、統計、教育、群倫、人名、天文、地理、格致、化學、生理、動物、植物之名皆釋之。

46.《字詁義府合接》，清．黃生撰，黃承吉合接，中華，

1984。

47.《支雅》（上下卷）（線裝、一冊），劉燦編‧王堃訂，道光丙戌刊。

釋詞語、人物、官名、學術、禮儀、兵器、舟車、歲物等。

48.《訓詁叢稿》，郭在貽，上海古籍出版社，1985。

49.《江氏達詁》（二卷、線裝、一函），江沆，海上經學院藏版。

但有示例而已。

50.《漢語釋詞論文集》，黎錦熙，科學出版社，1957。

論文九篇，附錄三篇，悉數完成於 1934 之前。包羅語音、語彙、語法與語史。

51.《古今字詁疏證》（山左先喆遺書甲編），許瀚，山東省立圖書館編集，瑞安陳氏裒殷堂校印，民 23。

但有示例而已。

52.《右文說在訓詁學上之沿革及其推闡》，沈兼士，北平，民 22。

史語所集刊外編—蔡元培先生六十五歲慶祝論文集。

53.《訓詁條例之建立及運用》，蔡謀芳，文史哲，民 64。

54.《孫輯倉頡篇疏證》（指孫星衍），黃正賜，1974。

55.《小學彙函》（線裝、一函、十冊）。

包含方言、釋名、廣雅、匡謬正俗、急就篇與說文。

56.《小學考》（線裝、五十卷、二十冊、二函），浙江書局，光緒戊子。

57.《別雅》（四庫全書舊本、一函、四冊），小蓬萊山館重雕，道光 29。

58.《訓詁研究》　（第一輯），田小琳，山東教育出版社，

1984。

59. 〈讀廣雅疏證〉　（散見於中國語文），趙振鐸，1979～
1984。

60. 〈反訓探原〉（散見於中國語文），徐世榮，1980～1984。

輯五百個反訓字，並以內含、破讀、互換、引申、適應、方
俗、省語、隱諱、假借與訛誤等十因探求之。

61. 〈關于雅言〉（散見於中國語文），李維琦，1980～1986。

62. 〈論語孟子中的對曰〉（散見於中國語文），王學勤，1981
～1983。

以卑對尊用對曰，一般用曰。

63. 〈反訓小議〉　（散見於語言教學通訊），張大元，1984～
1991。

64. 〈反訓研究綜述〉（散見於中國語文天地），楊榮祥，1988
～1991。

65. 《方言考》，丁介民，中華，民58。

66. 《談方言》，童振華，語文出版社，1941。

67. 《說文經斠》（線裝、一函、四冊、十三卷），楊廷瑞（子
杏），澂園叢書，光緒辛卯。

說文有本字，而經用借字者。

68. 《說文引經考異》（線裝、一函、四冊、十六卷），柳榮宗
（翼南）咸豐二年。

異字之訓詁及其比較。

69. 《說文解字引經考》（線裝、一函、七冊），馬宗霍，科學
出版社，1958。

70. 《說文引經考證》（八卷．二冊），陳瑑，湖北宗文書局重
刊，同治甲戌。

與今本不同者，詳考之。

71.《古書難字釋例》，廣文，民 52。

72.《說文段注牴牾考》，陳勝長，香港中文大學研究院中國語文學會，1970。

說文注前後之牴牾、說文注與段氏其他著述之牴牾。本書極有深度與啓發性。

73.《說文二徐異訓辨》（線裝、六函、六冊、六卷），相菊潭，正中，民 53。

74.《字監》，胡吉宣，商務，民 29。

取武、信、誠…百餘字，研其構字初義，並延伸取監。

75.《釋且》（中華大辭典卷三十一上），楊家駱，教育部中國文化研究所。

中華大辭典試印本之一。

76.《相類字的用法》，葦帆，華風（1955），世界（新加坡1964）。

談別字的各別用法。

77.《各經傳記小學》（線裝、一函、七冊），莊有可，商務，民 24。

取各經傳記爲文，一一審訂之。

78.《春秋小學》（線裝、一函、四冊），莊有可，商務，民 24。

取春秋之見於說文者，一一考訂之。

79.《說文聲訓考》，張建葆，弘道文化事業公司，民 63。

雙聲釋義 800 字、疊韻釋義 669 字、同音釋義 351 字。

80.《說文音義相同字研究》（說文轉注釋義），張建葆，弘道文化事業公司，民 63。

包含目的、形成、類別、結論。字例多達 758 個。

81. 《說文十幹形誼箋》，陳邦福，無窮會消印，昭和 30。

十幹即天干十字。

82. 《說文廣義校訂》（線裝一函三卷四冊），王夫之撰，吳善述校訂，同治甲戌。

訂正王氏乖謬之言。

83. 《春秋小學》（線裝一函四冊七卷），莊有可，嘉慶二年。

以說文解春秋字，另附〈春秋異文小學〉一卷。

84. 《字眼的用法》，樓東流，上海勇文出版社。

另見於《語文彙編》五十輯。

85. 《楊樹達誕辰百周年紀念集》，湖南師大學報編，湖南教育出版社，1985。

含訓詁源流述略、遇夫先生治小學之成就、遇夫先生研究說文的態度等。

三、餘　論

㈠走讀近九十本的訓詁專書，民國三十八年前及中共統治大陸期間的部分已超過六十種以上，居佔總數的四分之三，而台灣、香港、新加坡及美國的僅佔廿部而已！這訊息代表台灣等地區訓詁學的研究成績僅僅零星散見，而大陸地區近百年的成果亦少得可憐。從而可知，訓詁學尚未能與文字學與聲韻學相抗衡，欲達鼎足三立，訓詁尚待極力的開發與研究。打個比方，文字學猶如經驗老到的成年，聲韻學宛似吾家有女初長成，而訓詁學則尚在嗷嗷待哺的嬰兒期。若從遠景看，訓詁學的前程無可限量，最須睿智者的腦力投資，而文字與聲韻則難有新奇境界矣。

㈡作為一所專題研究圖書館而言，哈佛燕京圖書館的四十萬

冊漢學書量已大體必備。以訓詁學近九十種的專著而言，已足堪
告慰（非完備），絕不遜色於其他一流的漢學圖書館，如再加上
聲韻與文字的豐碩資料的話，該館絕對不失爲研究訓詁學的重鎭
之一，這應得力於 1928 年開館以來，在專家、經費與制度上的
絕配，再加上趙元任、楊聯陞、張光直、余英時、趙汝蘭與杜維
明等大師級的指津，該館之引力更可謂如虎添翼矣。

　　㈢總括哈佛燕京圖書館的訓詁學書，包羅古今中外的代表
作，在層面上顯出以中土爲大宗，卻不偏廢港臺及海外的少數篇
章，可謂網羅多數，而又尊重少數，絕不泥於漢學的沙文主義，
更不拘於任何的意識型態。這有助於研究者的眼觀四面與耳聽八
方，其難能可貴可知矣！

作者簡介　（依姓氏筆畫爲序）

王靜芝　原名大安，以字行，號菊農，筆王方曙，合江省佳木斯人，民國五年生，北平輔仁大學國文系畢業，曾任敎於東海及輔仁大學，並擔任輔仁大學中國文學系主任、中國文學院究所所長，現任輔仁大學中文研究所講座敎授。著有《詩經通釋》、《經學通論》、《韓非思想體系》、《國學導讀》等書，暨現代舞臺劇本、廣播電視劇本、國劇劇本等數十種。

丁肇琴　青島市人，民國四十一年生。臺大中文系學士、碩士，輔大中文所博士班肄業。曾任高中國文敎員、明道文藝執行編輯、天下雜誌文稿編輯、中原大學、元智工學院兼任講師，現任世界新聞傳播學院共同科講師。著有〈唐傳奇的寫作技巧〉（碩士論文）、〈唐傳奇佳作的主題呈現〉、〈洪炎秋先生年譜〉等。

孔仲溫　江西鄱陽人，民國四十五年生。國立政治大學文學博士。曾任敎於靜宜大學、東吳大學、中興大學等校。現任國立中山大學中文系敎授兼學生輔導中心主任。著有《韻鏡研究》、《類篇研究》等表。

王忠林　國立臺灣師範大學國家文學博士，曾任國立臺灣師範大學國文系敎授，私立中國文化大學中文系敎授兼主任，新加坡南洋大學中文敎授，國立高雄師範大學國研所敎授兼國文系主任。現任國立高雄師範大學研所敎授兼所長。著有《中國文學之聲律研究》、《元代散曲論叢》、《治學方法》（與應裕康敎授合著）、《訓詁學》（與應裕康敎授合著）、《荀子讀本》（註釋與語譯）、《說文引經通假字考》、《說文研究》（與應裕康敎授合著）等書。

王初慶　安徽舒城人，民國三十二年生。輔生大學中文研究所碩

士，現任輔仁大學中文研究所所長。著有《春秋左傳杜氏義述要》、《中國文字結構析論》等。

王　寧　浙江海寧人，一九五八年畢業於北京師範大學中文系本科，六十年代初師從著訓詁學。專家陸宗達教授作研究生，專攻文字學與訓詁學。曾在高等學校中文系任教三十餘年，主要從事語言學、古代漢語、文字訓詁學的教學與研究工作。現爲北京師範大學中文系教授、博士導師、古代漢語教研室主任、中國文學會常務理事。主要著作有《訓詁方法論》、《古漢語詞義答問》、《訓詁學的知識》與應用（以上與陸宗達教授合寫）、《訓計學原理概況》、《文言字詞知識》、《文言文閱讀基本能力培養》、《論詞義訓釋》等。主編《評析本白話十三經》、《評析本白話諸子集成》，委與主編《說文解字研究》、《新編說文解字》、《許愼說文知識叢書》等。

王慶元　男，一九四一年正月（農曆）生，河北省晉縣人。現任武漢大學中文系副教授、中國訓詁學會理事。多年來一直擔任高校古代漢語和中國文化課程的教學。八十年代中曾擔任黃季剛先生之姪黃焯（字耀光）教授科研助手，協助黃焯教授整理和出版了黃侃遺著，計有《文字聲韻訓詁筆記》、《爾雅音訓》、《手批白文十三經》、《手批說文解字》等十餘種。本人著作有《歷代山水勝詩》以及文字、聲韻和文學方面的學術論文十餘篇。

李添富　臺灣臺北人，民國四十一年生。輔仁大學中文研究所碩士、國立臺灣師範大學國文研究所博士。曾任教於輔仁大學、成功大學、東吳大學、淡江大學、臺南師範學院等校，現爲輔仁大學專任教師。著有《國語的輕聲》、《黃季剛先生求本字捷術的音韻層次》、《古今韻會舉要研究》、《晚唐律體

詩用韻通轉之研究》等。

周　何　　江蘇省鎮江縣人，現年六十一歲，國立臺灣師範大學國文研究所畢業，獲國家文學博士，曾任國立臺灣大學國文系主任，國文研究所所長，文學院院長，考試院考試委員。著有《春秋吉禮考辨》、《儒家的理想國》、《古禮今談》等書。

季旭昇　民國四十二年出生，國立臺灣師範大學國文系、國文研究所碩士班、博士班畢業，目前於國立臺灣師範大學國文系任職副教授。著有詩經吉禮研究（碩士論文）、甲骨文字根研究（博士論文）、金文單字引得（集體編纂），及其它有關詩經、古文字之單篇論文若干。

竺家寧　浙江奉化人，民國三十五年生。國立臺灣師範大學國文研究碩士，中國文化大學中文研究所博士班畢業，獲國家文學博士。曾任漢城檀國大學客座教授，淡江大學中文研究所教授。現任國立中正大學中文研究所教授。曾擔任聲韻學、訓詁學、語音學、漢語語言學、辭彙學、漢語語法等課程。著有《四聲等子音系蠡測》、《九經直音韻母研究》、《古漢語複聲母研究》、《古今韻會舉要的語音系統》、《古音之旅》、《古音學入門》（合著）、《語言學辭典》（合著）等書。

金周生　浙江省人。輔仁大學中文研究所博士班，曾任輔仁大學中文系助教、講師、副教授。著有《宋詞音系入聲韻部考》及論文二十餘篇。

金鐘讚　大韓民國慶尚北道浦項人，生於西元一九五七年。成均館大學文學士，韓外國語大學文學碩士，國立臺灣師範大學文學碩士，國立臺灣師範大學文學博士。著有《高本漢複聲母擬音法之商榷》、《許慎說文會意字與形聲字歸類之原則研究》。現任韓國國立安東大學中文系教授。

許錟輝 廣東梅縣人，民國二十三年生。國立臺灣師範大學國文研究所博士。現任東吳大學中文研究所教授，中華民國文字學會理事長。著作有《說文解字重文諧聲考》、《先秦典籍引尚書考》等。

陳光政 民國三十二年生。國立政治大學中文研究所碩士。曾任國立高雄師範大學講師，美國密蘇里大學交換教授，哈佛大學訪問學者。現任國立高雄師範大學副教授。著作有《會意研究》等。

陳新雄 字伯元，江西贛縣人，民國二十四年生。國立臺灣師範大學文學博士。曾任中國文化大學中文系教授兼系主任，政治大學、高雄師範大學、輔仁大學中文研究所教授、淡江大學中文系教授，美國喬治城大學中日文系客座教授，香港浸會學院中文系高級講師、首席講師，香港新亞研究兼任教授。現任國立臺灣師範大學國文研究所教授，東吳大學中文研究所教授，中國訓詁學會理事長。著作有《鍥不舍齋論學集》、《古音學發微》等。

曾榮汾 臺灣省雲林縣人，民國四〇年四月生。師範大學國研所碩士，中國文化大學中研究所博士。曾仕中國文化大學中文系副教授，現任中央警官學校資訊系教授，並兼任教育部重編國語辭典修訂委員會副總編輯：主要著作有「呂刑研究」、「康誥研究」、「干祿字書研究」、「字樣學研究」、「辭典編輯學研究」、「中國近代警察史料初編」、「字典中部首歸屬問題探析」、「處理中文資料的電腦利用及實例介紹」、「中國字的工具書」、「歇後語小辭典」、「談部首序字典編輯觀念的改進」等。

黃沛榮 廣東省中山縣人，民國三十四年生。國立臺灣大學中國

文學研究所博士，現任國立臺灣大學中國文學系教授。著有
《周書研究》、《周易象象傳義理探微》等。

黃坤堯　廣東中山人，一九五〇年出生。國立臺灣師範大學國文
學系畢業，香港中文大學哲學碩士、哲學博士。現任香港中
文大學中文系講師。著有《溫庭筠》、《書緣》、《經典釋文動
詞異讀新探》、《新校索引經典釋文》等書。另有聲韻學、訓
詁學、古典文學、現代文學之論文二十餘篇、散見於香港、
臺灣、大陸之學報及期刊內。

黃建中　男，湖北省蒲圻市人，一九三六年八月五日生，南京大
學訓詁研究班畢業。現為華中師範大學甲骨刻辭語言研究中
心副主任，西北大學國際唐代文化研究中心兼職教授，中國
訓詁學研究會常務理事，中國黃侃研究會籌備委員會主任。
主要著作有：《訓詁學教程》、《詩詞格律》、《古代漢語》（合
作）、《漢字學通論》（合作）、《張居正集校注》（合作）、《方
言箋疏校點》（合作）、《黃侃說文箋講》（整理）、《甲骨語言
研討會論文集》（主編）、《「訓詁」義說》（論文）、《「重黎」
考辨》（論文）、《隨縣櫃鼓墩一號墓天文圖象考論》（論文）、
《讀黃季剛先生手批〈爾雅義疏〉》（論文）、《從黃季剛先生
手批〈說文〉看黃氏之字源學說》（論文）、《現代漢字之以
形示義》（論文）、《黃季剛先生著作分類錄》等數十種著作。

廖棟樑　臺灣省雲林縣人，民國四十七年生，輔仁大學中文研究
所博士班，現任輔仁大學中文系講師，主要著作有《六朝詩
評中的形象批評》、《詩品撰述》、〈葉燮《原詩》的批評論研
究〉、〈滋味：以味論詩說初探〉、〈司空圖詩品的象徵批評〉
等。

臧汀生　國立政治大學文學博士，曾任中正大學助理研究員、逢

甲大學中文系教授，現任國立彰化師範大學國文系副教授。研究重點為以臺灣民間歌謠為主軸，有關民間歌謠之語言文字、社會背景與文學技巧等問題。著作有：「臺灣民間歌謠研究」、「臺灣民間歌謠新探」、「臺灣流行歌曲與社會」、「國臺語融合詞彙試探」、「臺灣歌仔簿形聲字形符兼指示變音作用之研究」、「臺灣文學用字之商榷」、「臺灣民間歌弦用字之研究」……等。

蔡宗陽 字伯龍，號逸廬，臺灣省嘉義縣人。民國三十四年生。國立臺灣師範大學文學系、國文研究所碩士班、博士班畢業。曾任中學訓導主任、師大課外活動組主任、助教、講師、副教授。現任國立臺灣師範大學國文系所教授兼中國語文學會副祕書長、中國語文月刊編撰委員。民國七十四年榮獲教育部頒發青年研究著作獎。著有《陳騤文則新論》、《劉勰文心雕龍與經學》、《文燈》、《國學淺說》、《莊子之文學》、《標點符號》、《譴詞造句》等書，單篇論文數十篇。

蔡信發 籍隸浙江省鄞縣。國立臺灣師範大學國文研究所畢業，國家文學博士。曾任臺北市立女子師範專科學校教授兼教務主任，現任國立中央大學中文系、所教授兼文學院長。民國六十六年，獲第十二屆語文獎章；八十一年，獲第十五屆中興文藝理論獎章。有關文字學之論著，計有曾運乾古音三十攝表正補、廣韻切語上學之增補與重編、說文形聲字之多聲考、說文聲譜、說文部首正補釋例、辭典部首淺說，說文答問等。

蔡崇名 臺灣嘉義人，民國三十二年生、國立高雄師範大學文學士、文學博士、國立臺灣師範大學文學博士。現任國立高雄師範大學國文研究所教授兼總務長。著有《書法及其教學之研究》、《蔡君謀之學術》、《包慎伯書學思想及書法研究》等書。

第一屆中國訓詁學學術研討會議議程

十二月十八日（星期六）

時　間	場　地	主持人	主講人	論文題目	特約討論
08：30〜09：00	野聲樓	王初慶 黃湘陽	報　到		
09：00〜09：20	谷欣廳	李校長振英 陳理事長 新雄	開　幕　式		
09：20〜10：20		陳新雄 (臺灣師大)	專題演講 王靜芝先生主講：「小學」在大學		
10：20〜10：40	野聲樓	休息（茶點）			
10：40〜12：20	谷欣廳	黃湘陽 (輔仁大學)	陳新雄(臺灣師大) 王　寧(北京師大) 蔡宗陽(臺灣師大)	訓詁方式中義界與推因之先後次第說 訓詁學與語義學—談理論訓詁學在八十、九十年代的發展 論修辭與訓詁的關係	胡楚生(中興大學) 許錟輝(東吳大學) 周學武(臺灣大學)
12：20〜14：00	野聲樓	午　餐			
14：00〜15：10	谷欣廳	簡宗梧 (政治大學)	許錟輝(東吳大學) 金周生(輔仁大學)	說文訓詁釋例—以《說文》釋「以為」諸字為說 《經典釋文》「如字」用法及音讀考	王初慶(輔仁大學) 黃坤堯(香港中大)
	三〇一會議室	應裕康 (高雄師大)	竺家寧(中正大學) 李添富(輔仁大學)	論先秦詞彙「不亦，亦不」 〈周南·卷耳〉『采采』意象試釋	戴瑞坤(逢甲大學) 王慶元(武漢大學)
15：10〜15：40	野聲樓	休息（茶點）			
15：40〜16：50	谷欣廳	周學武 (臺灣大學)	孔仲溫(中山大學) 黃坤堯(香港中大)	《類篇》假借義析論 音義綜論	賴明德(臺灣師大) 張以仁(臺灣大學)
	三〇一會議室	王國良 (東吳大學)	廖棟樑(輔仁大學) 丁肇琴(世新學院)	試論〈洛神賦〉的詮釋 話本小說用語訓詁初探—以京本通俗小說七篇為範圍	王金凌(中山大學) 謝雲飛(政治大學)
16：50〜17：20		會員大會			

第一屆中國訓詁學學術研討會議議程

十二月十九日（星期日）

時　間	場　地	主持人	主講人	論文題目	特約討論
09：00 | 10：10	谷欣廳	王熙元（臺灣師大）	王初慶（輔仁大學） 蔡信發（中央大學）	《說文》段注引伸假借辨 以假借造字檢驗《說文》字義	鮑國順（中山大學） 王　寧（北京師大）
	三〇一會議室	李威熊（彰化師大）	黃沛榮（臺灣大學） 臧汀生（彰化師大）	馬王堆帛書《周易》經傳異文研究 臺灣車鼓歌辭抄本異文校勘舉隅	莊雅州（中正大學） 林炯陽（東吳大學）
10：10 | 10：30		休息（茶點）			
10：30 | 12：10	谷欣廳	蔡信發（中央大學）	周　何（臺灣師大） 季旭昇（臺灣師大） 曾榮汾（警官學校）	《春秋》三傳「東其畝」解 辭典訓詁謬誤舉例四種 語言中縮語性質初探	黃建中（華中師大） 金周生（輔仁大學） 許學仁（花蓮師院）
	三〇一會議室	周虎林（高雄師大）	蔡崇名（高雄師大） 金鎔讚（韓國安東） 陳光政（高雄師大）	小克鼎銘文探究 論「同聲必同部」 哈佛燕京圖書館訓詁書目零拾	汪中文（臺南師院） 張文彬（臺灣師大） 喬衍琯（政治大學）
12：10 | 13：40	野聲樓	午餐			
13：40 | 15：20	谷欣廳	周　何（臺灣師大）	黃建中（華中師大） 王慶元（武漢大學） 王忠林（高雄師大）	黃季剛先生：真正訓詁學之奠基人 黃季剛先生日記、札記在訓詁學上的發凡與效用——略談黃侃解文訓詁的原則、方法和態度 訓詁與閱讀古書	柯淑齡（文化大學） 林慶勳（高雄師大） 金榮華（文化大學）
15：20 | 15：40	野聲樓	休息（茶點）			
15：40 | 16：00	谷欣廳	盧院長荷生 周　何（臺灣師大） 王初慶（輔仁大學）	綜合討論		
16：00 | 16：30	谷欣廳	張副校長振東 陳新雄（臺灣師大） 包根弟（輔仁大學）	閉幕式		
賦　歸